KB220532

# 정토불교 성립론

— 정토신앙의 논리와 윤리

# 정토불교 성립론

정토신앙의 논리와 윤리

김호성 지음

조계종출판사

## 1

옛사람들은 책을 펴내는 일을 그 책의 내용이 말이 되는지를 세상에 물어본다는 뜻에서 '문세問世'라고 하였습니다.

이제 그동안 정토신앙에 대해서 쓴 논문 15편 중 9편을 모아서 『정토불교 성립론』이라 이름하면서, 이 책의 내용이 도대체 말이 되기나 하는지를 독자 여러분들께 여쭈어보고자 합니다.

제목을 통해서 분명하게 드러내고자 하는 저의 메시지는 "정토신앙은 불교로서 성립 가능하다"는 것입니다. 오랜 세월 동안 정토신앙이 불교, 특히 대승불교의 한 신앙으로서 존재해왔다는 것은 널리 알려진 일일진대, 새삼스럽게 "정토신앙은 불교로서 성립 가능하다"고 주장하는 까닭은 어디에 있을까요?

역사적으로는 그렇게 오래된 신앙이지만, 현재 한국불교 안에서는 정토신앙을 불교로서 인정하지 않으려는 흐름 역시 적지 않게 보이기 때문입니다. 여기에는 여러 가지 이유가 있을 것으로 생각됩니다.

불교 내적으로는 우리의 전통 불교에서 주류를 이루어온 것이 부처를 자기 마음 안에서 찾는 선禪불교였기 때문이고, 불교 외적으로는 근대로 들어오면서 이성理性에 의해서 납득 가능한 합리적인 것만을 믿으려고 하는 시대사조 때문이기도 합니다. 특히 후자의 이성적 · 합리적인 불교 이해는 불교 안에서 대승불교보다는 그러한 특성이 더 잘 드러나 있는 것으로 평가되는 초기불교에의 관심을 높여왔습니다. 정토불교에서 말하는 극락의 존재에 대한 회의 역시 이러한 분위기 속에서 저절로 함양되어왔습니다.

그러므로 우리 불교 안에서 정토신앙의 자리는 아직 명확히 자리매김되지 못하고 있다는 것이 현실이라 봅니다. 이는 매우 안타까운 일입니다. 물론, 지금도 많은 선지식들이 아미타불의 극락세계를 말하면서 "나무아미타불"의 염불을 널리 펴고자 노력하고 있는 것도 알고는 있습니다. 그렇지만 여전히 정토신앙은 '외도外道'라든가, '불교가 아니다'라는 인식이 적지 않게 존재하는 것도 사실입니다.

그러한 신앙 현실의 문제에 대해서 학문적으로 고뇌하면서, 그러한 의견에 대해서 학문적 반론을 통하여 정토신앙의 길을 모색하고자 했던 것이 지난 십여 년 동안 이어진 저의 신앙적이고도 학문적인 여정旅程이었습니다. "정토신앙 역시 불교이다"라고 말씀드릴 뿐만 아니라, 어쩌면 정토신앙이야말로 대승불교의 꽃이라고까지 주장하려는 것입니다.

## 2

이를 위해서 무엇보다 먼저 근대에 이르러 나타나기 시작한 시대적 조류, 즉 합리주의 · 이성주의에 대한 반론이 필요하였습니다. 이를 만해萬海(1879~1944)의 「염불당의 폐지」(『조선불교유신론』,

1910)를 실마리로 해서 논의한 것이 제4부의 첫 번째 논문입니다. 그리고 "대승불교는 불교가 아니다"라는 이른바 '대승비불설大乘非佛說'론의 논의를 "대승경전을 어떻게 보아야 할 것인가"라는 문제로 치환置換한 뒤, 초기 경전인 아함경과 대승경전인 『무량수경無量壽經』의 양립 가능성을 물어본 것이 제4부 두 번째 논문입니다. 실제로 이 두 편의 논문은 제1부로 와야 할 것이었습니다. 애초에는 그렇게 편집했으나, 그렇게 되면 아무래도 독자분들이 어려운 이야기 내지는 부담스러운 이야기로부터 이 책의 독서를 시작하실 것 같아서 제4부로 자리를 이동시켰습니다. 그러한 문제에 관심을 갖고 계신 독자들께서는 제4부부터 읽으셔도 좋으리라 봅니다.

근대성의 연장선상에서 극락의 존재 여부에 대한 회의로 인하여 정토신앙을 멀리하는 분위기가 적지 않습니다. 이 문제를 정면에서 문제 삼으면서 실제로 정토신앙의 역사에서 그 문제는 문제가 되지 않는 신앙상의 경지境地가 있었음을 소개한 것이 제1부의 두 번째 논문입니다. 또 우리 불교 역사 안에서 선이 갖는 주도권으로 인하여, 지금도 선과 염불이라는 두 수행법의 관계 맺음이 다시금 문제되고 있다는 점을 논의한 것이 제3부의 두 번째 논문입니다. 이 두 번째 논문에서 논의되고 있는 것은 단순히 정토신앙의 학적學的 차원만은 아닙니다. 오히려 그것은 신앙상의 길을 모색하고 정립하려는 몸부림이라 해도 좋으리라 봅니다.

이상 논의한 4편의 논문이 실제로는 "정토신앙 역시 불교이다"라는 정토불교의 성립과 관련해서 중요하고도 중핵中核적인 글입니다. 그런데 이 중에서 제1부 두 번째 논문과 제3부 두 번째 논문은 논문이라는 형식적 제한도 있었고, 그 글을 쓸 당시 여러 여건의 제한도 있어서 이 책을 준비하는 시점(2019년도 후반기)에서는 다소 저의 입장이 다 투영되지 못한 바 있음을 알게 되었습니다. 이에 그러한 논의를 보완하는 글을 쓰지 않을 수 없었습니다. 그것이 바로 「후기 : 2번째와 7번째 논문의 보충」입니다.

제1부의 첫째는 정토신앙의 핵심 내지 본질을 아미타불 법장보살의 본원本願에서 찾았고, 그러한 본원을 믿음에 의하여 중생들이 얻을 수 있는 안심安心의 세계가 정토신앙의 세계임을 신라시대 광덕廣德의 정토시浄土詩 「원왕생가願往生歌」의 재해석을 통해서 밝혀보고자 한 것입니다.

제2부의 글들은 '정토신자의 삶은?'이라는 물음에 대한 해답의 성격을 갖고 있습니다. 이 글들은 모두 제가 오래도록 천착穿鑿해온 주제 중의 하나인 '출가란 무엇인가'라는 문제에 대한 해답이라는 성격도 갖고 있습니다. '출가란 무엇인가'라는 저의 주제는 인도철학, 인도불교, 그리고 한국불교 안에서도 소재를 찾아서 살펴보았던 문제입니다만, 그러한 문제에 대한 정토불교 나름의 해답을 정리한 것입니다. 실제 이러한 논문 역시 학적 차원의 논의나 탐구만은 아닙니다. 오히려 그것을 넘어서, 그보다 우선적으로 정토신자인 제 자신의 삶의 길을 찾고 정리하려는 '매뉴얼manual 만들기'라는 의미를 갖고 있습니다. 저의 공부는 이러한 실존의 문제의식을 떠나서는 존재할 수 없습니다.

제3부 첫째 논문은 일본 정토불교에 대한 우리 학계에서의 연

구 성과를 정리한 것입니다. 일종의 연구사 논문이라 할 수 있습니다. 저의 경우, 정토신앙에 들어가는 입문入門의 인연을 일본 정토불교를 통해서 만나게 되었습니다. 그 책이 바로 제가 책임 번역자로서 우리말로 옮겼던 야나기 무네요시柳宗悅(1889~1961) 선생의 걸작 『나무아미타불』(모과나무, 2017)이었습니다. 그런 까닭에 일본 정토불교에 대한 소개는 자연스러운 일이기도 하였고, 그런 일은 곧 저의 정토신앙을 이해받기 위해서는 필수적인 일이기도 합니다. 지금 우리나라에서는 '일본'에 대한 감정이 좋지도 않고, '일본불교'에 대한 감정 역시 아직 그다지 좋지 않은 것으로 생각됩니다. 그런 줄은 저 역시 잘 알고 있지만, 그렇다고 해서 일본 정토불교 원전의 독서를 멈추지 않았고, 멈출 수도 없습니다. 그 까닭은 옛날 일본 정토불교 조사들 역시 원효元曉(617~686)나 경흥憬興(620~?) 스님과 같은 우리 스님들의 저서를 읽는 데 있어서 국적을 묻지 않았으며, 민족을 묻지도 않았기 때문입니다. 또 일본 정토불교 조사들 역시 '생사를 벗어나는 길'을 추구한 진지한 선구자들이었기 때문입니다.

물론, 저의 정토 공부는 '일본 정토불교'로부터 시작하였으나 '일본 정토불교'로만 시종始終하지는 않습니다. 이미 원효의 정토신앙에 대한 논문을 5편 발표하였습니다. 그리고 현재 대학원 수업을 통하여 『무량수경』 원전 — 범본梵本과 한역 이역異譯 — 의 대조 작업을 해오고 있기도 합니다. 인도의 원전으로부터 중국과 우리나라를 거쳐서 일본의 정토불교까지 정토삼부경의 해석사解釋史를 살피는 과업課業은 결코 만만한 일이 아닙니다. 하지만 힘

닿는 대로 동학同學·동행同行들과 함께 해나가면서 정리되는 대로 여러분들께도 회향廻向하고자 합니다. 지켜봐주시길 삼가 부탁드립니다.

## 3

개인적인 이야기입니다만, 금년(2020, 경자년)으로 회갑回甲을 맞이하였습니다. 하나의 맺음이지만, 새로운 출발이기도 합니다. 이 책 『정토불교 성립론』은 스스로 자축自祝하고, 부모님과 스님, 스승님들의 은혜에 감사하면서, 여러분께 회향廻向하는 뜻에서 준비해왔습니다.

지난 시간은 분명한데, 앞으로 다가올 시간은 분명하지 않습니다. 어떤 일이 있을까, 기대도 되고 두렵기도 합니다. 하지만 분명한 사실은, 부처님께서 닦아 놓으신 그 길을 유지維持·보수補修하고, 널리 알리는(勸進) 역할을 그만두지는 않으리라는 점입니다. 그 길은 모두가 함께 가야 할 길이기 때문입니다.

그러고 보니 동국대학교 불교대학 교수로서 연구하고 학생들을 가르치는 이 '행복한 소임所任' 역시 그 시간이 얼마 남지 않았습니다. 아마도 여러분께서 이 '머리말'을 읽으실 때쯤이면, 5년도 안 되는 시간이 남아 있게 될 것입니다.

저의 경우에는 그 인생이 굴곡屈曲져온 만큼, 학문세계 역시 편력遍歷의 길이었습니다. 그동안 많은 주제들에 대해서 손을 댔습니다. 그러한 논문들을 주제별로 묶어서 한 권 한 권 책을 펴내왔습니다. 이 책으로 8번째입니다. 애당초 정년 이전에 10권 정도의 학술서를 펴내는 것으로 원력을 삼아서 정진해왔습니다. 앞서 말씀드린 것처럼, 그 9번째 책은 『원효의 삶과 정토사상』(가제)이 될 것입니다. 2, 3년 안에 몇 편의 논문을 더 발표하여, 책의 내실을 채워가려고 합니다.

이제 '아름다운 회향'을 생각해야 하는 시점에 이른 저는 정토 신앙을 만나서 저의 굴곡진 인생을 정리할 수 있었고, 아미타불로부터 구제를 받았다는 느낌을 가지고 있습니다. 그러한 기쁨 속에서 하루하루 살아가고 있습니다. 참으로 감사한 일이 아닐 수 없습니다. 저의 감사의 마음이 독자 여러분들께는 회향의 마음이 된다면 더욱 좋겠습니다.

끝으로 이 『정토불교 성립론』은 조계종출판사에 신세를 지게 되었습니다. 그 인연공덕으로 조계종의 많은 스님들께서 이 책을 읽어주시리라 믿습니다.

감사합니다. 나무아미타불.

불기 2564(2020)년 12월

김호성 합장

| 차례 |

## 제2부 신자들의 삶은?

## 제3부 정토신앙의 길을 찾아서

## 제4부 비판에 대한 반비판은?

# 제1부.

## 본질, 혹은 핵심은?

## 1장.

# 본원本願의 초대와 안심安心의 확립

### ―「원왕생가願往生歌」의 정토해석학

「원왕생가願往生歌」는 정토시淨土詩의 백미라고 해도 좋을 작품이다. 이 글은, 특히 13세기 일본에서 발달한 정토해석학의 논의들, 구체적으로는 정토진종淨土真宗의 신란親鸞, 정토종 서산파의 겐이顯意, 그리고 시종의 잇펜一遍 등의 관점들을 활용하여 새롭게 「원왕생가」를 살펴보려는 시도이다.

그 저변을 가로지르는 정토해석학의 관점을 정리하면 다음과 같다. 첫째는 정토신앙의 핵심은 무량수불과 중생 사이의 1 : 1 대응이고, 둘째는 '나무아미타불'이라는 염불의 칭명을 통해서 극락에 왕생할 수 있다는 것, 셋째는 「원왕생가」의 주제는 표층 의미로 볼 때 '기원'이라 말할 수 있지만 심층 의미로 볼 때는 '안심安心'이라 말할 수도 있다는 것, 넷째는 '나무아미타불' 한 번만의 염불로도 현생에서 왕생이 이루어질 수 있고, 그 경우 아미타불의 내영來迎이 필요하지 않게 된다는 것 등이다.

이를 통해서 「원왕생가」의 작자 광덕의 신앙적 경지가 정토사상사의 최고봉에 이르고 있음을 알 수 있으며, 그것도 7백 년 뒤 일본 중세에 이루어진 사상을 이미 7백 년이나 앞서 선취先取했다는 점에서 선구적 의의가 있다고 보았다. 그것도 아름다운 시 하나를 통해서 다 표현해냈으니, 사상(내용)과 예술(형식)의 일치를 이루었던 작품으로 자랑해도 좋을 것이라 본다.

애당초 이 글은 「'원왕생가'에 대한 정토해석학적 이해」라는 제목으로 『고전문학연구』 제53집(한국고전문학회, 2018) 129~157쪽에 발표되었다. 이 책에 재수록하면서 다소의 보완을 거쳤다.

## Ⅰ. 「원왕생가」, 정토시淨土詩의 백미

이 글은 일연一然(1206~1289)이 찬술한 『삼국유사』의 '광덕엄장廣德嚴莊'조에 실려 있는 「원왕생가」에 대하여 불교학, 특히 정토학淨土學의 입장에서 새롭게 이해해보려는 시도이다. 「원왕생가」에 대한 그동안의 연구는 거의 국어국문학의 입장에서만 행해져 온 감이 없지 않다.

그동안 불교학의 입장에서는 아예 무관심하였다. "불교를 안다고 해서 불교설화가 해명될 수 있는 것은 아니다"[1]라는 조동일의 말에 동의하면서도, 불교설화를 해명함에 있어서 불교를 좀 더 깊이 이해할 필요성이 있다는 생각을 지울 수는 없었다. 물론 「원왕생가」를 연구하는 국문학자 역시 정토사상을 논하면서 불교 경전을 참조하기는 하였다. 그러나 그 경전의 내용에 대한 정토사상의 해석학解釋學 전통까지를 두루 공부하지는 못했던 것 같다. 그 안에 여러 가지 도움이 될 정보가 여기저기 흩어져 있는데도 말이다. 「원왕생가」 자체는 국어학에 문외한인 입장에서는 현대어 역의 하나를 선택하여 논의를 진행해 갈 수밖에 없다. 국문학자 신재홍은 다음과 같이 옮기고 있다.

달이 애오라지(아예)
西方[만을] 염원하면서 가시리오?
無量壽佛 前에
되뇌임 가져가서 사뢰소서.
"다짐 깊은 佛尊에 우러러
두 손 모아 곧추어
'願往生 願往生'
그리워하는 사람 있다"[고] 사뢰소서.
아아, 이 몸 버려두고
四十八大願 이루실까?[2]

---

1 조동일 1983, p. 142.

2 신재홍 2000, pp. 203~204. 유창균은 첫 구절의 번역을 '달님이여! 이 언제쯤'으로 하였다. 유창균, 1994, p. 641.

사실, 크게 어려울 것 없는 내용이다. 그러나 많은 혼돈이 있었다. 특히 작자와 관련하여 다양한 학설이 전개되었으나, 최근에는 '광덕'설로 의견이 모이는 느낌이다. 이 글 역시 그 초점은 주로 광덕에 맞췄다. 엄장의 왕생 이야기는 광덕의 왕생 이야기에 대한 올바른 이해만 얻을 수 있다면, 거의 해명될 수 있을 것으로 생각해서이다.

먼저 「광덕엄장」조에 등장하는 광덕, 광덕 부인, 그리고 일연의 목소리 중에서 가장 상위법上位法적인 권위를 갖는 것으로 생각되는 광덕의 신앙고백, 즉 「원왕생가」를 직접적으로 살펴본 뒤, 그에 대한 해석이라는 의미가 있는 광덕 부인의 증언과 일연의 전언을 차례대로 고찰해보기로 한다.

## Ⅱ. 광덕의 신앙고백

### 1. '무량수불'과 '이 몸'의 대면對面

무엇보다도 이 노래는 왕생자往生者가 왕생하기 전에 부른 노래라는 점을 잊어서는 안 된다. 이 점에서 왕생자와 작가가 다른 인물일 수는 없다. 그럼에도 불구하고, 다양한 견해가 나타나는 배경에는 '달'이 차지하는 의미를 오해했기 때문이다. 광덕 부인이 '달'을 '남편'에 비겨서 노래를 한 것으로 여기는 견해[3]도 있었다. 또 '무량수불-달-시의 화자話者' 사이의 관계를 이해하는 데도 어려움이 있었던 것으로 보인다.

전체적으로 보면 이 「원왕생가」는, 시의 화자가 달에게 전언傳言을 부탁하는 구성을 취하고 있지만, 그것은 표층 의미에 해당할 것이다. 그 속에 한 겹의 의미가 더 있다. 바로 심층 의미이다. '달 vs 시의 화자'라는 대응이 표층 의미를 나타내는 것이라고 한다면, 전언의 내용에 보이는 '다짐 깊은 佛尊 vs 그리워하는 사람'의 대응은 심층 의미를 나타낸다.

그렇다면 '다짐 깊은 佛尊 vs 그리워하는 사람'의 대응, 혹은 대면을 낳게 한 것은 무엇일까? 그리워하는 사람의 그리움, 즉 '원왕생 원왕생' 그리워하는 마음일까? 아니다. 바로 다짐 깊으신 불존佛尊의 다짐, 서원의 목소리이다. 그 서원의 목소리가 먼저 있고, 그 목소리[4]를 들을 수 있는 사람이 그리워하는 사람이 된다. 그것이 타력他力 신앙인 정토신앙의 본질이다. '원왕생 원왕생'이라는 그리워하는 사람의 그리움은 그 목소리에 대한 응답이다. 그러므로 우리가 이 「원왕생가」의 의미를 적확하게 파악하려면, 무엇보다도 다짐 깊으신 불존이 그리워하는 사람을 부르는 그 서음誓音에 귀를 기울일 수 있어야 한다. 그것은 무엇일까?

바로 무량수불이 법장보살이었을 당시 세웠던 서원이다. 결구를 이루는 10구에 등장하는 바로 그 '사십팔대원'이다. 그런데 정

---

3 박성의 1986, p. 103.

4 실제 『무량수경』의 48원에서는 아미타불의 이름을 듣는 문명問名의 중요성이 설해지고 있다. 제20원에서 '나의 이름을 듣고서(聞我名號)'라고 하였는데, 범본에 따르면 강승개 역본 『무량수경』 제18원의 일부분이다. 大田利生 2006, pp. 54~55.

토교학에서는 마흔여덟 가지 서원 중 유독 제18원을 중시한다. 제18원은 『무량수경』의 상권과 하권에 각 1회씩 등장한다. 우선, 상권의 원문願文을 보기로 하자.

> 가령 내가 부처가 될 때, 온누리의 중생들이 지극한 마음으로 (나의 이 발원을) 믿고 좋아하여 나의 국토에 태어나고자 해서 십념 정도를 한다고 하자. (그렇게 하였음에도 불구하고) 나의 국토에 태어나지 못한다면 (나는) 정각을 이루지 않으리라.[5]

이 상권의 원문을 인문因文이라 하고, 하권의 그것을 과문果文 혹은 성취문成就文이라 한다. 과문은 다음과 같다.

> (가령 내가 부처가 될 때) 모든 중생들이 나의 이름을 듣고서는 신심으로 기뻐하면서 일념 정도를 하여 지극한 마음으로 (그 공덕을) 회향하여 나의 국토에 태어나고자 한다면 곧 왕생을 얻어 (그곳에서) 다시 물러남이 없는 경지에 머물 것이다.[6]

이렇게 「원왕생가」의 경전적 배경은 바로 정토삼부경 중에서 으뜸 되는 『무량수경』이다. 이 『무량수경』에 대하여, 정토해석학

---

5 대정장大正藏 12, p. 268. 제18원에는 이 뒤에 단서 조항이 있다. 바로 "다만 오역죄와 정법을 비방하는 (죄를 범한 사람은) 제외한다(唯除五逆 · 誹謗正法)"라는 내용이다.

6 대정장 12, p. 272.

의 역사에서 가장 독창적인—기존 해석에 대하여 역전을 도모했다는 점에서—해석을 제시한 것으로 평가[7]되는 정토진종의 개조開祖 신란親鸞(1173~1262)은 "『대무량수경』은 진실한 가르침이며 정토교학의 진정한 클라이맥스climax이다"[8]라고 하였다. 그렇게 평가하는 까닭은, 정토교는 바로 본원교本願教라고 해도 좋을 만

7 중국에서 정토 경전들이 번역되고 주석되기 시작하였고, 우리의 신라 시대 때에도 많은 스님들이 주석서를 저술하였다. 이 주석서들은 일본에서도 필사, 참조되고 인용되었다. 그러나 중국이나 우리나라에서는 '정토종'이 독립되지는 못해왔다. 선종이나 천태종 등 다른 종파 속에 존재함으로써 선禪 등 다른 수행법과 겸학兼學, 겸수兼修되었다. 그러나 일본의 경우에는 정토종이 독립되었다. 이를 통해서 정토학의 논의가 심화되었고, 그에 따라서 하나의 정토문 안에서도 정토종, 정토진종, 정토종 서산파, 시종 등으로 종파가 다시 나뉘었다. 이 과정에서 이룬 일본의 정토불교의 성취를 중국이나 우리나라와 비교해 볼 때, 가장 큰 차이점은 타력성他力性의 확보 여부라고 생각된다. 중생이 '나무아미타불'을 염하여 극락에 왕생한다는 것이 정토신앙이다. 하지만, 중생이 '나무아미타불'을 염하기 전에 먼저 아미타불이 중생을 부르고 있다. 그것이 48원의 본원들이고, 그중에 가장 극명하게 표현된 것이 제18원이다. 중생이 '나무아미타불'이라 염하는 것 역시 아미타불의 부름에 대한 응답이라 할 수 있다. 이렇게 타력성을 극도로까지 부각한 것이 일본의 정토불교라고 하더라도, 그 뿌리는 모두 『무량수경』 등 정토 경전들이나 인도의 용수龍樹, 천친天親/世親, 그리고 중국의 담란曇鸞(476~542), 도작道綽(562~645), 선도善導(613~681) 등의 사상에서 이미 다 존재했던 것이다. 우리의 경우 정토불교의 본질이라 할 수 있는 타력성이 가장 잘 발휘된 것이 바로 광덕의 「원왕생가」라고 본다. 아쉬운 점은, 이 「원왕생가」에 나타난 타력신앙이 고려 이후에 등장한 "자기 성품이 곧 아미타불이고, 오직 마음 안에 극락이 존재한다(自性彌陀, 唯心淨土)"라는 관점에 의해서 제자리를 잃고 말았다는 점이다. 그러므로 나의 이 글은 「원왕생가」에 나타나 있었던 그 타력성을 되찾으려는 노력의 일환이라고 볼 수도 있다. 정토사상사의 맥락에서 자리매김하자면 말이다. 단순히 일본의 정토불교에 입각하여 논의하였다는 것만으로 평가절하될 수는 없을 것으로 생각된다. 더욱이 지금은 중국, 한국, 일본과 같은 국가나 민족 개념이 굳건히 자리하고 있으나, 적어도 그 당시, 즉 광덕의 시대나 신란 등의 시대 불교인들의 의식 속에서는 그런 국가니 민족이니 하는 개념이 없었다. 만약 있었다고 한다면, 일본의 정토종 개조 호넨이 원효元曉(617~686)를 인용하지 않았을 것이고 신란도 경흥憬興(620~?)을 인용하지 않았을지도 모른다.

8 신란親鸞, 『교행신증』, 대정장 83, p. 589.

큼 법장보살의 서원이 갖는 무게감이 절대적이기 때문이다. 그중에서도 제18원을 원왕願王, 혹은 왕본원王本願[9]이라 하였다.

이 제18원의 이름을 정토종의 개조 호넨法然(1133~1212)은 염불왕생원念佛往生願이라 하였는데, 무량수불의 부름이 있고, 그에 대한 중생들의 응답법이 제시되어 있기 때문이다. 바로 '나무아미타불'이라는 칭명稱名이 그것이다. 「원왕생가」의 제7구에 '원왕생 원왕생'이라 사뢴다고 되어 있으나, 그것은 노래 속의 표현일 뿐이다. 실제로는 '나무아미타불, 나무아미타불'이라고 했을 것이다. 이러한 칭명을 정토교학에서는 '행行'이라 말한다. 그러니까 제7구에서는, 실제로는 행을 넣어야 할 그 자리에 원願을 집어넣은 것이다. 시에서는 행보다는 원이 더 잘 어울리기 때문이다. 3구의 '그리움'과 어울리는 것은 원이지 행이 아니다.

제18원을 사이에 두고, 백도白道[10]를 사이에 두고서 강 건너 무량수불이 계시고 강 이편에는 그리워하는 사람이 있다. 강이라는 장애물마저 자유자재로 건너가서 서방으로 날아갈 수 있는 존재는 바로 달이 있을 뿐이다. 새도 있지만, 새는 서방까지는 너무 멀어서 날아갈 수 없다.

'다짐 깊은 佛尊 vs 그리워하는 사람'의 1 : 1 대응 관계 위에 성립하는 것이 정토신앙이자, 바로 「원왕생가」이다. 시의 화자는 달

9 야나기 무네요시柳宗悅 2017, p. 115.

10 선도의 『관무량수경소觀無量壽經疏』에 나오는 비유인데, "나무아미타불"을 의미한다. 물의 강, 불의 강 사이에 나 있는 유일한 생존의 길을 '하얀 길'로 비유한 것이다.

에게 전언을 부탁했다. 만약, 실로 이 작품의 표층 의미처럼 '달 vs 그리워하는 사람'[11]의 대응 구조로만 작품을 이해하고 만다면, 시는 여기서 끝나야 한다. 10구체가 아닌 8구체의 향가로도 좋았을 것이다. 그런데 시의 화자는 '9~10구'를 마련함으로써, 우리로 하여금 결국 그가 상대하는 것은 '달'이 아니라 '무량수불'임을 알려주고 있다. 그렇게 함으로써 마침내 정토시의 백미白眉 하나를 창조할 수 있었다.

## 2. '무량수불'과 '이 몸'의 동시 성불

"아아-, 이 몸 버려두고/四十八大願 이루실까?"[12]라는 결구에는 정토사상사의 클라이맥스 역시 잘 드러나 있다. 거기에서 '이 몸'의 왕생과 무량수불의 성불이 동시同時임을 말하는 논리가 나타나 있기 때문이다. 제18원에서 생각해보면, 중생이 왕생하지 않

11 실제로 시에서는 '무량수불'이라는 말이 나오는데, '달'로부터 이야기를 전해 받을 최종 수신자로 등장하는 것으로 이해될 수 있다. 그리고 시의 화자가 상대하는 대상은 '달'이라고 하는 식으로 볼 수도 있다. 바로 그런 식으로 이해하면 표층 의미만 보게 된다는 것이다. 이미 시의 문면에 나와 있는 '무량수불' 그분(佛)과 시의 화자(衆生)가 대응하고 있음을 보는 것이 심층 의미를 읽는 것이 된다.

12 제10구를 "사십팔대원 이루소서"로 풀이하는 관점(박재민 2013, p. 359.)도 있는데, 그렇게 해석하는 근거가 '遣賜去'의 '去'를 '立'의 오자일 가능성이 크다고 보는 점에서 찾았다. 그렇게 되면, "이 몸 (사바에) 남겨두고, 당신의 사십팔대원 이루소서"로 이해해야 한다. 그러나 그것은 중생(시적 화자) 스스로의 왕생 포기 선언이 아닌가. 앞의 7구에 나오는 '원왕생 원왕생', 제10구를 "사십팔대원 이루소서"로 풀이하는 관점(박재민 2013, p. 359.)과도 맞지 않는다. 물론 '다짐 깊은 佛尊 vs 그리워하는 사람'의 대면 구조 역시 선명해지지 않는다.

으면 미타는 정각을 취하지 않겠다고 했다. 그런데 『무량수경』에 따르면, 아미타불은 "이미 성불해서 서방에 있다"라고 했고, 그때가 벌써 "지금부터 10겁 이전이라"[13] 말하기 때문이다. 이런 점을 다소나마 의식하고 있는 것은 김유경이다.

> 나를 왕생시키지 않고는 법장비구는 아미타불이 될 수 없을 것이라고 함으로써 자신의 극락왕생을 아미타불에게 기원하는 것이다. 법장비구는 이미 아미타불로 성불하였다. 아미타불의 전생이 법장비구일 뿐이다. 그런데도 노래에는 시간을 거슬러 혹은 시간 개념을 초월하여, 자신의 왕생을 법장비구의 성불의 조건으로 삼는다. 법장비구가 아미타불이 된 것이 사실이듯이 자신은 아미타불의 위력으로 극락왕생할 것이라는 믿음을 이와 같은 수법으로 표현하였다. 이러한 서술방식은 자신들의 소원을 들어주지 않으면 구워서 먹을 것이라고 위협하는 「구지가」에서와는 전혀 다른 차원이면서도 동일한 효과를 발휘한다. 기원의 대상에게 감히 위협을 가하는 것이 아니라, 그의 권위를 존숭하면서 그가 그 권위를 실현해야 할 확고부동한 근거를 제시하는 것이다.[14]

깊은 사색을 보여준 것으로 평가하고 싶다. 다만, 김유경은 이미 성불한 아미타불과 자신의 왕생을 법장비구의 성불의 조건으

---

**13** 대정장 12, p. 270.

**14** 김유경 2009, pp. 315~316.

로 인식하고 있는 시의 화자 사이에는 모순이 있음을 서술할 뿐, 그 모순을 화해하지는 못하고 있다. 이에 대한 해답은 사실 이미 「원왕생가」에 드러나 있는데도 말이다. 아미타불은 이미 성불하였다. 그런데 바로 그렇기 때문에, 모든 중생 역시 '나무아미타불'을 매개로 하여 그 당시에 이미 아미타불과 동시적으로 왕생이 결정되었다고 보아야 논리적으로 타당할 것이다. 「구지가」와는 달리, 시적 화자가 "자신의 왕생을 법장비구의 성불의 조건으로 삼는" 것은 아니다. 그 반대로 오히려 법장비구, 즉 무량수불 자신이 중생의—즉, 시적 화자의—왕생을 그의 성불의 조건으로 삼았던 것이다. 그런데 그 조건이 이루어졌으므로 이미 10겁 이전 아미타불의 성불이 이루어졌을 그 순간에, 중생의 왕생 역시 과거 완료적으로 결정決定되었던 것으로 보아야 한다.

이를 정토종 서산파의 겐이顯意(1238~1304)가 지은 것으로 생각되는 『안심결정초安心決定鈔』에서는, "부처가 정각을 성취하는 것과 우리가 왕생을 성취하는 것은 동시에 일어난다"[15]라고 말한다. 또 그러한 서산파 출신으로서 시종時宗이라는 정토문의 한 종파를 열었던 잇펜一遍(1239~1289)에게서도 이러한 점은 확인할 수 있다. 그에게 안심을 가져다준 꿈속의 계시에서이다. 그는 다음과 같은 말을 듣는 것이다.

융통염불融通念佛을 권유하는 히지리聖여. 얼마나 염불을 잘못

15 대정장 83, p. 921.

전하고 있는가? 스님의 권유에 의해서 비로소 모든 중생이 왕생하는 것은 아니다. 아미타불이 십겁 이전에 정각했을 때 일체중생의 왕생은 '나무아미타불'에서 이미 결정되어 있다.[16]

광덕 역시 '나무아미타불'이라 칭명하였다. 그것은 곧 단순한 '왕생에 대한 기원이나 희구'가 아니라, 이미 왕생이 결정되어 있음을 확인하는 것에 지나지 않는다. 종래 「원왕생가」에 대해서 기원가, 내지 주적呪的 기원가[17]라는 성격 규정이 많았는데, 과연 그렇게만 볼 수 있을까? "원왕생 원왕생"이라는 말이 시에 등장하므로 그렇게 볼 수 없다고 한다면 무리가 될 것이다. 그러나 그것은 표층에 드러난 의미이고, 그 심층 의미가 그 밑에 숨어 있다고 보아야 한다. 그것은 '9~10구'에 등장한다. 시의 맺음말인 '9~10구'에서 그 주제를 찾는다면,[18] '기원'보다는 '안심'이 더욱 적절한 것으로 생각된다. 이미 결정되어서 널리 유통되고 있기에 굳이 그

---

16 『잇펜성회一遍聖繪』에 나오는 말이다. 橘 俊道 · 梅谷繁樹 2012, p. 19. '히지리'라는 말은 '저잣거리의 성자'라는 뜻이다. 잇펜을 부르는 말인데, 이 말은 잇펜이 꿈속에서 만난 구마노熊野(현재 와카야마현에 있는 신도神道의 신사神社를 가리키는 말)의 권현權現(아바타)이 해준 말이다. 권현은 화신이라는 뜻으로서, 신도의 신이 불교의 불보살의 화신임을 나타낸다.

17 박을수 1997, p. 39. 김영수에 따르면, 윤영옥 역시 '주적 기원가'로 보고 있다 한다. 김영수 2010, p. 234. 재인용.

18 인도철학의 일파인 미망사학파는 베다 성전을 해석하는 것을 그 주요한 사명으로 삼았다. 그들이 골몰한 것이 '주제 파악'이었는데, 그들이 말하기를 '처음과 끝'에 등장하는 것이 주제이고, '중간'에 등장하는 것이 주제라고 한다면 그것은 '반복'될 때 주제로 볼 수 있다고 했다. 김호성 2015, pp. 58~61. 참조.

이름을 바꾸자는 것은 아니지만 말이다. 다만 이를 통해서 「원왕생가」를 더욱 깊이 이해할 수 있지 않겠는가 하는 생각에서이다. 내가 아는 한, 「원왕생가」를 '기원'만이 아니라 '확신'까지도 포함한다고 말한 연구자는 김기종[19]이다.

'안심'은 정토신앙의 궁극적 경지이다. 나는 극락에 왕생할 수밖에 없고, 아미타불의 18원이 이루어졌을 때 이미 중생들의 왕생이 결정되어 있으므로, 현세에서 살아 있지만 이미 안심할 수 있다는 믿음의 표현이 '안심가'라는 제목 속에 드러날 수 있는 것이다. '기원'은 아직 극락왕생에 대한 확신을 표현하는 정조는 아니다. "극락에 갔으면 좋겠습니다"라는 희망의 표현이다. 이것이 바로 정토불교에서 말하는 보리심菩提心으로서, 제18원에서 말하는 '욕생아국欲生我國'하는 마음이다. 그렇지만 아직 그것만으로는 극락에 가게 될지 안 될지 확실하지 않다. 자력의 세계가 아니기 때문이다. 여기서 타력이 필요해진다. 타력인 아미타불의 본원력에 맡기고 믿을 때 안심이 얻어진다. 나를 제외하고서는 48원이 이루어질 수 없고, 그런데 아미타불이 이미 성불했다면 나의 정토왕생 역시 이미 결정된 것이라는 안심 말이다.

안심은 「제망매가祭亡妹歌」의 결구에서도 나타나지만, 그 강도는 「원왕생가」의 그것에 미치지 못한다. 광덕의 경지는 원인의 단계에 있는 것이 아니라 이미 결과를 획득한 단계라고 할 수 있다.

---

19 김기종은 '간절한 희구'라고 하면서도, "화자 자신의 정토왕생이 이미 예정된 것"이라는 점에서 '희구 내지 확신'으로 파악했다. 김기종 2015, pp. 60~61. 참조.

그렇다면 시의 화자는 어찌하여 그렇게 안심할 수 있었던 것일까? 이를 위해서는 '9~10구'에 나타난 정토신앙을 좀 더 분석해볼 필요가 있다. 앞에서 정토신앙은 무량수불과 나의 직접적 대면이라는 구조를 갖는 것이라 말했다. 그런 점을 시의 화자는 '이 몸'이라 말함으로써 드러내주고 있다. '이 몸'은 개인[20]이다. 집단도 아니고, 공동체[21]도 아니다. 비록 서로 왕생할 경우에는 알려주자는 '죽음의 결사'[22]를 했지만, 먼저 가고 늦게 가는 것이 있음은 '이 몸'의 일이기 때문이다. 물론 불교는 일체중생 모두를 다 제도하고자 꿈꾼다. 정토신앙도 그렇다. 늘 "장차 극락국에 태어나서 함께 무량수불을 뵙고 모두 다 함께 불도를 이루기를"[23] 염원한다. 그러나 그 '모두'는 '이 몸' 하나하나가 그 속에 살아 있는 개념이다. 모든 '이 몸'이 '모두'일 뿐, '모두' 속에 '이 몸'이 사상捨象되는 구조는 아니다. 그래서 정토신앙은 개인 구제라고 말한다.

정토진종의 신란이 일찍이 "아미타부처님께서 5겁에 걸쳐서

---

**20** 정민은 '이 몸'을 육신의 의미로 보아서 "48대원을 이룰 수만 있다면 육신의 허물쯤이야 아무렇지도 않게 벗어드릴 수 있겠다고 말한 것"으로 보았다. 완벽한 오류이다. 정민 2012, p. 145.

**21** 「원왕생가」를 "극락왕생을 희구하는 신앙공동체의 신도들이나 사문들 사이에 널리 불린" (박애경 2009, p. 152.) 노래라 보는 입장도 있다. 그렇게 활용될 수는 있었을지 모르지만, 그 노래는 어디까지나 '불교적 개인 서정의 노래'(김영수 2010, p. 235.)라고 보는 것이 옳을 것이다. 왜냐하면 정토신앙은 기본적으로 '공동체 구제'가 아니라 '개인 구제'이기 때문이다.

**22** 스에키 후미히코末木文美士는 일본 천태종의 겐신源信(942~1017)이 주도한 이십오삼매회二十五三昧會를 '죽음의 결사'라고 하였다. 그 내용에는 '서로 왕생할 때는 알려주자'는 내용이 있다. 末木文美士 1997, pp. 138~139. 참조.

**23** 우리나라 불교에서 여러 의례를 마칠 때 외는 회향게廻向偈에 나오는 구절이다.

사유하신 원을 거듭거듭 잘 생각하면 오직 신란 한 사람을 위한 것이다"[24]라고 말한 것도 그런 의미이다. 무량수불과 신란 한 사람 사이에는 그 어떤 제3의 매개물도 없다. 그 모든 시간과 공간을 건너뛰는 핫라인hot line만이 존재한다. 그 핫라인이 바로 '나무아미타불'이라는 염불이다.

그러므로 「원왕생가」의 해석에서, '달'이 갖는 비중을 과도하게 설정하거나 '광덕 처', 즉 관세음보살의 화신 중 하나가 마치 광덕과 엄장을 구제해준 것처럼 생각하는 것은 정토신앙의 본질을 생각할 때 동의할 수 없게 된다. 시의 화자가 '이 몸'이라 말했을 때, '이 몸'과 '사십팔대원(을 세우신 무량수불)' 사이에는 직접적인 통교通交가 가능함을, 그래서 나의 구제는 전혀 걱정할 것이 없다는 안심의 노래가 바로 「원왕생가」이기 때문이다.

---

**24** 우메하라 다케시梅原猛 2001, p. 126. 이 말이 나오는 책 『탄이초』는 신란이 직접 집필한 저술은 아니다. 제자 유이엔唯円이 스승 신란 생전의 말씀을 기억했다가 기록한 것이다. 즉, 구어의 전언이라는 것이다. 문어와는 달리, 구어는 대화 상황이라는 문맥context이 그대로 전달되고, 독자는 그 속으로, 그때 그 당시의 상황 속으로 들어가서 현장감現場感을 갖게 된다. 이런 텍스트는 과문한 탓인지는 몰라도 현재로서 이야기되고 있는 것은, 정토불교에 한해서는 중국, 한국, 일본을 통틀어서도 『탄이초』 외에는 알지 못한다. 『탄이초』는 2회(마에다 류 · 전대석 공역, 경서원, 1997. ; 오영은 번역, 지식을만드는집, 2012.) 번역되었다. 동일한 구어의 전언을 기록한 것이지만, 선에 관한 것은 도겐道元(1200~1253)의 어록을 제자 에조懷奘(1198~1280)가 기록한 『정법안장수문기正法眼藏隨聞記』가 있다.

## Ⅲ. 광덕 부인의 증언

이제 가장 지근거리에서 광덕의 왕생을 지켜본 목격자의 증언을 들어보기로 한다. 그것은 바로 광덕 부인의 증언인데, 광덕의 왕생 이후 그녀를 취하려는 엄장嚴莊의 시도를 저지하면서 다음과 같이 말하고 있다.

> (광덕의) 부인이 말하였다. 남편과 나는 10여 년을 함께 살았으나, 한 번도 같은 침상 위에서 잔 일이 없는데 하물며 더러움에 접촉하였겠습니까. 다만 (남편은) 매일 밤 몸을 바르게 하고 정좌하여(每夜端身正坐) 한 번 만에 아미타불의 명호를 염하게 되었습니다(一聲念阿彌陀佛號). 혹은 16관도 하였는데(或作十六觀), (16)관이 익은 뒤에는 밝은 달이 창문으로 들어왔습니다. 때로는 (창문으로 들어온 그 달)빛을 타고서는 그 위에 가부좌하였습니다. 간절한 정성이 이와 같았으니, 비록 서방(정토)로 가고자 하지 않더라도 (서방정토로 가지 않고서) 어디로 가겠습니까.[25]

여기서 우리가 확인해보아야 할 것은 두 가지이다. 하나는 「원왕생가」를 통해서 광덕 스스로가 고백한 부분에 대한 부연 해설 부분이며, 다른 하나는 「원왕생가」에는 없었던 추가 정보이다. 특히 「원왕생가」와 광덕 부인이 증언하는 추가 정보를 어떻게 정합

25 『삼국유사』, 한불전 6, pp. 358~359.

성整合性 있게 이해할 수 있는지가 문제이다.

### 1. 칭명稱名염불의 의미

요컨대 「원왕생가」가 배경으로 하는 정토사상은 제18원이고, 그 18원이 요구하는 것은 곧 '나무아미타불' 염불을 하는 것이다. 그러한 「원왕생가」의 입장은 광덕 부인의 증언에서도 명확하게 나타나 있다. 기본적으로 두 사람 사이에 이 부분에 대한 입장은 전혀 차이가 없다는 것을 알 수 있다. 다만, 좀 더 구체적으로 광덕 부인의 증언에서는 "一聲念阿彌陀佛號"라고 하였다. 이 부분을 어떻게 이해하는 것이 좋을까? 종래의 번역 사례를 몇 가지 살펴 보면 다음과 같다.

> "한결같이 아미타불을 부르면서"[26]
> "한결같이 아미타불을 염하였을 뿐"[27]
> "한목소리로 아미타불의 이름을 염송하고"[28]

'一聲念阿彌陀佛'에서 '一聲'을 부사로 보는 것은, 나 역시 선행 연구자들과 입장을 같이한다. '一聲, 念阿彌陀佛'로 띄어

---

26 이범교 2005, p. 436.
27 이가원 1991, p. 368.
28 강인구 외 2003, p. 257.

서 읽고 있다는 점은 같은 것이다. 다만, 선행 연구에서 '한결같이', '한목소리로'라고 해석하는 것은 뒤의 '念阿彌陀佛'에 대한 질적인 평가라고 볼 수 있다. 그러나 나의 입장은 양적(回數)으로 보는 것이다. 이는 정토신앙의 본질이 『관무량수경觀無量壽經』에서 잘 나타나 있듯이, 하품하생下品下生의 중생들, 즉 오역죄五逆罪를 범한 사람들까지도 구제하려는 아미타불의 자비가 '나무아미타불'의 제시로 나타나 있다는 점에서 확인할 수 있을 것으로 생각되기 때문이다. 그런 점을 생각하면, 당연히 '한 번'으로 해석되어야 한다. 그것이 가장 쉽기 때문이다. 『무량수경』 하권에서 '내지일념乃至一念'이라 한 것을 범본 『무량수경』에서 확인해보면, 'ekacittotpādam'[29]이라 되어 있다. '한 번 마음을 일으킴'으로 직역할 수 있는 말이다. '마음을 일으키는 것'이 '칭명염불'로 받아들여진 것에 또 다른 정토사상사의 전개가 있는 것이지만, 범본에서 'eka'는 그냥 수사數詞일 뿐이다. 표의문자인 한문에서 '일념'을 질적으로 해석하는 것과는 다른 것이다.

다음으로 생각해보아야 할 것은, 이 구절과 뒤의 '혹은 16관을 지어서'라는 말이 병렬적으로 이어지는 것이 타당한 이해인가 하는 점이다. 종래 선행 연구에서는 이 양자를 병렬 관계로 보았다. 병렬은 플러스다. 그렇게 보는 것은 칭명염불도 하고, 16관도 지어서 그 두 가지 수행법이 합해져서 극락왕생을 한 것처럼 이해하는 것이다. 그러나 그렇지 않다. 우선, 광덕 부인의 증언은 일차적

29 大田利生 2006, p. 182.

으로는 「원왕생가」에 드러나 있는 광덕의 수행법인 칭명염불을 그대로 확인해주고 있기 때문이다. 그렇게 칭명하였다는 것을 인정하는 바탕 위에서, '혹은-'이라고 해서 다른 추가 정보를 우리에게 주고 있다고 보아야 할 것이다. 그러므로 '或作' 이전에 문장이 끝나는 것으로 해석해야 옳다는 것이다. 이렇게 끊어준다고 해서, '或作' 이후 문장의 화자가 변하는 것은 아니다. 여전히 광덕부인이 화자로서 역할을 계속해간다. 그것은 '或作'으로부터 새로운 문장이 시작된다고 해서 어떤 침해도 받지 않는다.

이렇게 보는 것이 옳다면, '一聲念阿彌陀佛號'에는 수행법과 동시에 그러한 수행을 통해서 도달한 경지가 한꺼번에 다 드러나 있어야 한다. 내가 '一聲'을 '한 번'이라는 양적 개념으로 보고 '염'이라는 말은 칭명의 결과로써 얻어지는 경지로 보는 것도 그런 이유에서이다. 그러므로 "한 번 만에 아미타불의 명호를 염하게 되었습니다"라는 것은 보다 구체적으로 말하면 "한 번 (아미타불의 명호를 일컬어서) 아미타불의 명호를 염하게 되었습니다"[30]라는 의미

---

**30** 한문 문법적으로만 해석한다면 "念阿彌陀佛"은 "아미타불을 염하였다"라고 옮겨야 할 것이다. 그러나 나는 그 심층에 타력, 즉 아미타불의 본원에 대한 신심이 결정되는 도약이 있다고 보았다. 그것을 『무량수경』 하권의 성취문에서 '즉득왕생卽得往生'(대정장 12, p. 272.)이라 하였고, 용수는 『십주비바사론』 이행품(대정장 26, p. 42a.)에서 '즉득불퇴전卽得不退轉'이라 하였다. 그 점을 번역에까지 반영해보려는 의역을 시도하였다. 즉, 타력의 수동성과 그 얻어지는 경지를 동시에 "아미타불을 염하게 되었다"로 표현해본 것이다. '염하게 되었다'는 실로 정토신앙의 타력성까지를 드러낼 수 있는 번역이 아니겠는가. 한편, 일념에 들어가 있는 '즉'의 논리는 대승불교의 반야, 화엄의 논리이기도 하고, 선禪의 저변에 있는 논리이기도 하다. 그런 점에서 정토와 선은 상통하는 바 역시 없지 않은 것이다. 정토사상을 점교漸敎가 아니라 돈교頓敎라고 하는 것도 그런 이유에서이다.

가 될 것이다. 요컨대 한 번의 칭명으로 능동이 수동으로 바뀌었고, 원인이 결과로 바뀌었다는 뜻이다.

이렇게 볼 수 있는 근거는 무엇인가? 기본적으로 '염'에는 다양한 뜻이 있는데, 그중에 하나로서 '관상觀想/관상觀像'이라는 뜻이 있다. 『관무량수경』에서, "그대가 만약 저 부처님을 능히 염할 수 없다면 '귀명무량수불'이라고 칭하라"[31]고 하였을 때, '염'과 '칭'은 같은 뜻이 아니다. 염은 『관무량수경』의 '제1~13관'에서 설해져 있는 관상 내지 관불觀佛인데, '칭'은 단순히 소리 내서 이름을 일컫는 칭명에 지나지 않는 것이다. 일단, 이렇게 『관무량수경』의 용례는 '염'과 '성'이 다를 수 있음을 보여준다. 성聲은 소리이므로 관상이나 관불보다는 소리를 내서 외는 칭명의 의미로 보이기 때문이다.

그러나 호넨은 "염과 성은 하나(念聲是一)"[32]라고 말하였다. 이때의 의미는 바로 그렇게 염을 칭명과는 다른 차원에서 이해하는 것에 대해 반대하는 것이다. 그 근거는 이미 『무량수경』 제18원에서 칭명이 확립되었기 때문으로 보아야 한다. 염을 관상이나 관불과 같은 의미로 이해하게 되면, 그때의 염은 삼매三昧(samādhi)로 이해하게 된다. 그래서 염불은 삼매가 되어야 하지, 단순히 소리로 그 이름만을 불러서는 안 된다는 이야기가 성립하는 것이다.

---

**31** 대정장 12, p. 346.

**32** 호넨法然, 『선택본원염불집選擇本願念佛集』, 대정장 83, p. 6.

그러한 논리를 『무량수경』은 극복[33]하였고, 그에 의지하여 호넨은 반대하는 것이다. 왜냐하면, 그렇게 염을 삼매의 의미로까지 높여서 받아들이게 된다면, 그것은 이미 난행도難行道가 되어버린다고 보기 때문이다. 『관무량수경』에서는 하품하생下品下生의 중생들도 할 수 있게 마련된 것이 칭명이 아닌가. 그저 "귀명무량수불", 즉 "나무아미타불"이라 이름을 일컫는 것뿐이라 말하지 않던가.

그러므로 '일성'은 '단 한 번'의 의미로 이해할 수 있다. 아니, 이해되어야 한다. 그렇게만 해서 과연 아미타불의 이름을 염하게 되는 경지로 나아갈 수 있겠는가? 지금 "아미타불의 명호를 염하게 되었습니다"라고 할 때는 어떤 경지를 말하게 되는데, 그것은 곧바로 극락에 왕생하는 것을 의미할 수밖에 없다. 아직 죽지는 않았지만, 현신現身으로 곧바로 왕생을 앞당겨서 경험하게 된다. 아미타불의 본원을 믿고 '나무아미타불'이라고 단 한 번 염불한다면 곧 극락에 왕생할 수 있다는 이행도易行道[34]의 제시, 그것이야말로

33 인도에서부터 정토사상사의 전개를 생각할 때, 애초부터 칭명염불이 주장된 것은 아니었다. 관불 내지 관상을 통한 왕생행往生行이 추구되는 사상의 흐름이 있었다. 대표적으로 『반주삼매경般舟三昧經』이 그것이다. 『무량수경』의 등장은 이러한 흐름과는 달리, 새롭게 칭명염불을 통한 왕생의 추구를 새로운 시대사조로 만들었다. 이 두 흐름을 하나의 경전 속에서 종합하면서도—병렬적으로 두 가지 방법을 다 포용하면서도—정토신앙은 점차로 낮은 곳을 향해 간다는 의미에서 구품왕생九品往生을 설하는 산선(14~16관)에서는, 특히 하품하생에서는 '나무아미타불'의 칭명염불을 확립했다는 점에서 『관무량수경』의 의미가 큰 것이다. 「원왕생가」 자체도 이 두 가지 왕생법往生法이 다 제시되고 있지만, 마치 『관무량수경』의 흐름이 '관불에서 칭명으로' 흘러간 것처럼, 「원왕생가」 역시 '或作' 이전의 칭명을 일차적인 것으로 보아야 할 것이며, '或作' 이하의 말과 병렬적으로 이해해서는 안 된다는 점을 나는 강조하고 싶은 것이다.

34 인도 대승불교의 용수龍樹(Nāgārjuna)는 『십주비바사론十住毘婆沙論』에서 불교를 크

정토사상의 존재 이유인 것이다. 「원왕생가」의 제9~10구에 나타난 안심결정과 광덕 부인이 전하는 한 번의 칭명을 통하여 "나무아미타불"을 염할 수 있게 된다는 것은 한 번 칭명으로도 곧 왕생할 수 있게 되었음을 의미하는 것으로 보아도 좋을 것이다. 물론, 그렇다고 해서 광덕이 평생 단 한 번만 칭명했다고 보아서는 안 된다. 일념에 왕생을 결정한 뒤에, 바꾸어 말하면 저 옛날 아미타불의 성불과 동시에 결정된 그 안심의 사건을 스스로 확신한 뒤에 지속적으로 '나무아미타불' 염불을 하게 되었을 것이다.[35] 그것은 광덕 부인의 증언 중에서 "一聲, 念阿彌陀佛號" 앞에 "每夜端坐正身"이라고 되어 있다는 점에서, 한 번 '나무아미타불'이라고 염불을 하여 일념을 이루었다[36]고 하더라도, 즉 평생업성平生業成[37]을 이루었다고 해서 그 이후에 다시 염불을 하지 않았다는 의미가 아님을 알 수 있다.

게 난행도難行道와 이행도易行道로 나누었는데, 다른 불교는 다 난행도이고 정토불교는 '신방편信方便의 이행易行'으로 평가하였다.(대정장 26, p. 41.) 한편 山口 益에 따르면, 인도 대승불교에는 '난행duṣkara'이라는 말은 등장하지만 '난행도'에 해당하는 범어는 없고 '이행도sukhā pratipad'라는 말은 등장했다고 한다.(山口 益 2011, p. 32.) 그렇게 볼 때, 난행도가 있는 것이 아니라 난행 끝에 결국 이행도로 돌아오고 만다는 이야기가 된다. 놀라운 이야기다.

35 "일념으로 결정된다고 믿고 난 뒤에도 일생토록 게을리 말고 염불을 해야 한다." 聖覺, 『唯信鈔』, 柳宗悅 2017, p. 216. 재인용.

36 한 번 '나무아미타불'로 일념을 이룰 수 있다는 주장을 '일념의一念義'라고 한다. 이는 호넨의 제자 코우사이幸西(1163~1247)가 내세운 것인데, 신란에게도 영향을 미쳤다고 한다. 柳宗悅 2017, p. 218.

37 살아 있는 평상시에 이미 정토왕생을 위한 업을 이루었다는 뜻. 이때 '평생'은 '임종'과는 상반되는 뜻이다. 평생업성의 사상은 신란에게서 유래한다. 柳宗悅 2017, pp. 251~254. 참조.

그 이후의 염불이나 관상의 의미에 대해서는 다음 절에서 논의하기로 하자.

## 2. 칭명염불과 16관의 관계

'或作' 이하의 16관에 대한 언급은 「원왕생가」에서는, 즉 광덕 본인의 고백에서는 언급되지 않던 내용이다. 그런 까닭에 많은 혼돈을 주고 있다.

앞에서 논술한 바와 같이, 나는 '혹작' 이전에 문장을 끊어야 할 것으로 본다. 그러니까 그 전후에 두 문장이 있고, 두 가지 정보를 전해주고 있는 것으로 생각한다. 문제는 이들 양자의 관계에 대한 혼돈이다. 사실 『관무량수경』 자체부터 그러한 혼돈이 보인다. 16관이라고 해서 전체적으로 '관'이라는 말을 쓰면서도, 그 안에서 제14~16관 사이에는 관상觀想이 아니라 칭명염불이 설해지고 있기 때문이다. 이러한 점 때문에, 선행 연구자들은 '혹작' 앞의 문장에서 이야기되는 칭명염불로 뒤의 16관을 수렴시켜버리거나, 아니면 '혹작' 앞의 칭명염불을 그 뒤의 16관 속으로 수렴시키고는 했다. 그렇게 해서 전체적으로 관법 내지 관상에 의해서 광덕의 왕생이 이루어진 것으로 이해[38] 하고 말았던 것이다. 그렇게 되면 광덕의 고백과 우선 모순하게 된다.

**38** 김영미의 경우에는 이 두 가지 혼돈이 다 보인다. '관법'으로 본 것은, 김영미 2011, p. 188. 참조. '칭명염불'로 본 것은 p. 192. ; p. 194. 참조.

앞 장에서 살핀 것처럼 칭명염불은 『관무량수경』의 16관 안에서 설해지기 전에 『무량수경』의 제18원에서 설해져 있었다.[39] 그렇다고 한다면, '혹작'이라는 말을 통해서 칭명염불과 16관이 연결되어 있는 것처럼 되어 있다고 하더라도, 실제로 광덕의 왕생은 『무량수경』에서 말하는 칭명염불에 의해서 이루어진 것이 틀림없다.

물론, 『관무량수경』의 16관에도 제14~16관 사이에는 칭명염불이 설해지므로, 그런 점에서 중복된다고 볼 수 있다. 즉 16관 안에 칭명염불이 있다. 그렇지만, 그렇다고 해서 광덕이 16관을 통해서 왕생했다고 이해하는 것은 무리가 있다. 왜냐하면 16관 안에는 칭명염불을 설하지 않는 제1~13관 역시 있기 때문이다. 당나라의 선도善導(613~681)는 『관무량수경』의 16관을 제1~13관까지의 정선定善과 제14~16관까지의 산선散善의 두 부분으로 나누었다.[40] 그러므로 광덕 부인의 증언을 이해함에 있어서도, 이 정선과 산선의 구분을 활용할 수 있을 것이다. 즉, 광덕의 왕생은 일단 칭명염불(=『무량수경』 제18원=『관무량수경』의 산선)에 의해서 이루어진 것이라 보아야 한다.

---

39 경전 성립사적으로 보더라도, 『무량수경』이 먼저이고, 그를 기본으로 해서 『관무량수경』이 지어진 것으로 생각된다. 참고로, 『무량수경』은 범본梵本이 있으나 『관무량수경』은 "중앙아시아와 중국의 절충적 형태를 통해"(시모다 마사히로 2017, p. 37.) 편찬된 경전으로 말해진다. 그를 위해서도 『무량수경』의 참조는 불가피했을 것이다. 그렇다고 해서, 『관무량수경』의 존재 의의가 축소되는 것은 아니다. 오히려 『관무량수경』은 『무량수경』을 보완할 필요성이 있어서 나온 것으로 생각해야 할 것이다.

40 16관의 범주를 도표로 나타낸 것은 中村元 外 2012, p. 96. 참조.

그렇게 되면, '혹작' 이하를 어떻게 이해할 수 있을 것인가 하는 점이 문제로서 제기될 수 있다. '혹작' 전후에는 두 가지 수행법이 제시되어 있는데, 그 양자 사이에 질적인 무게감이 같은 것일까, 다른 것일까? 문법적으로 볼 때, '혹은(or)'이라는 접속사를 '등위等位' 접속사라고 말한다. 그 전후의 양자가 같은 무게감을 갖는 것으로 볼 수 있다는 표현이다. 하지만, 문맥을 염두에 두고 본다면 결코 같다고 볼 수는 없다.

이기백은 칭명염불 이외의 16관이 행해진 것에 대해서, '보조적인 방법'[41] 이었을 뿐이라 지적한다. 이는 어느 일면에서는 일리 있는 주장이다. 광덕의 왕생이 칭명에 의한 것임을 분명히 해주었기 때문이다. 그러나 '보조적'이라는 평가를 받는 관법 역시, 그것이 '보조적'인 이상 왕생의 한 요인으로 어느 정도는 작용했다는 뜻이 된다. 이기백의 평가는, 제18원에서 요구되는 행은 오직 '나무아미타불'의 칭명일 뿐임을 생각할 때, '칭명+관법(칭명>관법)'의 행을 원인으로 해서 왕생이 이루어진 것처럼 오해할 수 있는 가능성을 남기고 있어서 무리라고 생각된다.

그래서 '혹작' 이후에 말해지는 16관을 다르게 평가해야 할 필요성이 제기된다. 광덕 부인의 증언에는 광덕 스스로는 말할 수 없었던 이야기가 담겨 있다. 바로 일념을 얻은 이후, 즉 현신으로 평생업성한 이후에 누리게 되는 하나의 과보로서 16관 중 정선[42] 을 볼 수 있게 한다는 점이다. 그것은 "혹은 16관 (중에서 정선)

41 이기백, 1986, p. 150.

을 하기도 하였는데, (정선의) 관이 익은 뒤에는 밝은 달이 창문으로 들어왔습니다"라고 읽을 수 있는 그 문장이 이미 결과를 나타내는 것으로 보이기 때문이다. 종교적 경지에 도달한 뒤에 누리는 법락法樂의 수용受用을 나타내고 있는 부분으로 나는 보고자 한다.

여기서 우리는 달이 다시 등장하는 것에 주의를 기울여야 마땅할 것이다. 달은 광덕과 무량수불 사이의 메신저messenger라고 했다. 「원왕생가」에서는 광덕의 염원을 안고서, 혹은 광덕의 행에 대한 보고를 위하여 광덕으로부터 부탁을 받고서 서쪽으로 날아가서 무량수불에게 갔던 것이다. 우리는 보통 여기까지 생각하고 만다. 그런데 광덕 부인의 증언에 따르면, "밝은 달이 창문으로 들어왔다"고 한다. 이번에는 무량수불이 광덕에게 보낸 메신저가 아니겠는가. 그 메시지는 무엇일까? 광덕의 왕생에 대한 증명일 것이다.

앞서 살핀 것처럼, 이미 '한 번' 칭명하면서 곧바로 '아미타불의 명호를 염하게 되어(念阿彌陀佛號)' 살아 있는 채 극락왕생에의 확신 내지 안심을 얻었던 광덕이 다시 제1~13관을 하고 있다. 이 정선[42] 부분은 극락세계를 관찰하는 부분과 아미타불 등 극락의 삼존三尊을 관찰하는 부분이다. 이러한 관찰은, 광덕이 왕생에 대한 확신을 얻은 이후에 '더러(或)' 한 것으로 말해졌다. 그러한 관찰은 극락에 왕생을 하기 위한 관찰과는 다른 것이다. 어쩌면 이미 극

42 『관무량수경』에서 정선, 즉 1~13관은 극락세계와 아미타불, 그리고 관음세지 두 보살을 관찰 혹은 관상하는 것을 말한다. 이때의 관상은 이미지메이킹 내지 이미지트레이닝이라 생각해도 좋을 것이다.

락에서 자재한 경지[43]라고 볼 수도 있지 않겠는가. 그런 점을 광덕 부인은 "때로는 (창문으로 들어온 그 달)빛을 타고서는 그 위에 가부좌하였습니다"라고 말한 것으로 나는 이해한다.

즉, 칭명염불을 통해서 일념이 이루어진 뒤 현신왕생現身往生[44], 즉 평생업성을 한 광덕은 때로는 무량수불로부터 도착하는 메시지를 받고서 환희에 겨워서 극락과 아미타 삼존을 관찰한다. 그 관찰은 왕생의 원인이 되는 관찰이 아니라, 이미 왕생한 뒤에 누리는 결과인 즐거움이다. 관찰에 대한 이러한 의미 부여 내지 활용은 광덕의 경우에 보이는 특이점으로 보아서 좋을 것이고, 그만큼 신라 시대 정토신앙의 다양성[45]이라 평가해도 좋을 것이다. 그러한 이야기를 우리는 광덕 부인의 증언을 통해서 더 얻을 수 있게 되었던 것이다.

---

**43** 한편 김영미는 이 부분에 대해서도, "가부좌 내지 반가부좌를 한 채 앉아 소리 내어 염불하는 모습을 보여준다"(김영미 2011, p. 197.)라고 말한다. 여기서 중요한 것은 '가부좌'가 아니라, '달빛 위'라는 가부좌의 장소이다.

**44** 이기백은 "하루라도 빨리 현세를 버리고 정토에 왕생하기를 기원하였는가"라는 기준을 제시하고, 그랬다고 한다면 그것은 "현세에서 행복을 누리다가 죽은 뒤에는 왕생하기를 기원하는" 사후왕생과는 다르므로, 현신왕생이라고 불러야 한다고 했다.(이기백 1986, p. 147, 각주 8 참조) 이에 대하여 김영미는 "광덕과 엄장을 비롯한 하층민의 아미타 신앙을 염세적이고 현세 부정적이라고 규정할 수는 없다. 그리고 현신왕생이라고 규정하기도 어렵다. 왜냐하면 극락은 사후에 가는 곳이기 때문이다"(김영미 2011, p. 176.)라고 반론하였다. 나는 "극락은 사후에 가는 곳"이라는 김영미의 인식은 정토사상의 발전을 충분히 이해한 바탕 위에서 나온 것이 아님을 지적함과 동시에, 내가 쓰는 '현신왕생'의 개념 역시 이기백의 그것과는 차이가 있음을 주의해두고자 한다. 평생업성의 의미를 갖는 현신왕생에는 염세적이거나 현세 부정적인 에토스ethos는 없기 때문이다.

**45** 이기백은 '복잡한 양상'이라 말하였다. 이기백 1986, p. 158.

## Ⅳ. 일연의 전언

'광덕엄장'조에는 전달자 일연의 전언도 있다. 일연의 전언 중에서도 광덕의 왕생에 대한 부분만 논의해보기로 한다. 그 부분을 우리말 번역으로 읽어보면, 다음과 같다.

> 하루는 해그림자가 붉은빛을 띠면서 소나무 그늘에 조용히 저물어 갈 때 (엄장의 암자) 창밖에서 소리가 났는데, "나는 이제 서방으로 간다. 바라건대 그대도 잘 지내다가 속히 나를 따라 (서방으로) 오라"고 알려주었다. 엄장이 문을 밀치고 나가서 (그 소리가 난 곳을) 돌아보니, 구름 밖에 하늘음악의 소리가 나고 광명이 땅에 드리워 있었다. 그 다음날 그 집에 찾아가 보니, 광덕이 과연 죽어 있었다. 이에 그 부인과 함께 유해를 수습하여 함께 장사 지냈다.[46]

두 수행자 중 광덕이 먼저 왕생하였다. 애당초 "먼저 안양국에 가는 사람은 반드시 (다른 사람에게) 알려주자"[47]라는 약속을 하였으므로, 광덕은 엄장의 집 위를 날아가면서 그 약속을 지키고 있다. 그런 광덕의 소리를 듣고서, 문을 밀치고 나가서 살펴본 엄장의 눈과 귀에는 "하늘음악의 소리가 나고 광명이 땅에 드리우는" 것이 들리고 보였다. 흔히 하늘음악과 광명은 왕생전 내지 왕생담

---

46 『삼국유사』, 한불전 6, p. 358.

47 상동.

에서, 어떤 사람이 왕생했음을 알려주는 징조들의 하나로 나타나는 것이었다. 다만 여기서 종래 연구자들을 혼돈에 빠뜨린 것이, 왕생을 하는데 왜 무량수불의 내영來迎이 없는가 하는 점이었다. 그도 그럴 것이 48원 중 제19원에서는 다음과 같이 내영을 말하고 있기 때문이다.

> 가령 내가 부처가 될 때, 온누리의 모든 생명들이 보리심을 발하여 온갖 공덕을 닦고 지극한 마음으로 발원하여 나의 국토에 태어나고자 했음에도 불구하고, 목숨이 다할 때 만약 대중과 함께 그 사람 앞에 나타날 수 없다면, 나는 정각을 이루지 않으리라.[48]

비단 『무량수경』에서만 내영이 설해지는 것이 아니다. 『관무량수경』이나 『아미타경』에서도 내영은 설해진다.[49] 그렇기에 우리는 광덕처럼, 평소에 '나무아미타불' 염불을 열심히 하였다면 왕생할 때 불보살의 내영이 있었어야 할 것 아니겠는가 생각할 수 있다.

그러나 정토사상사는 내영을 말하면서도, 동시에 불래영不來迎을 말하기도 하였음을 주의해야 할 것이다. 그 대표적인 사상이 신란에게서 나타나는데, 내영을 부정하는 이유는 무엇일까? 앞서

48 『무량수경』, 대정장 12, p. 268.

49 정토삼부경과 조사들의 어록 속에서 내영이 두루 말해지는 것에 대해서는 柳宗悅 2017, pp. 243~248. 참조.

말한 것처럼, 살아서 아미타불의 구제를 확신하는 안심을 얻었기 때문이다. 그것을 현신왕생이라고 했으므로, 사후왕생 시에 내영은 새삼 필요치 않다는 입장이었다.[50] 신란은 『말등초末燈抄』에서 이렇게 말하였던 것이다.

> 진실한 신심의 수행자는 (아미타불께서) 중생을 거두어들여서 버리지 않는 까닭에 정정취正定聚의 지위에 머문다. 그러므로 임종을 기다릴 것도 없고, 내영에 의지할 것도 없다.[51]

정정취의 지위에 머문다는 것은, 곧 앞서 말했던 평생업성이자 현신왕생을 가리키는 것이다. 아미타불께서 "중생을 거두어서 버리지 않는다"는 것을 진실하게 믿는 사람은 그것만으로 "정정취의 지위에 머문다"는 것이다. 그렇게 믿음으로써 정정취에 머물게 되는 것을 안심결정安心決定이라 하는데, 그 안심결정은 바로 지금 여기서 이룰 수 있는 것이 된다. 굳이 사후를 기다려야 하는 것이 아니고 내영에 의지해야 하는 것도 아니다.

그러므로 우리는 광덕의 왕생에서 내영에 대한 서술이 없었다고 하는 것에서, 그의 왕생이 의심스러운 것이 아니라 그의 왕생이 불내영이었음을 알게 된다. 앞서 말한 것처럼, 그는 이미 단 한

50 柳宗悅 2017, pp. 252~253.

51 대정장 83, p. 711. 정정취는 곧 부처가 되는 것이 확실한 지위인데, 신란에게는 보살의 10지 중 초지初地 환희지歡喜地를 말한다. 48원 중에서 제11원에서 말해진다. 여기서부터 부처가 되는 것은 시간문제이지, 결코 다시 후퇴하지는 않는다는 것이다.

번의 '나무아미타불'로 현생에서 정정취에 이르렀으며, 그러한 '나무아미타불' 속에서 사후의 왕생이 아니라 현신왕생을 성취하였던 것이며, 내영 없이도 왕생할 수 있음을 보여주었던 것이다. 바로 그렇기에, 우리는 「원왕생가」에 나타난 것처럼 48대원에 대한 믿음으로 광덕의 삶은 그 이전의 삶과는 달라졌을 것이다. '이 몸'의 왕생이 없이 무량수불의 성불도 없으며, 무량수불이 성불했던 바로 그때 '이 몸'의 왕생 역시 '나무아미타불'이라는 명호 속에서 결정되어 있다는 것을 광덕 역시 알고 있었을 것으로 판단되기 때문이다.

## V. 종래의 견해와 다른 새로운 이해

향가 「원왕생가」는 정토시의 백미라고 해도 좋을 작품이다. 그것을 둘러싸고 여러 가지 해석들이 백화제방百花齊放하고 있다. 특히 국문학계에서 그러하였다. 그러한 논의들을 살펴보면서, 나는 정토해석학의 입장을 작품 해석에 투영함으로써 종래의 견해와는 다른 새로운 이해 몇 가지를 얻을 수 있었다.

첫째, 「원왕생가」 이해의 핵심은 바로 무량수불과 시의 화자 사이에 1 : 1로 대응하는 핫라인이 존재한다는 점이다. 달이나 광덕의 부인 등은 모두 무량수불과 시의 화자 사이에 존재하는 선분線分 위에는 존재하지 않는다.

둘째, 무량수불과 시의 화자인 '이 몸'은 동시 성불한다는 정토사상이 시의 결구에서 제시되어 있다. 이것이야말로 '안심'인데, 바로 시의 심층 의미라 할 수 있다. 이제 단순히 '기원'이라는 표층 의미만이 아니라 '안심'이라는 심층 의미까지 함께 해독할 수 있게 되었다. 그런 의미에서 시의 제목을 「안심가」라 해도 좋을 작품이다.

셋째, "一聲念阿彌陀佛號"의 해석을 "한 번에 아미타불의 명호를 염하게 되었다"라고 해석함으로써, 『무량수경』 하권에서 말하는 '내지 일념'에 왕생할 수 있다는 일념의의 입장이 「원왕생가」에 나타나 있는 것으로 보았다. '每夜'에 그렇게 하였다는 것은, 점진적인 염불행을 말하는 것이 아니라 일념에 평생업성한 뒤에 매야에 그 법열에 젖어 들었던 것으로 해석하였다.

넷째, 칭명과 관법의 관계에 있어서 『무량수경』의 제18원에 따라서 칭명염불로써 광덕의 왕생이 결정된 것은 틀림이 없다. 그런 뒤에 '더러는(或)' 『관무량수경』의 16관 중 정선, 즉 1~13관의 내용에 따라서 극락과 삼존을 관찰하였다. 달빛 위에서 가부좌하였다는 것은 법락의 수용을 나타내는 상징으로 보았다.

다섯째, 광덕의 왕생은 '나무아미타불' 일념으로 현세에 현신을 갖고서 이루어진 평생업성이므로, 내영이 요구되지 않는 것이었다. 불래영이었다.

이러한 나의 해석은 정토해석학의 관점을 깊이 참조한 것이다. 13세기에 일본에서 활약한 신란, 겐이, 잇펜이 보여준 놀라운 사색의 깊이를 광덕은 이 아름다운 시 한 편을 통해서 일찍이 다 선취先取하여 묘파描破해버리고 말았다. 그런 점에서 많은 선행 연구자들이 광덕에게 원효의 영향이 있었을 것이라고 생각하는 것은 성급하다고 본다. 물론 그럴 가능성을 원천적으로 부정할 근거는 없다. 그렇지만, 내가 그렇게 생각하는 것에 반대하는 이유는, 정토사상사의 맥락에서 볼 때 광덕의 경지는, 원효와의 비교 없이도, 절대적으로, 이미 최고봉에 올라 있기 때문이다.

다만 아쉬운 것은, 광덕의 「원왕생가」에 나타나 있는 최고봉의 정토사상이 그 이후 널리 반복, 변주, 확장되지 못해왔다는 점이다. 그것이야말로 다시 우리에게 주어진 과업이자 사명일 것이다. 정토사상을 계속 말해야 하고, 「원왕생가」와 같은 아름답고도 깊은 정토시가 계속 창작되어야 할 이유일 것이다.

2장.

# 극락의 존재 여부와 염불의 가능성

우리가 정토신앙을 갖기 어려운 이유는 불교 내부와 불교 외부에서 공히 찾을 수 있다. 불교 내부에서는 합리적인 초기불교나 자각自覺을 중시하는 선불교의 영향이 강하기 때문에 생기는 반작용이 강하고, 불교 외부적으로는 근대화되면서 합리주의 · 과학주의의 세계관이 교육을 통해서 심어져왔기 때문이다.

그런데 그러한 이유들은 '중생'의 입장에서 이유가 되었던 것뿐이다. 실제로 정토신앙의 역사에서는 그러한 점들을 '이유가 되지 않는' 것으로 괄호를 치고서 신앙의 길을 걸었던 선구자들이 있었다. 그 길을 '신심의 길' 내지 '안심의 길'이라 말해도 좋을 것이다.

물론 그분들 시대에도 지금 우리의 시대와 마찬가지로 정토를 쉽게 믿지 못하는 사람들이 있었을 것이고, 그래서 그러한 문제를 정면에서 대응하려는 움직임도 있었을 것이다. 혹은 그렇지 않았지만, 정토나 아미타불에 대해서 특별한 의심을 갖지 않았으나 그분들이 가졌던 사상이나 신앙 안에는, 지금과 같이 쉽게 믿지 못하는 중생에 대해서 '이렇게 생각해보면 어떨까'라고 하는 정도로 재해석될 수 있는 여지를 이미 갖고 있는 경우도 있었다.

지금과 같은 회의하는 시대 풍조 속에서 쉽게 믿지 못하는 중생들을 염두에 두면서, 나는 정토신앙 선구자들의 '신심의 길' 내지 '안심의 길' 속에서 대답을 찾아보기로 했다. 이 대답들은 뒤에 나올 제4부의 두 논문에서 다루는 것과 같은 방식은 아니다. 뒤의 논문들은 정면 대응이지만, 지금의 논문에서는 제3의 길을 뚫어 보려는 것이었다.

나의 정토신앙에서는, 이 논문이 칸트에게 있어서 『순수이성비판』이 차지하는 것과 같은 위상을 점하고 있는 것으로 자평自評하거니와, 그런 영감을 준 신앙의 스승들은, 이 글에서 다루어지는 순서로 말하면 일본의 신란親鸞, 잇펜一遍, 그리고 우리의 의상義相(625~702) 등이다.

애당초 이 글은 『보조사상』 제48집(보조사상연구원, 2017) 41~74쪽에 수록된 것인데, 이 책에 수록하면서 다소 수정과 보완을 거쳤음을 밝혀둔다.

## Ⅰ. 문제 : 극락은 존재하는가?

불교는 흔히 자력문自力門과 타력문他力門, 난행도難行道와 이행도易行道, 성도문聖道門과 정토문淨土門으로 나누어서 생각된다. 특히 수행과 실천의 측면에서 그렇게 나누는데, 전자(자력문=난행도=성도문)의 대표로는 '선'을 들게 되고 후자(타력문=이행도=정토문)의 대표로는 나무아미타불 '염불'을 들게 된다. 선을 이해하는 것에는 큰 문제가 없는 것처럼 보이는데, 염불을 이해하는 데에는 많은 어려움이 있는 것으로 생각된다. 왜냐하면 선은 본래부처인 자기 마음을 깨치자는 것이므로 결코 수행자의 현실을 벗어나는 것이 아님에 반하여, 염불을 통해 얻어야 할 극락왕생은 수행자의 현실 안에서 증험證驗할 수 있는 것이 아니기 때문이다.

염불이 현실적이지 않다는 것은 정토문의 원점原點에서부터 확인된다. 널리 알려져 있지만, 정토문은 『무량수경無量壽經』에 서술되어 있는 법장法藏 보살의 48원에 의해서 형성된 것이다. 특히 그 중에서도 제18원이 가장 중요하여, 왕본원王本願[52]이라 불렸다.

> 가령 내가 부처가 된다고 하더라도, 온누리의 모든 중생들이 지극한 마음으로 (나의 이 발원을) 믿고 좋아하여 나의 국토에 태어나고자 해서 십념 정도를 했음에도 불구하고 (나의 국토에) 태어나지 못한다면 (나는) 올바른 깨달음을 취하지 않겠다. 다만 오역죄와 정

---

**52** 柳宗悅 2007, p. 92. ; 柳宗悅 2017, p. 115.

법을 비방한 자들은 제외한다.[53]

(가령 내가 부처가 된다고 하더라도) 모든 중생들이 나의 이름을 듣고서는 신심으로 기뻐하면서 일념 정도를 하여 지극한 마음으로 (그 공덕을) 회향하여 나의 국토에 태어나고자 한다면 곧 (나의 나라에) 왕생할 수 있을 것이고 (그곳에서) 다시 후퇴하지 않는 경지에 머물 것이다. 다만 오역죄와 정법을 비방한 자들은 제외한다.[54]

제18원의 내용이 상권과 하권에서 두 번 제시되어 있다. 앞에 인용된 상권의 원문願文을 인문因文이라고 하며, 뒤에 인용된 하권의 그것은 과문果文 혹은 성취문成就文이라 말한다. 인문과 과문 사이에 다소의 차이는 있어도, 공통되는 것은 염불을 하면—십념이든 일념이든—극락국토에 태어날 수 있다는 것이다. 이를 왕생往生이라 하는데, 왕생의 전제 조건은 극락국토의 실재實在일 것이다. 만약 극락이 존재하지 않는다면, 염불해봐야 무슨 의미가 있겠는가? 이런 문제가 제기될 수 있는 것이다.

물론, 이러한 의문은 지극히 근대적인 의문이다. 고대나 중세에도 극락의 실재를 의심한 사람은 없지 않았을 터이지만, 그래도 근대나 현대에서만큼은 아니었을 것이다. 그러므로 이러한 문제 제기는 '근대의 산물'이라 말해도 좋을 것이다. 두말할 것도 없이,

---

**53** 『무량수경』, 대정장 12, p. 268a.

**54** 위의 책, p. 272b.

근대는 자연과학의 발달과 함께 시작되었다. 그리고 근대를 뒤이은 현대에서도 자연과학적 세계관의 융성은 결코 꺾이지 않는 흐름이다. 이 도도한 흐름 속에서 근대의 합리주의와 모순되지 않는 '선'은 근대적 현실성의 바탕 위에서 그 굳건한 입지를 다지고 있지만, '염불'은 정반대[55]이다. 이제 누가 극락을 믿는가? 누가 극락왕생을 말하면서, 염불하는가? 염불을 하자고 권진勸進[56]하는가?

극락의 존재 여부에 대한 근대적 의문은 자연과학적 세계관과 더불어 제기된 만큼, 그것은 불교 밖에서 주어진 것이라 해야 할 것이다. 그러나 동시에 그러한 세계관은 불교 안으로도 깊이 스며들게 되었다. 이른바 합리주의적 불교 연구, 이성주의적 경전 해석 등이 붐을 이루면서 넓게는 대승불교 전반에 대하여, 특히 극락을 말하는 정토문에 대한 비판과 불신不信[57]이 대세를 장악한 것으로 생각된다. 우리의 현대불교에서도 마찬가지다. 불교계든 불교학계든 위빠사나 수행법의 유행이나 초기불교 연구의 붐이 일어나는 한편에서 염불의 정토문은 심각한 위기에 빠지고 있는 것이 현실이다. 이 위기의식을 한보광은 다음과 같이 표명한 바

---

**55** 정토신앙이 이성주의 · 합리주의와 같은 근대정신에 의해서 위기에 봉착하고 있음은 만해 한용운의 「염불당의 폐지」(『조선불교유신론』)의 주장에도 잘 나타나 있다.(이에 대해서는, 이 책 제4부의 첫 번째 논문에서 논술한 바 있다.)

**56** '권진'이라는 말은 『관무량수경』에 "勸進行者"(대정장 12, p. 341c.), "勸進其心"(대정장 12, p. 344c.)이라는 말로 등장한다.

**57** 그 전형적인 사례는 "대승 경전은 불설이 아니다"라는 대승비불설大乘非佛說론에서 확인된다. 이에 대한 비판은 김호성 2010a. 참조.(제4부의 두 번째 논문으로 수록되어 있다.)

있다.

믿긴 믿는데 반은 믿고 반은 믿지 않는 의혹심을 가지면서 믿는 사람들이 많다. 극락이 어디 있느냐? 지금 이 자리가 극락이지 죽은 뒤에 무슨 극락이 있느냐?, 라고 하는 사람이나 혹은 아미타불이 어디 있느냐? 내 마음이 아미타불이지, 라고 하는 사람들도 있다. 이들은 지금까지 정토삼부경에서 극락정토와 아미타불에 대해서 수없이 자세히 설하였지만, 그 존재를 믿지 않고 유심정토唯心淨土 자성미타自性彌陀라고 한다.[58]

그렇기에 나는 이 글에서 극락의 존재를 강력하게 주장함으로써 극락의 존재 여부에 대한 불신이 가져온 정토신앙의 위기를 극복하려고 하는 것일까? 그렇지는 않다. 가장 확실한 증명은 실제로 죽어 극락에 가보아야 하는 것인데, 설령 내가 그렇게 해서 가보았다고 하자. 그렇다 하더라도, 옛날의 영험전에 나오는 이야기처럼 되살아나서 극락의 존재를 사람들에게 주장했을 때, 내가 두 눈으로 목격한 그것이 듣는 사람들의 입장에서는 제3자의 증언證言(śabda)[59]에 지나지 않을 것이다. 그 증언을 믿느냐 믿지 않느냐

58 한보광 2010, pp. 80~81.

59 "남산에 불이 있다"는 사실을 남산의 현장에서 두 눈으로 보고 아는 것을 현량現量(pratyakṣṣa)이라 말하고, "연기가 있는 것을 보니 불이 있는 것이 틀림없다"고 추론하는 것을 비량比量(anumāna)이라 하고, 남산에서 불을 보고 온 사람의 이야기를 전해 듣고 믿음으로써 불이 있음을 아는 것을 성언량聖言量(śabda)이라 말한다. 근대 이전에 많이 지어진 영험전의 의도는 성언량을 통해서 극락의 존재를 믿게 하려는 데 있었던 것이다.

하는 것은 여전히 '믿음'의 영역이 되고 만다. 과학적 의문을 믿음으로 논파論破하거나 부정否定할 수는 없다.

그러므로 나는 이 글에서, 극락의 존재를 증명[60]하거나 주장하려는 대신 극락의 존재 유무를 완전히는 아니라 하더라도 어느 정도는 괄호 안에 넣어둔 뒤 염불을 했던 염불행자念佛行者들의 신심의 세계를 드러내고자 한다. 그럼으로써 정토신앙이 극락의 존재 유무와는 무관하게 성립 가능함을 드러내고자 한다. 이를 위하여 일본 정토진종淨土眞宗의 개조 신란親鸞(1173~1262), 시종時宗의 개조 잇펜一遍(1239~1289)이 제시해둔 해답들을 살펴본다. 그리고 마지막으로 신라 화엄종의 개조 의상義相(625~702)[61]으로부터 시사점을 얻어서 나 나름의 새로운 해답을 제시해보고자 한다.

60 극락의 존재를 증명하려는 선행 연구로 한보광(2010)을 들 수 있는데, 그 증명 방법은 정토 경전의 말씀을 그대로 인용하는 데 그치고 있다. 또 다른 방식으로는 추론(비량)에 의해서 극락이라는 '불'의 존재를 증명해볼 수는 있다. 그러나 이때에도 동원하게 되는 '연기煙氣'는 모두 불교 경전 안의 교설敎說이 된다. 그런 점에서 성언량에 근거한 비량이라고 할 수 있다. 이는 야나기 무네요시가 잘 보여준 방법론인데(김호성 2015a, pp. 273~280. 참조. ; 김호성 2017a, pp. 92~93.), 나 역시 그러한 방법론에 의지하여 관세음보살의 존재 증명을 시도해본 일이 있다. 김호성 2010b, pp. 28~49. 참조.

61 이 서술 순서는 시대순이 아니라 신심의 진행 순서, 혹은 이 문제와 관련한 나 자신의 대답 찾기라는 여정旅程의 코스를 나타내는 것이기도 하다.

## Ⅱ. 이미 주어져 있는 해답들

### 1. 신란親鸞, 본원의 진실을 보라

근대 이전에는, 인도는 물론 중국과 한국에서도 정토종은 하나의 종파로서 독립하지 않았다. 그렇다고 해서 반드시 그것이 나쁘다고 할 수는 없지만, 일본에서 정토종의 독립이 이루어진 것은 정토신앙의 역사에서 특기할 만한 일임은 틀림이 없을 것이다.

일본에서 애당초 염불은 천태종 안에서 행해졌다. 그러던 것이 호넨法然에 의해서 천태종 밖으로 나가서 하나의 종파로서 독립하게 된다. 호넨은 참으로 기라성 같은 제자들을 많이 두었고, 그 문하에서 정토사상의 발전은 그 극한에 이른다. 그중에 신란이 있는데, 그의 문도들이 다시 정토진종을 형성하면서 그 개조로 추앙되고 있다.

신란의 삶은 길었고, 고난의 일생이었다. 그리고 그 긴 세월 동안 수많은 저술을 남겼다. 그중에 『교행신증教行信證』이 주저로 평가되고 있으며, 널리 읽히고 연구되고 있다. 그러나 『교행신증』은 6권에 이르는 방대한 분량에다가, 중요한 정토경론의 인용을 위주로 하고 있으므로 승려나 전문적인 학자가 아니라면 접근하기가 쉽지 않은 것이 현실이다. 그런 한계를 뛰어넘어 널리 읽히는 것이 바로 『탄이초歎異抄』이다.

『탄이초』는 신란 자신이 직접 집필한 저술은 아니다. 제자 유이엔唯円(1222~1289)이 스승 신란으로부터 들었던 말씀을, 신란 사후에 기억해 내서 기록한 것에다가 신란 사후 정토문의 신앙 형태에 대한 유이엔 자신의 비판적 언급을 합한 책이다. 제1조에서 제10조까지가 전자이고, 제11조에서 제18조까지가 후자이다. 그 사이에 중서中序가 있다. 『탄이초』는 에도 시대에 정토진종의 제8대 렌뇨蓮如(1415~1499)가 필사한 것이 현존 최고最古의 사본인데, 그 후미의 오서奧書에 이 『탄이초』를 금서로 지정하는 언급이 보인다.

> 전세前世로부터의 선근善根이 없는 사람에게는 함부로 보이거나 서사書寫를 허락해서는 안 됩니다.[62]

전문적 학승들은 수많은 주석서를 남기고 있지만, 『탄이초』를 신자들이나 일반인들이 보게 된 것은 그리 오래되지 않았다. 메이지明治 이후의 일이 되는데, 근대에 이르러서 『탄이초』는 그야말로 종문宗門의 제일서第一書라고 해도 과언이 아니게 되었다. 그뿐이 아니다. 『탄이초』는 좁은 종문을 넘어서 사회 일반에 이르기까지 널리 영향을 미치게 되었으니, 일본의 근대는 '탄이초의 근대'[63], 혹은 '탄이초의 현대'[64]라고 일컬어지기도 한다.

---

**62** 대정장 83, p. 728b. ; 마에다 류前田 龍 · 전대석 공역 1997, p. 99. ; '오영은 2008'에는 렌뇨의 오서가 없다.

**63** 子安宣邦 2014. 참조.

**64** 末木文美士 2004. 참조. 이를 번역한 '이태승 · 권서용 2009'에는 오역이 자심하다. 이를 하나하나 정정한 것으로 '김호성 2015b, pp. 122~132' 참조.

전반에 기록된 신란의 어록은 모두 10조밖에 되지 않는데, 그 중 제2조에서 극락의 존재 여부를 염불의 전제 조건으로 삼는 근대적 문제 제기에 대한 신란의 해답이라 평가할 수 있는 부분을 나는 만나게 되었다.

제2조의 말씀은 멀리 동북 지방—신란이 20년 동안 교화하던 농촌 지방—에서부터 찾아온 신자들에게 한 이야기다. 먼저 "염불 외에 왕생의 방법을 안다거나, 또는 왕생의 법문 등을 제가 알고 있으리라고 마음속에 궁금히 생각하고 있으시다면, 그것은 크나큰 잘못입니다"[65]라고 전제前提한다. 만약 그렇다면, 화엄종이나 법상종의 교학이 발달한 나라奈良라든가, 천태종의 총본산 히에이잔比叡山에 "더 훌륭한 학승들이 많이 있으시니, 그분들을 찾아뵙고 왕생의 긴요사緊要事를 정성스레 문의할 일"[66]이라며 손사래 친다.

신란으로서는 염불 외에 왕생의 방법은 없다고 본 것이다. 이러한 언급은 앞서 우리가 살핀 제18원의 원문을 잘 살펴보면, 이미 거기에 표명되어 있다. 염불을 하면 왕생극락한다는 것을 믿고 염불하는 것, 그것이야말로 정토신앙의 알파와 오메가인 것이다. 그 외에 달리 다른 것이 있을 수 없다. 너무나 간명하다. 그래서 '이행도'라고 말한 것이다. 그러므로 신란 역시 염불에 대해서 다른 이

---

**65** 『탄이초』의 번역은 마에다 류前田 龍 · 전대석 공역 1997, p. 31. 다만 우리말 표기나 맞춤법은 교정한다.

**66** 상동.

야기를 할 수 있는 상황은 아니다. 그렇기는 해도, 지금 신란 앞에는 수천 리를 걸어온 신자들의 간절한 염원이 있다. 어째서 염불을 해야 하는가? 어째서 염불이 극락왕생의 길이 될 수 있다는 말인가? 이런 질문에 대답해야 할 입장에 놓여 있다. 그런데 그런 의문에 대한 대답은 기상奇想(conceit)이라 할 만하다.

> 이 신란에게 있어서는 다만 염불을 하여 아미타불의 구원을 입어야 한다고 하신, 스승 호넨法然 스님의 말씀을 받아 믿을 뿐, 그 외에 각별한 정보가 없습니다.[67]

『열반경』에서는 "법에 의지하지 사람에 의지하지 말라"[68]고 했다. 그런데 지금 신란은 정반대의 이유를 제시한다. 왜 염불하는가? 염불한다고 왕생극락할 수 있는가? 정말 극락은 존재하는가? 아마도, 동북 지방에서 온 신자들 역시 이러한 물음을 제기했을지도 모른다. 그에 대해서 신란이 내놓은 대답은, 스승 호넨이 그렇게 말씀하셨기 때문이라는 이야기다. 현량도 아니고, 비량도 아니고, 성언량을 그 근거로서 제시한다. 성언량 중에서도 경전이나 어록을 제시하는 것도 아니다. 바로 몸소 가르침을 받았던 스승 호넨이 그렇게 말씀하셨기 때문이라는 것이다.

이것이 신란의 믿음이었다. 물론, 이러한 믿음을 뒷받침하는 근

**67** 대정장 83, p. 728b. ; 마에다 류前田 龍 · 전대석 공역 1997, p. 32.

**68** 김호성 2009a, p. 47. 참조.

거를 갖고 있는 것은 아니다. 직접, 그의 말을 들어보자. 바로 앞의 인용문을 이어서이다.

> 염불을 하는 것이 참으로 정토에 나아가는 씨앗이 될 것인지, 또는 지옥에 떨어질 업業이 되는 것인지, 그 모두를 전혀 알지 못합니다.[69]

가히 압권壓卷이다. 이러한 관점은 일종의 불가지론不可知論이라 해도 좋을 것이다. 자연과학적 세계관에 깊이 침잠하여 "극락은 존재하지 않는다. 그러므로 염불 같은 것은 할 필요도 없다"라고 말하는 현대인들을 향하여, 신란은 결코 그러한 의견이 틀렸다고 말하지는 않는다. 또 자기는 올바른 관점을 갖고 있다고 하면서 제시하려는 것도 아니다. 오히려 일단 긍정부터 한다. 실제로 그는 『무량수경』을 정토신앙의 근본[70]이라고 보고 있으면서도, 그 경전 속에서 설하는 바를 들어서, "극락은 존재하며, 염불을 하면 극락왕생이 가능하다"고 설교하지 않는다. 오히려 "알지 못한다"고 고백한다.

그렇다면 염불은 하지 않아야 할 것이다. 알지 못하면서 어떻게 염불을 하겠는가 말이다. 그렇지만, 여기서 반전反轉이 일어난다.

---

**69** 대정장 83, p. 728b. ; 마에다 류前田 龍 · 전대석 공역 1997, p. 32.

**70** "대무량수경은 진실한 가르침이며 정토의 진정한 핵심이다." 대정장 83, p. 589a. ; "대저 진실한 가르침을 드러내는 데는 곧 대무량수경이 바로 그것이다." 대정장 83, p. 589b.

그래도 염불을 할 수밖에 없다. 다른 선택지는 없기 때문이다.

> 가령 호넨 스님께 속임을 당하여, 염불을 해서 지옥에 떨어진다 하더라도, 더욱이 후회하지 않을 것입니다. 그 이유는 (염불 이외의) 다른 수행에 노력하여 성불할 수 있었던 몸이, 염불을 읊어서 지옥에 떨어진다면 그야 속았다는 후회도 있겠습니다만, 어떠한 수행에도 도달하기 어려운 몸이기에 결국 지옥에 떨어지기 마련이었지요.[71]

염불을 하느냐 하지 않느냐 하는 문제는 결코 극락의 존재 여부와 같은 외부 대상의 문제에 의해서 결정되는 것이 아니라, 스스로가 어떤 존재인가를 문제 삼는 자기성찰에 의해서 결정된다는 것이다. 즉 법法이 아니라 기機의 문제라고 보는 것이다. 기의 관점에서 법은 정해진다고 보는 것이다. 나의 기에 계합하지 않는다면, 아무리 좋은 법이라도 나를 구제해줄 수는 없다. 나의 기에 계합하는 법만이 나를 구제할 수 있게 된다. 이러한 입장을 나는 기법상응機法相應이라 부르고자 한다.

신란 스스로 자기 기를 살펴보았을 때, 자기는 악인이라고 하는 인식이 강했다. 그러므로 "염불 이외의 수행 정진", 즉 자력으로 해결해 가야 하는 난행도에 의지할 수는 없다고 보았다. 그러므로 극락의 존재 여부는 알 수 없지만, 스스로 다른 선택의 여지가 없

71 대정장 83, p. 728b-c. ; 마에다 류前田 龍 · 전대석 공역, pp. 32~33.

으므로 마지막 남은 하나의 길 — 염불 — 을 선택할 수밖에 없다는 것이다. 그렇다고 하더라도, 문제가 다 해결되는 것은 아니다. 여전히 신자들은 신란에게 마지막 남은 의문을 제기했을지도 모르기 때문이다. 도대체 어떻게 스승 호넨의 말씀을 믿을 수 있다는 말인가? 이에 대한 신란의 다음과 같은 대답에는 실로 기묘한 논법論法이 적용되어 있다.

> 아미타불의 본원이 진실하시다면 석존의 설교가 허언虛言일 수 없고, (석가모니) 부처님의 설법이 진실하시다면, 선도善導 대사의 해석이 허언일 수 없습니다. 선도 대사의 해석이 진실하시다면, 호넨 스님의 말씀이 또한 허언일 수 있겠습니까. 호넨 스님의 말씀이 진실하시다면, 신란이 말하는 취지 또한 헛되다고 할 수 없겠지요.[72]

어쩌면 거의 대부분의 사람들이 취할 법한 논리를 신란은 따라가지 않는다. 대부분의 사람들은, 호넨의 말씀이 믿을 만함을 증명하기 위해서 호넨이 의지하고 있는 『무량수경』 자체가 믿을 만하다는 점을 증명하려고 할 것이다. 그리고 그렇게 『무량수경』이 믿을 만하다는 점은, 그것이 바로 석가모니 붓다의 가르침이기에 그렇다고 논리를 전개해 갈 것이다. 만약 그렇다고 한다면, 여전히 대승비불설의 관점에 선수先手를 빼앗기고 있다 말해야 할 것

72 위의 책, p. 728c. ; 위의 책, p. 33.

이다. 그러한 논법을 취한다면, 『무량수경』은 역사적인 석가모니 붓다의 설법임을 증명해야 하는 숙제가 남기 때문이다.

신란에게 그런 것은 중요하지 않다. 『무량수경』이 대승불설인가 비불설인가 하는 논란은 신란에게는 주어져 있지 않았다.[73] 대승불설임을 믿고 있어서이기도 하겠지만, 앞서 말한 제18원의 이야기를 전달해주는 메신저—석존—의 이야기를 믿을 수 있을 만큼 메신저가 믿을 만한가 어떤가에 주의를 기울이지 않는다. 오히려 그 역순逆順을 취한다. 그도 그럴 것이 신란에게 중요한 것은 바로 제18원의 내용이 진실하냐 아니냐 하는 점이 문제이기 때문이다. 그리고 그에게 그것은 진실한 것이었다. 모든 중생을 제도하려는 부처님의 자비가 그 본원 안에 담겨 있을진대 어찌 그것이 진실하지 않을 수 있겠는가.

아미타불의 본원이 진실하다는 데 공감을 할 수 있다면, 그 이야기를 전한 석존의 진실—그 매체의 진실성 여부, 즉 대승비불설과 같은 것—여부는 문제 되지 않는다. 당연히 스승 호넨으로 하여금 염불에서 길을 찾을 수 있도록 기연機緣[74]이 되어준 당나라 선도善導(613~681)의 정토사상 역시 진실할 수밖에 없다. 그렇다고 한다면, 법장보살/아미타불의 본원은 석존의 교설, 선도의

---

**73** 일본에서 대승비불설론이 최초로 제기된 것은 에도 시대의 유학자 도미나가 나카모토富永仲基(1715~1746)의 저서 『출정후어出定後語』에 의해서이다. 스에키 후미히코末木文美士 1997, p. 254. 참조.

**74** "일심으로 오로지 아미타불의 명호名號를 염하되, 가든 머물든 앉아 있든 잠자든 시간의 길고 짧음을 묻지 말고 생각 생각에 (그 명호를) 버리지 않는 것을 곧 정정취正定聚의 업이라 말한다. 저 부처님의 원에 따르는 것이기 때문이다." 대정장 37, p. 272b.

해석, 호넨의 말씀, 그리고 마침내는 신란 자신의 취지와 다른 것이 아니게 된다. 모두 동일하다는 것이다.

얼핏 생각하면 법통을 이야기하는 것 같지만, 그렇지 않다. 정토신앙에서는 누구라도 아미타불의 본원이 진실함을 보는 사람은 바로 그 사이의 모든 중간 매개자/메신저들을 건너뛰어서 바로 아미타불과 1 : 1로 대면할 수 있기 때문이다. 이러한 소식을, 신란은 『탄이초』의 후기에서 "아미타여래께서 오 겁五劫에 걸쳐 사유해 세우신 서원을 곰곰이 생각해보면, 오직 신란 이 한 사람을 위해서이네"[75]라고 말했지 않았던가.

결국, 극락의 존재 여부가 마음에 걸려서 염불을 하지 못하는 우리 현대인들에게 제시하는 신란의 대답은, 중요한 것은 극락의 존재 여부가 아니라 본원의 진실함을 볼 수 있느냐 아니냐, 우리 한 사람 한 사람을 구제해주려는 아미타불의 자비에 우리가 감응感應하고 응답할 수 있는 감수성을 갖추고 있느냐 아니냐에 달려 있다고 말하는 것으로 생각된다.

## 2. 잇펜一遍, 지옥도 극락도 다 버려라

일본의 정토불교에 정토종 외에 정토진종이 있다는 사실은 우리의 불교 전통과 다른 점이라 할 수 있는데, 시종時宗이 있다는 점 역시 그렇게 이야기할 수 있을 것이다. 시종은 잇펜의 제자들

75 마에다 류前田 龍 · 전대석 공역 1997, p. 91.

에 의해서 형성된 정토문의 한 종파이다.

잇펜의 계보를 살펴보면, 그가 규슈의 다자이후太宰府에서 모시면서 정토불교를 배웠던 스승은 쇼타츠聖達(?~?)였다. 그리고 그 쇼타츠의 스승이 호넨의 기라성 같은 제자들 중의 하나인 쇼쿠證空(1177~1247)였다. 호넨의 많은 제자들 중에 쇼쿠의 흐름을 서산파西山派라 한다. 이 정토종 서산파는 오늘날에도 정토종, 정토진종, 그리고 시종과 함께 정토불교의 4대 문파[76]로 헤아려지기도 한다. 그만큼 나름으로 맥을 이어오고 있다고 할 수 있으리라.

야나기 무네요시柳宗悅(1889~1961)는 잇펜의 사상을 이해함에 있어 그가 서산파 출신이라는 점을 대단히 중시한다. 그렇다면 서산파 교학의 핵심은 무엇일까? 바로 '기법일체機法一體'[77]이다. '기'는, 앞에서도 나온 것처럼 아미타불에게 귀의하여 구제를 받을 중생, 즉 극락에 왕생을 할 염불자를 말한다. 그러면 '법'은 무엇일까? 일반적으로 불교의 삼보 중 하나인 법을 말할 때는 붓다의 가르침을 가리킨다. 앞에서 내가 '기법상응'이라 말했을 때는, 바로 그러한 의미였다. 그렇지만, 여기 서산파에서 기법일체를 말할 때는 진리 그 자체가 아니라 붓다를 가리킨다. 즉 '나무'가 기이고 '아미타불'이 법이다. 그러므로 기법일체는 염불하는 염불행자와 그 염불의 대상이 되는 아미타불이 일체라는 말이다. 일체는 둘이

76 야나기 무네요시柳宗悅 2007, p. 244. ; 柳宗悅 2017, p. 337.

77 기법일체 사상을 가장 분명하게 서술한 책은 『안심결정초安心決定鈔』인데, 이는 서산파 심초의深草義의 겐이顯意(1239~1304)의 저술로 인정된다. 柳宗悅 2007, pp. 141~142. ; 柳宗悅 2017, pp. 186~187. 참조.

아니라 한 몸이라는 것이다.

염불행자는 중생이고, 아미타불은 부처이다. 그러므로 여기에는 엄연한 대립이 있고, 그 대립은 이원적인 세계를 형성하게 된다. 정토신앙은 바로 이러한 대립 위에 성립한다. 아미타불의 제18원 역시 그러하지만, 가장 단적으로는 정토삼부경의 하나인 『관무량수경』의 서분序分에 나오는 위제희韋提希 부인의 이야기에서 잘 드러나 있다. 남편 빔비사라Bimbisāra 왕은 아들 아자타샤트루Ajātaśatru에게 왕위를 찬탈당하고 옥에 갇혀 있다. 남편의 봉양을 위해 부인은 깨끗이 목욕하고 온몸에 꿀을 바른 채 남편을 면회하고 핥아 먹게 한다. 이를 안 패륜아 아들이 다시 이번에는 어머니를 죽이려 한다. 다행히 용감한 신하들의 간언 덕분에 죽음만은 면했지만, 이러한 세상을 그녀는 살고 싶었겠는가. 그런 절망적 상황에서 위제희 부인은 부처님께 이러한 고통이 없는 세계는 없는지 여쭙는다. 이에 부처님은 극락세계를 가르쳐주게 된다.[78]

앞에서 나는 제18원이 정토신앙의 원점starting point이라 말했다. 그뿐만 아니라, 『관무량수경』의 이 장면 역시 정토신앙의 원점이다. 『무량수경』의 본원이 아미타불의 입장에서 본 정토신앙의 원점이라면, 여기 『관무량수경』에 나타난 위제희 부인의 비원悲願은 중생의 입장에서 바라본 정토신앙의 원점이다. 그런 만큼 정토신앙의 요체를 한마디로 말하면, "예토를 싫어해서 떠나려 하고, 정토는 기꺼이 왕생하고자 구하는 것이다"라고 할 수 있다.

**78** 대정장 12, p. 341a-b. 참조.

이러한 정토신앙의 원점에서 본다면, 여전히 아미타불은 아미타불이고, 중생은 중생일 수밖에 없다. 아미타불은 결코 중생이 아니고, 중생은 결코 아미타불이 아니다. 그 불가역不可逆의 대립 속에서, 그 대립을 넘어서려는 몸부림이 곧 '나무아미타불' 염불이라 말할 수 있다. 잇펜의 증조曾祖라고 할 수 있는 호넨은 이러한 단계를 벗어나지 않았다. 그에게 염불은 중생이 극락에 왕생하기 위한, 아니 왕생할 수 있게 하는 티켓이었다. 이는 호넨만이 그런 것은 아니었다. 앞서 살핀 것처럼, 정토삼부경 자체가 다 그러했다. 그러므로 그러한 정토문의 특성을 넘어서기가 불가능한 것처럼 생각된다.

이 글의 문제 제기가 놓여 있는 곳 역시 바로 거기이다. 그러한 이원 대립적인 정토신앙을 추구하는 한, 극락의 존재 여부에 대한 의문에 봉착할 수밖에 없을지도 모르는 일이기 때문이다. 그렇지만, 잇펜은 보기 좋게 그러한 한계를 뛰어넘어 버린다. 염불은 '기법일체'라는 것이다. 중생이 아미타불을 부르는 것이 아니라, 애당초 중생도 없고 아미타불도 없다는 것이다. 아니, 달리 말하면 중생도 애당초 아미타불이고, 아미타불 역시 아미타불이라고 본다. 잇펜에게 염불은 '아미타불의 명근命根으로 돌아간다'[79]는 뜻이었다. 이 아미타불의 명근은 본래 중생과 아미타불이 공유共有하는 것이었다. 그러므로 기법일체는 중생과 부처 사이의, 둘이면

79 柳宗悅 2007, p. 135. ; 柳宗悅 2017, p. 178.

서 둘이 아니고, 둘이 아니면서 둘인 관계[80]를 나타내는 말이다.

그러므로 염불하는 중생의 입장에서 아미타불의 명근으로 돌아가기 위해서는 중생도 버리고 아미타불도 버려야 한다. 중생을 버려야 중생 속의 아미타불로 돌아갈 수 있고, 아미타불을 버려야 중생과 아미타불의 이원 대립을 극복할 수 있게 된다. '버려라' 하는 것은 잇펜 스님이 늘 주장하던 바이다.

> 나무아미타불을 부르는 것 외에 따로이 마음 쓸 것이 없고, 이외에 또 덧붙여서 설명해야 할 깊은 그 무엇이 있는 것도 아닙니다. 많은 지자智者들이 여러 가지로 제시한 가르침이 있습니다만, 모두 여러 가지 의문에 대한 방편의 가르침입니다. 그러므로 염불행자는 그러한 가르침조차도 버리고서 염불해야 할 것입니다. (…) 염불행자는 지혜도 어리석음도 버리고, 선악의 경계까지도 버리고, 신분의 귀천도 버리고, 지옥을 두려워하는 마음도 버리며, 극락을 바라는 마음도 버리고, 또한 불교의 각 종파에서 설하는 깨달음까지도 버리며, 모든 것을 다 버리고서 외는 염불이야말로 아미타여래의 본원에 부합하는 것입니다.[81]

이는 잇펜이 천태종의 코우간興願 승도僧都에게 보낸 편지글이

80 이는 의상의 『백화도량발원문』 서분에서 서술되고 있는 바와 상통한다.

81 橘俊道 · 梅谷繁樹 1989, pp. 220~221. ; 柳宗悦 2007, p. 241. ; 柳宗悦 2017, pp. 331~332.

다. 먼저 코우간 승도가 염불에 대한 질의를 보냈는데, 그 답서 중의 일부이다. 야나기 무네요시는 이 글이야말로 "시종 제일第一의 법어로 받들고 싶다"[82]고 하였는데, 나 역시 그러한 야나기의 평가에 동의하지 않을 수 없다.

여기서 핵심은 '버리다'라는 말이다. 잇펜을 일러서 모든 것을 다 버린 성자 '스테히지리捨聖'[83]라고 부르는 궁극적 의미가 여기에 있다. 스님은 집을 버리고 출가한 수행자를 말하지만, 그래도 절은 있지 않던가. 그러나 잇펜의 경우에는 집을 버리고 스님이 되었지만, 그 절조차도 버리고서 전국을 떠돌아다닌다. 인도에서 붓다가 그렇게 했던 것처럼, 유행遊行[84]을 지속한다. 그리고 길 위에서 왕생한다. 붓다의 유행이 그랬듯이, 잇펜의 그것 역시 포교 여행이었다. '나무아미타불'을 알려주기 위한 걸음이었다. 집은 물론 절조차 버렸다는 뜻에서도 '스테히지리'이지만, "지옥을 두려워하는 마음도 버리며, 극락을 바라는 마음도 버리고" 염불하였기에 '모든 것을 버린 성자'라고 불렸던 것이다.

극락의 존재 여부를 문제 삼는 사람들 생각은 간단하다. 아마도

---

**82** 柳宗悦 2007, p. 242. ; 柳宗悦 2017, p. 333.

**83** '히지리聖'는 '성자'라는 의미지만, 일본불교에서는 저잣거리에 내려와서 민중 교화를 하는 스님을 가리키는 말이다. 저잣거리의 성자라는 뜻에서 '이치히지리市聖'라고 하였으나, 줄여서 '히지리'라고 부른다. 그들 중에서는 쿠야空也(903~972)와 같이 "나무아미타불" 염불을 권한 히지리를 '아미타히지리阿彌陀聖'라고도 했다.

**84** 유행은 잇펜의 가풍—시종의 종풍宗風—을 특징짓는 세 가지 중의 하나다. 다른 두 가지는 부산賦算과 춤염불인데, 부산은 "나무아미타불 결정왕생 육십만인"이라 써서 나누어주는 것을 말한다.

다음과 같이 정리할 수 있을 것이다.

> 극락이 참으로 있지 않다면 염불해서 무엇하겠는가. 그런데 극락이 참으로 존재한다는 것을 우리가 어찌 알 수 있다는 말인가. 아니, 있음이 증명되지 못한다면 바로 없는 것이 아니겠는가. 그러므로 염불을 해보아야 아무런 의미가 없다.

이런 의문에 대하여, 신란의 경우는 "본원의 진실을 보라"고 말하였음을 우리는 앞서 살펴보았다. 신란은 아미타불을 바라보면서 그러한 의문을 건너뛰었다. 그런데, 잇펜의 경우는 달랐다. 잇펜은 그러한 의문이나 회의를 버려야 한다고 말한다. 의문이나 회의를 불러일으키는 지혜마저도 버리라고 말한다. 지옥을 두려워하고 극락을 바라는 그 마음을 버림으로써 잇펜은 건너뛰었다. 모든 것을 내다 버린 잇펜에게 애당초 지옥이나 극락의 존재 여부는 문제 되지 않았다. 정토신앙을 새로운 경지로 이끌고 가버린 것이다. 위제희 이야기에서 성립한 정토신앙은 말 그대로의 의미에서, 즉 극락정토를 추구하는 종교라는 의미에서 정토문 내지 정토종이라 할 수 있다. 그렇다면, 지금 잇펜이 새롭게 열어 보인 정토신앙의 신천지新天地는 염불문 내지 염불종이라 이름하는 것이 더욱 적절해 보인다.

종래 정토문과 염불문, 정토종과 염불종은 동일하게 타력문 내지 이행도를 가리키는 것으로 사용되어왔다. 그러나 이제 잇펜의 정토불교는 우리에게 정토문과 염불문은 다르다, 정토종과 염불종은 다르다고 말한다. 그리고 그는 『관무량수경』의 위제희 이야기에서 성립된 정토문/정토종의 불교를 내다 버리고, 그 어떤 것도 다 내다 버리고서 오직 "나무아미타불"만 염불하라고 가르친다.

> 이와 같이 소리 내어 염불하고 또 염불하면 부처도 사라지고 나도 사라져서 부처와 내가 하나가 되며, 그 안에 어떠한 도리도 없게 되어 마침내 선악의 세계가 그대로 정토의 세계입니다. 염불 밖에서 정토를 구해서는 안 되며, 이 세속의 세계를 싫어해서는 아니 됩니다.
>
> (…) 또한 이와 같이 제가 말씀드리는 것도 납득하기 어려운 것이 있다면 납득하기 어려운 그대로 제가 말씀드린 것도 버리고서, 제가 말씀드린 것과 다른 이것저것도 생각하지 말고, 아미타불의 본원에 맡긴 채 염불을 읊는 것이 좋습니다. 염불은 안심을 해서 외우는 것이나 안심을 하지 못하고 외우는 것이나 그 어느 쪽도 타력의 시간을 초월하는 본원에 어긋나지 않습니다. 아미타여래의 본원에는 부족한 것도 없고, 쓸데없는 것도 없습니다. 이 밖에 무엇을 또 더 마음을 쓰라고 말해야 할 것이 있겠습니까.[85]

잇펜에 이르러 마침내 정토문/정토종은 염불문/염불종이 되었다. 이제 잇펜에게 남아 있는 것은 아무것도 없었다. 그저 '나무아

---

85 橘俊道 · 梅谷繁樹 1989, p. 222. ; 柳宗悅 2007, pp. 241~242. ; 柳宗悅 2017, pp. 332~333.

미타불'이라는 육자六字 명호만 남게 되었다. '나무아미타불'만이 남아서 '나무아미타불'을 외게 된다. "염불이 염불을 한다."[86] '나무아미타불'이 '나무아미타불' 염불을 하므로 극락에 왕생하는 주체도 '나무아미타불'이 된다. 여기서 중생들에게서 중생이 그대로 탈락된다. 초기불교의 무아無我나 대승불교의 공空, 도겐道元(1200~1253)의 신심탈락身心脫落과 같은 것이다. 도겐 역시 "좌선이 좌선한다"[87]고 말하였다.

바로 이 자리에서 염불은 타력이면서도 타력을 초월한다. 자력이니 타력이니 하는 것은 의미가 없어져버리는 종교적 경지가 열린 것이다. 그러니 극락이 있고 없고가 무슨 의미가 있겠는가. 마침내 정토문/정토종의 사상은 염불문/염불종—잇펜의 사상—에 이르러 그 극치를 내보였던 것이다.

## Ⅲ. 새로운 해답의 모색

### 1. 의상義相, 새로운 해답의 선례先例

의상은 신라에 화엄종을 개창한 조사이다. 널리 알려진 것처럼, 그의 주저는 『화엄일승법계도기華嚴一乘法界圖記』이다. 이 책이 화

86 위의 책, p. 174. ; 위의 책, p. 5. ; 위의 책, p. 12.

87 柳宗悅 2007, p. 4. ; 柳宗悅 2017, p. 12.

엄의 철학을 유감없이 묘파描破한 명저라는 데 이의를 제기하는 사람은 없을 것이다. 그렇게 화엄종 정통의 조사이지만, 그의 신앙은 다채로웠다. 관음신앙을 하였고, 정토신앙 역시 갖고 있었다. 전자는 낙산사의 조형造形과 그 설화에 의해서, 후자는 부석사의 조형과 그 설화에 의해서 짐작할 수 있다. 우리의 주제인 정토신앙과 관련해서도, 의상에게는 『아미타경의기阿彌陀經義起』라는 저술이 있었던 것으로 알려진다. 하지만 아쉽게도 일실逸失되고 말았다.[88]

그러므로 나는 앞서 다룬 신란이나 잇펜의 경우 취한 방법론과는 다소 다른 방법론을 취할 수밖에 없다. 그때는 신란이나 잇펜이 직접 그들의 정토신앙을 엿볼 수 있도록 남겨놓은 말씀들을 근거로 해서, 그 속에 들어 있는 관점을 드러내기만 하면 되었다. 그러나 지금 의상의 경우에는 그러한 작업을 할 수 없다. 물론, 『삼국유사』의 기록 등을 자료로 해서 그의 정토신앙에 대한 조명[89]이 없었던 것은 아니다. 하지만 나는 그러한 길을 따라가지 않으려고 한다. 왜냐하면 그러한 노력들 속에서 나의 문제의식, 즉 극락의 존재 여부와 관련한 어떤 입장의 표명을 의상이 해놓았다고 보기는 어렵기 때문이다.

그 대신 의상의 저술[90]로 알려져오는 『백화도량발원문白花道場

88 동국대학교 불교문화연구소 1982, p. 35.

89 이효걸 2000, pp. 87~110. 참조.

90 『백화도량발원문』의 저자 문제에 대한 개요에 대해서는 김호성 2006a, pp. 233~242. 참조.

發願文』을 통해서 의상이 가졌을 법한 정토신앙을 재구성해보고자 한다. 아니, 『천수경』의 관음신앙과 화엄적 관음신앙을 융합[91] 하고 있는 『백화도량발원문』에 드러나 있는 의상의 관점을 활용하여, 극락의 존재 여부에 대한 난문難問에 내 나름의 새로운 응답應答을 제시해보고자 하는 것이다.

이렇게 할 수 있는 가능성 조건은 『백화도량발원문』이 중생과 관음의 관계[92]를 묻고 있기 때문이다. 앞에서 잇펜을 논의할 때 언급한 것처럼, 중생과 아미타불의 관계야말로 극락의 존재 여부를 제기하도록 한 것 아니었던가. 사바세계와 극락세계라는 의보依報의 차원에서 발생하는 이원 대립의 문제는 곧바로 중생과 아미타불이라는 정보正報의 차원으로 전환[93]된다. 그러므로 잇펜에게서 볼 수 있었던 것처럼, 중생과 아미타불의 관계를 새롭게 구성함으로써 그 이원 대립을 넘어섬과 동시에 극락의 존재 여부라는 문제 제기를 해소시킬 수 있었던 것이다. 다만, 여기서는 『백화도량발원문』에 나타나는 중생과 관세음보살이라는 대립 구조를 일단 중생과 아미타불의 대립 구조로 바꿀 필요가 있다. 예를 들면, 다음

---

**91** 김호성 2006b, pp. 100~128. ; 김호성 2012a, pp. 65~104. 참조.

**92** 『백화도량발원문』을 크게 세 부분으로 나누어 볼 때, 그 첫째의 서분序分이라 할 만한 부분에서 중생과 관음의 관계가 다루어진다. 화엄종의 의상으로서는 "화엄의 입장에서는 중생이 곧 부처/관음이라고 하는데, 그렇다면 굳이 왜 중생은 부처/관음에게 귀의해야 하는가?"라는 질문이 제기될 수 있었고, 그에 대하여 대답을 하지 않을 수 없었을 것이기 때문으로 생각된다.

**93** 이 전환이 가능한 것은 정보正報(身)와 의보依報(土)가 둘이 아니기(依正不二, 身土不二) 때문이다.

과 같이 말이다.

(관세음보살 →) 아미타불의 거울 속 제자의 몸으로
제자의 거울 속에 계신 (관세음보살 →) 아미타불께
귀명정례歸命頂禮하여
진실한 발원의 말씀을 사뢰오니 가피를 바랍니다.[94]

'관세음보살'을 '아미타불'로 교체해놓고 볼 때, 새삼스럽게 감탄하게 되는 것은 '거울'이라는 비유이다. '거울'이라는 말을 집어넣음으로써 아미타불과 제자(=중생) 사이에 성립될 수밖에 없었던 이원 대립의 높은 벽이 무너지게 된다. 이제 그 사이에 있는 것은 '벽'이 아니라 '거울'이다. 거울 속에 비친 영상影像(image)만 존재한다. 제자/중생에게 아미타불[95]도 그러한 존재이다. 제자/중생 밖에서, 제자/중생과는 별개로 존재하는 것이 아니라 그 자신의 거울 안에 존재하는 것일 뿐이다. 아미타불에게 제자/중생 역시 마찬가지다. 그와 무관한 존재가 아니라 그 자신의 거울 속에 있는 존재일 뿐이다.

---

**94** 한불전 6, p. 573.

**95** 중생이 제자라면 아미타불은 스승이 될 것이다. 『백화도량발원문』에서는 "觀彼本師觀音大聖"(한불전 6, p. 571a.)이라 하였다. 그와 마찬가지로 아미타불을 '본사'로 부른 사례가 없지 않다. 바로 『천수경』에서이다. '원본 『천수경』'에서는 관세음보살 스스로 중생들에게 "亦應專念我本師阿彌陀如來"(대정장 20, p. 107a.)할 것을 당부하고 있으며, '독송용 『천수경』'에서는 다라니 독송 이전에 "나무본사아미타불"을 세 번 염하도록 하였다. 김호성 2015c, p. 94.

이렇게 거울의 비유를 통하여 아미타불과 중생 사이에 놓여 있었던 불가역적 대립 관계는 일거에 해소되어버린다. 거울은 바로 그렇게 불이不二의 관계임을 나타내는 기능을 해주고 있다. 기와 법의 양자 사이에 가로놓인 이원 대립을 건너뛴다는 점에서, 비록 그 방식은 다르지만 잇펜과 의상은 공통되는 바가 없지 않다. 그러므로 그러한 대립의 해소를 말함으로써 극락의 존재 여부에 대한 문제 제기에 응답하려는 것이라면 굳이 의상까지 언급할 필요는 없을지도 모른다. 잇펜만으로도 충분한 것으로 판단되기 때문이다.

그렇다면 의상의 『백화도량발원문』에 의지함으로써, 극락의 존재 여부에 대한 문제 제기에도 불구하고 결코 깨질 수 없는 염불자들의 신심을, 나는 과연 어떤 측면에서 재조명하고자 하는 것일까?

그것은 다시 법장보살/아미타불의 입장에 선다고 하는 것이다. 아미타불을 향하여 나아가는 신앙이 아니라, 우리가 곧 법장보살/아미타불의 입장이 되어버리는 신심의 세계를 『백화도량발원문』은 보여주고 있기 때문이다. 일찍이 '거울'을 통하여 아미타불과 제자/중생의 관계를 불이의 차원으로 끌어올렸기에 가능한 일이라고 생각되거니와, 『백화도량발원문』은 제자/중생이 다시 관세음보살/아미타불의 입장이 되라고 말한다. 구체적으로 "십원육향十願六向, 천수천안과 대자대비는 관세음보살님과 같아지며"[96] 라고 발원하는 것이다. 십원육향은 『천수경』에 등장하는 관세음

**96** 한불전 6, p. 574.

보살의 발원이고, 천수천안은 능력, 그리고 대자대비는 마음을 상징한다. 그러므로 이 인용구는 발원에 있어서나 능력에 있어서나 마음에 있어서나 관세음보살과 "모두 같아지기를"[97] 발원하는 것이다.

여기서 '같아지다'라는 말이 나온다. '같아지다'라는 말로써 『백화도량발원문』은 관음신앙의 역사에 신기원新紀元을 열었다. 이원 대립의 불가역적 관음신앙이 아니라 불이의 가역적可逆的 관음신앙을 제시했기 때문이다. 그렇게 관세음보살이 되어서 무엇을 하려는 것일까? 『백화도량발원문』은 중생을 제도하는 관세음보살을 돕기 위해서라고 대답한다.

> 몸을 버리는 이 세상과 새 몸 얻는 저 세상에서
> 머무는 곳곳마다 그림자가 물체를 따르듯이
> 언제나 설법하심을 듣고 교화를 돕겠습니다.[98]

관세음보살의 교화를 돕겠다는 것은 자비 실천의 중생제도를 말한다. 그것은 앞서 관세음보살의 입장에 설 수 있었기에, 즉 관세음보살이 되었기에 가능한 것이었다. 이제 이러한 『백화도량발원문』에서의 관음신앙의 논리를 그대로 정토신앙에 적용해보자.

---

97 이를 나는 관음신앙의 세 가지 유형 중 둘째인 "되겠습니다"의 관음신앙으로 파악하였다. 그 주요 근거는 바로 『백화도량발원문』이었다. 김호성 2006a, p. 109. 참조.

98 한불전 6, p. 574.

중생과 아미타불 사이에는 '거울'을 통하여 그 벽이 무너졌다. 심연深淵은 메꾸어졌다. 이는 단박에, 돈오적頓悟的[99]으로 중생이 법장보살/아미타불의 입장에 설 수 있음을 의미한다. 그렇게 법장보살/아미타불의 입장에 서게 된다면, 그다음에 남는 일이 무엇일까? 『백화도량발원문』에서는 관세음보살의 교화를 돕는 것이라 했다. 이를 정토신앙에 적용시킨다면, 당연히 아미타불의 교화를 돕는 것이라 말해야 할 것이다. 그렇다면 또 아미타불의 일은 무엇일까? 중생제도인데, 그것은 바로 그의 본원, 즉 『무량수경』에 나타난 48가지 서원, 특히 제18원 속에 잘 나타나 있다. 바로 극락을 건설하는 일이고, 모든 중생을 극락으로 이끌어 들이는 일에 다름 아니다. 중생에게 '나무아미타불' 염불을 하여 왕생하도록 권진하는 일일 터이다.

기실, 이러한 나의 논리는 이미 오래전에 『백화도량발원문』의 '거울'의 비유에 주목하면서 그 가능성의 씨앗을 다음과 같이 심어두었던 적이 있다.

> (의상의 — 인용자) 정토신앙이라면, '나무아미타불' 염불을 했을 터인데 그것은 결코 인위因位에서 행한 상향적上向的 실천론이라고

99 호넨의 제자 코사이幸西(1163~1247)는 일념의一念義를 주장하였는데, 다만 "나무아미타불" 일념만으로 왕생이 결정된다고 하는 입장이었다. 이단으로 판정되어서 일찍이 교세가 단절되었지만, 그 입장은 정토진종의 신란에게 들어갔던 것으로 말해진다.(柳宗悅 2007, p. 163. ; 柳宗悅 2017, p. 218.) 코사이의 교판에서 돈오를 의미하는 '돈頓'을 집어넣어서 성돈聖頓이니 범돈凡頓이니를 말하는 것도 그런 맥락에서일 것이다. 김호성 2011a, pp. 265~266. 참조.

할 수는 없을 것 같다. 왜냐하면 이때의 염불행자와 아미타불은 서로 '거울 속의 존재'일 수 있기 때문이다. 이는 곧 성기性起 사상의 입장에서 행해지는 염불이다. 또 하나, 염불행자가 아미타불의 "교화를 돕겠다"고 하는 원력을 세우고 실천하는 것, 염불을 통하여 온누리의 모든 중생으로 하여금 삼매에 들게 하겠다는 (『백화도량발원문』에 입각한—인용자) 실천은 과위果位에서 행하는 염불행이며, 향하적向下的 보현행普賢行과 다름이 아닌 것이다.[100]

아미타불의 입장, 즉 극락을 건설하는 발원과 그 실천을 통해서 정토신앙과 화엄사상은 하나가 된다.

## 2. 아미타불이 되어라

이렇게 의상의 『백화도량발원문』에 나타난 신심의 세계를 그대로 정토신앙에 적용하게 될 때, 극락의 존재 여부에 대하여 우리는 어떻게 대답할 수 있을까? 이원 대립의 해소는 이미 잇펜에게서도 확인할 수 있었으니 그것은 제외하고서 말이다. 아마도 다음과 같이 되지 않을까, 나는 생각한다.

뭐라고? 극락이 존재하지 않는다고? 그래, 그럴지도 모른다. 그렇다면, 좋다. 내가 극락을 만들면 되지. 내가 극락을 만들어 놓고,

---

**100** 김호성 2000, pp. 117~118.

나도 극락에 가고 모든 중생들을 극락으로 이끌면 되지.

그렇게 극락을 만드는 의지의 표명과 전략적 구상이 바로 48가지 발원 속에 다 드러나 있지 않던가. 여기서 나는 일찍이 『백화도량발원문』을 나 자신의 발원문으로 수용했던 경험을 계승하게 된다. 『백화도량발원문』의 저자 문제를 세 가지 차원에서 논의한 적이 있는데, 그 세 번째 해석학적 차원에서 다음과 같이 말한 바 있었다.

고백하건대, 나는 이 『백화도량발원문』을 만나게 된 이후로 어느 한순간도 이 발원문을 의상 스님이 지은 것이 아니라고 생각해본 일이 없으며, 내 자신의 발원문이 아니라는 생각을 해본 적이 없다. 의상 스님의 발원문이자, 나의 발원문이다.[101]

바로 그와 같은 논리를 『무량수경』에 나오는 법장보살/아미타불의 48원에도 그대로 적용할 수 있게 된다. 48원은 법장보살/아미타불의 발원문일 뿐만 아니라, 나 자신, 우리 중생의 발원문일 수 있는 것이다. 그 발원문을 스스로의 발원문으로 받아들이는 순간, 그 염불행자의 정토신앙은 왕상회향往相廻向이 아니라 환상회향還相廻向[102]이 된다. 왕상회향이 아미타불을 바라보고, 아미타불

101 김호성, 2006a, pp. 241~242.

102 정토신앙을 왕상과 환상으로 나누어서 생각한 것은 예컨대 신란의 『교행신증』에서

을 향해서 나아가는 회향이라면, 환상회향은 아미타불이 되어서, 적어도 아미타불을 등에 업고서 아미타불의 48원을 스스로의 48원으로 받아들일 때의 회향이다.

여기서 내가 건설하는 정토신앙의 새로운 전개는, 환상회향이 아미타불의 일이지 염불행자의 일은 아니라는 입장과는 확연히 다른 것이다. 테라가와 도시아키寺川俊昭는 '왕상즉환상'이 올바른 입장이 아니라고 함으로써, 환상회향은 염불행자의 일이 아니라 아미타불의 일임을 강조한다.[103] 그렇다. 회향은 중생의 회향이 아니라 아미타불의 회향이다.[104] 아미타불을 향해서 바라보며 나아가는 입장, 즉 왕상에서는 동시에 환상은 불가능할지도 모른다.

그러나 제18원에서 법장보살의 행은 왕상회향이 곧 환상회향이었다. 스스로의 성불과 염불하는 중생의 제도, 즉 왕생이 동시同時이기 때문이다. 아미타불의 성불과 중생의 왕생이 동시라는 것은, 곧 왕상회향(=상구보리)과 환상회향(=하화중생)이 동시임을 말한다. 상구보리와 하화중생의 동시적 구현은 오직 정토문—특히, 잇펜—에서만 가능한 논리이다. 테라가와 도시아키가 그것을 불가하다고 말한 것은 아미타불과 나 사이의 관계를 불가역적 관계—신란의 입장—로 보기 때문이고, 그런 한 그럴 수밖에 없다. 나의 정토신앙이 테라가와 도시아키의 그것과(정토진종이 교학에서

그 예를 볼 수 있다. "가만히 정토의 진정한 핵심을 생각해보면, (거기에는) 두 가지 회향이 있다. 첫째는 왕상이고, 둘째는 환상이다." 대정장 83, p. 589b.

**103** 寺川俊昭 1990, p. 216. 참조. ; 김호성 · 김승철 2017, pp. 289~290.

**104** 柳宗悅 2007, p. 170. ; 柳宗悅 2017, p. 230.

는 나의 입장과 유사한 것도 있을 수 있음을 알게 되었기에) 달라지는 지점이다. 아미타불의 입장이 되어서 48원을 스스로의 서원으로 삼자는 것이다. 그럴 때 환상은 열리게 되고, 그것은 결국 48원을 발원하는 마음이자 발원하는 행이라 할 수 있으리라. 가령, 극락이 없다손 치더라도 그렇게 없는 극락을 이제 새롭게 창조하고자 발원할 수 있다는 이야기에 다름 아니게 된다. 이 경지에서는 더 이상 극락의 존재 여부에 대한 의문이나 그를 둘러싼 비판이 문제되지 않는다.

의상의 『백화도량발원문』은 애당초 자력을 넘어섰던 타력의 정토신앙을 다시 타력마저도 넘어서서 자력으로 돌아오게 한다. 그럼으로써 가히 자력과 타력이 둘 아닌 세계不二法門, 그러한 신심의 세계를 건설할 수 있도록 시사점을 남겨주었다. 그 가능성을 의상은 우리에게 유산으로 물려주었다. 이는 내가 해석한 의상의 정토신앙이자, 의상에게 의지하여 내 자신이 정토신앙의 역사에 새롭게 부가하는 한 측면이라 해도 좋을지 모르겠다.

## Ⅳ. 문제의 해소 : 신심의 발견

정토신앙을 '이행도'라고 말한다. 맞는 말이다. '나무아미타불' 염불만 하면 극락에 왕생할 수 있다고 하니, 쉽고도 쉬운 길이 아닐 수 없다. 그러나 그렇게 정토신앙을 이행도라 하는 것은 '나무아미타불' 염불을 하는 것을 기점으로 해서 하는 말이다. 참선을 해서 자력으로 성불을 하는 것보다는 '나무아미타불' 염불을 해서 아미타불의 힘에 의지하여 정토에 왕생하는 것이 더욱 쉽다는 뜻일 뿐이다.

문제는 '나무아미타불' 염불을 어떻게 할 수 있겠는가 하는 점이다. '나무아미타불' 육자六字를 입에 올려서 칭명稱名하기까지는 지극히 어렵다. 어렵고도 어렵다. 그래서 정토신앙은 믿기 어려운 법難信之法이라고 말한다. 옛날에도 그러했겠지만, 근대 자연과학의 혁명 이후를 살아가는 사람들에게는 더욱더 어렵다고 말해야 할 것이다. 극락세계의 존재가 확실히 증명되지 않는 한, 그것을 전제로 한 '나무아미타불'의 염불은 의미가 없다고 하는 시대이다. 지금 정토신앙은 그러한 위기의 시대에 놓여 있다고 해도 과언이 아니다.

극락이 존재한다고 확실히 증명할 수만 있다면 많은 사람들이 손쉽게 '나무아미타불' 염불을 할 수 있으련만, 그것이 쉽지 않다. 왜냐하면 극락의 존재 자체가 인간의 사후死後에 존재하는 세계이기 때문이다. 내가 지금 살아 있는 동안 그 극락은 설사 있다고 하더라도 갈 수 없다. 설사 '나무아미타불' 염불을 하여 아미타불의 내영來迎을 입어서 극락에 갔다고 하더라도, 그는 다시 이 인간 세상으로 돌아올 수 없다. 물론 과거의 영험담 같은 데서는 극락에 갔다가 다시 살아난 사람들의 인도환생人道還生을 다루고 있기는 하다. 그러나 그렇다 하더라도, 그들의 증언證言은 제3자의 이야기일 뿐이다. 그에 대해서도 역시 믿음이 요구될 뿐, 그것으로 증명이 이루어졌다고 하기는 어렵다.

그 외에도 가능한 방법은 추론을 정립하는 방법이 가능하기는 하다. 이는 두 가지 가능성이 있는데, 하나는 극락의 존재 여부를 묻는 사람들에게 오히려 지금 사바세계의 존재 여부를 되묻는 것이다. 그것은 너무나 당연한 것처럼 생각되지만 적어도 불교의 연기 · 무아 · 공 사상에 입각하는 한, 존재라고 주장하는 사람 역시 비존재일 것이다. 그러므로 존재라고도 비존재라고도, 존재가 아니라고도 비존재가 아니라고도 할 수 없게 되리라. 그럼으로써 오히려 존재 여부가 의심스러운 것은 극락보다는 사바세계라고 하는 것이 적어도 불교적인 논법이다. 다른 하나는 초기불교 이래의 모든 불교 교설을 동원해서 정토삼부경에서 설해져 있는 극락의 존재 여부를 증명해보는 방법이다. 그 어느 것도 극락의 존재는 비불교적이기는커녕 오히려 '불교적인, 너무나 불교적인' 성격을 드러낼 수 있게 된다.

그런데 이 경우에도 문제는 그러한 추론의 정립이 '불교적인, 너무나 불교적인' 정합성은 갖고 있다 하더라도, 그것은 이미 그 추론의 정립에 동원되는 논리가 불교의 가르침 안에서 채택된 것이라는 한계가 있다. 즉, 이미 불교도로서 일주문 안에 들어와 있는 사람이라면 그러한 논증에 고개를 끄덕일 수 있겠지만, 아직 일주문 밖에 있는 사람들에게는 매력적인 논증 방식일 수 없는 것이다. 이 점은 극락의 존재를 설하는 정토삼부경이 불설佛說이 아니라느니, 혹은 불설에 위배되지 않는다느니 하는 설명 모두에게 해당된다. 그러한 논란 역시 이미 불교의 한계 안에서만 설득력을 가질 수밖에 없게 된다.

극락의 존재 여부를 논증하는 데 따르는 이러한 여러 가지 난점은 나로 하여금 자연과학적인 논증에 호소할 수 없게 하는 것과 마찬가지로 불교적인 논증에 대해서도 의지하지 않게 하였다. 종래 그러한 시도를 안 해본 것은 아니다. 물론 그것은 그 나름의 의미가 있었지만, 이 글에서는 새로운 방법론으로 접근해보고자 하였다. 극락의 존재 여부 자체가 문제 되지 않는 염불행자들의 신심의 세계를 찾아보거나 구축하고자 했다. 일본 정토진종의 개조 신란과 시종의 개조 잇펜에게는 이미 극락의 존재 여부가 전혀 문제 되지 않는 경지가 있었다. 또 신라 화엄종의 개조 의상에게도, 비록 그것이 아미타불과의 관계 속에서 직접적으로 서술된 것은 아니지만 관세음보살과의 관계 속에서 논의된 관점을 아미타불에 대한 것으로 전화轉化함으로써 극락의 존재 여부가 무의미할 수도 있는 논리가 있었다. 이를 간략히 정리하면 다음과 같이 될 것이다.

신란 : 아미타불의 본원의 진실을 보고서 믿어라.

잇펜 : 지옥과 극락 모두 버리고 염불하라.

의상 : 아미타불이 되어서 극락을 건설하라.

신란과 잇펜의 입장은 일본불교의 정토사상사에서 정립된 것이다. 정토사상은 신란을 거쳐서 잇펜에 이르러 그 극치에 이른 것으로 평가된다. 그렇지만 나는 다시 거기에서 의상으로 돌아오는 관점을 제시하였다. 이는 타력의 극치에서 다시 자력이 열리는 것이니, 여기에 이르러서는 이미 타력과 자력의 분별은 아무런 의미가 없게 된다.

이렇게 극락의 존재 여부를 괄호 쳐 놓고 신심의 세계를 구축한 정토사상가들의 사례는 오늘을 사는 현대인들에게 극락의 존재 여부만으로 염불을 하느냐 못하느냐를 결정하는 것이 얼마나 표피적이고 천박한 일인지를 가르쳐주고 있는 것은 아닐까.

# 제2부.

# 신자들의 삶은?

## 1장.

# 출가, 재가, 그리고 비승비속非僧非俗

## —야나기 무네요시의 『나무아미타불』 제17장을 중심으로

불교에서 '출가'라는 것이 어떤 의미를 갖는 사건인지, 또 '출가'를 결행한 출가자들(스님들)은 어떤 의식意識, 즉 출가 정신을 갖고서 살아갔던 것인지, 하는 문제에 대해서 나는 오랫동안 관심을 가져왔다.

그 이유는 밖으로는 한국불교의 중흥重興이, 바로 스님들이 출가 정신을 온전히 갖고 행할 수 있을 때 담보된다고 보았기 때문이다. 또 안으로, 즉 나 자신의 내적인 이유로는 비록 출가자가 아닌 재가자라고 하더라도 여전히 불자라고 한다면 형식적인 출가는 못 했다 하더라도 내면적으로는 출가자와 다름없는 출가 정신을 갖고서 살아가야 할 것으로 생각해서이다. 그 결과, 「효, 출가, 그리고 재가의 딜레마」(『불교학연구』 제30호, 2011), 「출가, 은둔, 그리고 결사의 문제」(『보조사상』 제47집, 2017) 등의 논문을 발표할 수 있었다.

그런 나에게 야나기 무네요시柳宗悅의 『나무아미타불』(김호성 책임 번역, 모과나무, 2017) 제17장은, 종래 내가 행해왔던 '출가 담론'을 일본 정토문의 세 분 조사, 즉 호넨, 신란, 그리고 잇펜一遍의 경우를 고려하면서 다시 한번 더 변주變奏하여 나 자신의 입장을 재정립하기를 요청하였다. 그도 그럴 수밖에 없었던 것이 바로 야나기 자신이 『나무아미타불』 제17장에서 이 세 분 조사의 출가관을 문제 삼고 있었기 때문이다. 호넨은 승僧의 대표로서, 신란은 비승비속으로, 그리고 잇펜은 승이나 비승비속까지도 다 내다버린 사성捨聖이라는 생활 방식의 차이 내지 정체성의 차이를 보여주었기 때문이다.

다만, 이 글에서는 세 분 조사에 더하여 우리의 원효 역시 함께 고려하여보았다. 왜냐하면 원효의 경우에는 신란과도 비교할 수 있으며, 잇펜과도 비교할 수 있기 때문이다.

나 개인적으로 이 글은, 칸트에게서 『실천이성비판』이 차지하는 위상을 점하고 있는 글이다. 그 계기는 '비승비속'이라는 말에 대한 가네코 다이에이金子大榮의 해석을 통해서 나 스스로 '해방'되는 체험을 할 수 있었기 때문이다. 이 글로써 나의 출가 담론은 사실상 종지부를 찍었다고 해도 좋을 것이다.

『불교연구』 제47집(한국불교연구원, 2017) 251~287쪽에 발표한 것을 이 책에 수록하면서 다소 수정·보완하였다.

## Ⅰ. 출가의 문제에서 재가의 문제로

불교는 출가出家(pabbajjā)의 종교라고 말해도 크게 과언은 아닐 것이다. 출가자의 무리인 승가saṁgha가 교단의 중심을 이루면서, 삼보三寶의 하나로 숭앙崇仰받고 있기 때문이다. 또 사부대중四部大衆이라고 해서 우바새와 우바이의 재가 신자 역시 교단 구성원으로 보고 있긴 하지만, 재가자는 어디까지나 출가자를 외호外護하고, 출가자의 지도를 받아서 신앙과 수행을 행해간다는 면에서 출가자 중심이라는 점은 부인할 수 없다.

> 초기 경전에 의하면, 승가는 생산 활동을 철저히 방기한 종교집단이었다. 출가자의 모든 생활은 재가자의 보시를 통해 해결되었으며, 양자의 역할은 명확히 구분된다. 출가자는 수행에 힘쓰고 청정한 행을 실천하며 재가자들을 위해 법을 설해주는 것이 주된 의무였고, 재가자는 그 보답으로서 그들에게 의식주나 약품 등의 보시를 하고 항상 불자로서 올바른 수행 태도를 유지하도록 노력했다. 적어도 초기 불교 교단에서만큼은 출가와 재가의 이 이중구조가 철저히 유지되고 있었다.[105]

불교 교단의 이중구조 속에서 중심이 되는 것은 출가자였다고 하는 점은 이자랑의 서술 속에서도 잘 드러나 있다. 재가의 문제

---

**105** 이자랑 2009, p. 201.

는 후술하기로 하고, 우선 출가의 문제부터 천착해보기로 하자. 근래, 젊은 출가자 한 분은 '출가'를 다음과 같이 말한 바 있다.

> 출가란 무엇일까? 단순하게 말해서, 머리를 삭발하고 승복을 입고 아침 예불을 하며 채식주의자로서 무소유의 삶을 실천하는 삶이다. 하지만 이것이 전부는 아니다. (…) 출가에 있어서 가장 중요한 것은 우리들 눈에 보이는 모습이나 생활양식이 아니라 바로 출가 정신에 있다.[106]

출가에서 중요한 것이 출가 정신에 있다는, 젊은 출가자의 출가의식出家意識은 정곡을 찌른 것이라 할 수 있다. 그런데 여기서 한 걸음 더 나아가서 생각해보자. 과연 출가 정신은 무엇일까? 그 내포內包는 무엇이며, 그것은 어떻게 추출할 수 있을까? 당연히 인도의 종교사나 문화사를 배경으로 하여, 그 속에서 행해진 고타마 붓다, 즉 싯다르타 태자의 출가라는 사건이 어떤 의미를 갖는가, 하는 점을 중심으로 살펴보아야 할 것이다. 종래 나는 이 점을 천착한 바 있는데, 그 결과를 간단히 다음 셋으로 정리할 수 있었다.

> ① 효孝로 대표되는 인도—힌두교나, 중국—유교의 가부장제(내지 가족 중심주의) 이데올로기의 탈피, 내지 해체.[107]

---

106 도연 2017, p. 224.

107 김호성 2001, 2010c, 2011c, 2013, 2014a. 참조.

② 좁게는 교단 권력, 더 넓게는 국가권력의 탈피, 내지 해체.[108]

③ 행위의 길, 유행遊行의 길, 그리고 봉사의 길.[109]

이렇게 출가 정신의 의미를 추출하면서 주의했던 것은 출가라는 사건이 '개인'적인 것이 아니라는 점이다. 좁게는 교단사, 더 넓게는 문화사 전체와 관련되는 일이었다. 특히 ②의 경우에는 출가의 의미를 탈脫권력에서 찾고 있는 관점인데, 이는 현재의 한국불교 교단 상황과 연관 지어서 생각되어왔다. 그 배경에 대해서, 다음과 같이 고백한 바 있다.

많은 사람들이 신심을 가졌으면 좋겠다고 생각하는 나(고등학교 2학년 때의 나—인용자)에게, 많은 사람들로 하여금 오히려 신심 떨어지게 하는 사건들이 보이기 시작하였다. 자각되기 시작한 것이다. 바로 승단의 분규였다. (…) 어떻게 하면 승단에서 분규가 사라질 수 있을까? 승단의 제도적인 부분에 대해서보다는, 보다 근본적으로 정신의 차원에서 재점검이 필요하지 않을까? 붓다께서 출가하신 사건은 도대체 무슨 의미가 있는가? 우리가 되새겨야 할 출가의 의미는 무엇일까? 내 주제 중의 하나인 '출가'는 이렇게 해서 정해졌다.[110]

---

108 김호성 2007 ; 2009b ; 2011b ; 2015f ; 2016a ; 2016b ; 2017b. 참조.

109 김호성 2010d.

110 김호성 2016a, pp. v~vi.

승단의 분규를 극복할 수 있는 방안을 제도의 개혁에서 찾는 대신, 출가자의 출가 정신의 자각에서 구하였다. 출가자들이 탈권력의 출가 정신을 회복하면 분규는 줄어들거나 없어질 것으로 생각한 것이다. ① 역시 ②와 마찬가지로 승단의 분규 해소에 대단히 중요한 관건이 되는 것으로 생각되었다. 왜냐하면 바로 한국불교 교단 안에는 효를 중심으로 한 가부장제적 의식이 문중門中이라는 형태로 존재하면서 승단 분규를 일으키는 한 요인要因이 되었던 것으로 판단하였기 때문이다.

그런데 이렇게 출가 정신에 대한 종래의 관심 속에서는 재가에 대한 논의가 극히 부족했던 것이 사실이었다. 승단의 분규 문제로부터 나의 관심이 출발했기 때문일 것이다. 그러나 결국 출가의 본질을 출가 정신에서 찾아야 한다고 본다면, 그러한 출가 정신을 갖추어야 할 도덕적 의무는 출가자에게만 한정할 수는 없는 것 아닐까. 나와 같은 재가자 역시 붓다의 출가 정신을 내면화해야 할 것이 아닌가. 그럴 때 비로소 진정한 재가자가 될 수 있으리라. 이런 맥락에서, 이 글에서는 출가와 재가의 문제를 포괄적으로 함께 살펴보려고 한다. 양자의 관계를 문제 삼는 것이 아니라, 출가자에게는 출가란 무엇인지, 재가자에게는 재가 속의 출가 정신이라는 것이 또 무엇인지를 물어보고자 한다.

이를 위해서, 논의의 실마리를 제공해주는 것은 우리나라 불교처럼 대승불교이지만, 다소는 다른 특수성을 내보이는 일본 불교사, 특히 일본의 정토淨土불교사이다. 일본의 정토불교에서는 출가의 모범을 보인 호넨, 출가자에서 비승비속非僧非俗이 되어버렸던 신란, 그리고 출가를 다시 한번 더 넘어섰던 스테히지리捨聖[111] 잇펜 등 다양한 사례가 있기 때문에 우리의 주제를 사색하는 데 유리하기 때문이다. 이를 위하여 이들 세 분 조사의 삶과 가풍을 비교해준 야나기 무네요시의 『나무아미타불 』[112]의 관점을 논의의 출발점으로 삼게 될 것이다.

야나기 무네요시는 『나무아미타불』에서 세 분 조사의 사상을 비교 해석比較解釋할 뿐만 아니라, 그 삶의 가풍 역시 비교 해석[113] 하고 있다. 바로 제17장 '승, 비승, 스테히지리'에서이다. 제17장에서 논의된 세 분 정토 조사들의 삶을 실마리로 해서, 출가자의 출가 정신과 재가자의 출가 정신의 문제를 새롭게 사색하려는 것이다.

## Ⅱ. 출가와 스테히지리捨聖

### 1. 출가, 부처님 법대로

출가 정신은 출가자가 가져야 할 정신을 말한다. 이는 동어반복이긴 하지만, 스스로가 스스로에 대해서 갖는 자기의식自己意識이

111 이 개념에 대해서는 뒤에서 자세히 논의될 것이다.

112 柳宗悅 2007. ; 柳宗悅 2017. 참조. 柳宗悅의 『나무아미타불』에 대한 서지적 정보는 김호성 2015a, pp. 260~266. 참조.

113 김호성 2015a, pp. 262~263. ; 柳宗悅 2017, pp. 361~362. 참조.

라는 점에서 큰 의미가 있다. 그런데 이러한 자기의식은 타자他者와의 비교 속에서 생성될 수밖에 없다. 즉, 출가하지 않은 사람들, 세속을 살아가는 재가자와의 비교 속에서, 재가자와 다른 존재임을 의식하는 것이 곧 출가 정신이라 말할 수 있다는 이야기다. 외형에 있어서나 내면에 있어서나 세속의 재가자와는 다른 존재가 곧 출가자라는 것이다.

그렇게 세속을 살아가는 재가자와는 다른 삶의 양식을 규정해 주는 것이 출가자에게는 없을 수 없다. 계율이 바로 그것이다. 율장에 규정되어 있는 비구계 · 비구니계 등이 그렇다. 사원에서 규정된 생활규범이라 할 수 있는 청규淸規 역시 계율에 준하는 것으로 볼 수 있다. 뿐만 아니라, 출가자는 반드시 삼천위의三千威儀와 팔만세행八萬細行을 갖추어야 한다고 했다. 따라서 이러한 규범들의 준수 속에서 출가자는 출가자다움을 유지할 수 있을 것이고, 그럴 때 비로소 출가 정신은 살아 있다 평가받을 수 있을 것이다.

그런 점을 역설적으로 반증해주는 사례를 우리는 불교사 속에서 만날 수 있게 된다. 출가 정신이 퇴락頹落했을 때면, 반드시 뜻있는 선각자들로부터 계율 준수를 촉구하는 목소리를 듣게 되는 것이다. 이른바 계율부흥 운동이라고도 말할 수 있는데, 계율이 지켜지지 않는다는 것은 곧 출가자가 출가 정신을 잊고 있다는 것에 다름 아니기 때문이다. 우리의 경우, 계율을 지키자는 이야기를 "부처님 법대로 살자"라는 표어標語로 나타내고는 했다. 한 실례로 퇴옹 성철退翁性徹(1912~1993)의 봉암사 결사를 들 수 있다. "부처님 법대로 살자"라는 기치旗幟 아래, 퇴옹은 구체적인 생활

규범으로서 「공주규약共住規約」이라는 청규를 대중들에게 제시하였다. 이 「공주규약」을 분석해본 결과, 퇴옹이 주도한 봉암사 결사는 실제로 계율 부흥을 염원한 윤리적 성격의 결사였음을 나는 밝혀낸 바[114] 있다.

그러므로 여기서 「공주규약」을 다시 살필 필요는 없다고 생각되는데, 지금도 계율을 회복함으로써 "부처님 법으로 돌아가자"라는 주장은 이어지고 있다. 그러한 주장은 출가자의 출가 정신을 되찾자는 호소에 다름 아니라고 생각되는데, 어느 본사의 율원장을 역임한 한 율사律師는 다음과 같이 말하였다.

> 스님으로서의 삶과 재가 불자로서의 삶은 다른 것입니다. 이것을 구분해야 합니다. 한 가지 예를 들어보겠습니다. 1700년 한국불교에서 가장 인기 있는 스님이 누구냐는 물음에 대부분 원효 대사를 꼽습니다. (…) 한 마디로 보살의 삶을 사신 분입니다. 그런데 한국불교에서 실수를 저지른 것이 원효 대사를 승가의 모델로 삼는다는 것입니다. 엄밀히 말하면 원효 대사는 승려로서 실패한 분입니다. (…) 승가의 모델은 부처님 말씀하신 계율과 법에 따라 살아가는 분이어야 합니다. 따라서 승가로서의 삶을 어기고 살았던 분을 승가의 모델로 삼아서는 안 됩니다.[115]

114 김호성 2016a, pp. 131~153. 참조.

115 도일 2017, p. 7.

중간에 생략한 부분을 포함해서 몇 가지 논의를 해야 할 부분이 있다고 생각하지만, 그것은 뒤에서 살피기로 하자. 다만 여기서는 출가자, 즉 승려 내지 승가가 "부처님 말씀하신 계율과 법에 따라서" 살아야 한다는 것을 주장하고 있으며, 그 점에 대해서는 나 역시도 공감할 수 있다. 그럴 때 비로소 출가자가 출가 정신을 온전히 지니고 있게 된다는 점은 동의[116]하는 바이다. 이 부분을 동의할 수 없다면, 우리는 의지할 대강대법大綱大法이 없게 될 것이다. 이 부분은 틀림없는 원칙이다.

일본의 정토불교사에서 "부처님 말씀하신 계율과 법에 따라서" 살았던 분을 찾아본다면, 바로 호넨이었다. 호넨은 정토종의 개조일 뿐만 아니라, 가마쿠라鎌倉 신불교의 새벽을 열었던 스님이었다. 야나기는 호넨이 지율자持律者임을 주목하고 있는데, 호넨을 '승僧'이라 부른 이유도 그런 점에 있었다.

> 호넨 스님은 염불의 한 종파를 건립함으로써 중생제도의 큰길을 열었다. 호넨 스님의 바람은 무엇보다도 재가 신자들에게 불법을 널리 펴고자 하는 데 있었다. 호넨 스님은 세간의 계급을 묻지 않고 위로는 황제와 귀족에서부터 무사나 상인, 아래로는 어부와 유녀에 이르기까지 염불의 한길로 맞아들였다. 그러나 자신은 출가자의 몸으로 평생토록 계율을 깨뜨리지 않았다. (…) 그는 출가

116 일제강점기 우리 불교의 취처娶妻 문제를 바라보는 나의 관점에서도 이러한 점은 잘 드러나 있었던 것으로 생각된다. 김호성 2011a, pp. 155~164. 참조.

생활을 감당할 수 없는 사람을 위해서 법을 참으로 따스하게 설했다. 그러나 자신은 계를 파하는 일이 없었고 많은 범부의 업을 조금이라도 갚을 수 있다면 좋겠다고 생각했다.[117]

법상종이나 화엄종과 같은 기성 불교로부터 반발을 샀을 때, 그는 제자들에게 엄격히 계율을 지키라고 요구하였다. 이 문서를 「일곱 가지의 기청문起請文」이라 하는데, 신란[118]을 비롯한 제자들의 연서連署를 받기도 하였다. 그중에 네 번째 조항은 다음과 같았다.

염불문에 들어온 사람은 계행이 없다고 말하며, 오로지 음주와 육식을 권장하며, 잠깐이라도 율의를 지키면 잡행인雜行人이라 일컫고, 미타의 본원에 의지하는 자는 악을 짓기를 두려워 말라고 말하는 것을 중지할 것.[119]

스승 호넨으로부터 중지를 요청받았던 그 태도는 한마디로 조

---

**117** 柳宗悅 2007, pp. 222~223. ; 柳宗悅 2017, pp. 305~306.

**118** 이때 신란은 '綽空'이라는 이름으로 서명하였다.

**119** 柳宗悅 2007, p. 223. ; 위의 책, p. 306. 조악무애론造惡無碍論에 대한 반대 의사는 신란과 잇펜 모두 표명하였다. 신란은 『탄이초』에서 그러한 태도를 '본원 과신'이라 하여 옳지 않다고 하였다. 다만, 그렇다고 해서 '본원 과신' 때문에 구원을 못 받는 것은 아니라고 하였다.(대정장 83, p. 731b. ; 前田 龍 · 전대석 1997, pp. 63~69. 참조.) 잇펜의 경우에는 "선악을 하나라고 생각하여 사악으로 달려가는 것은 부끄러운 일이다"(『一遍聖繪』 제9권, 橘 俊道 · 梅谷繁樹 1989, p. 89.)라고 하였다.

악무애론造惡無碍論이라 말할 수 있다. 이렇게 엄히 경계하였음에도 호넨의 문하에서는 취처를 하는 제자들도 있었다. 오히려 그럴 때일수록 호넨 스스로는 "승려인 자신의 사명을 더욱 강하게 느꼈다. 법을 설하는 일은 승려의 사명이기 때문에, 그 사명을 완수하기 위해서 승려로서 걸어야 할 길을 잘 지키는 일에 의미를 두었다"[120]라고 야나기는 평가하고 있다.

앞서 살펴본 것처럼 원효는 민중 교화를 위하여 계를 버렸다.[121] 후술할 바와 같이 호넨의 제자 신란 역시 그러한 면모가 엿보인다. 그러나 호넨은 민중 교화를 위하여 노력하였지만, 그렇다고 해서 그 스스로 계율을 깨뜨리지는 않았다. 바로 이 점에서, 원효와는 달리 "승가로서의 삶을 살았던 승가의 모델"로서 역할하기에 충분하리라 생각된다.

## 2. 지계持戒를 넘어 유행遊行으로

앞에서 우리는 출가 정신은 지계持戒를 그 하나의 내포로서 갖는다는 점을 확인할 수 있었다. 그런데 그것은 필요충분조건일까? 필요조건이라는 점에 대해서는 동의할 수 있지만, 충분조건일 수 없다는 점을 나는 주장해보려고 한다. 이를 위하여, 다시 앞서 인용한 한 율사의 주장을 좀 더 들어보는 것으로 논의의 실마

---

**120** 前田龍 · 전대석 1997, p. 224. ; 前田龍 · 전대석 1997, p. 307.

**121** 『삼국유사』, 한불전 6, p. 348a-b.

리를 풀어보자.

> 그 위대한 보살(원효—인용자)을 보살로만 봐야 하는데, 승가의 모델로 삼았기 때문입니다. 이것은 잘못된 것입니다. 그럼에도 아무도 이것이 잘못됐다고 말하는 사람이 없습니다. 원효 스님은 너무나 위대한 인물이기 때문에 그렇습니다. 그러나 원효 대사가 아무리 훌륭한 분이라고 해도 냉정하게 비판해야 합니다. 그래야 후대의 사람들이 배울 것이 있습니다.[122]

위대한 보살을 승가의 모델로 삼은 것이 설사 잘못이라 하더라도, 그것은 위대한 보살의 잘못이 아니라 위대한 보살을 모델로 삼은 후세 승가의 잘못일 터이다. 정녕 원효가 위대한 보살[123]이라고 생각한다면, 지금 승가의 '원효 따라 하기'의 책임 소재를 원효에게 돌릴 수는 없다고 본다. 어찌 비판받는 보살이 있을 수 있겠는가. 그런데 나로서는 위의 인용문에서 더욱 문제로 생각되는 것이 바로 보살과 승가의 분리이다. 과연 보살과 승가는 분리되어도 좋은가? 출가한 승가는 보살을 지향해서는 아니 되는가? 함부로 '원효 따라 하기'를 한 후대의 사람들이 비판받아야 할 것이다.

---

**122** 도일 2017, p. 7.

**123** 원효의 파계행을 나는 '위대한 보살행'으로 보지 않는다. 그 스스로 파계 이후 '소성거사'라고 말한 데에서 알 수 있는 것처럼, 그 스스로 파계행임을 인식하고 있었다. 그런 점에서 일종의 참회 의식을 갖고 있었던 것으로 본다. 원효의 파계와 지계 의식에 대해서는, 김호성 2004b, pp. 76~82. 참조.

이러한 분리 내지 분열은 우리나라 불교사가 이러한 이분법二分法을 뛰어넘는 구체적 경험을 갖고 있지 못한 탓인지도 모르겠다.

예를 들어서, 승가의 모델로 삼을 수 있을 만큼 충분히 계율을 잘 지키면서도 보살행을 행한 스님은 우리 불교사에서는 없었던 것일까? 정확히 알 수 없지만, 우리에게 그러한 이미지가 각인되어 있지 않다는 점만은 부인할 수 없을 것 같다. 그래서 보살과 승가의 분리로 달려가게 되고, 그것도 보살행은 파계행이니 승가는 지계를 해야 한다는 식으로 분열하고 마는 것이다. 과연 그럴까? 지계를 철저히 하면서도 보살행을 행할 수는 없는 것일까?

이러한 사례가 일본 불교사 안에서는 다수 보이고 있다. 우선, 가마쿠라 시대 진언율종眞言律宗의 닌쇼忍性(1217~1303)를 들 수 있다. 그는 지계에 철저한 율승이면서도 당시 소외되어 있던 한센병 환자 구제에 생을 바쳤다. 나라奈良에서는 한센병 환자를 업고 다니면서 걸식을 하였고, 직접 손으로 목욕을 시켜주기도 했다. 그런 덕분에 닌쇼는 '닌쇼 보살'로 불리고 있으며, 마츠오 겐지松尾剛次 같은 학자는 닌쇼를 '일본판 마더 테레사'[124]라고 불렀던 일도 있다. 지금도 그가 활동했던 나라의 반야사般若寺나 가마쿠라鎌倉의 극락사極樂寺에는 한센병 환자 구제와 관련한 유적과 유물이 남아 있다.

그런데 내가 이 절節에서 말하려는 것은 닌쇼가 아니라 잇펜이다. 일본 정토불교의 세 분 조사 중에서, 단순히 지계를 넘어서 민

124 松尾剛次 2005, pp. 116~117. 참조.

중 구제에 직접 뛰어든 보살의 삶을 살았던 분이 잇펜이기 때문이다. 종래, 우리는 출가의 전범으로 계를 잘 지키는 것을 들었다. "부처님 법대로 살자"라고 했을 때, 그 내포를 찬찬히 들여다보면 곧 계율을 잘 지키자는 말에 다름 아니었던 것이다. 퇴옹의 봉암사 결사의 경우도 그러했다.

그런데 잇펜의 경우에는 출가의 개념을 더욱더 극한까지 몰고 간다. 기본적으로 출가자는 '집'을 떠나긴 했으나 '절'은 있지 않던가. 그러나 잇펜의 경우에는, '절'조차 없었다. 아니, 없다기보다는 버렸다. 애당초 출가자가 되었을 때는 절에서 살았고, 절에서 수행하였다. 그렇지만, 일차 출가 이후 부친의 사망으로 인한 환속을 겪고 다시금 재출가하였을 때 함께 집을 나섰던 가족들과도 중도에서 헤어지고, 그는 구마노熊野에서 안심安心을 결정決定한 뒤 왕생하기까지 16년 동안 '길'에서 살았다.

잇펜 스님은 일정한 절에 오래 머물지 않았기 때문에 스님으로서의 일생을 보낸 것은 아니다. 그렇다고 해서 속세로 내려와 집을 가졌던 것도 아니다. 실로 머물러야 할 모든 장소를 버리고 온 우주에 암자 하나 없는 몸으로(三界無庵) 죽을 때까지 그 오랜 편력의 여행을 계속했다. 이와 같이 세속을 버린 사람을 일컬어 사람들은 '스테히지리捨聖'라고 불렀다. 요컨대 집을 버리고 절에도 머무르지 않는, 여행에서 여행으로 편력하는 자를 말한다. 잇펜 스님은 '잇펜 히지리'로서 일생을 보냈다. 이와 같은 편력을 유행이라고도 불렀다. 치신 잇펜 스님이 세상에서 유행상인遊行上人으로 불리는 까닭

이다.[125]

말 그대로 동가식東家食 서가숙西家宿이었다. 노숙을 밥 먹듯이 하였고, 굶기를 밥 먹듯이 하였다. 그 당시의 정경情景은 그대로 그의 왕생 10년 뒤, 속가의 동생이자 제자인 쇼카이聖戒(1261~1323)의 주선으로 그림을 넣은 전기 『잇펜히지리에一遍聖繪』에 잘 그려져 있다. 여기서 '히지리'라는 말은 줄임말인데, 본디는 '이치히지리市聖'이다. 저잣거리의 성인이라는 뜻이다. "저 스님은 아무래도 우리가 살아가는 저잣거리로 몸을 나투신 성인"이라고 민중들이 생각했을 때, 그 스님을 '이치히지리'라고 불렀던 것이다. 줄여서 '히지리'라고 말한다. 우리의 경우[126]에도, 원효를 비롯한 많은 히지리들이 『삼국유사』 같은 문헌 속에서는 전해져 오고 있다. 다만, 우리는 그들을 하나의 류類 개념으로 묶어서 부르는 칭호를 개발하지 못했다는 점에서 차이가 있다.

히지리들 중에서 민중들에게 염불을 넓히면서 다닌 경우에는 '염불히지리念佛聖'라고 불리었다. 정히 잇펜의 경우가 그러했다. 그는 구마노에서 안심결정한 후, 16년 동안 일본을 종횡무진 걸어 다녔다. 왜 그랬을까? "나무아미타불"을 전하기 위해서였다.

---

**125** 柳宗悅 2007, pp. 228~229. ; 柳宗悅 2017, pp. 313~314. '치신智眞'은 잇펜 스님의 어릴 적 법명이고, 잇펜은 자호自號이다.

**126** 일본의 히지리 전통과 우리 불교의 경우를 비교한 것은 김호성 2011a, pp. 54~59. 참조.

"나무아미타불 결정왕생決定往生 육십만인六十萬人[127]"이라 쓴 목찰木札을 나누어주러 다녔다. 목찰을 나누어주는 것을 부산賦算이라 하고, 이를 위해 방방곡곡 다니는 것을 유행遊行이라 말한다. 더욱이 이 유행에는 잇펜과 출가한 제자들만이 다닌 것은 아니다. 그 당시 사회에서 인간 취급을 받지 못한—이를 '히닌非人'이라 하였다—하층민도 함께 다녔다. 예컨대 거지들[128] 역시 함께 따라 다녔는데, 그러한 형색이었기 때문에 당시 막부의 소재지였던 '도시 가마쿠라'에 출입을 금지당하였던 것이다. 함께 다니던 거지를 포함한 하층민들도, 한 번씩 잇펜과 함께 춤추면서 염불하는 '춤염불'[129]을 추었다.

물론, 잇펜은 거지를 비롯하여 하층민과 함께했지만 계율을 철저히 지켰다. 그에게 파계 행위 자체가 버려야 할 목록 중에 들어 있었던 것이었다. '집'만 버리는 것이 아니라 '절'까지도 버렸다.[130] 그리고 유행하였다. 이러한 가풍은 붓다의 모습을 생각나

---

127 이 의미에 대해서는 柳宗悅 2007, pp. 253~254. ; 柳宗悅 2017, pp. 349~351.

128 아미노 요시히코는 "거지(乞食非人)들이 잇펜에게 귀의하고, 그 가르침에 의지하여 구제받는다"(網野善彦, 2006, p. 15.)는 것을 『잇펜히지리에』 전체의 주제라고까지 보고 있다.

129 부산, 유행, 그리고 춤염불. 이 셋을 잇펜의 3대 가풍이라 말한다. 유행과 춤염불, 그리고 하층민과의 동사同事 등에서 우리는 원효와 공통하는 바 있음을 느끼게 된다. 하나를 더하여 '4대 가풍'이라 한다면, '시詩'를 들 수 있다. 많은 정토시淨土詩를 지은 시인이기도 하였다.

130 물론 그가 '스테히지리'라고 불려온 데에는 '집'이나 '절'과 같은 외형적인 것만을 버렸기 때문은 아니다. 염불을 외는 자신도 버리고, 아미타불도 버리라 한다. 다만 하나, '나무아미타불' 명호만 남겨두고 다 버리라 했다. 그랬기에 그 명호를 '홀로 하나(獨一)인 명호'라고 하였다.

게 한다. 잇펜도 유행을 했고, 붓다도 유행했기 때문이다. 실로 인도에서 유행이라는 것은 불교 이외의 힌두교에서도 정착되어 있는 전통이다. 다만, 힌두교에서는 노년 출가하여 숲속에 머물다가(林棲期, vānaprastha) 여기저기 떠돌다 생을 마감하는 유행기遊行期(sannyāsa)가 있었다. 이러한 힌두교의 유행 전통에 대해서 비판의 목소리를 높인 사람으로 힌두교 개혁가라고 할 수 있는 비베카난다Swami Vivekananda(1863~1902)가 있다. 그는 힌두교의 유행자들이 하는 유행은 진정한 유행이 아니라고 하면서, 참된 유행은 붓다의 그것뿐이라[131] 말했다. 왜냐하면, 붓다에게 유행은 진리를 전하기 위한 전도傳道 여행이었기 때문이다.

잇펜의 유행 역시 '나무아미타불'이라는 명호 하나를 전하기 위한 권진勸進[132] 여행이었다. 그러면서 잇펜은 우리가 흔히 전제하고 있는 인도와 동아시아(일본)의 풍토風土 차이를 인정하지 않았다. 기후 조건의 차이라든가, 일체 외형적인 차이를 인정하지 않고서, 어떤 환경에서도 그야말로 "부처님 법대로" 살 수 있음을 보여주었다. 야나기는 이렇게 평가하였다.

그는 가마쿠라 시대의 여러 종조 가운데 단명하여 세수歲壽가

131 김호성 2010d, pp. 151~152. 참조.

132 권진은 전도, 전법, 포교와 같은 뜻의 말이다. 일본에서는 우리 불교에서 쓰이는 화주化主나 도감都監의 의미로 쓰이기도 했다. 원래 『관무량수경』에서 '권진행자勸進行者'(대정장 12, p. 341c.), '권진기심勸進其心'(대정장 12, p. 344c.)이라 말한 데에서 유래한다.

> 불과 51세였다. 이러한 요절은 필시 수많은 편력의 고행이 몸을 고통스럽게 했기 때문일 것이다. 종종 들판에서 자고, 눈 속에 묻히고, 끼니도 여러 날 거르며 지낸 일조차 있었을 것이다.[133]

잇펜의 출가가, 잇펜의 버림이 그렇게 철저하였다. 우리가 잇펜을 알기 전에는 지계 정신의 견지堅持만으로 출가 정신의 존재를 인정할 수 있었지만, 잇펜을 알고 나서부터는 그것만으로는 불충분하지 않을까. 잇펜의 버림, 잇펜의 유행, 그리고 잇펜의 권진까지를 출가 정신의 유무를 비추어 보는 '거울'로 설정하지 않을 수 없게 한다. 잇펜은 오늘날의 출가자들에게 더욱더 출가 정신의 소유 여부를 엄격하게 평가하라는 경책警策이 된다. 그 잣대를 높이 높여두었다는 데에서 출가의 정신사精神史에서 잇펜이 차지하는 의미는 크다고 아니할 수 없다.

## Ⅲ. 출가와 비승비속非僧非俗

앞서 인용한 이자랑의 언급에 따르면, "적어도 초기 불교 교단에서만큼은 출가와 재가의 이중구조가 철저히 유지되고 있었다" 한다. 초기 불교 교단이라는 역사에서만이 아니라 율장의 규정에서도 불교 교단은 출가와 재가의 이중구조로 이루어져 있다. 교단

133 柳宗悅 2007, p. 229. ; 柳宗悅 2017, p. 314.

의 구성원은 출가자 아니면 재가자라는 이야기다. 그래서 우리나라 불교에서도 출가와 재가의 이중구조가 굳건하고, 그 이상의 상상력은 발휘되지 못해온 것이 아닌가 싶다.

그런데 일본불교의 경우는 다소 달랐다. 앞서 살펴본 바와 같이, 출가 안에서도 스테히지리라고 할 수 있는 존재양식이 있었다. 스테히지리는 출가 중의 출가, 내지 출가의 극한적 모범이라 보면서 출가 안으로 포용[134]할 수도 있겠지만, 어쨌든 일본불교에서는 호넨으로 대표되는 출가—僧—외에, 잇펜으로 대표되는 스테히지리가 존재한 것이 사실이다. 그에 더하여, 비승비속 역시 존재하였다. 아니, 비승비속이라는 존재양식은 우리의 경우에도 있었다. 원효가 그렇고, 경허鏡虛(1849~1912)나 만해萬海(1879~1944) 역시 그런 모습을 보이기도 했다. 그러나 중요한 것은, 비승비속이라는 존재양식에 대한 인식[135]의 유무가 아니겠는가. 우리는 그러한 인식이 없었다고 할 수 있는 반면, 일본의 경우에는 있었던 것이다. 우리의 경우 비승비속의 자리가 없었다[136]고 한다면 일본불교의 경우는 그 흐름이 주류가 되었다는 점이다.

---

**134** 나는 뒤에서 '스테히지리'를 상식적으로 생각하는 '승'의 규범을 초과 달성한 경우라고 보아서 '초승超僧'으로 부르게 될 것이다.

**135** 앞서 말한 것처럼, '히지리'의 존재 양식은 있었으나 '히지리'라고 불렀던 인식은 없었던 것처럼, 비승비속 역시 그랬다고 볼 수 있다.

**136** '도일 2017'에 따르면, 출가자들로부터 가장 존경을 받는 분이 원효라고 하는데, 나로서는 실감이 안 난다. 만약 그렇다고 한다면, 원효처럼 민중 속으로 뛰어드는 출가자 역시 적지는 않았을 것 아닐까. 다만 존중한다는 것이 곧 원효의 긍정적 측면은 버리고 부정적 측면만 배우는 것으로 끝났을 것인가. 만약 원효를 진실로 존중했다면 그것이 가능할까, 의문이다.

이러한 차이에 대한 재인식이 없었다면 이 글은 탄생하지 못하였을 것이다. 나는 앞서 밝힌 것처럼, 기존의 '출가-재가'의 이중구조에 스테히지리와 비승비속을 더 넣어서 생각해보고자 하였다. 그럼으로써 출가의 보다 진정한 존재양식은 무엇이며, 재가의 보다 참된 존재양식은 무엇인지를 묻고자 하는 것이었다. 출가는 앞서 살펴보았으므로, 이제 재가의 문제로 옮겨가 볼 차례이다.

### 1. 출가에서 비승비속으로

일본 불교사에서 비승비속의 탄생은 신란에 의해서였다. 여기서 주의해야 할 것은, 먼저 승려가 되었다가 파계를 한다고 해서 곧바로 비승비속이 되는 것은 아니라는 점이다. 파계승과 비승비속은 다르다. 이 점을 마츠오 겐지는 다음과 같이 말한다.

> 결혼하는 승려가 예외적이었던 것도 아니었지만, 표면적으로 결혼을 공공연하게 주장하는 것은 허락되지 않았습니다. 말하자면 신란 이전에는 파계가 일반적이었다고 하더라도 계율은 엄연히 존재하고 있었던 것입니다. 그런데 신란은, '비승비속(승려도 아니고 속인도 아님)'을 주장하고 결혼 생활을 하면서도 승려의 삶을 살았습니다. 결국 계율을 부정했던, 바꾸어 말하면 "계율은 없다"고 주장했던 것입니다.[137]

137 松尾剛次 2005, pp. 89~90.

그러니까, 파계승이냐 비승비속이냐 하는 갈림길은 그 스스로 비승비속을 주장하느냐 여부에 달려 있게 된다. 그 스스로 비승비속을 주장한다는 이야기는 그가 결혼했다는 것, 즉 승려로서의 계율을 깨뜨렸다는 것을 공공연히 드러내고 시인하는 행위[138]가 된다. 파계를 하고서도 감춘다든지 해서는 비승비속일 수 없는 것이다. 비승비속은 자각적인 행위이기 때문이다.[139]

신란은 그 스스로 비승비속이 되었음을 선언하는데, 그의 저서 『교행신증』 제6권의 마지막 부분, 이른바 후서後序 중에서 다음과 같이 말한 바 있다.

> 이(법난—인용자)로 인하여 (정토의) 진실한 가르침을 흥륭興隆하신 위대한 조사 겐쿠源空 법사와 문도들 여러 명이, 죄과도 살펴보지 않고서는 외람되이 사형에 처해지거나 혹은 승려의 모습을 바꾸어서 (속인이 되고 속인의) 성명을 받아서는 멀리 유배에 처해지기도 했다. 나도 그들 중의 하나였다. 그리하여 이미 승려도 아니고 속인도 아니었으므로 '독'으로 성을 삼았다.[140]

이 문장은 스승 겐쿠, 즉 호넨과 그의 제자들이 당한 '죠겐承元

138 이 행위는 필연적으로 참회행이라는 의미가 있는 것으로 생각된다.

139 비승비속에 대한 이러한 정의에 가장 잘 부합하는 우리나라의 사례는 원효이다. "원효가 이미 계를 잃고서 설총을 낳은 뒤로는 속인의 옷으로 바꾸어 입고서 스스로를 소성거사라고 하였다." 『삼국유사』, 한불전 6, p. 348a.

140 대정장 83, p. 642c.

의 법난'(1207년)을 말하고 있는 것이다. 불교 내적으로는 천태종과 법상종의 모함을 받았고, 불교 외적으로는 천황을 모시는 관료들과 상황上皇으로부터 직접적으로 노여움을 사게 되었다는 이야기가 이 인용문 앞에 이어졌다. 그런 것 때문에, 사실 죄가 있는지 없는지, 그 죄가 호넨의 제자 4명이 사형에 처해지고 호넨을 포함해서 사제師弟 8명이 유배를 갈 만큼 큰 것인지 아닌지를 묻지 않게 되었다는 것이다. 스승 호넨은 물론, 신란 자신도 유배를 가게 된다. 환속還俗을 당하고, 속인의 성명을 하나 받아서, 먼 길을 떠났던 것이다.[141] 이러한 법난의 한 피해자에 신란 스스로도 포함되었다고 명기明記한다. 이렇게 되니, 귀양 갈 때부터 신란은 승려라 할 수도 없고, 그렇다고 애당초 출가를 하지 않았던 속인일 수도 없었다. 그러한 모순을 자각하기에 이르렀고, 그래서 귀양 갈 때 강제로 부여받은 이름 대신에 자신의 성을 '禿'[142]이라 하였다.

---

**141** 이때 받은 신란의 속명은 후지이 젠신藤井善信이었고, 유배지는 에치고越後(현 니가타/新潟현)였다. 4년 동안 유배 생활을 했다. 조겐의 법난에 대해서 『탄이초』는 '유죄기록流罪記錄'이라 하여 남기고 있다. 대정장 83, p. 735a-b. ; 前田 龍 · 전대석 1997, pp. 95~98. 참조. 한편 국내 번역 중 오영은(2008)에는, 선택한 저본의 문제인지 알 수 없지만 이 '유죄기록'이 없다. 이 기록이 없어서는 아니 된다. 그만큼 유배의 체험이 갖는 의미가 신란에게, 더 나아가서는 정토진종에게 크기 때문이다.

**142** 이 개념은 승려답지 못한 승려를 말할 때 쓰인다. 한 예로 청허淸虛(1520~1604)의 『선가귀감禪家龜鑑』에 다음과 같은 말이 나온다. "경에 이르기를, '어찌 도적이 내 의복을 빌려 입고서 여래를 팔아서 갖가지 업을 짓는가'라고 하였다.(말법시대의 비구에게 많은 이름이 있는데, 조서승鳥鼠僧이라고도 하고 아양승啞羊僧이라고도 하며 독거사라고도 하고, 가사 입은 도적이라고도 하였다.) 아, 그 까닭이 여기에 있는 것이다."(『선가귀감』, 한불전 7, p. 641c.) ( )의 말은 청허의 주해로 생각되는데, '독거사'가 바로 신란이 '독'이라고 했던 그 의미를 담고 있는 말이다. 원래 이 말은 『열반경』에 나온다고 한다. 金子大榮 1972, p. 505.

그 '禿' 앞에 어리석을 '愚'를 더하여, '愚禿'으로 자신을 칭하기에 이르렀다는 역사를 준엄하게 기록하고 있다. 자신의 역사이자, 정토종문의 역사이다.

그런데 앞서 살펴본 마츠오 겐지의 기록과 신란의 이 기록 사이에는 다소 괴리가 있는 것은 아닌가 생각해볼 수 있다. 마츠오 겐지는 신란이 결혼을 하였기에 비승비속이라 하였고, 신란 스스로는 귀양을 가서 환속당함으로써 비승비속이 되었다고 말하고 있기 때문이다. 그러나 곰곰 생각하면, 이 두 가지 입장은 다르지 않다. 왜냐하면 신란이 귀양을 가게 된 데는, 그전에 그가 결혼을 하였다는 사실이 한 원인이 되었을 것으로 생각되기 때문이다. 사실, 호넨 문하에서 신란이 차지하고 있었던 위상은 그렇게 높지 않았다 한다. 그럼에도 불구하고 신란이 유배자 명단에 들어가게 된 것은, 그가 결혼을 했기 때문이라 추정된다. 파계승이었기 때문이라는 것이다. 그런데 우메하라 다케시는 단순히 결혼을 했다는 사실보다는 "오히려 그가 그것을 공공연히 선언했다는 점에 (유배의 원인이—인용자) 있는 것은 아닐까"[143]라고 하였다. 나 역시 이 우메하라의 관점에 동의한다.

파계는 숨기게 된다. 그런데 동일한 파계라 하더라도, 비승비속은 파계했다는 사실을 드러내 놓는다. 지배자들의 눈에는 혼란을 부추기는 하나의 저항으로 받아들여졌을지도 모르겠다. 그러

143 梅原猛 2001, p. 234.

나 사실 신란에게는 그것이 애욕이 심중深重[144]했던 그 자신의 존재를 정면에서 바라보는 것이었고, 그것을 인정하는 바탕 위에서, 그러한 자신 역시 구제될 수 있는 길을 찾아가는 여정에 다름 아니었던 것이다. 그것이 그의 비탄과 한탄이었으니, 『교행신증敎行信證』 제3 신권信卷에서는 다음과 같이 탄식하였다.

> 진실로 알겠구나.
> 어리석은 구토쿠愚禿(어리석은 까까머리) 신란은
> 슬프게도 애욕의 넓은 바다에 빠졌으며,
> 명리의 큰 산에서 헤매면서,
> 정정취의 무리에 들어가는 것을 기뻐하지 않고,
> 진실한 깨달음에 가까이 가는 것을 좋아하지 않았네.
> 부끄럽고도, 슬프도다.[145]

내용적으로 볼 때는 일종의 고백문학이다. 고백록이라 볼 수 있는 것이다. 원효에게도 『대승육정참회大乘六情懺悔』가 있지만, 신란에 비하면 훨씬 더 추상적이다. 신란 특유의 운문 장르인 화찬和

---

**144** 신란의 애욕이 얼마나 심중했는지는 교토 로가쿠도六角堂에서 100일 기도 중 95일째 밤 꿈에 현몽을 통해 얻었다는 다음과 같은 게송에 잘 드러나 있다. 이 게송을 '여범게女犯偈'라고 한다. "수행승이여! 전생의 업으로 인해 그대가 여자를 범하더라도/내 아름다운 여성이 되어서 범해지리라/일생 동안 그대의 생애를 장엄케 하고/임종시에 그대를 극락으로 인도하리." 『진성전 2』, p. 1008. ; 원래 『신란몽기親鸞夢記』에 나온 글이라 한다. 角田玲子 2009, p. 51. 참조.

**145** 대정장 83, p. 609c. ; 번역은 柳宗悅 2017, p. 162.

讚에는 「구토쿠의 비탄과 술회愚禿悲嘆述懷」(『정상말화찬正像末和讚』) 라고 하는 것이 있다. 그중 첫 수에서 신란은 이렇게 술회한다.

> 정토의 진실한 가르침에 귀의했으나
> 진실한 마음을 가지기 어렵고,
> 허황되고 거짓되어 진실되지 않은 이 몸에
> 청정한 마음은 더욱더 없네.[146]

이렇게 번뇌인생煩惱人生을 보낸다는 것은, 결코 출가자의 입장에서 본다면 승가의 모델이 될 수 있는 일은 아니다. 하지만, 신란이 위대한 것은 그러한 자신의 하품인생下品人生을 숨기지 않고 밀고 나가면서도 마침내는 구제의 길을 포기하지 않았다는 점에 있는 것이 아닐까. 파계는 속俗으로 돌아가는 것으로 생각할 수 있다. 실제로 수많은 파계자들이 그러했다. 그러나 신란은 속으로 돌아가지 않았다. 그럼으로써 스스로의 구원만이 아니라 애당초 출가와는 전연 인연이 없을 정도로, 애욕과 명리의 늪인 세속에서 살아갈 수밖에 없는 많은 중생들에게도 적용 가능한 구제의 길을 찾았던 것이다. 이러한 비승비속의 의의를 야나기는 이렇게 지적하고 있다.

> 이것(아내를 두고 자식으로 인한 고뇌를 한 것—인용자)을 그의 약한

146 위의 책, p. 667c. ; 번역은 위의 책, p. 309.

의지 탓으로만 돌릴 수 있을까? 그렇게 말해도 좋겠지만, 그것이 신란 스님의 종교적 경험을 한층 깊게 했음을 간과해서는 안 된다. 그 덕분에 미타의 법은法恩이 광대함을 몸소 맛보게 되었다는 것도 의심의 여지가 없다. 자신처럼 쓸모없는 인간이야말로 미타가 정각을 이룬 목적임을 생각할 수 있었다는 점에 큰 의의가 있다. 신란 스님은 단순한 죄인이 아니라 위없는 죄인이고, 게다가 죄인은 자신뿐임을 성찰했다.[147]

거듭 말하지만, 출가의 입장에서 본다면 신란의 비승비속은 바람직한 것이 아닐뿐더러 승가의 모델이 될 수는 없을 것이다. 그것은 일실一失이 아닐 수 없다. 하지만, 그 일실의 원인과 경과를 따지기보다는 "승가의 모델이 될 수 없다"는 점에 대해서는 봉인封印을 하더라도, 신란의 비승비속이 결과한 의외의 일득一得마저 우리가 외면할 수는 없는 것이 아닐까.

모든 재가자는 그 인연이 승려가 될 수는 없지만 법을 구하는 사람이다. 이에 호응하는 것이 비승비속의 가르침이 아닐까. 신란 스님에게 정토종은 재가자 속으로 훨씬 더 들어간 불교였기에 재가자의 한 사람으로 살아가는 것에 진종의 출발이 있고 그 의미가 있었다.[148]

---

**147** 柳宗悅 2007, p. 226. ; 柳宗悅 2017, p. 310.

**148** 위의 책, p. 227. ; 위의 책, p. 311. 여기서 '정토종'은 '호넨의 정토종'이 아니라 정토

그가 비승비속이라 해서, 그 의미조차 외면하고 만다면 그것은 바로 우리의 일실이 될 것이다. 이 점을 야나기는 분명히 말하고 있는 것 아닌가. 비승비속의 존재는 출가자가 아니라 재가자이지만, 그러면서도 "신란 스님은 재가 신도의 한 사람으로 살아가는 삶에 새로운 의미를 가졌다"[149]라고 말해진다. 그리고 그의 독특한 역사, 즉 출가했다가 비승비속으로 돌아온 그의 삶은, 다른 말로 하면 그의 애욕과 고뇌 속에서 발견한 구제의 길이 애당초 출가조차 경험하지 못하고 세속에서 살아갈 수밖에 없는 많은 재가자들에게 희망과 위로, 그리고 구제의 가능성을 주었던 것이다.

우리나라 불교의 입장, 즉 출가와 재가의 이중구조, 다른 말로 하면 출가냐 재가냐 라고 하는 이원대립 속에 놓여 있는 우리나라 불교의 입장에서 본다면, 비승비속인 신란의 자리는 없었을지도[150] 모른다. 하지만 일본의 경우는, 오히려 그 많은 재가자들에 의해서 신란의 불교가 주류로 자리매김되었다. 그럼으로써 붓다가 만들어 놓은 구제의 그물에다가, 신란은 그 그물의 코를 좀 더 촘촘히 했던 것으로 나는 생각하고 있다. 어리석고, 죄 많고, 작은 물고기들까지 다 잡힐 수 있게 말이다.

불교라는 의미이다.

**149** 위의 책, p. 226. ; 위의 책, p. 310.

**150** 마찬가지 맥락에서, 우리나라 불교에서 원효와 만해의 자리 역시 '없다'고 보이고, 경허 역시 그 자리는 '흔들리고 있다'고 보인다. 그 자리를 만들어줄 논리를, 출가와 재가의 이중구조에 충실한 한국불교에서는 갖고 있지 못해왔기 때문이다.

## 2. 비승비속, 재가를 거쳐 다시 출가로

야나기 무네요시는 신란의 비승비속을 재가로 파악하였다. 그렇다고 해서 타락이라거나 후퇴라거나 하는 것이 아니고, 새로운 의미가 있다고 본 것이다. 그것은 재가불교였다. 그러나 역사는 비승비속의 재가불교에 철저하지 못했음을 보여준다. 신란의 후손들이 만든 교단인 정토진종, 즉 진종[151]은 재가불교라 할 수 없다는 것이다. 진종이 신란의 비승비속에 반하여 비승인 채 출가불교를 지향한 것이었다고 보고서, 강하게 비판하고 있다.

> 후대에 진종에서 절과 스님이 나타난 것은 이상한 일이다. 절을 가진 승려로서 아내를 맞아들인 것은 신란 스님의 길이 아니다. 비승비속과 승이속僧而俗은 서로 다르기 때문이다. 그러니까 종조의 길을 밟는다면 진종이 사원을 가지는 것은 본질적으로 모순이다. 다만 도량이면 좋고, 그 도량의 주재자는 재가자로도 좋을 뿐이다. 여기에 바로 진종의 진면목이 있다. 지금의 법주法主처럼, 진종의 승려처럼 절을 가지는 승려라는 신분으로 아내를 두는 것은 신란 스님의 의지와는 상반되는 일이다. 실로 비승비속이야말로 새로운 한 종파의 골수이다. (…) 오늘날 진종의 쇠퇴는 비승비속의 절실한

---

151 일본에서 서본원사에서는 '정토진종 본원사파'로, 동본원사에서는 '진종 대곡파'로 부른다. 그러나 야나기가 '진종'이라 부르는 것은 반드시 대곡파의 용례를 따른 것으로 보기는 어렵다. 모든 신란의 교단을 '진종'이라 통칭通稱한 것으로 생각된다. 여기서 나도 야나기를 따라서, '진종'을 그러한 의미로 쓴다.

체험에 뿌리 내리지 못한 데 그 원인이 있을 것이다. 지금처럼 승이면서 속인 것은 이와 같은 체험을 결여한 탓 아닐까.[152]

실제로 진종은 일본불교의 최대 종파라고 말해지고 있을 만큼 외형적으로 성장하였다. 그러므로 야나기가 말하는 '쇠퇴'는 어쩌면 그런 외형적인 것이 아니라 종조 신란의 가르침과 뜻이 얼마나 잘 구현되고 있는가 하는 점에 초점을 둔 것일 터이다. 비승비속의 재가성在家性을 철저히 구현하지 못하고 있다는 점에 그 원인이 있다고 야나기는 비판[153]하고 있는 것이다. 왜 재가적 성격을 잃어버리게 된 것일까? 역사적으로 볼 때, 가쿠뇨覺如(1270~1351)에 의해서 교단으로 성장해 가는 교단주의적 전통과 그 아들 존가쿠存覺(1290~1373)가 주장했던 무교단無敎團주의적 전통이 대립하였다. 무교단주의적 흐름은 『탄이초』에 나타나 있는 사상적 입장으로 생각된다.[154] 두 흐름의 각축 끝에 교단주의적 흐름이 승리한 결과, 현재와 같은 진종의 교세가 있게 되었다고 해도 과언은 아닐 것이다.

그리고 교단주의의 흐름 속에서는 사원이 필요해진다. 본원사

152 柳宗悅 2007, pp. 226~227. ; 柳宗悅 2017, pp. 310~311.

153 야나기의 진종 비판에 대하여, "조선에서의 진종의 포교 방식 등에 대하여 구체적인 비판이 있었어야 할 것이다. 그런 점에서 야나기의 진종 비판은 철저한 정도가 충분한 것은 아니었다"(中見眞理 1991, p. 300.)라는 관점도 있다. '조선에서의 진종의 포교 방식'은 제국주의 침략에 진종이 앞장선 것을 가리킨다.

154 우메하라 다케시는 『탄이초』를 "사원과 교단을 갖지 않은 염불자의 기록"(梅原猛 2001, p. 268.)으로 보고 있다.

가 바로 그것인데, 사원이 있게 되면 승려가 당연히 필요하게 된다. 그리하여 비록 결혼을 하는 '비승'일지라도, '비승' 그대로를 '승'으로서 인정해버렸던 것이 아니겠는가. 만약 재가의 입장에 철저하게 되면, 그것은 그야말로 야나기가 말한 것처럼 "다만 도량이면 좋고, 그 도량의 주재자는 재가자로도 좋을 뿐이다"[155]라는 식이 될 것이다. 여기서 말하는 '도량'은 진종의 초기 교단사에서 절이 생기기 전에, 비교적 넓은 신도의 거실에 모여서 법회를 가졌다. 그런 법회 장소를 '도량'이라 하였다. 나중에 이 도량은 사원으로 확대 발전되었는데, 현재도 그런 도량—민가—의 흔적을 갖고 있는 절들이 남아 있다. 그러니까 진종의 역사는 도량으로 머물기를 거부하였던 것이다.

그럼으로써 생기는 문제점을 야나기는 지금 지적하고 있는 것이다. 그런데 야나기는 '승이속僧而俗'이라는 말을 쓰고 있지만, 이러한 야나기의 평가 역시 문제는 있다. 왜냐하면 '승'이라고 한다면 호넨처럼 결혼하지 않는 독신 수행자여야 하기 때문이다. 우리는 야나기가 호넨의 경우를 '승'이라고 할 때의 그 '승'의 의미를 진종이 '승이속'이 되었다고 말할 때와는 다르게 쓰고 있음에 주의해야 한다. 그러니까 현재 진종의 경우는 비승비속이 아니라 비

155 야나기의 관점은 존가쿠와 『탄이초』에 나타난 무사원/무교단주의적 입장임을 알 수 있다. 그런데 나카미 마리中見眞理가 정리한 「약년보略年譜」에 따르면, 야나기는 학습원 중등학과를 다니던 12세 때 무교회주의 크리스천인 우치무라 간조內村鑑三(1861~1930)에 경도되었으며, 20세 때인 1909년에는 크로포트킨(1842~1921)을 읽고 아나키즘 사상을 수용했다고 한다. 中見眞理 2013, p. 7.

승이속非僧而俗이라 해야 하는 것이 아닐까 생각된다.[156]

우리로서는 비승비속이라는 것을 기본적으로 재가라는 점만 확인해두고, '비속'이 어떤 의미를 갖는지 살펴보기로 하자. 앞서 마츠오 겐지의 경우에서 본 것처럼, 흔히 '비승비속'은 '승려도 아니고 속인도 아님'으로 해석된다. 만약 그렇게 이해하고 만다면, 비승비속은 참으로 어정쩡한 존재에 지나지 않게 되어버리고 말 것이다. 그 안에 무슨 심오한 의미가 있는 것은 아니게 된다. 참으로 그래도 좋은가? 여기서 나는 신란이 '비승'[157]이 되었을 때, 곧바로 '속'이 되었는지를 물어보고자 한다. 비승이 되었을 때, 곧바로 속이 되어버리고 말았을 수 있을 것이다. 실제로 수많은 파계승들이 그러하였을 것이다. 그런데, 신란은 그러한 비승이속非僧而俗이 되지 않는다. 비승이비속非僧而非俗이 된다. 비승이지만 비속으로 살 것을 스스로 자각하고 선언한 것이다. 이 자각의 의미는 어떤 것일까? 그 의미를 가네코 다이에이는 이렇게 부여하고 있다.

> 신란에 있어서는 이렇게 비승이라는 자의식自意識이 깊으면 깊

---

156 역시 외형에 초점을 둔 평가일지도 모른다. 뒤에서 논하겠지만, 내면에서 볼 때 현재 진종의 승려 중에서도 비승이비속非僧而非俗은 존재할 수 있기 때문이다. 바로 그 점을 생각할 때, 야나기의 이러한 비판에는 큰 의미가 있는 것이다.

157 『나무아미타불』 제17장은 정확히는 '승, 비승비속, 스테히지리'라고 해야 옳을 것이다. 야나기는 다만 제목이 길어진다고 생각해서 '비승'이라 하여 '비속'을 생략한 것으로 보인다. 그러나, 후술할 바와 같이, 바로 이 '비속'에 결정적인 의미가 있으므로 그러한 축약은 바람직한 것은 아니었던 것으로 생각된다.

어질수록 점점 더 여래의 광대廣大한 은혜를 생각하여, 가장 수승한 정법을 찬앙讚仰하지 않을 수 없는 것이다. 곧 비승이라는 반성의 토대 위에서 비속의 일(行事)을 하지 않을 수 없는 것이다.[158]

스스로 이미 비승이라는 점을 자각하면 할수록 이제 비속이 되지 않으면 아니 되었다는 관점이다. 이러한 가네코의 해석에 따라서 '비승비속'의 의미를 옮겨본다면, '스님이 아니기에 속인도 아니다'로 옮기는 것이 가장 타당하게 된다. 이제 신란에게 문제가 되는 것은, 승이냐 비승이냐가 아니라 속이냐 비속이냐 하는 점에 있다는 이야기가 된다. 승도 아닌 터에, 속이라고 한다면 그것은 더 이상 어떤 말도 할 이유가 없을 것이다. 아무런 의미가 없는 삶이 되고 마는 것이기 때문이다. 어떤 인연이었든지 간에 비승이 되었지만, 이제는 비승이기 때문에 더욱더 비속이어야 한다. 비속이 아니라면, 비승이라는 것에 어떤 변명의 여지도 없을 것이다. 가네코는 이러한 의미로 신란의 비승비속을 파악하고 있다.

만약 가네코의 이러한 해석을 만나지 못했더라면, 어쩌면 이 글은 쓸 수 없었을지도 모른다. 그런 점에서 가네코 다이에이의 비승비속 해석은 내게 하나의 전환점turning point이 되었다. 그렇다면, 비속은 무엇인가? 속과 비속을 가르는 기준은 무엇일까? 많은 사람들이 결혼의 유무를 그 기준으로 생각할지도 모른다. 그러나 그것은 그렇지 않다. 결혼했느냐 아니냐 하는 문제는 승이냐 비승

158 金子大榮 1972, pp. 507~508.

이냐의 기준이었기 때문이다. 하나의 기준을 승과 비승에서도 적용하고, 속과 비속에서도 이중으로 적용하는 것은 설득력이 없을 것이다. 일단 여기서 야나기의 이해를 살펴보기로 하자.

생각건대 신란 스님 자신도 이러한 문제(승려 신분으로 가정을 가진 것—인용자)에 절절히 고뇌했음이 틀림없다. 요컨대 '승려가 아닌' 자신을 성찰했다. 그렇기는 하지만 싫어함이 없이 부처를 구하는 마음에서 '속인이 아닌' 자신을 보았다.[159]

신란 스스로 이제 더 이상 승려가 아니라는 자신의 정체성을 확인하였지만, 그럼에도 불구하고, 승려이든 아니든 무관하게 '싫어함이 없이 부처를 구하는 마음'은 갖고 있었다는 것이다. 그리고 그것이 바로 비속의 정체성이었다고 야나기는 파악하였다. '싫어함이 없이 부처를 구하는 마음'이 성도문聖道門의 입장이라면 보리심菩提心이라 말해도 좋을 것이다. 하지만 정토문에서는 그렇게 추상적인 것은 아니었다. "끊임없이 부처의 명호를 외"[160]는 일이었다. 비록 비승이 되었더라도, "나무아미타불"의 명호를 끊임없이 외는 염불자의 삶을 산다고 한다면 그 자체가 비속의 삶이라는 것이다.

그런데 나는 여기서 비속의 또 다른 의미를 하나 더 보태어보고

---

**159** 柳宗悅 2007, p. 225. ; 柳宗悅 2017, p. 309.

**160** 위의 책, p. 228. ; 위의 책, p. 312.

자 한다. 앞의 '머리말'에서 제시한 것처럼, 종래 내가 추적해온 출가 정신을 구성하는 내포 중에서 특히 ② 권력의 탈피 내지 해체(=탈권력)의 측면이 있다. 즉, 나로서는 속인지 비속인지를 판단하는 하나의 시금석으로서 권력의 문제를 제기하고자 하는 것이다. 이는 바로, 앞서 살펴본 바 있는 것처럼, 비승비속이 재가라는 그 성격에서부터 저절로 도출된다. 재가성에 철저한 한, 사원은 가질 수 없고 작은 도량이면 족하고 신자들이 모여서 염불을 하고 법문을 할 때에도 재가자가 지도하면 족하다는 것이다. 이러한 재가의 신앙공동체가, 더욱 발전하면 사원이 될 수 있을지 모르지만, 여기저기 산포散布된다고 할 때, 거기에 무슨 권력이 크게 형성되겠는가. 애당초 존가쿠가 추구한 무교단주의, 무사원주의야말로 비승비속의 본래 의미에 잘 부합하는 것이라 아니할 수 없다. 그리고 그것은 바로 "이 신란은 한 명의 제자도 갖지 않습니다"[161]라고 말하면서 동행同行 · 동붕同朋의 불교를 제시한 『탄이초』의 입장이기도 하다.

이렇게 비승비속은 재가라는 점에서, 다시 출가로 나아오게 된다. 그것이 바로 이 글의 클라이맥스라고도 할 수 있는데, '비승'은 곧 '속'이지만 '비속'은 곧 '승'이기 때문이다. 비승비속은 곧 비승이승非僧而僧이 된다. 이렇게 신란은 '비승'(=재가)이면서도 마침내는 '승'(=출가)이 될 수 있는 길을 개척했다. 출가에서 이탈하였음에도 재가를 거쳐서, 다시 출가로 돌아갔다. 다만, 그 노정은 철저

**161** 『탄이초』 제6장, 前田龍 · 전대석 1997, p. 42.

히 외형이 아니라 내면에서의 일이었다.

## Ⅳ. 출가는 쉽고, 재가는 어렵다

출가란 무엇인가? 또 재가란 무엇인가? 출가자의 삶은 마땅히 어떠해야 하며, 재가자의 삶은 어떠해야 하는가? 이런 문제의식을 갖고서, 이 글에서는 일본 정토문의 세 분 조사—호넨, 신란, 그리고 잇펜—의 삶과 가풍家風의 차이를 출가, 재가의 논의에 대입해서 새롭게 사색을 전개해보았다.

애당초 초기불교 당시의 불교 교단은 출가와 재가의 이중구조였다. 출가와 재가의 이중구조로 불교 교단이 구성된다는 것은 지금도 마찬가지다. 이를 도표로 나타내면 다음과 같이 될 것이다.

① ┌ 출가
  └ 재가

가장 간명하다. 그리고 이상적이기도 하다. 이 도표에는 출가는 출가대로, 재가는 재가대로 자기 본분을 다하고 있는 모습이 나타나 있기 때문이다. 그런데 여기서 분열이 일어난다. 바람직하지 않은 일이지만, 출가 중에서 파계가 일어나기 때문이다. 선명한 불교 교단이 복잡하게 되는 것은 이로 말미암아서였다. 이를 도표로 나타내 보자.

② ┌ 출가 ┌ 승(=持戒)
│　　　└ 비승(=破戒)
└ 재가

이러한 분열은 출가의 승이 파계를 통하여 비승이 되어버렸다는 점에서, 비승의 존재는 그 자리를 재가로 옮기지 않을 수 없게 된다. 그러므로 위 도표 ②는 사실상 ③과 같이 수정될 수밖에 없다.

③ ┌ 출가 ─ 승(=持戒)
└ 재가 ┌ 비승(=破戒)
　　　└ 재가

그런데, 종래 우리가 생각하거나 경험할 수 있었던 이러한 변화, 즉 도표 ①에서 ③으로의 변화는 외형적인 측면에 초점을 맞추고 있었다. 계를 지키는가, 아닌가? 특히, 음계淫戒를 깨뜨리느냐 아니냐에 초점을 둔 것이었다. 그 역시 매우 중요한 문제이긴 하지만, 필요조건일 수는 있어도 충분조건까지를 아우르는 것은 아닌 것으로 생각된다. 다시금 비속의 문제가 제기되는 것도 그런 이유에서일 것이다. 비속이냐 속이냐 하는 문제를 감안해보면, 위 ③의 도표는 도표 ④와 같이 또 다른 분화를 야기하게 된다.

④ ┌ 출가 ┌ 승이비속僧而非俗 = 승이승僧而僧
│　　　└ 승이속僧而俗

└ 재가 ┌ 비승이비속非僧而非俗 = 비승이승非僧而僧
　　　└ 비승이속非僧而俗

속과 비속이냐 하는 문제까지를 감안하게 되면, 출가의 승에서도 재가의 비승에서도 분열이 일어난다. 이때 중요한 것은, 속이냐 비속이냐를 판가름하는 잣대가 무엇인가 하는 점이다. 음계를 지니고 있는가 아니면 범하였는가 하는 문제는 속이냐 비속이냐를 가리는 기준으로 사용될 수 없다. 왜냐하면 그것은 이미 승이냐 비승이냐를 판가름하는 기준으로 한 번 적용되었기 때문이다. 비승의 경우, 이미 음계를 출가의 승과는 다른 차원에서 불사음계不邪淫戒로 완화하여 적용하는 만큼, 그 점을 기준으로 해서 출가의 승과 재가의 비승을 나눌 수는 없다고 본다.

신란의 경우를 통해서 보면, 비속이냐 속이냐 하는 것은 보리심의 존재 여부, 수행하느냐 여부, 염불하느냐의 여부 등에서 생각해볼 수 있었다. 그에 더하여, 나는 애당초 재가의 비승은 절을 소유하는 것이 아니고 신도를 소유하는 것도 아니라는 점에서 재가는 탈권력脫權力적임을 확인했다. 야나기 무네요시 역시 비승비속, 즉 재가의 바람직한 모습은 권력이 존재할 수 없는 곳에 있다고 보았다. 그러한 탈권력은 곧, 바로 출가의 본질이 아닌가. 그런 점에서 본다면, 비록 비승의 재가라 하더라도 비속이기만 하면 그 내면에서는 승이라고 말할 수 있게 된다. 외형적으로 볼 때 출가는 아니지만, 그 내면세계 속에서는 여전히 출가일 수 있다는 것이다.

그러므로 외형으로부터 출발해서 그린 도표 ①에서 ④까지의 도표들을 다 내다 버리고, 새로운 도표 ⑤가 필요해진다. 그것은 내면의 속이냐 비속이냐를 기준으로 그린 도표이다.

⑤ ┌ 출가 ┌ 승이비속(=승이승)
│ └ 비승이비속(=비승이승)
└ 재가 ┌ 승이속
└ 비승이속

④의 출가와 ⑤의 출가는 다른 차원이라는 점을 우리는 주의해야 한다. ④의 출가는 신출가身出家이지만, ⑤의 출가는 심출가心出家가 된다. 신출가에서는 승이 아니었던 비승비속은 심출가에서는 승이 될 수 있었다. 이는 대단히 놀라운 발견, 놀라운 반전反轉이 아닐 수 없다. ⑤는 도표 ①의 초기 불교 교단과는 다른 차원이 되기 때문이다. 그것이 대승불교, 특히 재가불교적 성격이 강한 정토문에서 그 사례—원효와 신란—를 남기고 있음도 주목할 값어치가 있다. 그 정토문의 조사들을 우리가 그려온 도표 속에서 자리매김해보면 어떻게 될까? 그것이 도표 ⑥이다.

⑥ ┌ 출가 ┌ 승이승僧而僧 = 호넨
│ └ 승이초승僧而超僧 = 잇펜
└ 재가 ─ 비승이비속非僧而非俗 = 원효, 신란

비승이비속이 신출가의 차원에서 다시 심출가하여 재가로 속하게 된 것으로 바뀌었다. 호넨과 잇펜은 모두 출가의 승임에 틀림없다. 그런데 스데히지리를 초승超僧이라 불러보았다. 승 가운데서도 지계 이외에, 유행, 버림, 권진 등에서 더욱더 철저하게 승이기를 요구했고, 그 모범을 보여온 것이 잇펜이었기 때문이다. 호넨은 집은 버렸어도 절은 있었지만 잇펜은 집도 절도 다 버렸기 때문이다.

도표 ⑥을 통해서 우리가 명심해야 할 것은 무엇일까? 출가의 경우에는 '승'이 됨을 유지하는 것도 중요하지만—호넨의 길—, 그것만으로 만족할 수 없는 기준을 새롭게 잇펜의 길이 제시해주고 있다는 점이고, 재가의 경우에는 비승이므로 어쩔 수 없다고 자굴自屈할 것이 아니라 문제는 비속이냐 아니냐 하는 데 있음을 자각하는 일이다. 그리고 그 속이냐 비속이냐를 가르는 기준이 보리심의 여부, 수행의 여부, 염불의 여부, 또 권력욕마저 버렸느냐의 여부 등에 있음을 명심하는 일일 것이다.

그런데 잇펜은 도표 ⑥ 중에서 무엇이 가장 행하기 어려워서 상근기라야 비로소 감당할 수 있는지, 무엇이 가장 쉬워서 하근기도 할 수 있는지 묻고서 자신의 독창적 견해를 밝힌다.

> 염불의 근기에는 세 등급이 있다. 상근기는 처자를 데리고 집에 있으면서도 집착하지 않고 왕생한다. 중근기는 처자를 버리지만 머무는 곳과 의식衣食은 버리지 않으며 집착하지 않고 왕생한다. 하근기는 모든 것을 버리고 왕생한다. 우리는 하근기이기에 모든

것을 버리지 않으면 임종 때 분명히 모든 것에 집착하여 왕생할 수 없다고 생각하기 때문에 이렇게 하는 것이다. 잘 헤아려야 한다.[162]

이러한 잇펜의 입장을 도표로 나타내면 다음과 같이 된다.

⑦ ┌재가 ─ 비승비속 ─ 신란 ─ 상근기
└출가 ┌ 승이승 ─ 호넨 ─ 중근기
└ 승이초승 ─ 잇펜 ─ 하근기

도표 ⑦에 이르러 비로소 출가와 재가는 역전되기에 이른다. 재가가 출가보다 위에 올라가게 된 것이다. 처자를 데리고 집에 살면서도 왕생할 수 있다면, 그것은 출가해서 오로지 염불만 행하는 입장보다는 상근기라고 본 것이다. 더욱 어려운 일을 감당할 수 있다면 더욱 높은 근기라고 해야 하지 않는가 하는 입장이다. 그런데 이러한 잇펜의 해석은 "집을 버리고 욕망을 버리고 사문이 되어서……"[163]라고 한 『무량수경』의 가르침과는 다르지 않은가 하는 문제가 제기되었다. 이러한 질의에 대하여, 잇펜은 "모든 불법은 마음을 문제 삼지 바깥 현상을 말하지 않는다. 그러므로 마음을, 집을 버리고 욕망을 버려서 집착이 없는 것을 상근기라고 설한 것이다"[164]라는 해석학적 관점을 내보인다.

---

**162** 柳宗悅 2007, p. 229. ; 柳宗悅 2017, p. 315.

**163** 대정장 12, p. 272b.

**164** 橘俊道 · 梅谷繁樹 1989, p. 155. 이는 잇펜의 관심석觀心釋으로 보인다.

이제 문제는 승이냐 비승이냐가 아니다. 속이냐 비속이냐가 진실로 문제이다. 그리고 비승이면서 비속의 삶을 살아가는 것이 더욱더 어려우며, 상근기라야 감당할 수 있는 일이 되었다. 종래 우리 재가자는 으레 "나는 출가한 스님이 아니다"라는 것으로 방패막이를 삼아서, 속에 머무는 것을 당연시하고 비속으로 나아가야 한다는 문제의식 자체가 없었다. 신란과 잇펜의 삶은 그럴 수 없음을, 그렇게 해서는 아니 됨을 말해주고 있다. 출가는 '승'만이 아니라 '비승'까지도, 불교인이라면 누구라도 감당해야 할 성 넘기(踰城)이기 때문이다.

# 2장.

# 탈권력脫權力의 사제동행師弟同行
## —구라타 햐쿠조의 『스님과 그 제자』를 중심으로

이 글은 2011년 일본불교사연구소에서 펴낸 『일본불교사연구』 제5호에 발표될 당시에는 「출가, 탈권력의 사제동행 — 구라타 햐쿠조倉田百三의 『스님과 그 제자』를 중심으로」라는 제목을 갖고 있었다(121~153쪽 게재). 이후 일본어로 번역하여(「出家, 脫權力の師弟同行 — 倉田百三の『出家とその弟子』を中心に」, 『日本佛教史研究』 第10號, 日本佛教史研究所, 2014, 101~141쪽) 다시 발표된 바 있다. 이 책에 수록하기 위하여 다소 수정과 보완을 거쳤다.

처음 발표한 이 글의 제목에는 '출가'라는 말이 들어 있다. 대상이 되는 텍스트의 원래 제목에 '出家'라는 말이 들어 있었기 때문이다. 이는 '스님'이라고 번역할 수 있지만, 동시에 '스님이 된다는 것'이라는 의미까지도 중의적重意的으로 포함하고 있다고 생각된다.

나 자신의 작업을 오래 지켜본 독자라면 익히 짐작하겠지만, '출가'라는 문제는 '결사結社'와 더불어 나의 오래된 주제 중 하나이다. 따라서 이에 대한 글들은 이미 여러 편 발표하였다. 대표적으로 「사효의 윤리와 출가 정신의 딜레마」(『경허의 얼굴』, 불교시대사, 2014 수록), 「힌두교와 불교에서의 권력과 탈脫권력의 문제」(『힌두교와 불교』, 여래, 2016 수록) 등이 있다.

따라서 이 글은 그러한 '출가' 주제의 글들과 연속성을 갖고 있다. 제2부에서는 그러한 문제가 정면에서 다루어진다. 특히 앞의 첫 번째 논문과 이 두 번째 논문이 더욱 그렇다.

정토 신자의 삶의 문제를 생각하는 맥락에서 '출가'가 문제시된다거나 '권력'이 문제시된다는 것은 바로 정토신앙의 본질적 특성에서부터 자연스럽게 도출된다. 정토신앙은 아미타불과 나 사이에 어떠한 매개자도 필요로 하지 않는 신앙이다. "나무아미타불"을 통해서, 아미타불은 나와 만나고 나는 아미타불과 만난다. 그런 점에서 중간 매개자가 필요 없다. 그렇지만, 내가 아미타불을 만나게 된 데에는 먼저 아미타불을 향하여 '앞으로, 앞으로' 나아갔던 많은 선배들이 있었기에 가능하다. 이 선배를 스승이라고 할 수 있다.

그렇다면 스승과 나의 관계는 어떻게 되는가? 다시 선배 노릇을 해야 하는 나와 제자들은 어떤 관계인가? 일찍이 이 문제를 깊이 사색한 사람이 신란親鸞인데, 그는 어록 『탄이초』에서 "신란은 한 사람의 제자도 없다"라고 말한 바 있다. 이에 기반한 희곡 작품이 구라타 햐쿠조의 『스님과 그 제자出家とその弟子』이다. 이 글

은 바로 『스님과 그 제자』를 통하여, '작품 밖의 신란'과 '작품 안의 신란'이 보여준 해답을 음미해본다. 우리는 평등한, 모두 동행同行, 길벗이라는 점, 그러므로 우리 사이에서 권력관계는 해체된다고 하는 점 말이다.

## Ⅰ. 정토 신자의 삶과 사제 관계

### 1. 인연

책 읽는 독서가讀書家에게, 혹은 책에 대한 이야기를 하는 서평가書評家에게는 양보하기 어려운 기쁨이 있다. 묻혀 있는 책을 발굴해 내는 일이다. '묻혀 있는 책'은 정말 좋은 책, 뜻있는 책인데 널리 읽히지 못하고 있는 책을 말한다. 이러한 책을 발견해서 탄식하면서, 또 환호하면서 그 책의 이야기를 하고 또 하는 변주變奏(variation)의 기쁨은 진정한 독서가 내지 서평가만이 누릴 수 있는 행운이라 아니할 수 없다.

강단 철학자 내지 대학교수라는 제도권 학자가 되기 전, 나의 꿈은 독서가 내지 서평가였다. 남의 책을 읽고, 남의 책에 대해서 글을 쓰는 기생적寄生的 글쓰기를 희망해왔던 것이다. 그 꿈의 흔적들이 『책 안의 불교, 책 밖의 불교』[165]라는 서평집과 『불교, 소설

165 김호성 1995.

과 영화를 말하다』[166]라는 평론집 속에 남아 있다. 그런데, 당시 서평가로서의 나는 꽤 미숙했음을 이제야 깨닫게 된다. 희곡『스님과 그 제자』를 알지 못했고, 읽지 못했기 때문이다. '동국역경원의 현대불교신서 61'로 나온 이 책의 초판 발행일자는 '1987년 9월 10일'이다. 23년의 세월이 더 지났다. 그러나 "초판 3000부가 아직 다 나가지 않았다"고 동국역경원의 관계자가 말했을 정도이니, 가히 '묻혀 있는 책'이라 아니할 수 없을 것이다.

역시 시절인연時節因緣이 따로 있는 것일까. 일본불교를 공부해 오는 과정에서 나는 비로소 이 책을 만날 수 있었다. 저자는 구라타 햐쿠조倉田百三(1891~1943), 역자는 김장호金長好(1929~1999)[167] 선생이다. 저자에 대해서는 다음 장章에서 보다 구체적으로 서술하기로 하고, 역자에 대해서 먼저 이야기해보자.

시를 발표할 때는 '장호章湖'라는 필명을 쓴 김장호는 희곡 전문 문학 연구자였다. 특히 희랍비극에 대한 연구서인『희랍비극론』과『불교문학과 희랍비극』같은 책을 남겼다. 이뿐만 아니라 스스로 시극詩劇 운동에 뛰어들어 '시극동인회'를 창단하기도 했다. 20여 편의 '라디오 시극'을 썼고, 2편의 장막 시극과 단막 시극을 썼다.[168] 그런데 그가 직접 일본의 극작가이자 사상가인 구라타의

---

166 김호성 2008.

167 김장호의 출생 연도에 대해서는 1929년보다 이전일 것이라는 추정이 있다. 1929년이라면, 혜화전문학교 입학 연도가 1945년이기 때문에 16세에 입학한 것이 되므로 부자연스럽기 때문이다. 이에 실제로는 1926년에 태어난 것으로 보는 관점도 있다. 가족의 증언에 따라서이다. 이에 대해서는, 송희복 2019, pp. 50~51. 참조.

168 강춘애 2010, p. 14. 시극의 창작, 그리고 무대 공연과 관련한 그의 선구적 업적에 대

희곡 『스님과 그 제자』를 번역했던 사실은 잘 알려지지 않은 것 같다.

김장호는 이 책을 왜 번역했던 것일까? 머리말을 대신하고 있는 「이 희곡을 읽는 이에게」를 읽어보아도, 특별한 해답은 제시되어 있지 않다. 작품의 의의를 대략적으로 소개하는 정도로 그치고 있다. 가장 핵심적이라 할 수 있는 마지막 문단은 다음과 같다.

> 특히 이 작품이 우리를 끌어들이는 것은 모든 시대를 초월해서 공통하는 청춘의 문제가 이 작품 속에 포함되어 있고[가메이 가쓰이치로龜井勝一郎] 그것은 영원한 청춘의 글로서 누구나 청춘기靑春期에 반드시 한번은 만나는 연애와 신앙과 고뇌와 죽음 등, 그 모든 것이 포함되어 있어 생명감이 넘치는 감각과 눈물로 읽지 않을 수 없기 때문이다.[169]

이렇게 이 작품의 매력을 말하는 것으로 끝맺음할 뿐이다. 청춘의 문제가 다루어져 있는 청춘의 문학이라서 소개하고 싶었다는 이야기이다. 더 이상 역자가 어떤 인연으로 이 책을 읽게 되었으며, 어떤 입장에서 이 책을 번역하게 되었는가 하는 점을 밝히고 있지는 않다.

해서는 이상호 2019, pp. 93~105. 참조.

**169** 김장호 1987, p. 6. ; 가메이 가쓰이치로龜井勝一郎(1907~1966)는 『스님과 그 제자』에 대해서 뛰어난 평론을 남긴 비평가이다. 龜井勝一郎 2004, pp. 279~287. 참조. 이 책의 초판은 쇼와昭和 24(1949)년인데, 해설 역시 그해 10월에 쓴 것이다.

그의 시 세계와 학문 세계를 연구한 국어국문학계의 연구에 따르면, 그는 1951년에 시인으로 등단하였으며 그 당시에는 모더니즘modernism적 시를 썼다고 한다. 그렇지만, 인생의 말년에 가까워지면서 불교적 사유[170]를 전개하는 시를 썼다고 평가된다. 이는 그의 모교[171]이자 직장인 동국대학교가 불교 종립학교이기에 자연스럽게 불교적 사유에 익숙해져 갔다고 하는 점은 두말할 나위 없을 것이다. 그러다가 "1984년 8월 28일부터 이듬해 여름까지 동경대 비교문학연구소 객원교수로 일본에 체류한"[172] 경험이 있었다. 이때 '까마귀 연작시' 30편을 집필하였고 1988년에 『동경까마귀』라는 시집을 펴낸다. 바로 1년 전인 1987년에는 『스님과 그 제자』를 번역하여 출판했다.

그러나 청춘의 문제는 20대가 지나고 나면 시들해지는 문제여서일까. 우리나라에서는 이 책이 그다지 큰 반향을 얻지 못하였다. 오래도록 묻힌 채 세월을 견뎌야 했다. 그러다가 『스님과 그 제자』는 우리 불교 안에 일본불교의 이해를 넓히고자 서원한 나와 만나게 되었다. 역자 김장호와는 다른 문제의식으로 접근한 결과였다. 또 그런 차원에서 이 작품을 읽고 소개[173]하게 되었으며,

---

170 박상천 2019, pp. 37~43. 참조.

171 혜화전문학교는 이후 동국대학으로, 동국대학은 다시 동국대학교로 발전해왔다.

172 장영우 2019, p. 124.

173 내가 설립한 일본불교사연구소에서는 제3차 학술세미나(2010년 4월 17일, 동국대 덕암 세미나실)의 주제를 "스님과 그 제자(倉田百三 著)를 읽는다"로 정하였다. 이 세미나를 위한 자료집에 나는 「倉田百三論—『出家와 그 제자』를 중심으로(진명순)를 읽고」와 「자비의 확충과 권력의 해체—『스님과 그 제자』(倉田百三)론」이라는 두

개정판[174]을 주선하기도 하였다.

## 2. 문제의 제기

애초에 일본불교에 대한 관심의 연장선상에서 『스님과 그 제자』를 만났다. 그렇다고 해서 이 글이 일본불교에 대한 이해라는 맥락에서 기획된 것은 아니다. 그러한 맥락에서라면, 『스님과 그 제자』에 나오는 신란의 가르침이 실제 신란의 가르침과 어떻게 같고 다른지를 소상하게 분별하거나, 구라타 햐쿠조에게 영향을 미친 그 당시의 불교 사상가들에 대해서 살펴보거나 해야 할 것이다. 전자에 대해서는 스에키 후미히코末木文美士의 논문 「갈팡질팡하는 신란」[175], 후자에 대해서는 오사와 아야코大澤絢子의 논문 「호호동浩浩洞 동인에 의한 『탄이초』 독해와 신란상親鸞像」[176]이 있다. 그러한 주제에 대해서는 아직 내 공부가 미치지도 못하거니와, 관심사가 거기 있는 것도 아니다.

그보다 『스님과 그 제자』를 거듭 읽으면서, 이 작품이 바로 내가 늘 곰곰이 생각해오던 하나의 주제와 관련이 있음을 깨닫게 되었다. 바로 '출가'이다. 물론 이 작품의 원제에 '출가'라는 말이 있

편의 글을 실었다.

**174** 2016년 동국대학교 출판부의 자매 출판사인 '한결음 · 더'에서 나왔으며, 나 자신 원문과의 대조 검토를 통하여 애초의 번역에서 누락된 부분을 보역補譯하기도 하였고, 역자의 주 외에 편집자 주를 보충하기도 했고, 「해설」을 덧보태기도 하였다.

**175** 末木文美士 2009, pp. 113~124.

**176** 大澤絢子 2016, pp. 497~520.

다. 그런데 일본 혹은 일본어에서 '출가'라고 하면, 바로 '스님'을 가리킬 수도 있다. 그래서인지 역자는 제목을 『스님과 그 제자』로 옮겼다. 틀린 번역이 아니다. 그런데 '스님'이라고 함으로써 원서의 '출가'라는 말이 지시할 수 있는 두 가지 의미 중에서 한 가지의 의미로만 축소될 가능성은 있다. 즉 '출가하는 일, 출가자로서 살아가는 일'이라는 의미는 고려되지 못하고, '출가자, 즉 스님'만을 가리키게 된다. 그래서 애초에 『스님과 그 제자』는 '신란 스님이라는 인격과 그분의 여러 제자' 사이의 이야기로 받아들여진 것이다. 틀린 말은 아니다. 그러나 그러한 의미만이 아니라, 애초에 원서의 제목에 '출가'라는 말이 있었던 것처럼 작품의 내용이나 주제에서 보더라도 '출가란 무엇인가, 진정한 출가자의 삶은 어떠해야 하는가'와 같은 문제가 다루어져 있음을 깨달은 것이다. 즉, 불제자인 우리는 어떻게 살아야 하는가?

그동안 나는 불교·붓다의 출가가 힌두교적—유교적 효孝, 즉 가부장제 이데올로기의 탈피(=脫가부장제)[177]라는 의미가 있음을 밝힘으로써 출가 정신의 본질을 정립하고자 하였으며, 붓다의 출가는 크샤트리아Kṣatriya 계급으로서 현실 정치에 참여해야 하는 계급의 의무(스와다르마svadharma)를 포기하였다는 점에서 탈脫권력[178]의 함의가 있다고 하였다. 근대 힌두교 개혁론자 비베카난다Swami Vivekananda(1863~1902)의 출가자(=유행자遊行者, sannyāsī) 개

177 김호성 2010c, pp. 529~548.

178 김호성 2009b, pp. 5~45.

념에는 힌두교의 출가와 불교의 출가가 구분되지 못하였음을 지적[179]하기도 하였다.

특히 이 중에서 「두 유형의 출가와 그 정치적 함의」를 통해 출가라는 것이 교단 밖의 일반 정치와는 일정하게 선을 긋는 탈권력 · 탈정치의 행위임을 밝혔다. 그런데 당시 그 논문에서는 본격적으로 언급하지 못한 것이 있다. 출가가 탈권력 · 탈정치라고 한다면, 교단 밖의 세속 정치에서만이 아니라 교단 안에서도 그 정신이 구현되어야 한다는 점이다. 교단 내적으로도 탈권력의 방향으로 나아가야 한다고 본다. 그럴 때 비로소 붓다의 출가 정신이 구현된 진정한 출가, 즉 진정한 출가 교단이 가능할 것이기 때문이다. 나는 『스님과 그 제자』가 바로 그러한 메시지를 함축하고 있음을 어느 날 깨닫게 되었다. 이 글을 통하여 바로 그 이야기를 말해보고 싶다.

지금 한국불교, 특히 대한불교조계종의 경우에는 교단 내적으로도 정치가 만연한 느낌이다. 1994년 '개혁' 이후 선거제도의 도입으로, 정치가 제도화 · 보편화되었다. 이러한 불교 교단 안의 정치에서 중요한 역학 관계는 문중門中을 중심으로 이루어지고 있다. 문중은 다른 문중과 권력관계에 놓여서 서로 대립하게 되고, 내적으로는 다시 자기 문중 안에서 세포분열하면서 화합중和合衆, 출가중出家衆을 분열시키는 하나의 판—지진地震 판과 같은—의 역할을 하고 있다.

---

**179** 김호성 2010d, pp. 137~172.

이러한 우리 불교의 형편을 생각할 때, 진정한 스승과 진정한 제자의 관계는 어떤 모습이어야 할까. 『스님과 그 제자』를 『스승과 그 제자』로 치환해서 읽게 되면, 『스님과 그 제자』에 나타나는 사제 관계, 즉 신란과 유이엔唯円, 신란과 젠란善鸞, 그리고 유이엔과 다른 제자 · 승려의 관계에 주목하게 된다. 특히, 유이엔과 다른 제자 · 승려 사이에 나타나는 권력관계가 어떻게 어떤 논리로 해체되는지를 중점적으로 고찰할 것이다.[180] 이를 통해 『스님과 그 제자』에 나타난 신란의 교단 안에서, 스승과 제자는 제자들의 스승에 대한 경건한 믿음과 복종에도 불구하고 스승과 제자라기보다는 길벗(同行, 同朋)의 관계에 놓여 있음을 알 수 있다.

스승은 제자를 한 사람도 갖지 않게 되고, 그저 스승과 제자는 동행일 뿐이라는 점에서, 비록 『스님과 그 제자』 속의 신란 교단에서 승려의 결혼이 용납된다고 하더라도, 그 이상 더욱 중요한 권력관계는 해체解體되어 있다고 볼 수 있다. 이 점에서 구라타 햐쿠조는 『스님과 그 제자』 속에서 출가의 의미를 탈권력의 사제동행師弟同行의 의미로 묘사했던 것으로 평가하고 싶다. 그리고 그것은 우리 역시 추구해야 할 길임을 자각하고 싶은 것이다.

180 젠란의 경우는 배경 속에서만 나타나고 직접 대립상을 보이지는 않는다.

## Ⅱ. 작품의 이해를 위한 예비적 고찰

본격적으로 『스님과 그 제자』에 나타난 스승과 제자의 관계에 초점을 맞추기 전에, 어느 정도의 예비적 고찰은 필요하다. 앞으로의 논의를 이해하는 데 도움이 될 범위 안에서, 작가 구라타 햐쿠조와 그의 작품 『스님과 그 제자』에 대해서 간략히 살펴보기로 하자.

### 1. 『스님과 그 제자』 이전의 구라타 햐쿠조

구라타 햐쿠조는 메이지 24(1891)년에 태어나서 쇼와 18(1943)년에 파란만장한 삶을 마감한다. 그중에서 관심이 가는 것은 『스님과 그 제자』 집필 이전의 일이다. 작품 이해의 배경으로 작용할 것이기 때문이다. 그 무렵의 연보를 간략히 정리해보면 다음과 같다.

1910년 제일고등학교(이른바, 一高) 입학.
1912년 교토로 가서 철학자 니시다 기타로西田幾多郎 방문, 대화를 나눔.
1913년 결핵으로 인하여 제일고등학교 중퇴.
1914년 교회에 다님.
1915년 니시다 덴코西田天香의 '잇토엔一燈園'에 들어감.

구라타 햐쿠조가 기독교 교회에 다닌 것 역시 간과할 수 없는 중요한 문제다. 누구든지 『스님과 그 제자』를 읽어보면, 기독교적인, 너무나 기독교적인 색채를 느낄 수 있기 때문이다. 기독교적인 불교, 기독교적인 스님을 형상화形象化했다고 해도 과언이 아닐 정도다.

다음으로 주목해야 할 것은 사회운동 단체 잇토엔에 가입한 것이다. 잇토엔의 창시자 니시다 덴코西田天香(1872~1968)에게는 톨스토이L. Tolstoy(1828~1910)의 영향도 보이는데, 철저한 무소유, 평화주의, 경쟁의 부정, 참회와 이욕離欲에 기반한 봉사행 등이 강조되었다.[181] 어떻게 보면 자본주의의 폐해를 공동체 운동을 통해서 극복하고자 한 것으로 보이는데, 그런 점에서 종교 단체라기보다는 사회운동 단체라 하는 것이 더 적절할지도 모르겠다. 특정한 종파를 내세우지 않고 신앙의 내용을 개인의 자유로 맡긴 것도 그래서였다. 이 잇토엔의 니시다 덴코를 모델로 해서 『스님과 그 제자』의 신란 상像이 형성되었다[182]고 스에키 후미히코는 말하고 있을 정도이다.

어쩌면 그 이상으로 중요한 사건들로 이 연보에서 행간 속으로 숨어버린 것이 바로 구라타의 연애와 그 실패다. 연애의 과정에서 그가 겪는 성욕과의 치열한 투쟁을 외면해서는 아니 된다. 구

181 柏原祐泉 2008, pp. 164~165.

182 末木文美士 2009, p. 117.

라타의 평론집 『사랑과 인식의 출발愛と認識の出發』(1921)[183]에는 두 여자가 등장하는데, 이들과 헤어진 뒤에 쓴 연애론이 실려 있다. 「이성異性 속에서 나를 찾으려는 마음」(22세의 생일날), 「사랑을 잃은 자의 걸어갈 길」(1913), 「이웃으로서의 사랑」(1915), 「은둔하는 마음에 대하여」(1915), 「사랑의 두 가지 기능」(1915), 「과실過失」(1915) 등이 그것들이다. 성욕의 긍정으로부터 성욕의 극복을 주장하기까지, 실제로 연애의 성패成敗에 따라서 철학의 변화가 극단에서 극단으로 이동하는 모습[184]을 볼 수 있다. 이런 사랑과 인식의 고투 속에서 『스님과 그 제자』의 주인공 유이엔 상像이 탄생한다. 그러니까 유이엔의 모델은 곧 구라타 자신이었던 셈이다.

내가 말하는 '자기 철학'에는 이렇게 '자기를 대상으로 하는 철학'[185]이라는 의미가 있는데, 그 좋은 사례가 바로 구라타의 평론집 『사랑과 인식의 출발』이라 할 수 있다. 자기를 정직하게 바라보고, 그 변화를 따라가면서 보다 나은 이상적 삶을 추구해 간 데에서 그의 『사랑과 인식의 출발』은 아름다운 고백문학이다. 그렇게 평론을 통해서 만들어진 자기 철학을 극적으로 재구성해본 것

183 한국에서는 장경룡 역으로, 1985년 문예文藝 출판사에서 출판되었다.

184 그 시간적 변천과 그것이 구라타의 사상 형성에 미친 영향에 대해서는 中島岳志 2018, pp. 86~99. 참조.

185 '자기를 대상으로 하는 철학' 이외에 또 다른 '자기 철학'의 의미로 남과 다른 '자기만의 철학'이라는 의미가 있다. 그런데 '자기를 대상으로 하는 철학'으로서의 자기 철학은 언제나 남과는 다른 '자기만의 철학'이 될 수밖에 없다. 그런 점에서 '자기 철학'의 궁극은 '자기를 대상으로 하는 철학'이 되어야 한다. 나의 '자기 철학' 개념에 대해서는, 김호성 2009a, pp. 209~215. 참조.

이 『스님과 그 제자』였다고 말하면 좋을 것이다. 『사랑과 인식의 출발』의 출판은 『스님과 그 제자』보다 늦지만, 그 속의 개별적인 평론들 「동경」(1912)에서부터 「과실」(1915)까지는 『스님과 그 제자』의 집필(1916) 이전이기 때문에 그렇게 말할 수 있다.

## 2. 『스님과 그 제자』의 대강

구라타 하쿠조의 희곡 『스님과 그 제자』는 1916(다이쇼大正 5)년의 작품이다. 작가의 나이 겨우 20대 중반의 작품이라니, 놀라운 일이다! 처음에는 『생명의 강生命の川』이라는 잡지에 연재되었고, 그 이듬해(다이쇼 6, 1917년)에 이와나미 서점岩波書店에서 출판되었다. 앞서 인용한 번역가 김장호의 말처럼, 젊은 청춘이 썼고 청춘의 고뇌를 다루고 있다는 점도 작용했겠지만 이 책은 당대의 많은 청춘들로부터 사랑을 받았다.[186]

『스님과 그 제자』의 어떤 면이 그 당시 그렇게 폭넓은 반향을 불러일으켰으며 지금까지 일본 독자들의 마음을 흔들고 있는지에 대해서는 여러 가지로 분석할 수 있다. 물론 거기에는 김장호가 주목한 것처럼, 청춘의 문학이라는 성격이 크게 기여했을 것이다. 그러나 이 글에서는 『스님과 그 제자』가 '스님'의 이야기였다는 점에 주목하여 그 이유를 찾아보고자 한다.

186 출판된 지 5년이 지난 1922년에 영역英譯이, 1925년에는 독일어 번역이, 그리고 1932년에는 로맹 롤랑Romain Rolland의 서문이 붙은 프랑스어 번역이 출판되었다. 아마도 영역을 읽은 로맹 롤랑이 편지를 보내온 지 8년 만의 일일 것이다.

『스님과 그 제자』에서 '스님'은, 앞서 언급한 것처럼 '신란 스님'이다. 신란은 일본의 정토불교를 대표하는 3대 종파(정토종, 정토진종, 시종時宗) 중의 하나인 정토진종의 개조이다. 오늘날 일본 최대의 종파를 열었던 염불의 조사다. 그런데 과연 신란을 '스님'이라 할 수 있는가? 여기서부터 따져보아야 한다. 바로 신란 스님의 특이성이 부각되기 때문이다.

> 신란 : (감동한다.) 당신 심정은 압니다. 눈물이 납니다. 하지만 그 생각은 거두십시오. 정토문淨土門의 신심은 재가在家의 신심입니다. 상인商人은 상인, 사냥꾼은 사냥꾼인 채 갖는 신심입니다. 때문에 저는 아내도 거느리고 고기도 먹습니다. 저는 중이 아닙니다. 재가이면서 마음만이 출가出家인 것입니다. 형식에 매여서는 안 됩니다. 마음이 중요한 것입니다.[187]

『스님과 그 제자』의 스님이 신란 스님이라는 데에서 『스님과 그 제자』는 신란 스님의 이야기가 된다. 정토진종의 개조 신란 스님을 구라타 햐쿠조 스타일 ― 구라타 신란倉田親鸞 ― 로 한번 새롭게 이야기해본 것으로 이해해도 좋을 것이다.

그런데 정작 『스님과 그 제자』에 대한 정토진종의 반응은 '심한 비판'이었다고 한다. 왜 정토진종 교단은 그들의 개조 신란을 주

---

**187** 김장호 2016, p. 78. ; 倉田百三 2004, p. 66. '재가의 신심'은 원본에서는 '在家のままの信心'(재가인 채 그대로의 신심)으로 되어 있다.

인공으로 한 희곡과 연극에 대해서 마음에 들어 하지 않았던 것일까? 스에키 후미히코는 그의 『스님과 그 제자』론의 제목을 '갈팡질팡하는 신란'이라 하였다. 그것은 정토진종에서 이상화하고 있는 '성인으로서의 신란(親鸞聖人)'이라는 이미지와는 동떨어진 신란 상을 구라타가 창조했다는 평가인 셈이다. '회의하는 신란', '인간 신란'[188]을 재창조했다는 이야기인데, 이는 진종 교단의 반발과는 무관하게 나름대로 의미가 없지 않다.

작가 구라타 역시 "이 작품이 진종의, 혹은 일반적으로 종교의 교의를 설명하기 위하여 쓴 것은 아니다"[189]라고 말했던 것이다. 그저 문학작품일 뿐이다. 허구라는 것이다. 이렇게 말함으로써 구라타는 진종 교단의 비판으로부터 벗어나려고 한다. 진종 교단의 비판은 그 나름으로 이유가 있었을 터이지만, 사실 진종의 신란 상 그대로를 조술祖述하는 것만으로 문학적 성취를 이룰 수 있었겠는가? 다소 빗나간다 하더라도, 신란 이야기의 계속적 창출은 결국 신란에게로 사람들을 끌어들일 수 있는 하나의 가교架橋가 되어주었던 것으로 평가해야 할 것이다.

한편, 『스님과 그 제자』에는 '스님' 신란 이외에도 역사적 인물이 두 명 더 등장한다. 주인공 유이엔과 조연인 젠란이다. 유이엔을 주인공으로 내세우고 있다는 점에서, 『스님과 그 제자』는 역사

---

**188** 末木文美士 2009, p. 119. 이외에 더 생각해볼 수 있는 것은 '진종의 신란'이 타력을 말함에 반하여, '구라타 신란'은 자력과 타력을 섞었다는 데에도 한 원인이 있는 것으로 보인다.

**189** 末木文美士 2009, p. 117. 재인용.

속 유이엔이 편저編著한 『탄이초』를 생각게 한다. 작가 구라타가 『탄이초』에서 작품의 힌트를 얻었음은 누가 보더라도 자명하다. 특히 『탄이초』 제3장의 악인정기설은 『스님과 그 제자』의 저류低流를 흐르는 주제로 봐도 좋을 것이다.

> "선인조차도 왕생하는데, 하물며 악인이야."[190]

이러한 선악관은 『스님과 그 제자』 제1막의 사에몬과 신란 사이의 대화에서 잘 드러나고 있다. 바꾸어 말하면, 진종 교의의 입장에서 내려지는 평가와는 무관하게 『탄이초』 제3장의 악인정기惡人正機설이 없었다고 한다면 『스님과 그 제자』의 세계는 불가능했을 것이다.

그런데 야마오리 데쓰오山折哲雄는 『악과 왕생 ―신란을 배반하는 탄이초』를 통하여, 『탄이초』의 편저자 유이엔이 신란을 배반하였다고 비평[191]한다. 신란의 주저 『교행신증敎行信證』의 사상과 비교해볼 때, 『탄이초』는 차이가 난다는 것이다. 특히 서사성(모노가타리物語性)을 탈락시킴으로써 『탄이초』가 경구집警句集이 되었다는 것이다. 이에 대해서 스에키 후미히코는, 『탄이초』에 신란의 사상과 다른 유이엔의 관점이 투영되어 있음을 지적하는 것은 옳지만, 그렇다고 해서 야마오리가 말하는 것처럼, 그것이 곧 예수

---

**190** 대정장 83, p. 728. ; 前田龍 · 전대석 1997, p. 35.

**191** 山折哲雄 2000. 제3~6장에서 상론된다.

를 팔아넘긴 유다처럼 스승 신란을 배반했다고 보는 것은 무리라고 비판[192]한다. “선생이라는 것은, 한 번은 제자에게 배반당하는 자다.”[193] 야마오리는 이렇게 말함으로써, 스승을 배반하는 제자를 비판한다. 이에 대해서 스에키는 신란과 유이엔의 사상이 달라졌다는 것은 인정할 수 있지만, 그렇다고 해서 스승을 배반했다고 보는 것은 무리라고 비평하고 있는 것이다.

구라타가 『스님과 그 제자』를 집필할 때 의지한 『탄이초』 자체에 이러한 논쟁점이 개재되어 있다. 구라타는 유이엔과 신란의 관계를 어떻게 묘사하고 있는가? 야마오리 데쓰오의 논의에서 중요한 연결고리는 『탄이초』 제6조의 다음과 같은 기록에 있다.

> 전수염불專修念佛의 벗들 사이에 ‘내 제자다’, ‘남의 제자다’라고 하는 언쟁言諍이 있는 것 같습니다만, 있을 수 없는 일입니다. 신란親鸞은 제자를 한 사람도 갖고 있지 않습니다. 그 이유는 나의 작용으로 사람들에게 염불을 시킨다면 제자라고 할 수 있겠습니다만, 오직 아미타불阿彌陀佛의 부름을 받아 염불을 하게 된 사람을 내 제자다 함은 지극히 오만한 말투입니다. 함께할 인연이 있으면 함께할 것이요, 떠날 인연이라면 떠나기 마련인 것인데도, 스승을 등지고 다른 사람을 따라 염불하면 왕생할 수 없다는 둥 말하는 것은 말

---

**192** 末木文美士 2004, pp. 154~157. ; 이태승, 권서용 2009, pp. 151~154. 참조. 이태승 · 권서용의 우리말 번역은 몇 가지 문제점을 보이고 있으므로, 가능하면 원문과 대조할 필요가 있다. 그 문제점에 대해서는 ‘김호성, 2015b’에서 자세히 지적한 바 있다.

**193** 山折哲雄 2000, p. 38.

도 안 되는 소리입니다. 여래로부터 받은 신심을 자기가 준 것인 양 되물리겠다는 말인가요. 결코 있을 수 없는 일입니다.[194]

역사적 인물 신란은 이렇게 "한 명의 제자도 갖지 않는다"라고 말함으로써 교단 내의 쟁론을 화쟁和諍시키려 한다. 동시에 아미타불의 힘을 말함으로써 누구를 '스승'으로 추앙하면서 이루어지는 교단 조직의 경직성—분파성—을 경고하고, 해체하는 모습을 보여준다. 이러한 신란의 태도를 그대로 이어서 『탄이초』의 유이엔은 탄이歎異한다. 정통과 이단을 나누고서, 이단을 개탄하고 비판한 것이다. 그러니까 역사 속의 유이엔은 탄이를 통하여 이단을 경계하는 정통의 수호자를 자처했던 것이다.[195]

그런데 구라타의 『스님과 그 제자』라는 희곡 작품 속 유이엔은 오히려 그 반대의 입장에 서 있는 것으로 묘사된다. 비록 계율의 문제이긴 하지만, '법'[196]을 옹호하려는 다른 승려의 무리와 대립한다. 또 유이엔은 신란의 아들 젠란을 옹호한다.[197] 구라타는 유이엔을 정반대의 인물로 만든 뒤, 신란마저도 그렇게 회의하는 신

194 대정장 83, p. 729a-b. ; 前田龍 · 田大錫 1997, pp. 42~43.

195 신란은 탄이의 대상에 대해서도 부정적이지만, 유이엔처럼 탄이를 통하여 정통을 지키고자 하는 것 자체에 대해서도 부정적인 태도를 보인다. 이 점은 뒤에서 다시 언급하고자 한다.

196 원본의 '법'을 역본에서는 '법도'라고 옮기고 있다.

197 젠란이 여성 문제와 관련해서 아버지 신란으로부터 의절을 당했다는 것도 역사적 사실과는 다르다. 실제로 역사 속 젠란은 관동 지방의 교화와 관련하여, 신란과는 다른 이설을 전파했다는 이유로 의절을 당한 것이다.

란, 상대주의자 내지 불가지론자 신란으로 만들었던 것이다. 스에키가 '갈팡질팡하는 신란'이라 한 표현이 적확했던 것으로 판단된다. 그러면 바로 이렇게 구라타에 의한 개변改變을 기침으로써 『스님과 그 제자』는 어떤 새로운 의미를 갖게 되는 것일까? 바로 권력관계가 해체되고, 악의 용서를 통한 자비의 동행중同行衆, 교단이 재탄생된다는 것이다. 이에 대해서는 장章을 바꾸어서 본격적으로 논의해보기로 하자.

## Ⅲ. 작품의 구조와 주제

### 1. 작품의 구조 분석

구라타 생전에도 『스님과 그 제자』의 무대 상연화는 그다지 큰 호응을 얻지 못했다 한다. 문학적으로 어딘가 문제가 있었던 것은 아닐까 생각게 하는 점이다. 이 물음에 답하기 위해서, 우선 작품 전체의 구조를 파악해볼 필요가 있다. 이를 위해서 이 희곡 전체의 스토리 개요를 정리해두는 것이 도움이 될 것으로 생각된다.

서곡 : 죽어야만 하는 인간

제1막 제1장 : 축객逐客당하는 신란과 그 제자들

제1막 제2장 : 사에몬의 참회와 신란의 용서

제2막 : 유이엔과 동행중同行衆의 대화, 왕생의 일대사

제3막 제1장 : 요정에서의 젠란과 유이엔, 선악의 문제

제3막 제2장 : 유이엔과 신란, 젠란과의 만남에 대한 설득과 거절

제4막 제1장 : 유이엔과 가에데의 사랑

제4막 제2장 : 아사카와 가에데의 대화. 사랑에의 염원

제5막 제1장 : 승려들과 유이엔의 대립

제5막 제2장 : 신란의 개입으로 유이엔과 승려들의 대립 해소

제6막 제1장 : 신란의 임종 전 상황

제6막 제2장 : 신란의 임종 전 유이엔과의 대화

제6막 제3장 : 신란의 임종을 보기 위해 제자들 도착, 젠란 도착

제6막 제4장 : 신란과 젠란의 만남(화해) 및 임종

긴 희곡이라 아니할 수 없다. 이렇게 길어야 할 이유는 무엇이었을까? 혹시 단막극單幕劇으로 다시 만든다면 어떻게 될까? 이러한 질문이 가능하다는 데에 이 희곡의 문제점이 내포되어 있는지도 모르겠다. 사실 단막극으로 줄인다면, 굳이 줄이는 작업을 하게 된다면, 역시 서사敍事(narrative)를 중심으로 해야 할 것 같다. 『스님과 그 제자』를 구성하는 이야기는 크게 다음 세 가지를 들 수 있다.

① 신란을 축객하는 유이엔의 아버지 사에몬 이야기

② 유이엔과 기생 가에데의 사랑 이야기

③ 젠란과 아버지(이자 스승인) 신란의 의절 이야기

그런데 ①은 유이엔의 어린 시절, 혹은 성장배경 속에 등장하는 삽화이며, ③은 ②에 비해서는 대립 구조가 그다지 선명하지 않다. ②의 이야기를 하기 위한 양념으로 볼 수도 있을 것 같다. 물론 제6막의 제4장에서 신란과 젠란의 만남(=용서)이 묘사되고 있으므로, 비중을 줄일 수 없다는 관점 역시 가능할지 모른다. 그러나 『스님과 그 제자』를 '스님 · 스승 신란 對 제자 유이엔'의 이야기와 '스님 · 아버지 신란 對 제자 · 아들 젠란'의 이야기 둘이 평등하게 제시되어 있는 작품으로 보기에는 무리가 따른다. 그렇게 보기에는 ③의 비중이 너무 약하기 때문이다. 그래서 오히려 다음과 같은 전개 과정을 밟고 있는 것으로 보고자 한다.

Ⓐ 유이엔의 어린 시절의 환경과 스님과의 인연 맺기

Ⓑ 유이엔과 가에데의 사랑

Ⓒ Ⓑ로 인한 승려들과 유이엔의 대립

Ⓓ 신란의 개입으로 인한 유이엔과 승려들의 화해

③에서 말하는 젠란의 의절 문제에 따른 갈등은 그 성질상 여자 문제로 인한 의절이기 때문에 Ⓑ와 Ⓒ 속에 중첩(혹은 용해)되는 것으로 평가해도 좋을 것이다. 물론 ③에서 젠란의 의절이 있었기 때문에 단조로움은 피할 수 있었으나, 이 작품에서 말하고 싶은 것은 결국 유이엔 이야기였기 때문이다. 이러한 이해가 설득력을 갖기 위해서는 제2막과 제6막을 어떻게 처리할 것인가 하는 문제가 해결되어야 한다.

제2막은 제1막 2장의 연장선상에서 악인정기설에 대한 교설敎說적 이해—선악과 왕생의 교설—를 설하는 부분으로 볼 수 있다. 인도의 서사시 『마하바라타』 역시 서사시 부분과 교설 부분으로 이루어져 있는 것[198]처럼, 『스님과 그 제자』 역시 신란과 그의 독특한 인간관을 배경으로 삼다 보니, 부득이 교설에 대한 설명 장면이 적지 않게 들어간다. 서곡 역시 이러한 교설 부분에서 제시되는 해답을 요구하는 문제 제기로 읽을 수 있다. 또 마지막 제6막은 일종의 후일담後日譚이라 볼 수도 있고, '기起 → 승承 → 결結 → 해解'의 구조[199]에서 '해'에 해당하는 것으로 볼 수도 있다.

그런데 불가피한 면이 있겠지만, 이렇게 교설 부분이나 후일담이 들어감으로써 극적 긴장은 느슨해진 것으로 볼 수 있다. 이들 부분이 없다고 본다[200]면, 『스님과 그 제자』의 서사 구조는 다시 '기起 → 승承 → 전轉 → 결結'로 볼 수 있게 된다. 그렇게 되면

198 『마하바라타』는 "크게 보면, 바라타족 내부의 권력투쟁을 주제로 하는 서사시 부분과 고대 인도법전의 테마나 철학 종교 사상에 대하여 서술하고 있는 교설 부분으로 나눌 수 있다". 德永宗雄 2002, p. 169.

199 이에 대해서는 김용옥 1987, pp. 263~264. 참조. 다만 '기 → 승 → 결 → 해'로 보기 위해서는 기(Ⓑ) → 승(Ⓒ) → 결(Ⓓ) → 해(제6막)가 되어야 한다. 이때는 Ⓐ를 서장序章으로 볼 수 있을지도 모른다.

200 이들 부분을 없다고 보는 것은 다시 인도철학(특히 미망사학파)의 해석학 전통에서 볼 때는 교설 부분을 설명적 문구(arthavāda, 釋義)로 봄으로써 가능할 수 있다. 설명적 문구는 "주제를 직접적으로 언표言表하는 것이 아니라 그것을 보조적으로 설명하는 문장들로 생각된다". 그렇기에 주제를 파악함에 있어서는 설명적 문구를 배제해야 한다. 그렇게 하는 까닭은 "설명적 문구 부분에 집착하여 그 속에서 주제를 찾아서는 안 되기 때문이다". 인도 해석학에서의 설명적 문구와 주제 파악에 관한 것은, 김호성 2004a, pp. 207~208. ; 김호성 2015d, pp. 57~61. 참조.

이 작품은 Ⓓ의 제5막 제2장에서 끝나야 했을 것이다. 그리고 『스님과 그 제자』의 주제는 유이엔의 이야기가 된다. 유이엔과 가에데의 사랑이 스승 신란이나 동료 제자들과의 사이에 어떤 문제를 불러일으키느냐 하는 것이 중요한 문제가 된다. 특히 주된 갈등은 스승과 신란의 사이에서가 아니라 동료 제자들 사이에 일어난다. 여기에는 동료 제자들에 의한 교단 내적 권력화 조짐이 그 배경에 놓여 있다.

그러나 작가 구라타는 신란과 그의 가르침의 개입으로 이 권력관계를 해체시켜버린다. 이 장면에서 출가의 진정한 모습, 스승에게도 제자에게도 결코 권력이 집중되지 않는 것, 제자들의 권력화되는 모습을 스승이 가르침에 의해서 해체하는 모습을 보게 된다. 절節을 바꾸어서 좀 더 구체적으로 논의키로 해보자.

## 2. 작품의 주제 파악

『스님과 그 제자』를 제자 유이엔을 중심으로 해서 볼 때, 그와 가에데의 사랑 이야기가 다시 중심 문제가 된다. 가에데를 만나서 사랑하게 되는 유이엔을 교리적으로 어떻게 봐야 할까? 이에 대한 대답은 신란이 제시하고 있다. 한국불교와는 달리, 승려의 연애나 결혼을 인정하는 진종眞宗에서는 그다지 큰 문제가 되지 않는다. 그럼에도 불구하고, 기생과 사랑에 빠진 유이엔을 신란의 제자 그룹—이미 어느 정도는 체제를 갖춘 교단—안에서 어떻게 받아들일 수 있는가 하는 것은 문제가 된다. 유이엔은 그(와 젠란)를 둘러싸고 있는 교단 내의 권력을 예민하게 느끼고 있다.

유이엔 : 하지만 스님께서도 마음속으로는 만나고 싶어 하십니다. 아버지나 아들 양쪽이 다 만나고 싶어 하는데 못 만난다는 건 무언가 잘못된 겁니다. 도대체 두 분의 만남을 방해하는 힘이 무얼까요? 저는 그 힘을 깨뜨리고 싶어 견딜 수가 없습니다.

젠란 : 그 힘은 나의 사랑을 파괴한 힘과 같은 힘이지요. 그 힘은 이만저만 세지 않습니다. 나는 그 힘을 저주하면서도 그것을 깨뜨릴 힘이 없는 겁니다.

유이엔 : 그건 한 사회의 의지입니다. 세상 깊숙이 박혀 있는 완고한 사람들의 의지입니다. 그 힘은 우리들 절 안에까지도 뻗쳐 있습니다. 얼마 전 저도 그 힘을 체험했지요. 어째서 세상 사람들은 좀 더 애정으로 남을 대할 수 없는 걸까요. 내 경직된 마음이 타인을 괴롭히고 있음을 어째서 모르는 걸까요? 생각할수록 한심스럽습니다.[201]

유이엔이나 젠란만 그러한 힘, 즉 '사회의 의지'에 노출되어 있는 것은 아니다. 스승 신란마저 그러한 힘을 느끼고 있다는 점에 권력의 무서움이 있는 것이리라.

신란 : 진정 단순한 일이지. 조화로운 정토라면 금방 될 수 있는

201 위의 책, pp. 142~143. ; 위의 책, p. 124.

쉬운 일이지. 그 단순한 일이 어려운 부자연스러운 세계가 바로 이 세상인 게야. (소리에 힘을 주어) 많은 사람들의 평화가 이 단순한 하나의 일에 걸려 있지. 무수한 힘이 모여서 나를 가로막고 있고, 나는 지금 그 힘의 압박을 통절하게 느끼고 있어. 나는 싸울 힘이 없다네. (괴로움으로 몸을 떤다.) 아무래도 못 만나겠네.[202]

여기서 구라타는 '힘[力]'이라는 말을 쓰고 있으며, 그 힘은 곧 '사회 의지'라고 말하고 있다. 이는 마치 푸코M. Foucault(1926~1984)를 비롯한 후기 구조주의자들이 권력은 사회적 여러 관계 속에 두루 존재하고 있음을 지적한 일을 생각게 한다. 구라타는 후기 구조주의자들보다 훨씬 앞선 시대를 살아갔는데, 과연 어디까지 이 점을 밀고 갔느냐 하는 것은 재고의 여지가 있겠으나, 이러한 힘, 즉 사회 의지에 대한 인식은 이 작품의 주제를 권력과 그 해체의 문제로 보려는 나의 시도에 일정한 지지를 보내주고 있는 것으로 생각된다.

이렇게 유이엔—젠란의 몫까지 떠맡고 있다—과 그를 둘러싸고 있는 거대한 '사회의 의지', 즉 교단 내의 권력과의 대립이 가장 첨예하게 나타나 있는 것이 제5막 제1장이고, 그러한 갈등이 정점에서 해소되는 것이 제5막 제2장이다. 먼저 제5막 제1장에서 유이엔을 비난하는 승려들의 입장을 들어보기로 하자.

---

**202** 위의 책, p. 165. ; 위의 책, p. 146.

승려 3 : (…) 승려의 신분으로 계집을 사는 일을 진지 운운하다니.[203]

승려 3 : 부끄러워할 줄 아세요. 유이엔 수좌. (목소리가 거칠어지며) 당신은 계집질과 신심을 동일한 걸로 생각하시나요?[204]

승려 1 : 우리 종파가 아내를 갖는 것을 꺼리지 않는다고는 해도, 그건 어디까지나 어엿하게 결혼한 남녀를 말하는 겁니다.[205]

승려 1 : 세간에서는 요즘 우리 종파의 신앙은 악행을 감싼다고 해서 비난의 소리가 높습니다. 차제에 스님을 측근에서 모시는 젊은 승려가 유녀를 아내로 취했대서야 법적法敵에게 공격거리를 주는 게 되며, 젊은 제자들의 정진에 방해가 될 것입니다.[206]

승려 2 : 당신은 두 가지 중에서 선택해야 합니다. 사랑이냐, 아니면 법도냐를.

승려 1 : 당신과 한 절에 있을 순 없습니다. 내가 나가든가, 당신

---

**203** 위의 책, p. 225. ; 위의 책, p. 203.

**204** 위의 책, p. 227. ; 위의 책, p. 204.

**205** 위의 책, p. 230. ; 위의 책, pp. 207~208.

**206** 위의 책, p. 231. ; 위의 책, p. 209.

이 나가든가, 스님께 결정해주십사고 하겠습니다.[207]

승려들의 논리는 기생과의 사랑은 인정되지 않는 것이고, 사련邪戀이라는 것이다. 그것을 진지 운운하면서 정당화하는 것은 말이 안 되며, 그러한 행위는 법적들에게 빌미를 제공하고 젊은 제자들에게 악영향을 주게 된다는 것이다. 그렇지 않아도 악인정기설惡人正機說이 악을 행해도 왕생에는 아무런 지장이 없다고 말하는 것으로 오해를 불러일으키는 등 타 종파로부터 윤리적 문제에 대해서 집중적으로 비판당하고 있던 터에 유이엔의 행위는 교단에 해를 끼치는 행위라는 것이다. 그러니 사랑이냐 아니면 법도냐를 선택해야 하며, 유이엔과는 결코 같은 절에서 같이 살 수 없다고 말한다.

그리고 그들은 마침내 그러한 논리를 내세우면서, 스승인 신란마저 압박한다. 제5막 제2장에는 그들이 스승 신란을 만나는 장면에서 이미 상당히 교단화 · 권력화된 모습을 띄고 있음을 알 수 있다.

승려 1 : 저는 유이엔 수좌와 한 절에 있는 치욕을 참지 못하겠습니다. 제가 나가든가 유이엔 수좌가 나가든가 해야겠습니다. 그걸 판가름해주십사 해서 이렇게 스님을 찾아뵈온 겁니다.

신란 : (잠자코 생각에 잠겨 있다.)

---

**207** 위의 책, p. 235. ; 위의 책, p. 213.

승려 2 : 연로하신 요렌 님이, 오래 몸담으셨던 이 절을 나가실 수는 없습니다.

승려 3 : 더구나 두터운 공적을 지니신 분이 여길 떠나시면 젊은 제자들을 누가 맡겠습니까.

승려 1 : 아아뇨. 지금 이대로는 절에 있어도 젊은 제자들을 다스릴 힘이 없습니다.

승려 2 : 안 됩니다. 이 절을 떠나시면 안 됩니다. (신란에게) 스님, 요렌님이 자꾸 저러시니 스님의 판가름을 바랄 밖에 없습니다.[208]

승려들은 신란 스님에게 양자택일兩者擇一을 제시한다. 유이엔 수좌를 편들 것인가, 아니면 지금까지 교단을 일구어오는 데 혁혁한 공로를 쌓은 그들을 선택할 것인가 요구한다. 이는 흡사 스승에게 압박을 가하는 양상이 아닌가. 그들에게서 이미 교단의 형성과 그 질서 유지라는 이념 속에서 권력화된 모습을 엿볼 수 있다. 그러한 논리라면 당연히 유이엔 수좌는 퇴출되어야 한다. 이 장면은, 이 작품이 단순히 사랑이냐 법도냐, 파계냐 지계냐의 문제가 아니라 거대한 권력과 그 속에서 그 권력의 지배로부터 벗어나려고 하는 자유롭고도 순수한 영혼의 대립이 기본적인 갈등 구조를 이루고 있음을 보여준다.

여기서 나는 원효의 설화나 너새니얼 호손Nathaniel Hawthorne(1804~1864)의 『주홍 글자The Scarlet Letter』를 떠올리게 된다. 둘

---

**208** 위의 책, pp. 239~240. ; 위의 책, pp. 217~218.

다 권력 앞에서, 권력화된 종교를 상대로 하여 그러한 권력의 해체를 힘겹게 요구하는 주인공을 이야기한 작품[209]으로 보이기 때문이다. 다만 다른 점이 있다면, 여기서는 유이엔 스스로 권력의 해체 작업을 행하기보다는—유이엔이 한 것은 '항변'일 뿐 그들을 해체시키지는 못한다—신란의 사상에 의지하고 있다는 점이다. 제자들 간의 권력 형성을 스승이 해체하고 있는 것이다. 이는 이문열의 소설 『우리들의 일그러진 영웅』의 경우와 궤를 같이하고 있는 것[210]으로, 원효 이야기나 『주홍 글자』와는 다르다. 원효나 『주홍 글자』의 주인공 헤스터 프린은 비난당하는 자 스스로 그 권력관계를 해체하기 위해서, 힘겹지만 일어섰기 때문이다.

다만 신란은 스승의 '권력'으로써 제자들의 권력을 해체하는 것이 아니다. 스승의 '가르침'에 의해 그러한 일을 해낸다. 다음은 제5막 제2장에서 나타난 신란의 말들을 발췌해서 모은 것이다.

> 신란 : ……나쁘다는 측면에서 보자면 다 나쁜 걸세. 도리에 어긋나지 않는다는 측면에서 보자면 아무도 도리에 어긋남이 없는 거고. 모두가 악마의 짓이지.[211]

---

**209** 그런 점에서 원효 이야기와 『주홍 글자』는 공히 '출가=탈권력'의 함의를 담고 있다.

**210** 김호성 2008, p. 133. 참조.

**211** 위의 책, 2016, pp. 242~243. ; 위의 책, 2004, p. 220. 여기에는 "……라고 한다면, S는 P이다.", "……라고 한다면, S는 P가 아니다"라는 입장주의 논리를 제시한 인도의 자이나교에서나 "중관의 입장에서 본다면 모든 것이 공空이고, 유식의 입장에서 본다면 모든 것이 유有"라고 한 원효의 화쟁 논리와 같은 입장이 제시되어 있다.

신란 : ……인간이 나쁘다는 건 애당초부터 아는 바고, 어디에 나쁘지 않은 인간이 있나. 모두 나쁜 거야. 다른 일이라면 모를까, 나쁘다는 걸로는 이유가 안 돼…… 적어도 이 절에서는. 이 절에는 악인들만 있을 텐데. 이 절이 다른 절과 다른 게 그 점이 아니겠는가? 부처님의 자비는 죄인인 우리들에게 비[雨]가 되어 내리는 게야.[212]

신란 : ……그건 부처님의 지혜로 비로소 알게 될 일일세. 이 신란은 선악善惡을 분별하는 능력을 애당초 지니지 못했다네. 만약 유이엔이 나쁘다면 부처님께서 판가름하시겠지.[213]

신란 : 판가름하지 말고 용서해야 하네. 바로 자네가 부처님의 용서를 받고 있듯이 말일세. 어떠한 악을 만나더라도 그걸 용서하지 않으면 안 되네. 만약 악귀가 와서 자네의 자식을 자네 눈앞에서 죽였다 하더라도 그 악귀를 용서해야 하는 게야. 그 악귀를 저주하면 자네의 죄가 되네.[214]

"우린 모두 악인이다. 그러므로 남을 판단할 수 없다. 언제나 나처럼 악한 남의 악을 용서할 수밖에 없다. 마치 부처님께서 언제

---

**212** 위의 책, 2016, p. 245. ; 위의 책, 2004, p. 223.

**213** 위의 책, p. 246. ; 위의 책, p. 224.

**214** 위의 책, 2016, pp. 246~247.

나 우리를 용서해주시고 있는 것처럼.”……이러한 논리에는 이원 대립이 없다. 모두 ‘선’이라고 하면서 이원 대립을 넘어설 수도 있지만 신란은 그렇게 하지 않는다. 스스로 “죄악이 심중深重한 범부”라고 인식한다. 비극적 인간관, 부정적 인간관이다. 그러나 그 부정적 인간관 속에서 진정한 자비가 나온다. 어떤 악인이라도 용서한다는 자비, 자기 자식을 죽인 자들도 용서한다는 이 자비는 분명 자비에 대한 위대한 해석이 아닐 수 없다. 자비 개념의 확충인 것이다.

자비무별慈悲無別, 자비에는 차별이 없다. 자비무적慈悲無敵, 자비에는 적이 없다. 자비로, 용서로 우리는 대립을 넘어설 수 있는 것이다. 거기에서 비로소 진정한 사랑이 가능하게 되리라. 구원이 가능하게 될 것이다. 권력에 의한 인간의 배제와 탄압은 이렇게 용서할 수 없을 때, 자비를 베풀 수 없을 때 비로소 발생한다. 하지만 이렇게 용서할 수 있고, 이렇게 자비를 베풀 수 있으며, 이렇게 선악의 판단을 중지할 수 있을 때는 권력이 인간을 배제하거나 탄압하지 못하리라. 신란 교단에는 그런 희망이 남아 있었다.

위와 같은 스승 신란의 가르침을 듣고서 승려 1, 승려 2, 승려 3과 같은 선배 수행자들, 교단의 핵심적인 역할을 하는 스님들은 권력의 메커니즘—이원 대립을 만들고 그 속에서 ‘선善’을 자임하는 메커니즘—으로부터 스스로를 해방시킨다. 만약 신란의 가르침에 의해서 권력의 두터운 막을 꿰뚫고 나올 수 없었다면, 그들은 ‘여인을 범하지 말라’는 계율은 지켰을지 몰라도 ‘용서와 자비를 행하라’는 계율 이전의 계율(第0戒)은 범하고 말았을 것이다. 그것은 더 큰 파계라 아니할 수 없다.

이러한 나의 해석이 일리 있다고 한다면, 이 작품의 주제망主題網은 악의 용서와 수용에 의한 교단 권력의 해체, 그로 인한 개인의 자유가 될 것이다. 교단이 권력화되어 가는 것을 막고, 다시 악의 용서를 통한 탈권력의 동행을 사제 간에 가능케 했다[215]는 점에서 출가의 주제와 연결 가능한 것이다. 『스님과 그 제자』는 이렇게 스님 · 스승과 제자 사이의 출가, 탈권력의 문제를 다룬 작품으로 나는 읽고자 한다.

## Ⅳ. 권력 없는 공동체

구라타 햐쿠조의 희곡 『스님과 그 제자』는 1916(다이쇼 5)년의 작품이다. 당시 작가의 나이는 겨우 26세였다. 26세 청년의 작품이라니, 놀라운 일이 아닐 수 없다. 그 이듬해(1917년)에 이와나미

215 여기서 제자와 제자가 동행임은 물론, 스승과 제자 역시 동행同行 · 동붕同朋이 된다. 동국대 사범대 건물(학림관) 앞에 '師弟同行'이라 쓰인 석비石碑가 서 있다. '사제동행'은 일반적 의미로는 '사제'는 주어이고, '동행'은 술부를 구성한다. '동'은 부사이고, '행'은 동사이다. 그러나 동행이라는 말을 『탄이초』의 의미로 이해할 수 있다면, '사제동행'은 '사제'라는 명사와 '동행'이라는 명사의 복합어로 볼 수 있게 된다. 이는 명사 복합어이다. 명사 복합어를 해석하는 산스크리트 복합어의 해석 방법(육합석六合釋)에 따라서 본다면, '사제동행'은 '사제는 곧 동행이다'라는 의미로 해석할 수 있게 된다. 그렇게 사제 간의 관계를 탈권력의 동행으로까지 심화시켜서 이해할 수 있을 때, 진정 교육 현장에서 일어나는 여러 가지 불미스러운 일들도 해결할 수 있는 길을 찾지 않겠는가. "사제는 동행이다"라고 하는 것은 불교 교육학의 대원칙이라 보아야 할 것이다.

서점에서 출판되었다. 출판된 지 100년이 넘은 지금까지 많은 일본인들이 이 책을 읽어오고 있다. 그 이유는 어디에 있을까? 도대체 이 작품에서 말하고자 하는 바는 무엇일까? 우리나라에서는 희곡 문학을 전공한 시인 김장호가 처음으로 번역하였으니, 1987년의 일이었다. 품절된 이 책을 나는 최근 역자 유족의 양해를 얻어서 일본어 원본과 초판을 대조하여 번역이 누락된 부분을 보역補譯하고 몇 군데 주註를 추가, 책 뒤에 「해설」을 부가하여 2016년 개정판을 출판하였다.

『스님과 그 제자』는 일본불교에 대한 공부의 필요성을 절감하고 있던 나의 눈에 띄게 된 것이다. 처음에는 신란의 정토신앙과 관련해서였다. 주인공 유이엔이 신란의 어록을 편찬한 『탄이초』의 편자라고 하는 점에서, 신란의 사상 내지 『탄이초』의 사상과 『스님과 그 제자』를 같이 대조하면서 생각해보기도 하였다. 그러나 이 점은 결국 『스님과 그 제자』 역시 문학작품이라는 점에서 기본적으로 허구일 뿐만 아니라, 작품에 녹아 있는 신란의 사상이 역사적인 신란 내지 정토진종의 신란과는 다를 수밖에 없다는 점을 알게 되었다. 그 차이점을 탐색하는 것도 공부가 되겠으나, 이미 그러한 작업을 한 연구 성과가 보고되어 있기에 더 이상 나아가지 않았다.

오히려 내 관심을 끌었던 것은 이 작품의 주제를 어떻게 보아야 할 것인가 하는 점이었다. 종래에 가장 폭넓게 받아들여졌던 이해 중 하나가 '청춘의 문학'이라는 방식이 아니었던가 싶다. 실로 구라타는 그의 평론집 『사랑과 인식의 출발』에서 연애와 사랑에 대한 심각한 청춘의 사색—실로 20대 천재에 의한 철학적 깊이를 획득하고 있음에 놀라울 수밖에 없는—을 거듭했다. 그리고 그러한 입장이 거의 같은 시기에 쓰인 『스님과 그 제자』에 반영되어 있다. 그러나 과연 그것만일까? 폭풍노도暴風怒濤의 청춘기를 이미 오래전에 투과透過해온 나로서는, 이 작품에서 종래의 주제 파악과는 다소 다른 맥락에서의 접근도 가능함을 깨닫게 되었다.

그것은 바로 『스님과 그 제자』의 원제 『출가와 그 제자』에도 나타나 있는 것처럼, "진정한 출가란 어떤 것인가"를 문제 삼는 작품으로 읽을 수 있게 되었던 것이다. 이는 사실 종래 내가 갖고 있던 몇 가지 철학적 주제 중의 하나였다. 출가는, 특히 불교의 출가는 이미 고타마 붓다의 출가가 잘 보여주는 것처럼, 크샤트리아 계급의 싯달타 태자가 가업家業(svadharma)인 정치(=왕위의 계승)를 행하지 않고, 그것을 포기함으로써 '출가=탈권력'이라는 점을 여실히 보여주었던 것이다.

과연 이러한 나의 관점은 타당한가? 이를 위해서 나는 『스님과 그 제자』라는 희곡 작품의 주제(tātparya) 파악을 행할 필요가 있었다. 이를 위해서 내가 의지했던 것은 인도철학의 해석학적 방법론이었다. 서사시와 교설 부분을 분리한 채, 교설 부분을 설명적 문구(arthavāda, 석의釋義)로 보고서 주제 파악에서 배제하는 방식이다. 서사적인 부분만을 볼 때, 가장 중심적인 것은 유이엔의 이야기였다. 유이엔과 기생 가에데의 사랑, 그리고 이를 계기로 불거져 나온 동료 제자들의 권력적인 모습이다. 이를 해소하는 데 신란의 가르침, 즉 악에 대한 판단중지와 용서라고 하는 가르침이 활용되었다. 이는 기본적으로 악인정기설惡人正機說이라 할 수 있다.

이렇게 악의 용서와 수용에 의해서, 교단 내에 움트려고 하던 권력화의 모습을 다시 탈각脫却할 수 있었다. 제자들의 집단적 권력이 해체됨으로써 제자들 · 동료 승려들과 제자 · 유이엔(혹은 젠란)은 동행이 되고, 그럼으로써 스승과 제자의 관계 역시 동행이 되었다. 스승과 제자의 모습, 제자들과 제자의 모습에서 우리는 다음과 같이 깨닫게 된다.

> 진정한 출가는 스승과 제자 사이, 또 제자와 제자들 사이의 관계가 탈권력의 동행의 관계일 때 완성될 수 있다.

사실 역사적 신란은 "천상천하에서 오직 나 홀로 악하다(天上天下 唯我獨惡)"고 하는 자기 정체성을 갖고 있었고, 작품 속의 스승 신란도 그러한 인식을 가짐으로써 애당초 권력을 갖지 않은 인물로 묘사되었다. 신란의 정토신앙은 탈권력의 동행이라는 사회 윤리 내지 공동체 윤리를 후대의 정토 신자들에게 제시해주었던 것으로 평가된다. 이 점이 『스님과 그 제자』에서는 문학적으로 잘 형상화되었던 것이다. 그 문학에서 문학 이상을 얻느냐 못 얻느냐 하는 것은 여전히 독자 혹은 정토 신자의 몫일 것이다.

3장.

# 한 염불자의 삶과 신심
## —구라타 햐쿠조의 신란 이해

이 글의 방법론은 사례연구case study이기도 하고, 해석학적 연구hermeneutical study이기도 하다. 사례연구라는 것은 '신란'이라는 한 염불자의 삶을 예로 들어서 정토 신자들의 삶의 문제를 한번 생각해보기 때문이고, 해석학적 연구라는 것은 문인文人이자 사상가인 구라타 햐쿠조의 신란 이해를 통해서 정토 신자들의 삶의 문제를 생각해보기 때문이다.

왜 신란인가? 굳이? 이렇게 질문할 수 있을 것이다. 이에 대한 대답은 의외로 간단하다. 신란이 가장 많이 이야기되었기 때문이다. 달리 말하면, 인도의 용수龍樹나 세친世親과 같은 논사들은 물론이고 중국의 담란曇鸞, 도작道綽, 선도善導 등의 염불자들, 또 우리의 원효元曉나 의상義相 등에 이르기까지, 염불자로서 그들이 어떻게 실제의 생활 현장을 살아갔는지, 그 과정에서 그들은 어떻게 고뇌하고 믿음을 심화시켜 갔는지에 대해 별로 이야기가 없다. 자료가 부족하기 때문이다.

바꾸어 말하자면, '염불자 누구의 삶과 신심'이라는 주제로 쓰인 책이나 글이 별로 없다는 점이다. 물론, 나 자신 원효의 경우에 대해서 몇 편의 글을 쓴 바 있다. 「원효의 정토시와 대중교화의 관계」(『불교학보』 제86집, 2019)가 그런 것이지만, 이는 아직도 좀 더 천착되어야 할 주제로서 시간을 더 들여야 한다.

신란은 정토신앙의 역사에서 많은 이야기를 남긴 인물로 몇 손가락 안에 들 인물이다. 그래서 많은 책들이 나온다. 그런 저술을 남긴 필자의 대열隊列에는 스님이나 불교학자만이 있는 것은 아니다. 문인이나 철학자, 예술가들과 같은 불교 밖의 지성인들이 앞다투어 '신란 이야기'에 천착하고 있다. 실로 그러한 '신란 붐'의 맨 앞자리에 구라타 햐쿠조가 있고, 바로 앞에서 논의한 희곡 『스님과 그 제자』가 있다.

이 글에서는 구라타 햐쿠조가 그리는 '신란론'을 다시 검토해 본다. 신란은 파계하여 결혼을 했고, 스스로 비승비속을 표방하였다. 이러한 점에 대해서는 얼마든지 비판적인 시각을 견지할 수 있다. 특히 우리나라 스님들이라면 마땅히 그러해야 할지도 모른다. 그런 점에 있어서 신란을 따라 하지 않으면 될 뿐, 정토 신자로서 신란이 걸었던 삶의 길이나 그가 천착한 신심의 세계는 실로 긴 정토신앙의 역사에서 흔치 않은 독창성을 보여주고 있다. 그것까지 살펴보면서 우리는 각자 스스로의 길을 만들고, 자기만의 길을 따라가면 그뿐일 것이다. 그 길이 신란과 같은 길이든 다른 길이든, 그것은 중요하지 않다.

내가 "신란까지(乃至親鸞)"를 말하는 이유이다. 정토신앙을 공부하려면 "신란까지" 공부해야 한다는 말이다.

이 글은 애당초 일본 도요東洋대학과 동국대학교와의 학술 교류의 일환으로 이루어진 학술세미나(2015년 7월 1일, 도요대학)에서 구두 발표한 뒤, 『불교연구』 43호(한국불교연구원, 2015) 279~326쪽을 통해서 정식으로 발표되었다. 이 책에 수록하면서 다소 보완을 거쳤다.

## Ⅰ. 어떻게 살고, 어떻게 믿을까?

### 1. 구라타 수용受容의 한 · 일 비교

구라타 햐쿠조는, 그의 저서가 "다이쇼大正 시대부터 쇼와昭和의 전전戰前과 전후戰後에 걸쳐서 젊은 사람들에게 애독되었으며, 지금도 많은 작품이 청년들을 위한 고전적 필독서"[216]가 되고 있는 문학가이자 사상가이다. 이나가키 토모미稲垣友美가 이렇게 말한 때는 1972년 12월 20일 이전이었다. 작가 구라타는 1970년대

216 稲垣友美 2002, p. 203. 2002년 12월 20일에 나온 이 책은 제26쇄이고, 제1쇄는 1972년이다.

초반까지만 해도, 청년들을 위한 고전적 필독서의 창조자라는 지위를 누리고 있었던 셈이다. 그 이후 이츠키 히로유키五木寛之는 1999년에 펴낸 『대하의 한 방울大河の一滴』에서, "『스님과 그 제자』가 이미 품절되었으리라 짐작하고 '국회도서관에나 가봐야 하나'라고 생각하면서도 혹시 싶어서 동네 서점에 가보니, 아직 팔리고 있더라"는 사실을 발견하고서 놀라움을 표명[217]하기도 했다. 물론 지금도 일본 서점에서는 이 책을 쉽게 구할 수 있다.

사실, 1917년 출판 이래 『스님과 그 제자』가 일본인들에게 얼마나 널리 사랑을 받으면서 읽혀왔는지는 가늠하기조차 쉽지 않다. 다만 고야스 노부쿠니子安宣邦의 다음과 같은 증언만으로도 우리는 놀라움을 감추지 못할 것이다.

> 내가 갖고 있는 이와나미 서점 판 『스님과 그 제자』(大正 6년 초판)의 판권에는 '昭和 2年 3月 302판 발행'이라고 되어 있다. 놀랄 만한 판수版數이다.[218]

쇼와 2년은 1927년이다. 1917년에서 1927년 사이, 즉 10년 동안에 302판이 발행되었다 하니 놀랍지 않을 수 없다.

『스님과 그 제자』의 이러한 인기의 배경에는, 어쩌면 그보다는 4년 늦게 나왔으나 내용상 서로 함께 읽을 때 서로의 작품을 더

---

**217** 五木寛之 1998, p. 216.

**218** 子安宣邦 2014, p. 159.

잘 이해할 수 있게 하는 또 하나의 작품이 다소 역할을 했을지도 모른다. 바로 『스님과 그 제자』의 집필보다 더 이른 시기에 쓰인 에세이들을 포함하고 있는 평론집 『사랑과 인식의 출발』(1921)이다. 『스님과 그 제자』를 논하는 논자들[219]이 『사랑과 인식의 출발』을 참조하지 않을 수 없는 것도 그러한 내적 연계성이 있기 때문이다. 그 두 작품은 공히 '사랑'이라는 주제를 다루고 있다. 『사랑과 인식의 출발』이 사랑과 그 실패의 경험에서 우러나온 내면의 고백을 직접적으로 정리한 것이라 한다면, 『스님과 그 제자』는 바로 그러한 경험을 작중 주인공들인 유이엔唯円과 젠란善鸞에게 투영하고 있었던 것이다.

그런데 우리나라의 경우, 이러한 일본에서의 구라타 읽기와는 다소 다른 양상을 보여왔다. 일본의 경우 『스님과 그 제자』가 먼저이고 『사랑과 인식의 출발』이 뒤였다고 한다면, 우리의 경우에는 『사랑과 인식의 출발』이 먼저였기 때문이다. 『사랑과 인식의 출발』은 1954년 김소영金素影 번역으로 종로서관鐘路書館에서 처음 출간, 한국에 소개된다. 1961년에 다시 재판되지만, 1963년에는 동일한 역자의 번역이 창원사創元社라는 출판사에 의해서 새롭게 나온다.[220] 그 이후에도 많은 출판사에 의해서 거듭거듭 나온

219 대표적으로 '末木文美士 2009'와 '子安宣邦 2014'를 들 수 있다.

220 윤성근 2010. 윤성근은 역자 이름을 '김봉영'이라 하였으나, 함께 게재되어 있는 책 표지 사진을 보면 '김소영'이 맞다. 아마도 '金素影'을 '金奉影'으로 한자를 잘못 읽은 결과일 것이다.(참조 : http://blog.naver.com/PostView.nhn?blogId=epgulib&logNo=110087126982)

다. 물론 일본만큼은 아니겠지만, 우리나라에서도 어느 정도는 읽혔다는 이야기가 아니겠는가. 어떤 연유로 그렇게 널리 읽혔던 것일까? 헌책방을 운영하면서 서평가로도 활동하고 있는 윤성근尹城根은 이렇게 말하고 있다.

> 전쟁으로 파괴된 우울한 한국 사회에 두 발 디디고 서 있는 청년은 이 책에서 진짜 사랑을 배웠다. 그 청년뿐이 아니었으리라. 많은 젊은이들이 이처럼 냉철한 시각을 갖고 써 내려간 사랑 이야기에 매력을 느꼈지 않았을까? 불안한 조국의 현실 앞에서 젊은이들이 사랑놀음에 빠져 청춘을 소비할 수 있겠는가. 구라타 햐쿠조는 청춘을 낭비하지 말라고 전한다. 인생을 통틀어 가장 찬란한 때인 젊은 시절을 헛되이 보내지 말며(목적 없는 연애나 욕정에 빠지는 것을 가장 경계해야 한다!) 이성을 갖고 진리를 탐구하는 게 진정한 삶이다. 지금 읽어보면 이런 글들이 조금은 고루하게 느껴진다. 그러나 이 조언들은 1960년대 적지 않은 우리나라 젊은이들에게 영향을 줬다.[221]

내가 갖고 있는 『사랑과 인식의 출발』은 1985년에 장경룡張炅龍 번역으로 문예출판사에서 나온 중판重版인데, 그 초판은 1975년에 출간되었다. 처음 이 책을 집어 들었을 때, 나는 끝까지 다 읽지

221 위의 글.

못했다. 중간에 책을 내던지고 말았다. 아마도 구라타가 말하는 사랑이니 연애니 하는 감정들이 생활을 위해 분투奮鬪하고 있던 나에게는 유치하게 느껴졌기 때문일 것이다. 이제 21세기를 사는 청춘들 역시 '구라타적인 연애나 사랑'에는 관심이 없다. 훨씬 감각적인 사랑을 욕망하고 소비할 뿐이다. 그러니 이 책은 급속히 망각되지 않을 수 없었을 것이다. 그런데 거꾸로 나는 두 번째의 도전을 통해서 『사랑과 인식의 출발』을 완독完讀할 수 있었다. 『스님과 그 제자』를 먼저 읽었기 때문에 도움이 되었을 수 있겠지만, 연애나 사랑이라는 소재보다는 그것을 다루고 있는 구라타의 모럴리스트moralist적 지향성에 내가 어느 정도는 공감하게 되었기 때문일지도 모른다.

그러한 개인사個人史는 어쩌면 구라타의 한국적 수용의 한 양상을 보여주고 있는 것일 수도 있다. 뒤늦게 『스님과 그 제자』가 우리말로 번역된 것은 『사랑과 인식의 출발』의 번역으로부터 헤아린다면 30년도 더 지나서의 일이었다. 희곡 문학을 전공하고 동국대 국어교육과 교수를 역임한 김장호의 번역으로, 1987년 9월 10일 동국역경원에서 초판을 발행한 것이다. 2011년까지만 해도, "초판 3000부가 아직 다 나가지 않았다"라고 했으나, 이제는 품절되고 말았다. 일본과는 달리, 우리나라의 경우 『사랑과 인식의 출발』을 읽은 독자들 중에 『스님과 그 제자』까지 읽은 독자는 별로 없었을 것이다. 『스님과 그 제자』의 번역은 『사랑과 인식의 출발』에 대한 열기가 어느 정도 식어버린 뒤에 이루어졌을 뿐만 아니라, 먼저 번역된 『사랑과 인식의 출발』이 일반 독서계에서 널리 교양서적으로 읽힌 데 반하여, 『스님과 그 제자』는 불교계(불교 종립대학)의 출판물로서 출현했기 때문이다. 이 사이의 심연深淵은 깊었으며, 『스님과 그 제자』는 불교계 안에서도 최근까지는 그다지 주목을 받지 못해왔다.

그렇지만 아직 『스님과 그 제자』의 생명은 다하지 않았다. 다행히 2016년 동국대출판부로부터 협력을 얻어서, 나는 고인이 된 역자를 대신해 원본을 다시 대조하여 누락된 번역을 보충하고 몇 군데 '해설자 주'를 첨가한 뒤, 책 뒤에 「해설」을 부가하여 개정판을 낼 수 있었다. 이뿐만 아니라, 그에 대한 논문들이 일본 문학, 불교학, 연극학, 심지어는 신학 전공자에 의해서도 발표[222]되어왔기 때문이다.

## 2. 연구의 목적과 범위

이제 이러한 구라타에 대한 이해사理解史를 한 걸음 더 진전시켜보고자 한다. 구라타를 말할 때 『스님과 그 제자』가 핵심 텍스트가 됨은 당연하고도 불가피한 일이지만, 적어도 불교학의 입장에서 구라타를 말하는 한 『스님과 그 제자』만을 고려 대상으로 삼

---

**222** 일본 문학의 입장에서 '조기호 2003a, 2003b, 2006'과 '진명순 2012' 등이 있고, 불교학의 입장에서는 '김호성 2011a', 연극학의 입장에서는 '강춘애 2010', 그리고 신학적 입장에서는 '박문성 2010'을 들 수 있다. 이외에 일본인 학자의 글이지만, 우리 학계에서 발표된 것으로는 '角田玲子 2010'이 있다. 이는 일본의 윤리 사상사라는 점에 초점을 맞춘 것이다.

는 한계를 벗어나자는 것이다. 『스님과 그 제자』를 불교의 입장에서 논한다면, 신란과 『탄이초』와의 관련을 말해야 하는 것은 필연적이다. 그런데 거기에는 이미 한계가 있을 수밖에 없는 것이, 작가인 구라타 스스로가 『스님과 그 제자』에서 그리는 신란은 "어디까지나 나의 신란이다. 나의 마음을 때리고, 나의 내적 생명을 움직이고, 나의 영혼 안에 자리하고 있는 신란이다. 그러므로 이 작품에 나타난 나의 사상도 물론 순수하게 정토진종의 것은 아니다"[223]라고 말했기 때문이다. '구라타의 신란'은 이미 "버터 냄새나는 신란", "우유부단한 신란", "고뇌하는 신란"[224]임이 밝혀졌으며, '구라타의 사상'은 "순수한 타력이 아니라 자력의 노력을 요구하는 것"[225]이기도 하고 순수한 종교적 교설이라기보다는 "사랑의 교설"이고 "사랑의 이데아"[226]임도 밝혀졌다.

그러므로 다시 그러한 점을 문제 삼을 필요는 없을 것이다. 그보다는 구라타에게 희곡 문학이라는 허구fiction를 빌리지 않고서 신란을 어떻게 보는지, 또 『탄이초』를 어떻게 보는지를 보다 직접적으로 밝힌 글이 있다는 점에 주목하고자 한다. 그것은 바로 『호넨과 신란의 신앙法然と親鸞の信仰(下)』이다. 이는 1934년의 작품으로, 당시 구라타는 43세였다.

---

**223** 倉田百三 2008a, p. 306. '나의 신란'에 주목하면서, 그것이 "근대에 있어서 '나'의 자기 인식의 확립"이라는 과제와 연결된다는 것은 福島榮壽 2003, pp. 114~116. 참조.

**224** 末木文美士 2009, pp. 118~119. 참조.

**225** 위의 책, p. 119.

**226** 子安宣邦 2014, pp. 165~166. 참조.

『호넨과 신란의 신앙』은 상권에서 호넨을 다루고, 하권에서는 신란을 다룬다. 호넨에 대해서는 『일매기청문一枚起請文』을 중심으로 논하고 있으며, 신란에 대해서는 『탄이초』를 중심으로 논하고 있다. 직접 우리가 살피게 될 하권의 구성은 다음과 같다.

- 제1장 내용 일반
- 제2장 신란 성인의 생애
- 제3장 탄이초 강평
- 후서後序

제1장의 내용 일반은 일종의 개요라고 할 수 있는데, 실제로는 『탄이초』를 어떻게 볼 것인가 하는 점에 초점을 맞추고 있다. 제2장은 신란의 평전評傳이며, 제3장은 『탄이초』에 대한 강의라고 할 수 있다. 그러므로 나는 제1장을 중심으로 하여 구라타가 어떻게 『탄이초』를 평가하고 있는지 살펴본 뒤에, 제2장과 제3장을 중심으로 해서 신란의 삶과 가르침에 대한 구라타 나름의 이해 방식을 고찰해보고자 한다.

## Ⅱ. '오직 『탄이초』'의 교판敎判

『탄이초』는 정토진종의 중흥조 렌뇨蓮如(1415~1499)에 의해서 "과거 전생부터 쌓아온 선근善根이 없는 자에게는 함부로 이를 읽도록 허락해서는 아니 된다"[227]라고 하는 단서但書가 붙게 되었다. 에도 시대 정토진종의 학승들에 의해서 많은 주석서들이 저술되었으나, 오늘날처럼 널리 대중들에게 읽히게 된 지는 일본에서도 그렇게 오래되지 않았다.

근대에 이르러 『탄이초』가 재발견되고서 널리 대중화된 데에는 흔히 기요자와 만시清澤滿之(1863~1903)와 구라타 햐쿠조의 공덕이 있었던 것[228]으로 본다. 그러나 코야스에 따르면, 사실 『탄이초』의 대중화에 결정적인 공을 세운 것은 기요자와와 구라타라기보다는 기요자와의 제자 아케가라스 하야曉烏敏(1877~1954)와 구라타였다. 실제로 기요자와는 『탄이초』를 한두 번 인용했을 뿐, 정작 『탄이초』에 대한 저술을 남기거나 강의한 것은 아니었다. 반면 아케가라스는 줄기차게 대중을 향하여 『탄이초』를 말했다.[229] 구라타가 『탄이초』와 처음 만난 것도 아케가라스를 통해서였다. 저간의 사정을 코야스의 말을 통해서 들어보기로 하자.

> 열렬한 진종문도眞宗門徒인 숙부의 집에 양녀로 들어간 여동생 시게코重子로부터 아케가라스의 『탄이초강화歎異抄講話』를 빌렸던 것이다. 구라타의 희곡 『스님과 그 제자』의 구상이 촉발된 것에 『탄이초』가 있었다고 한다면, 그 『탄이초』는 아케가라스에 의해서 말

---

227 이는 렌뇨가 『탄이초』를 필사한 뒤에 쓴 오서奧書에 나오는 말이다.

228 이는 구라타의 평전을 쓴 '鈴木範之'의 말이라 한다. 子安宣邦 2014, p. 150.

229 위의 책, pp. 108~109. 참조. 福島榮壽 2003, p. 118. 참조.

해진 『탄이초강화』였다.[230]

그렇다고 해서 새삼 아케가라스의 『탄이초강화』와 구라타 사이를 논할 필요는 없다. 그것은 이미 코야스가 한 작업이기도 하거니와, 지금 우리의 과제는 구라타가 직접 『탄이초』를 말했다는 점에 초점을 두어야 하기 때문이다. 그리고 그것은 바로 『호넨과 신란의 신앙(하)』을 좀 더 세밀히 조명하는 일이다. 마침 구라타는 그중 제1장 「내용 일반」에서, 그가 『탄이초』를 어떻게 평가하고 있는지 잘 표명하고 있다.

그것은 그가 '편의탄이초偏依歎異抄'의 입장을 취한다는 것, 즉 "오직 『탄이초』에만 의지한다"는 것이다. 이는 일찍이 "오직 선도 스님에게만 의지한다"라는 뜻의 '편의선도偏依善導'를 주창한 호넨을 모방하여 만든 말임에 틀림없다. 이렇게 '편의탄이초'를 부르짖음으로써, 구라타는 오직 『탄이초』만을 스스로의 소의경전所依經典으로 결정決定한다는 신앙고백을 함과 동시에 그 자신의 교판敎判을 제시한 것이기도 하였다. 주지하는 바와 같이, 교판은 텍스트와 텍스트 상호 간에 이루어지는 가치 평가를 말한다. 그의 『탄이초』 유일주의唯一主義적 교판은 다음과 같은 언급에 잘 나타나 있다.

『탄이초』는 내가 아는 한, 세계의 모든 문서 중에서 가장 내면

**230** 위의 책, p. 151.

적인, 구심求心적인, 그리고 본질적인 것이다. 문학이나 종교의 영역 중, 종교 중에서도 가장 내면적인 불교, 그중에서도 가장 구심적인 정토진종의 가장 본질적인 정수만을 다룬 것이다. 코란이나 성서도 이에 비하면 외면적이고, 니치렌日蓮이나 도겐道元의 글도 이 『탄이초』의 글에 비하면 아직 외면세계가 시끄러운 감이 있다.[231]

물론 『탄이초』를 최정점最頂點에 놓는 이러한 교판은 구라타가 최초로 제시한 것은 아니다. 어쩌면 그 역시 다음과 같은 아케가라스 하야의 교판으로부터 영향을 받았을지도 모른다.

불교에 많은 경전이 있다. 그 가운데 나를 가장 감화시키고, 가장 나를 위로해주는 성전은 이 『탄이초』이다. 진종에 많은 성전이 있다. 그 가운데 나를 가장 잘 이끌어주고, 가장 나에게 안심을 주는 성전은 이 『탄이초』이다. 나는 이 『탄이초』 한 권만 있다면, 다른 모든 서적, 다른 모든 성전, 다른 모든 논석論釋은 없다 하더라도 상관이 없다.[232]

아케가라스의 문장은 참으로 감동적인데, 그는 외딴섬으로 갈 때 이 『탄이초』 한 권만 갖고 가겠다거나, 동서양의 모든 고전들이 다 하늘의 별이라고 한다면 『탄이초』는 태양이라고 비유한

---

**231** 倉田百三 2002, p. 9.

**232** 曉烏 敏 1984, pp. 23~24.

다.[233] 어쩌면 신심의 강렬함에 있어서 구라타보다 아케가라스 쪽이 더 강렬한 것인지도 모른다. 하지만 아케가라스는 『탄이초』에 대한 신앙고백과 교판의 제시만을 하고 있을 뿐, 왜 그렇게 판단하는지 그 근거를 제시하지는 않았다. 바로 그 점에서는 구라타가 아케가라스보다 진일보한 것이라고 나는 평가한다. 구라타는 왜 그렇게 『탄이초』가 가장 우수한 책인지를, 앞서 인용한 문장 속에서 설명하고 있었기 때문이다.

구라타는 원심遠心과 구심을 나누었으니, 이는 각기 대타對他와 대자對自의 방향을 말하는 것이다. 인간의 삶에는 이 두 가지 방향이 다 필요함을 구라타는 인정한다. 그러면서도 『탄이초』를 말할 때는 오직 구심의 방향에서만 말해야 한다[234]는 것이다. 그런 점에서, 즉 어떤 텍스트가 어느 만큼 구심적인가 하는 점에 기준을 놓고 본다면 『탄이초』보다 더 구심적인 책은 없다는 것이다. 같은 진종의 성전 중에서도, 실제로 신란의 친저親著인 『교행신증敎行信證』이나 『화찬和讚』의 경우에도 이러한 기준에 비추어 볼 때는 『탄이초』보다 미흡하다고 주장한다. 길지만, 그의 말을 직접 들어보기로 한다.

『교행신증』과 같은 것은 이미 신심결정信心決定해버린 사람이

---

**233** 위의 책, pp. 24~25. 참조.

**234** 외면적인 원심의 방향 역시 필요함을 인정하지만, 그러한 것은 니치렌과 같은 텍스트에서 찾아야 할 것이라 말한다. 倉田百三 2002, p. 11. 참조.

법락法樂을 누리는 차원에서 그 신앙이 그 성교聖教 안에서는 어떠한 전거典據를 갖고, 어떠한 전개를 해왔던가 하는 것을 조사해본다든가, 그 이론적 근거를 찾아본다든가, 혹은 그러한 지식과 여유를 갖고 있는 사람이라든가, 혹은 교학으로써 입신立身하려는 사람이 연구하면 좋을 것이지, 아무튼 『교행신증』으로부터 신앙을 이끌어내려고 할 것은 아니다. 그러한 기도企圖는 성공하지 못한다. 그뿐이던가. 오히려 핵심적인 신앙에 회의를 불러일으킬 우려도 있다. 『화찬』과 같은 것은 운문이라는 점만으로도 신앙의 감정을 말라버리게 할 위험은 적고, 신심결정한 뒤에 이를 독송해서 미타의 서원이 얼마나 감사한지를 맛봄으로써 기쁨과 신앙의 감정을 따스하게 하고, 강하게 하는 것은 좋으나, 이 역시 이지적理智的으로 읽으면 회의를 낳을 위험이 있다. 제천諸天의 가호加護라든가, 현세의 이익과 같은 미신적인 요소를 포함하고 있기 때문이다.[235]

『교행신증』에서 신앙을 구할 수는 없다, 신심결정은 『탄이초』를 통해서만 가능하다는 것, 그렇게 한 뒤에 『교행신증』도 『화찬』도 읽어볼 수는 있지만, 실로 신앙에 회의를 낳게 할 위험조차 없지 않다는 것이다. 그러면서도 구라타는 『교행신증』의 총서總序와 『탄이초』의 제1조를 대조해보면 궁극적으로 돌아가는 바가 하나이고, 결국 "『교행신증』이라 하더라도 그 전체를 일관하는 신앙은

235 위의 책, p. 15.

『탄이초』 밖으로 벗어나는 것은 아니다"[236]라고 말한다.

이러한 언급은 다소 지나친 바가 없지 않은 것으로 생각된다. 비록 『탄이초』에 나타나는 유이엔唯円의 여시아문如是我聞을 우리가 못 믿을 바 아니라 하더라도, 신란이 직접 기록한 『교행신증』에 나타나 있는 신란의 신심信心을 가벼이 여길 수는 결코 없다[237]고 생각되기 때문이다. 오히려 『탄이초』 외에도 우리에게는 『교행신증』이나 『화찬』이 있는 만큼, 이를 종합적으로 읽고 활용함으로써 신란의 신심에 대한 좀 더 깊은 이해와 함께 자신의 신심 역시 더 깊이 해나갈 수 있으리라 생각되기 때문이다. 그렇게 생각할 때, '편의탄이초'는 그 강렬한 매력만큼이나 오히려 위험할 수도 있는 것은 아닐까 싶다.

다만 '편의탄이초'라는 구호 속에서, 우리는 구라타의 지향성을 보다 뚜렷이 확인할 수 있으리라 본다. 그것은 바로 자신의 내면세계에 대한 구심적 응시를 지향하고 촉구하고 있다는 점이다. 아니나 다를까, 『탄이초』의 "그 내면 응시凝視의 태도, 심리 해부의 방법이 실로 현대적인 것이다. 이는 아무래도 19세기 이후의 근대 사상가나 문학가가 채택하는 방법"[238]이라고 구라타는 그 선구적 의의를 확인한다. 유럽에서 19세기에 와서 등장하는 그러한

---

**236** 위의 책, p. 14.

**237** 竹村牧男는 신란의 사상을 알기 위해서는 "결국 그의 주저 『교행신증』을 보지 않으면 아니된다"라고 전제한 뒤, "『탄이초』를 읽으면 이것이 참으로 신란의 사상 그 자체일까 어떨까 하는 의심을 품지 않을 수 없는 절節도 있다"고 말한다. 竹村牧男 1999, p. 91.

**238** 倉田百三 2002, p. 12.

방법이 가마쿠라 시대의 초기 작품인 『탄이초』에 나타나고 있다는 점에 놀라는 것이다. 구라타는 『탄이초』와 같이, 그렇게 내면을 응시하고 스스로의 심리를 해부하여 있는 그대로를 드러내는 글쓰기의 특성을 '리얼리즘realism'[239]이라는 말로 부른다. 오늘날 문학이나 예술에서 말하는 리얼리즘은 구라타가 말하는 개념 정의와는 달리, 오히려 원심적이고 외면적인 사회 현실을 있는 그대로 묘사하고자 하는 문예사조를 말하고 있다.

결국 구라타는 인간의 내면세계를 있는 그대로 응시하고, 있는 그대로 고백해 가는 것, 그러한 것이야말로 진실한 인간 삶 그 자체라고 생각했던 것으로 보인다. 그리고 그것은 그가 일찍이 『사랑과 인식의 출발』 속에서 이미 실천했던 바가 아닌가. 그러므로 그가 "오직 『탄이초』에만 의지한다"라고 자신의 입각지立脚地를 고백하고 나섰을 때, 그것은 바로 『탄이초』와 그 자신의 지향성이 어느 한곳에서 계합契合하고 있었기 때문이라는 점 역시 우리는 간과해서는 안 될 것이다.

---

**239** 상동.

## Ⅲ. 현실고現實苦를 살았던 염불 일생

### 1. 평전 서술의 방법론

『호넨과 신란의 생애(하)』는 전체 3장으로 구성되어 있는데, 제2장은 「신란 성인의 생애」이다. 이는 전체 20절로 이루어져 있는 신란 평전評傳이라 할 수 있다. 우리는 앞서 구라타가 『스님과 그 제자』에서, 역사적 신란과 다른 그 나름의 '구라타 신란'을 창조했다는 지적을 소개한 바 있다. 청춘 시절에 집필한 『스님과 그 제자』 속의 '구라타 신란'은 허구적 창조였으나, 43세의 중년에 이른 구라타는 역사적 자료를 근거로 하면서도 새로운 신란 상像의 창조에 도전하였다. 물론 그 이전의 허구적 창조에 비한다면 그 창조의 정도는 약하다고 할 수밖에 없지만, 그 나름의 방법론을 구사하여 그가 생각하는—그리워하는—신란을 조형造形하고자 했다.

그 스스로가, 이제부터 그가 창조해 내려고 하는 신란 상이 종래 역사가들의 방법론, 특히 유물파唯物派의 그것과는 현저히 다르다는 점부터 선언하고 있다.

> 신란의 생애는 대체로 이 『전회傳繪』에 의지할 수밖에 없다. 그러나 (그것을 다루는) 사고방식은 역사적인 고증만이 반드시 신란의 참모습을 전하는 것은 아니고, 신란의 신앙, 그 사람됨의 본질은 오히려 전설에서 한층 더 잘 나타나 있는 것도 있다. 흡사 일본 민족의 '신화'가 오히려 일본 민족의 특색과 역사적 사명을 더욱 잘 나

타내고 있는 것과 같다. 나는 역사적 고증을 결코 경시하는 것은 아니지만, 역사적 고증은 하나 잘못되면 인생의 보배구슬에도 비교할 수 있는 사실을 아낌없이 말살해버릴 우려가 있다.[240]

이러한 언급은 양면적인 의미가 있다. 하나는 위험성이고, 다른 하나는 가능성이다. 전설이나 신화에 의지하여 역사적 사실事實이나 고증을 무시하게 될 때, 왜곡이 일어나고 자의恣意가 횡행橫行하게 된다. 실제로 구라타가 이 글을 쓰던 바로 그 시절, 일본에서는 그들의 '신화'를 기반으로 하여 제국주의 침략을 정당화하거나 미화하는 이론들을 많이 만들어냈지 않던가. 구라타 역시 그러한 혐의로부터 자유로울 수 없는 후반생後半生[241]을 살아갔지 않던가.

그렇지만 동시에 가능성 역시 없지는 않다. 일본 유물파의 역사관이나 방법론이 어떠했는지 자세히 알 수 없지만, 역사적 문헌자료를 고증하는 것만이 아니라 전설까지도 고찰함으로써 역사 이해의 폭을 넓히고자 하는 것, 혹은 문헌자료가 다 말해주지 않는 측면을 말하려고 하는 역사 방법론에는 큰 의미가 있기 때문이다. 특히 전설의 경우에는, 그것이 신앙하는 사람들의 입장에서 만들

240 倉田百三 2002, p. 18.『전회』, 즉『신란전회親鸞傳繪』는 정토진종 제3조 가쿠뇨覺如가 제작한 신란의 전기로서 그림과 글로 이루어져 있다.

241 구라타가 일본 제국주의를 찬성하고 강화하는 이데올로그로서 활동하면서, 신란 사상을 임의대로 왜곡해버렸다는 사실에 대한 비판은 中島岳志 2018, pp. 77~131. 참조.

어지고 말해져왔다는 점에서 수신자受信者의 입장까지도 역사로 아우르는 심성사心性史의 방법론과도 상통하는 바 있는 것으로 생각되기 때문이다.

## 2. 새로운 신란 상親鸞像의 정립

### 1) 현실고 속에서 구제의 길을 찾다

자료의 범위나 취급 태도와 관련한 방법론적 태도 외에도 중요한 것은 더 있다. 심리적 분석—이 점에서 유물파와는 다른 입장이 잘 드러나는 것으로 생각된다—이라고 할 수 있는데, 이에 대해서는 구체적으로 신란을 묘사하는 구라타의 관점을 살펴볼 때 자연스럽게 지적될 것이므로 뒤로 미루고자 한다. 다만 여기서 하나 언급해 둘 것은, 그렇다고 해서 평전의 작가가 마음대로 왜곡해도 된다고 말하는 것은 아니라는 점이다. 구라타의 입장은 오히려 그 반대이다. 다음과 같은 그의 말은 그가 앞으로 서술하려고 하는 신란 상의 핵심이라 할 수 있을 것이다.

> 신란의 전기를 다만 아름답게, 이상적으로 만들고자 해서 타마히玉日를 꾸미고 아사히메朝姬를 만들고, 일생에 걸쳐서 한 사람의 아내만 있었던 것처럼 꾸미고 그 위에 귀족적인 장식을 가하여 지신보慈信房나 가쿠신니覺信尼 등의 일은 가능하면 은폐하여서 도덕이 원만했던 조사祖師로 꾸며내고자 하는 것은 신란이 맛본 현실고

現實苦를 모독하는 것이고, 정토진종의 본래 뜻에도 맞지 않는다. 우리들은 오히려 신란의 현실고 앞에서 절하고, 그러한 업보 중에서 구제받는다는 자각이야말로 정토진종의 가장 본질적인 부분이라고 느껴야 할 것은 아닌가.[242]

구라타 당시에는 신란을 도덕적으로도 원만한 이상적 조사, 즉 큰스님으로 꾸미고자 하는 분위기가 없지는 않았던 것 같다. 물론, 그런 관점에서라면 "일생에 걸쳐서 한 사람의 아내만 있었다"라고 하더라도, 여전히 문제가 된다. 율장에서 비구에게 지키라고 요구한 계율에 따르면 출가 승려는 독신 수행자여야 하기 때문이다. 이 점은 "대처帶妻의 왜색불교를 척결하자"라면서 일어났던, 해방 이후 대한불교조계종의 성립이 오늘날 한국불교의 주류라는 점을 생각할 때, 한국의 많은 불교도들은 그것만으로 "더 이상 신란은 볼 것이 없다"고 외면[243]하고 말지도 모른다. 그러나 구라타는 그렇지 않았다. 이때 "구라타는 그렇지 않았다"라고 하는 것이 반드시 신란은 도덕적으로 정당했다라든가, 아니면 바로 그렇기 때문에 더욱더 신란이야말로 큰스님이라고 찬양하자는 것도 아니다. 오히려 구라타는 그러한 대처가 신란에게는 참으로 무거운 업보로서 주어진 '현실고'였다는 점을 말하고자 할 뿐이다. 길

---

**242** 倉田百三 2002, p. 57.

**243** 실제로 한국의 불교도들에게 신란을 비롯한 일본불교에 대한 관심을 가로막는 주요한 이유의 하나로 대처 문제가 놓여 있다는 점은 부인할 수 없다. 김호성 2011a, pp. 155~164. 참조.

지만, 구라타가 전하는 신란의 가정 형편을 들어보기로 하자.

결국 신란에게는 평생토록 세 사람의 아내가 있었고, 일곱 명 이상의 자식이 있었던 것이지만 부자지간의 인연은 엷었다. 유배 가기 전의 아내와 아들인 이마고젠今御前, 쇼쿠소보卽生房와는 유배를 다녀온 뒤에도 거의 함께 살았던 일이 없고, 교토로 돌아온 뒤에 만났을 때도 생활은 곤란했다. 막내딸 야뇨彌女와도 어렸을 때 헤어졌고, 다른 사람의 첩이 되었다든지 여중봉공女中奉公이 되었다든지 해서 만년에 교토로 돌아온 뒤에도 신란을 번뇌롭게 했다. 지신보慈信房도 에신니惠信尼에게는 전처소생이라는 점도 원인이 되어서 아버지를 배신하고 마침내는 의절하게 되었다. 마스가타益方, 오구로小黑의 처 등은 에신니가 있어서 고쿠후國府 주변에서 친척이나 친족이 있으니 어떻게든 생활해 갔지만, 이 역시 편안하게 살아갔다고 할 만한 것은 아니었다. 아내와의 이별, 사별, 그리고 별리를 했으며 아이들과는 뿔뿔이 흩어지고 의절도 하였다. 그 가정생활이라고 하는 것은 박복한, 오히려 비참한 것이어서 일생 고뇌의 씨앗이 되었다.[244]

구라타가 신란의 평전을 쓴 뒤로 이미 팔십여 년이 흘렀다. 그 사이 신란에 대한 연구는 놀랍게 발전했을 것으로 본다. 당장 신

---

**244** 倉田百三 2002, pp. 55~56. 신란의 결혼, 가족, 가정생활 등에 대한 현 단계에서의 연구 성과는 이러한 구라타 당시의 인식과는 다를 수도 있을 것이다. 다만, 여기서는 더 이상 천착하지는 않을 것이다. 이 글의 주제에서 벗어나기 때문이다.

란 전기의 1차 자료만 하더라도 『전회』, 즉 『신란전회』만이 유일한 것은 아니게 되었다. 『신란성인정명전親鸞聖人正明傳』과 『신란성인어인연親鸞聖人御因緣』 등이 발굴, 재조명[245]되기에 이르렀다. 따라서 위에서 살펴본 구라타의 신란 묘사 중에서 수정되어야 할 것이 없지 않으리라 본다. 다만 그것이 어느 부분인지에 대해서 판단할 만큼 내 공부가 성숙되지 못하였다.

그러나 이러한 구라타의 서술을 통해서 하나 분명해진 것은 신란은 대처帶妻를 함으로써, 즉 가정을 가짐으로써 현실적으로 대단히 고뇌가 많은 삶을 살았을 것이라는 점이다. 아니, 정확히 그랬는지 어땠는지는 알 수 없다고 하더라도 지금 신란 평전의 작자 구라타는 그렇게 생각하고 있다는 점이다. 너무나 큰 현실적 고뇌로 말미암아서, 신란이 롯카쿠도六角堂에서 기도 중 관세음보살의 현몽現夢을 만났을 때 들었던 게송의 한 구절, 관세음보살이 신란의 여자가 되어서 "일생 동안 잘 모시겠습니다(一生之間能莊嚴)"라고 했던 그 말이 사실상 "생각해보면, 청춘 시대의 나이브naive한 이상이었다"[246]라고 단정 · 평가할 수밖에 없었다는 것이다.

신란의 현실고에 대한 구라타의 묘사를 읽으면서, 나는 일연一然(1206~1289)의 『삼국유사』에 나오는 조신 설화를 떠올리지 않을 수 없었다. 낙산사洛山寺에 얽힌 설화인데, 조신調信이라는 젊은

245 松尾剛次 2010, p. 22. 梅原猛은 『신란성인정명전親鸞聖人正明傳』에 의지하여, 신란이 출생한 가계 등을 새롭게 밝히고 있다. 梅原猛 2012, pp. 100~160. 참조.

246 倉田百三 2002, p. 56.

승려가 주인공이다. 장원莊園 관리의 소임을 맡고 있었는데, 그 지방 태수太守의 딸을 좋아하게 되었다. 낙산사는 관세음보살의 주처住處였으니, 관세음보살에게 그 처녀와의 인연을 위하여 기도를 올린다. 마침 기도가 성취되어서인지 결혼을 할 수 있었고, 아들과 딸을 여럿 두게 되었다. 그러나 사랑과 행복도 잠시 잠깐, 그들은 곧 가난 속에서 유랑하기를 10년도 더 넘게 되고, 그사이에 딸아이가 걸식을 하여 호구糊口를 하게 되었다. 또 열다섯 살 되는 아이가 굶어죽는 일까지 겪는다. 이렇게 되자 더 이상 젊은 시절 서로 느끼고 나누었던 사랑의 감정은 어디론가 사라지고, 부인은 다음과 같이 말하면서 서로 헤어지자고 요구한다.

> 내가 처음 당신을 만났을 때는 얼굴도 아름답고 나이도 젊었으며, 의복도 맑고 깨끗했습니다. 한 가지 음식이라도 당신과 나누어 먹었고 (…) 아이들이 추위에 떨고 굶주려도 미처 돌보지 못하는데, 어느 틈에 부부의 사랑을 즐길 수 있겠습니까? (…) 당신은 나 때문에 괴로움을 받고 나는 당신 때문에 근심이 되니, 생각건대 옛날의 기쁨은 바로 우환의 터전이 되었습니다. (…) 헤어지고 만나는 것은 운수가 있으니 제발 지금부터 헤어집시다.[247]

신란이 그랬던 것처럼 조신도 '현실고'를 곱씹지 않을 수 없었던 것이다. 그러나 조신은 그 모든 영욕과 고락이 새벽 예불 시간

---

**247** 『삼국유사』, 한불전 6, p. 332.

에 잠깐 조는 사이에 꾼 한바탕 꿈(一場春夢)[248]임을 깨닫게 되고, 이후 흔들림 없이 정진하게 된다는 이야기였다.

그러나 신란은 조신과 달랐다. 조신은 꿈이었지만, 신란은 현실이었다. 따라서 신란은 피하려야 피할 수 없는 고뇌와 고통을 평생 짊어지고 살았던 것이다. 조신의 각찰覺察이 기본적으로 파계에 대한 후회, 내지 참회의 염念을 담고 있는 것이라 한다면, 신란의 현실은 그러한 후회 내지 참회를 허락할 수도 없는 상황이었다. 그에게 허락된 것은, 바로 그러한 현실고를 살아가면서 지옥 가지 않는 길, 아니 극락에 왕생할 수 있는 길을 찾지 않을 수 없었다. 조신은 "한바탕 꿈이었구나"라고 깨달을 수 있었기에, '꿈꾸기 전의 조신'과 '꿈꾼 뒤의 조신' 사이에 아무런 변화도 없음을 알 수 있지만 — 오히려 꿈꾼 뒤에 더욱 진보했다고 할 것이다 —, 신란은 그렇지 못했다. 그에게는 아내도 자식들도 꿈이 아니라 현실이기에 결코 '대처 이전의 신란'과 '대처 이후의 신란'이 같을 수는 없었던 것이다. 그뿐이 아니다. 오히려 '대처하기 전의 신란'보다 '대처 이후의 신란'이 더욱 나쁜 상황을 마주하지 않으면 안 되었던 것이다.

이제 그로서는 사실 그대로 죄악심중罪惡深重한 범부凡夫이자, 악인이었고, '어리석은 까까머리(愚禿)'[249]라고 하는 비극적 자기

248 조신 설화에 나타난 꿈과 현실의 문제는 김호성 2008, pp. 152~156. 참조.

249 신란은 유배를 가면서 스스로 '禿'으로 성을 삼았다고 하고, 뒤에 '愚禿'이라 자칭하였다. 『교행신증』 제6권, 대정장 83, p. 642c.

인식을 가질 수밖에 없었던 것이다. 그러나 참으로 다행히도 신란은 바로 그 자리에서 몸을 한 번 되돌려서 출신활로出身活路를 찾았던 것이다. 바로 『탄이초』 제3조에서 말하는 "선인도 왕생하거늘 하물며 악인이겠는가"[250]라고 하는 악인정기惡人正機, 악인왕생惡人往生의 길이 그것이었다. 그리고 구라타 역시 바로 그 자리를 정토진종의 본래 취지가 놓여 있는 자리로 본다.

### 2) 범속의 길에서 권력을 벗어놓다

신란의 대처에 대한 윤리적 차원의 논의를 잠시 제쳐놓고 본다면, 신란은 현실고에 속박되었기에 바로 그러한 화禍로 인하여 오히려 구제의 길을 찾았다고 하는 복福을 얻게 되었다고 할 수 있으리라. 이렇게 본다면, 신란에게 대처는 결과적으로—그의 의도인지 아닌지는 알 수 없지만—아미타불의 본원本願이 놓여 있는 가장 낮은 자리로 스스로를 하강下降[251] 시키는 일이 될 수 있었던 것으로 보인다.

> 대중과 함께 생활하고, 그 생활을 같이함에 의해서 그 즐거움과 슬픔을 함께 느끼고, 그 속으로 용해되어버리는 것이다. 육식과 대처를 해서 한 사람의 범부가 되고, 도덕적 귀족의 자부심을 내버리

---

**250** 대정장 83, p. 728c.

**251** 이 일은 원효의 파계에 대해서도 적용 가능한 논리일지도 모른다.

고서 몸도 마음도 범부의 어리석은 무리들과 하나가 되어서, 그 먼지 속의 생활 중에 아미타불의 대비大悲를 즐거워하는 것이다. 스스로 가야 할 길, 스스로의 업보가 지시하는 방향은 그곳에 있는 것이다.[252]

앞서 우리는 구라타의 평전 서술의 방법론 중 하나로 심리적 분석을 들었는데, 그러한 점은 이러한 부분에서 잘 확인할 수 있을 것이다. 마치 신란의 마음속을 들여다보는 것처럼, 신란의 입장에서서 말하고 있다. 신란의 하강은 노자老子가 말하는 화광동진和光同塵에 비유할 수 있는데, 구라타는 신란의 "범속凡俗을 향한 동화를 니체가 말하는 몰락과도 같다"[253]고 한다. 그런데 그것은 동시에 우리들에게 범부들 속에 자리하고 있는 그의 삶에서 명리와 권력을 떠난 순수한 염불자念佛者의 모습을 찾을 수 있게 한다.

오늘날 신란의 가르침을 떠받들고 있는 정토진종은 일본불교에서도 가장 거대한 종단으로 성립하였으나, 신란 스스로는 결코 종파를 세우려는 뜻이 없었다. 종파는커녕, 절 하나 짓는 일도 없었다.[254] 도시인 교토로 돌아온 뒤에도, 그의 생활은 일정한 절도 없이 "유랑에 가까운 것이었다"[255]고 한다. 『스님과 그 제자』에서는, 교토에서 신란이 큰 절을 짓고 그 안에 많은 제자들을 거느리

252 倉田百三 2002, p. 41.

253 위의 책, p. 54.

254 위의 책, p. 64. 참조.

255 위의 책, p. 68.

고 있는 것으로 묘사되었다. 그리하여 마침내 그곳에는 권력이 발생하고 원로 제자들은 유이엔의 연애 사건이 일어났을 때 스승 신란에게까지 압력을 행사[256]하였던 것이다. 그렇지만 그것은 그 당시의 역사적 사실과는 다른 부분으로서, 구라타가 허구적으로 창조했던 것이다. 그랬던 구라타가 이제 『호넨과 신란의 신앙(하)』의 신란 평전에서는 신란의 아나키즘anarchism적이고도 무교회주의無教會主義[257]적인 탈권력의 모습에 깊이 감동한다.

신란의 탈권력적 지향에 대해서, 구라타는 바로 그러한 이유로 인해서 교토로 돌아오게 된 것으로까지 추정한다.

> 신란은 그와 같이 종파를 세우려는 의지도, 절을 지으려는 마음도, 교단의 중심을 이루어야 하겠다는 야심도 없이, 그저 순수하게 법의法義를 홍포하는 데 보은報恩의 차원에서 작은 정성이라도 다하고자 하는 중에도, "깊숙이 숨어 있다고 해도 도속道俗이 자취를 찾아오고, 문을 닫아놓았다고 해도 귀천貴賤이 거리를 가득 메운다"고 하는 것처럼, 자연스럽게 자기 주변에 교단이 형성되고 있는 것을 보았던 것이다. 그리고 스스로도 모르는 사이에 "명리名利

---

**256** 유이엔의 연애 사건을 둘러싼 권력의 발생과 신란에 의한 권력의 해체에 대해서는, 김호성 2011b, pp. 121~130. 참조.

**257** 梅原猛은 『탄이초』의 편저자. "유이엔의 머릿속에는, 우치무라 간조内村鑑三가 이상으로 삼았던 것과 같은 무교회주의의 이상이 있었다고 생각된다"거나 "신란은 유이엔 이상으로 무사원無寺院 염불주의였는데 『탄이초』는 그러한 무사원, 무교단 염불자의 기록으로서 큰 의미를 갖는 책이라 해서 좋을 것이다"라고 했다. 梅原猛 2001, p. 268.

의 큰 산山에 미혹하는" 위험한 지경에 이르고 있다는 것을 자각했다.[258]

그래서 65세의 노구를 이끌고, 아내나 자식들, 문도들과 헤어져서 교토로 돌아왔다고 구라타는 그린다. 구라타의 심리 분석의 압권壓卷은 인용문의 마지막 부분, 즉 "스스로도 모르는 사이에 '명리名利의 큰 산山에 미혹하는' 위험한 지경에 이르고 있다는 것을 자각했다"라고 헤아리는 것이다. 철저하게 명리와 권력을 경계하고, 거기로부터 벗어나려는 신란의 마음을 추체험追體驗하고 있는 것이다. 실제, 신란이 교토로 돌아온 이유가 무엇이든지, 구라타의 이유 추정이 옳은지 그른지는 지금 중요한 것이 아니다. 구라타가 소묘素描하는, 아니 조형造形하는 신란의 이미지가 바로 권력으로부터 자유로운 탈권력脫權力의 염불자, 바로 그렇기에 순수한 염불자의 모습이었다는 점을 확인하는 것으로 우리는 만족할 수 있을 터이다.

## Ⅳ. 「탄이초강평歎異抄講評」에 대한 몇 가지 소감

구라타가 "오직 『탄이초』에만 의지한다"고 한 교판敎判에는 그 나름의 의미도 있었지만 동시에 문제점 역시 없지 않았으며, 전설

---

**258** 倉田百三 2002, p. 64.

과 같은 자료도 활용하면서 심리 분석을 통해서 현실고 속에서도 구제의 길을 찾아갔던 순순한 염불자 신란의 이미지를 부각浮刻한 데에는 일리一理가 없지 않았다. 각기 Ⅱ장과 Ⅲ장을 통해서 살펴본 바이다. 특히 Ⅲ장에서 서술된 신란 평전에는 문학인 구라타의 작가적 안목과 서술이 약여躍如하게 잘 드러나 있었던 것으로 나는 평가하고 싶다. 그 부분이야말로 『호넨과 신란의 신앙(하)』에서 가장 찬란하게 빛을 발하고 있는 것으로 말해서 좋으리라.

그에 비하여 제3장 「탄이초강평歎異抄講評」[259]에서는 그다지 큰 감흥感興을 받지 못하였다. '강평'이라 자임하였지만, 사실상 『탄이초』 전체 18조에 대해서 강의를 하고 있을 뿐이어서, 그 속에서 구라타 나름의 독자적 비평이 어떻게 어느 만큼 가해지고 있는지 잘 알 수 없었기 때문이다. 물론 『탄이초』에 대한 기존 해석들을 폭넓게 섭렵하지 못한 나 자신의 한계 때문일 수는 있지만 말이다. 그 이유야 어떻든 지금 여기서, 나는 구라타만의 새로운 해석이라고 생각되는 부분을 적출摘出하여 논의하기는 어려운 형편이다. 다만 가능한 것은, 그의 논술 중에서 나의 감흥을 불러일으킨 논의에 대해서만 그것이 어떤 맥락에서 그러하였는지를 정리해 보는 일이다.

그것도 구라타의 '신란' 이해를 문제 삼는 이 글의 성격에 비추어서 볼 때, 당연히 그 범위는 유이엔의 이단설을 파사破邪하고 있

---

259 구라타는 『탄이鈔』라고 쓰고 있으나, 현재 『탄이抄』라고 생각되기에 구라타가 비록 『歎異鈔』라고 표현했지만 이 글에서는 『탄이抄』로 바꾸어서 쓰고자 한다.

는 11~18조에 대해서는 제외할 수밖에 없다. 즉 신란의 말씀을 기억에 의지하여 그대로 직접화법으로 옮기고 있는 1~10조[260] 사이의 강의에 대해서 만으로 그 범위를 제한한다. 그중에서 특히 나의 감흥을 불러일으킨 것은 1조, 6조, 그리고 7조에 대한 구라타의 비평들이다. 1조에 대해서는 공감을, 6조에 대해서는 아쉬움을, 그리고 마지막 7조에 대해서는 비판의 염念을 불러일으키지 않을 수 없었다. 이제 구체적으로 하나하나 살펴보기로 하자.

## 1. 공감, 일념一念과 다념多念의 회통會通

『탄이초』 제1조의 전문全文을 우메하라 다케시梅原 猛 선생의 현대어 역으로부터 다시 옮겨보면 다음과 같이 된다.

> 아미타불의 불가사의하기 그지없는 서원에 도움을 받아서 꼭 극락에 왕생하는 것이 가능하다고 믿고서, 염불하고 싶다고 하는 기분이 우리의 마음에 싹을 틔우기 시작할 때, 그때 바로 저 아미타불은 이 죄가 깊은 우리를 저 눈부신 무한한 빛 가운데 거두어들여서, 확실히 우리를 떼어놓지 않습니다. 그때부터, 우리의 마음은 신심의 기쁨으로 충만하게 되어 우리는 그곳으로부터 신앙의 이익을 무한히 받게 되는 것입니다. 아미타불의 중생구제의 원은 모두

260 정토진종에서는 1~10조까지를 사훈편師訓篇이라 하고, 11~18조까지를 탄이편歎異篇이라 말한다.

에게 평등하여, 나이 많은 사람을 젊은 사람보다, 선한 사람을 악한 사람보다 우선적으로 구제하고자 하는 것들은 없습니다. 다만 신심이 중요한 것입니다. 신심만 있다면, 어떠한 사람도 아미타불은 구제해주는 것입니다. 그것은 아미타불의 본래의 서원은 이 죄가 깊고, 마음에 여러 가지 번뇌를 안고 있는 우리와 같은 중생을 돕고자 하기 때문입니다. 그러므로 이 아미타불의 본원本願을 믿기 위해서는 다른 선을 할 필요는 조금도 없습니다. 다만 염불만 하면 됩니다. 염불 이상의 선은 없기 때문입니다. 또 여러분이 일찍이 지었을 악업이나 지금 여기서 이제부터 짓게 될 악업을 두려워할 필요도 없습니다. 이 아미타불의 본원을 방해할 만큼의 악은 없기 때문입니다. 운운.[261]

이는 가히 신란불교의 요체要諦를 간명하게 나타낸 것으로 생각해서 좋을 것이다. 호넨의 전수염불專修念佛을 이어받아서 신심위본信心爲本의 입장을 천명하고, 장차 제3조에 등장하게 될 악인정기惡人正機까지 함축하고 있기 때문이다. 구라타의 강의 역시 무리 없이 흘러가는데, 나로서는 그가 특별히 "우리의 마음에 싹을 틔우기 시작할 때, 그때 바로"라는 구절에 주목하고 있음에 놀라게 된다. "그때 바로" 아미타불이 섭취攝取(saṁgraha)해서 내버리지 않는다고 하는 것, 즉 그러한 믿음이 우리의 마음에 들어오게 된

261 梅原 猛 2001, pp. 17~18.

다고 하는 것은 사실상 선禪[262]에서 말하는 돈오頓悟와 유사한 종교체험이라고 아니할 수 없다. 다만 정토의 법문이므로, 이는 돈신頓信[263]이라 말할 수 있다.

"그때 바로"의 돈신은 일념에 안심이 결정決定됨을 말한다. 『탄이초』 제1조를 해설하면서, 구라타는 "그때 바로"에서 일념을 읽어낸다. 이는 그가 영향을 받았다고 하는 아케가라스 하야의 『탄이초강화』와는 다른 점이다. 아케가라스는 일념을 읽어내지 못하고 있다. 다만 그와 동시대에 또 다른 『탄이초강화』를 펴낸 하치야 요시키요峰屋賢喜代는 구라타와 같이, 바로 이 구절에서 일념을 파악해 낸다.

> 도움을 얻는다고 하는 것도 다만 일념이 아니면 아니 됩니다. 도움받는구나 생각했을 때 이미 도움받았던 것입니다. 곤란하다고 생각한 일념이 나무아미타불이라는 일념에서 도움받는 것입니다. 고마운 것은 이 점點, 곧 일념의 구원이기 때문입니다.[264]

그러나 하치야 요시키요는 일념을 말하면서도 그것을 다념과 대비하지는 않는다. 어쩌면 그러는 편이 더욱 좋은지 알 수 없지

---

**262** 구라타가 신란을 말하면서 선을 끌어들이고 있음은 쉽게 확인할 수 있다. 倉田百三 2002, p. 25, p. 32, p. 79, p. 120, p. 129. 참조.

**263** 신란의 정토신앙에 돈적頓的인 성격이 있음은 용수의 『십주비바사론』 이행품易行品으로부터의 영향으로 볼 수 있다.

**264** 峰屋賢喜代 1930, p. 22.

만, 구라타는 일념의一念義와 다념의多念義의 논쟁을 염두에 두면서 바로 그 점을 논의해 간다.

"우리의 마음에 싹을 틔우기 시작할 때, 그때 바로"라고 하는 것은 "발기결정發起決定하는 우리들의 마음과 조금의 간극도 없이"라는 의미로, 그 사이에, 칭명이 몇만 번이니 임종정념臨終正念이니 하는 쓸데없는 것들이 없는 모습을 나타내고 있는 것이다. (그렇지만—인용자) 호넨도 신란도 일념의라고 하는 것은 배척하여, 이른바 (아미타불의 서원에 집착하여 명호를 일컫는 것을 비난하는—인용자) 서명별신계誓名別信計라고 하는 것은 일종의 작용(이라고 해서 배척되는 것—인용자) 의도로서, 신앙의 본바탕(原機)도, 또한 도움을 받는 힘도 서원하는 (아미타불—인용자) 쪽에 있어서, "우리의 마음에 싹을 틔우기 시작할 때, 그때 바로"의 기미機微는 다념의보다도 일념의 쪽에 있는 것이어서, (서명별신계의—인용자) 위험이라든가 폐해라든가 하는 것을 염두에 두지 않고 순수하게 신심 그 자체를 추구하면 일념의와 서명별신계는 다념의와 (본원에 대한 믿음보다는 열심히 염불하면서 선을 행하여 왕생을 원하는—인용자) 전수현선계專修賢善計보다도 순일한 것이라는 것만은 인정해서 좋으리라 생각된다. 그러한 의미에서 신란의 신앙은 호넨의 그것보다 일념의와 서명별신계 쪽에 보다 가까운 것이라고 말해서 좋으리라.[265]

**265** 倉田百三 2002, p. 84.

일단 우리의 논의에서는 구라타가 일념다념과 함께 언급하는 서명별신계와 전수현선계에 대해서는 논의하지 않기로 한다. 구라타는 "우리의 마음에 싹을 틔우기 시작할 때, 그때 바로"의 입장은 일념의에 해당된다고 보았으며, 동시에 순수하게 신심 그 자체를 추구하는 일념의가 다념의보다 더 순일純一한 것이라는 점을 인정하고 있다. 그렇다고 해서, 일념이기에 오직 단 한 번의 염불만 하면 될 뿐 거듭거듭 염불할 필요는 없다고 말하는 것은 아니다.[266] 신란이 좋아해서 주석까지 했던 세이가쿠聖覺(1167~1235)의 『유신초唯信抄』에서도 "왕생의 업이 일념으로 충분하다고 말하는 것은 그 이치는 실로 그렇다 하더라도, '염불하는 횟수를 거듭하는 것이 (아미타불의 본원을—인용자) 믿지 못하는 것이 된다'고 말하는 것은 지나친 말이다"[267]라고 하지 않았던가. 구라타의 입장도 그와 같았다. 말하자면, 일념의와 다념의를 회통한 것이라 볼 수 있다. 다소 길지만, 다음과 같은 말을 한 번 더 들어보기로 하자.

아무리 생각해보아도, '부지런히 외운다'라든가 '억지로 외운다'라든가 하는 심리는 정토종의 법문에 있을 리는 없다. 그러므로 사실로서는 일념에만 제한된 염불이라고 하는 것은 존재하지 않지만, 가령 있다고 한다면 그렇더라도 구제되는 것은 틀림없다. 그런

**266** 위의 책, p. 86. 참조.

**267** 대정장 83, p. 915b.

까닭에 이론적으로 일념의가 옳다고 나는 생각한다. 그러나 신앙의 심리로서, 사실상으로 일념에 제한된 염불이라고 하는 것은 없다. 일념을 외우면 구제되기에 이념二念을 외울 필요가 없다고 하는 것은 신앙의 심리는 아니기 때문이다. 그런 의미에서 일념의를 주장하고, 정리 실천하고자 하는 자가 있다면, 그것은 참으로 신심을 갖고 있는 자가 아님을 고백하는 것이다. 신심을 갖고 있다면 그 스스로 외우지 않고서는 있을 수 없을 터이다. 그러나 다념을 외우지 않으면 구제되지 않는다고 하는 의미에서의 다념의도 마찬가지로 잘못이다. 결국 염불은 저절로 외워지는 것이며, 억지로 외워야 할 것은 아니다. 그래서 사실상은 반드시 다념이지만 이론상으로는 일념이 아니어서는 아니 된다.[268]

구라타가 생각하는 일념은 이념과 상대되는 일념이라는 점에서, 우리는 그가 일념이나 다념을 염불의 횟수를 문제 삼는 것으로 받아들이고 있음을 알 수 있게 된다. 구라타만이 아니라 호넨 당시부터 일념이나 다념을 바로 그렇게 횟수의 문제로 받아들였기 때문에 "일념이냐 다념이냐"라는 논쟁이 있어왔던 것이다. 구라타 역시 그렇게 횟수의 문제로 받아들였다. 그런 점에서 구라타는 일념이나 다념을 수數로 보지 않으며, 그것은 "횟수의 문제가

**268** 倉田百三 2002, pp. 86~87. 구라타가 말하는 '정토종'이 지금처럼 정토진종을 제외한 정토종을 가리키는 것이 아님은 물론이다.

아니라 질質의 문제"[269]로 간파하였던 야나기 무네요시의 통찰력에는 미치지 못하였다.

그러나 그럼에도 불구하고, 구라타는 신심은 일념에서 결정됨을 알았으면서도 일념 일념이 다념으로 연속 · 상속되어야 함을 이해했음에 틀림없었던 것으로 보인다. 그런 점에서, 기본적으로 야나기가 행한 회통과 다른 것은 아니었다. 다만 야나기처럼 철저하게, 또 깊게 논의를 펼치지는 못하였다. 그도 그럴 수밖에 없는 것이 야나기는 바로 그 문제를 본격적으로 논의하는 장場에서였지만, 구라타는 『탄이초』 제1조의 한 구절을 해설하는 맥락에서였기 때문일 것이다.

## 2. 아쉬움, 평전과 강평의 무연無緣

『탄이초』만큼 많은 금언金言을 간직하고 있는 책도 흔하지는 않을 것이다. 경전이나 어록이 결코 금언의 양이나 질에서 『탄이초』보다 부족하다 할 수는 없겠으나, 경전이나 어록에 친숙한 독자들에게 충격을 주기로는 『탄이초』만큼 강력한 책을 나는 아직 만난 적이 없다. 거기에는 경전이나 어록의 세계를 전복顚覆시킬 혁명革命적 사유가 널려 있기 때문이다. 매 조條마다 숨이 막힐 지경이다. 이 말씀이 도대체 무슨 뜻인지 책을 덮고 깊이깊이 생각하게 한다. 그런 증언들 중에서도 '최고의 금언'을 하나 가려본다면 어

269 柳宗悅 2007, p. 163.

떤 말씀이 될까? 물론 독자들마다 다를 것이지만, 야나기 무네요시는 다음과 같은 말씀을 '최고의 금언'으로 추천[270]하고 있다.

아미타불께서 오 겁五劫에 걸쳐서 사유思惟하신 원을 거듭거듭 잘 생각하면 오직 신란 한 사람을 위한 것이다.[271]

이는 『탄이초』의 후서後序에 나오는 말이다. 그러나 야나기와 달리, 나에게는 그보다 더욱 내 마음을 잡아당기는 금언이 따로 있었다. 바로 제6조에 나오는 다음과 같은 짧은 구절이다.

나는 제자가 한 사람도 없다.[272]

우메하라 다케시의 현대어 번역에서 '나는'이라 되어 있으나, 원문에서는 '신란'이라 되어 있다. 신란이 신란 스스로를 지칭했으므로 '나는'이라 번역한다고 해서 무슨 의미상의 차이를 가져온다고 할 수 없을지 모른다. 그러나 뉘앙스의 차이는 크다. 옛사람들의 글쓰기에서는 지금 자기가 하고 있는 그 말이 다른 누구의 생각이 아니라 자기만의 생각(自己哲學, svapadāni)임을 보다 직접적으로 강조하고자 할 때 자기 이름을 노출하는 경우가 있는 것으로

270 柳宗悅 2007, pp. 127~128. 참조.

271 대정장 83, p. 724c. ; 梅原猛 2001, p. 132.

272 梅原猛 2001, p. 42.

생각되기 때문이다.

나는 마침내 이 말에 촉발되어서, 구라타의 『스님과 그 제자』의 주제가 탈권력脫權力에 있었음을 논한 일[273]이 있었다. 그런 만큼 『스님과 그 제자』의 작가 구라타가 이 금언에 대한 강평을 어떻게 하고 있었던 것일까, 관심이 가지 않을 수 없었다. 그도 그럴 것이, 앞서 Ⅲ장에서 살펴본 것처럼, 구라타 역시 신란의 삶을 무종無宗·무사無寺·무력無力의 순수한 염불자로 묘사하고 있었기 때문이었다.

그러나 나의 기대는 여지없이 깨져버리고 말았다. 『스님과 그 제자』의 주제를 "신란은 제자를 한 사람도 갖고 있지 않다"라는 말에서 시사示唆를 받았던 나는 물론, 바로 이 금언을 논의의 실마리로 삼으면서 『탄이초』를 유이엔이 스승 신란을 배반한 텍스트로 읽은 야마오리 데쓰오山折哲雄[274]와도 달리, 구라타는 이 말의 중요성을 그다지 눈치채지 못하고 있기 때문이다. 3쪽도 채 되지 않는 분량 속에서, 그저 원문의 의미를 풀어 반복하고서는 겨우 다음과 같은 말을 덧보탤 정도에 지나지 않았다.

그러나 신란이라고 하더라도 인간이기에, 자기를 스승으로 해서 법을 들었던 자가 떠나가는 외로움을 몰랐던 것은 아니다. 그러나 그는 내 제자라고 생각하는 만심慢心과 인연이 다해서 떠나가는

273 김호성 2011b, pp. 101~141. 참조.

274 山折哲雄 2000. 참조. 이에 대한 반론은 末木文美士 2004, pp. 154~157. 참조.

자를 쫓아갈 이유는 없음을 생각해서, 다만 전송했던 것뿐이다.[275]

구라타 특유의 심리적 분석이다. 물론 이와 같은 묘사가 반드시 틀렸다고 말할 수는 없을 것이다. 그러나 내가 구라타에게 아쉬움을 느끼는 이유는, 그가 신란 평전에서 서술했던 신란의 삶과 "신란은 제자가 한 사람도 없다"라고 하는 이 말이 내적으로 연결되어 있다는 사실을 왜 알아차리지 못했을까 하는 점에서다. "신란은 제자가 한 사람도 없다"라고 하는 것이 단순히 떠나가는 자의 뒷모습을 보고서 상처 입은 스승의 자기 위안이나 겸손의 표현만일까? 그렇지는 않다. 단순히 그렇게 보아서는 아니 된다. 그렇게 말한 근거는 더욱 깊은 데 있다. 여기서 우리는 바로 야나기 무네요시가 '최고의 금언'으로 손꼽았던 그 말을 한 번 더 상기해봐야 할 필요가 있다.

아미타불께서 오 겁五劫에 걸쳐서 사유思惟하신 원을 거듭거듭 잘 생각하면 오직 신란 한 사람을 위한 것이다.

아미타불과 나 사이에 직통의 핫라인hot line이 개설되어 있다는 것이다. 그 핫라인을 통해서, 신란은 구원을 받았다. 그러나 그렇다고 해서 신란이 그를 찾아온 많은 중생들을 구원해줄 수 있는 것이 아니다. 그런 힘은 그에게는 없다. 신을 대신하여 역사役事한

---

**275** 倉田百三 2002, p. 112.

다는 예수와는 다른 입장이다. 중생들의 구제는 한 사람 한 사람이 모두 제각각 아미타불과 '나무아미타불'이라는 핫라인을 개설함에 따라 가능할 뿐이다. 여기에 제3자가 개입하는 일은 애당초 불가능하다. 있을 수 없다. 신란이 아미타불과 핫라인을 개설한 뒤에도 아미타불과 중생 사이를 연결해주는 중개자가 될 수 없는 이유이다. 기독교의 예수는 신과 인간을 연결하는 중보자仲保者이지만, 신란은 그렇지 않다.[276] 또한 "아미타불과 핫라인을 잘 개설했구나"라고 하면서, 인가印可해줄 스승이 필요한 것도 아니다. 그런 점에서는 선禪과도 다르다. 인가가 필요한 선에서는 법통法統이니 법맥法脈이니 하는 계보系譜(paramṁparā)가 필요하지만, 정토에서는 그러한 것이 필요 없다.[277] 그저 "아미타불과 나 사이에는 이제 핫라인이 개설되었다"라고 스스로 느끼면 그뿐이기 때문이다. 이를 안심결정安心決定이라고 한다.

이러한 논리가 정토신앙의 논리라고 한다면, "신란은 제자가 한 사람도 없다"는 말이나 명리名利나 권력을 버린 — 구라타가 평전에서 묘사한 — 고독한 단독자單獨者의 삶 사이에는 깊은 인연이 있었던 것 아니겠는가.

정작으로 구라타가 말하는 스승 호넨에 대한 제자로서의 깍듯

---

**276** 신란의 사상이 기독교와 유사한 것으로 말해지지만, 이런 점에서 결정적으로 다른 부분도 있다.

**277** 비록 정토진종에서 7조七祖 내지 칠고승七高僧을 말하고 있지만, 선의 법맥과는 현저히 다른 것이다. 대대상승代代相承이 아니라, 그저 영향을 받은 일곱 분의 선지식을 추앙하는 의미일 뿐이기 때문이다.

한 예의[278] 역시 "아미타불과 그대 사이에 그대 스스로 핫라인을 개설하게나. 그것만이 구제의 길이네"라고 길 · 방법을 가르쳐준 스승의 은혜에 대한 감사였을 뿐, 그러한 스승에 대한 예의를 다하는 것과 "신란은 제자가 한 사람도 없다" 사이에는 아무런 모순이 없는 것이다. 구라타가 인용[279]하고 있으며, 정토진종에서도 법회 때마다 「은덕찬恩德讚」이라 하여 노래 부르는 다음 화찬和讚의 의미도 좀 더 깊이 있게 사유되어야 할 것이다.

여래 대비大悲의 은덕은
몸을 부수더라도 갚아야 하고
스승 선지식의 은덕은
뼈를 부수더라도 갚아야 하리.[280]

이는 신란이 다른 제자에게 주는 교훈인 것처럼 서술되어 있다. 그러나 그렇다고 해서 부모에게 자식이 효도를 다해야 한다고 말하는 유교적 맥락으로 받아들이면 아니 된다. 아미타불과 내가 핫라인을 개설해서, 구제의 안심이 결정된 종교체험을 한, 즉 신심이 결정된 사람이 그러한 가르침을 주신 여래와 스승—신란에게는 구체적으로는 호넨—에게 느끼는 한없는 감사의 표현이고, 한

---

**278** 倉田百三 2002, p. 113.

**279** 상동.

**280** 대정장 83, p. 666c.

없는 기쁨의 토로吐露인 것이다. 그렇게 이해하지 못한다면, 무종無宗·무사無寺·무력無力의 신란이 남겨놓은 가르침이 어느덧 유교적 가부장제로 떨어지고 말 것이다. 그리고 그곳에서 입게 되는 외투는 스승에 대한 효(師孝)일 것이다. 그 순간 "신란은 제자가 한 사람도 없다"고 말함으로써 나타내고자 했던 사제동행師弟同行의 꿈 역시 사라지고, 그 대신 권력화된 사제유별師弟有別이나 사제유서師弟有序의 유교적 문중門中만이 남게 될 것이다. 그렇게 된다고 한다면, 바로 앞의 제5조에서 말한 "신란은 돌아가신 부모의 추선공양追善供養을 위해서라도 염불을 한 적은 한 번도 없습니다"[281] 라고 한 가르침에도 저촉되고 말 것으로 생각된다.

## 3. 비판, 구심과 원심의 부조화不調和

### 1) 개인윤리에서 사회윤리로

『탄이초』 제7조를 구라타가 어떻게 강평하고 있는지, 그리고 거기에 무슨 문제가 있는지를 알기 위해서 우리는 먼저 제7조의 전문全文을 읽어볼 필요가 있을 것이다. 역시 우메하라 다케시의 현대어 역을 옮겨보기로 한다.

염불이라는 것은 어떠한 장해에 의해서도 방해될 수 없는 자유

281 대정장 83, p. 729a. ; 梅原猛 2001, p. 38.

의 경지에서 노니는 것입니다. 그 이유를 말씀드린다면, 신심이 굳건한 염불의 행자에게는 하늘의 신, 땅의 신도 두려워해서 따르고, 어떠한 마물魔物이나 나쁜 사람(惡者)이라 하더라도 염불을 방해할 수 없고, 또한 아무리 깊은 전생부터의 업의 과보라도 염불의 행자에게는 미칠 수 없고, 어떠한 선善이라 하더라도, 이 염불의 선에는 도저히 미칠 수 없으므로, 염불은 어떠한 것에도 방해될 수 없는 자유로운 경지에 있는 것이라고 말할 수 있습니다.[282]

"염불은 무애無碍의 한 길(一道)이다"라는 이 선언은, 염불의 기쁨으로 충만한 사람만이 할 수 있는 말이다. 염불에 의해서 구제받은 사람만이 토할 수 있는 신앙고백이다. 그렇게 말할 수 있는 이유는 두 가지라 했다. 첫째는 좋은 신이든 나쁜 신이든 다 염불의 행자를 장애하지 못하기 때문이고, 둘째는 어떠한 선이나 어떠한 악도 염불행자의 자유를 방해할 수 없기 때문이라는 논리에서다. 첫째 이유는 순수한 염불행자 신란의 모습을 떠올리게 하고, 둘째 이유는 "염불 이상의 선이 달리 없으며", 또한 "아미타불의 본원을 방해할 수 있는 악도 없다"[283]라고 한 『탄이초』 제1조를 떠올리게 한다.

이렇게 이해하고 나면 제7조 자체에는 특별히 문제 될 것이 없

282 梅原猛 2001, p. 46. 우메하라가 '악자'로 옮긴 말은 원문에서는 '外道', 즉 다른 종교를 믿는 사람을 가리키는 말이었다.

283 梅原猛 2001, p. 18.

음을 알게 된다. 그런데 구라타는 "우리들은 이 무애의 한 길을 어떻게 탐구探究할 수 있을까"[284]라는 문제 제기를 한 뒤에, 염불을 하기만 하면 선을 행하든 악을 행하든 문제는 없다고 말하기에 이른다. 이는 자칫 본원과신(本願過信, 本願ぼこり)에 떨어질 수 있는 말이다. 더욱이 문제인 것은 신란이 말하는 선과 악이 개인윤리의 차원에 놓여 있는 것임에도 불구하고, 구라타는 그것을 사회윤리의 차원으로 끌고 들어간다. 개인윤리의 차원에서 말해지는 선과 악은 모두 구심求心의 맥락에 놓여 있는 것이지만, 사회윤리의 차원에서 말해지는 선과 악은 원심遠心의 맥락 속으로 이동해버리고 마는 것이다. 지금 제7조를 강평하는 구라타는 이 구분에 대한 감각을 잃고 있다. 그가 일찍이 『탄이초』는 구심의 방향에서 말해지는 책이며, 만약 우리가 원심을 지향하게 된다면 의지할 텍스트는 니치렌의 텍스트와 같은 데에서 찾아야 한다고 했음에도 말이다. 제7조에 관한 해설 속에서 원심에 관한 이야기를 주저리주저리 늘어놓는다. 예를 들면 다음과 같이 말이다.

염불을 외운다면 좌익이 되든 우익이 되든 좋다. 염불을 외우지 않는다면 좌익이 되든 우익이 되든 다 철저하지 못하다. 염불을 외운다면 좌익과 우익의 직접행동도 상관없다. 염불을 외우지 않는다면 온건도 중도中正도 무자각無自覺의 범위를 벗어나는 것은 아

284 倉田百三 2002, p. 115.

니다.[285]

이러한 논법은 "독신으로는 염불을 할 수 없다면 아내를 취하고서 염불을 하는 것이 좋고, 아내가 있으면 염불을 할 수 없다면 독신으로 염불을 하는 것이 좋다"[286]고 했던 호넨의 말을 떠올리게 한다. 그러나 아내를 취하든 아니하든 그것은 개인의 문제이다. 그러므로 개인윤리의 차원에 놓여 있다고 할 수 있다. 그러한 개인윤리의 차원에서는 그러한 논법 역시 적용할 수 있다. 그렇지만 그것을 그대로 좌익이 되느냐 우익이 되느냐 라고 하는 정치적 맥락에까지 확대 적용해도 좋은 것일까? 염불이 개인의 구심적 방향을 책임지는 것이라고 한다면, 원심적 방향에서 개인이 어떤 선택을 하는 것이 좋은가 하는 선택의 문제에서 의지할 바, 지침은 달리 구하는 것이 옳지 않을까? 내가 지금 염불을 하니까, 그러한 정치적인 문제에서의 나의 입장은 어떠해도 좋은 것일까? 개인이 염불을 하면서 행하게 되는 개인윤리적 차원의 선과 악의 문제—예컨대 이성과 성행위를 할 것인가 말 것인가와 같은—는, 어떻게 선택을 하든지 그 행위로 말미암은 결과가 미치는 범위는 극히 제한된다. 개인에게, 혹은 상대방과의 두 사람 사이에만 제한된다. 그렇지만 내가 좌익이 되어서 정치적 행위를 하느냐 아니

285 위의 책, p. 117.

286 龍谷大學 佛教文化研究所 1996, p. 664. '독신'이라는 말은 원문에는 '히지리聖'인데, '스님'이라 번역하는 것이 옳을지도 모른다.

면 우익이 되어서 정치적 행위를 하는가 하는 문제는 극히 중차대한 결과가 사회 전체에까지 미치게 된다. 바로 그렇기에 염불을 하느냐 하지 않느냐라고 하는 것만으로 사회적 차원까지 다 포괄해버릴 수는 없는 것으로 나는 생각한다.

### 2) 모순에서 정당화로

구라타는 염불을 외운다면 좌익이 되든 우익이 되든 문제는 없다, 라고 말하지만, 실제로 그는 좌익을 논적論敵—내지 정치적 적—으로 삼아서 비판하고 있다. 좌익에서 흔히 말하는 '착취'라는 문제를 내걸고 있음을 통해서도 그런 점을 짐작할 수 있다.

> 만약 착취하지 않는다면 착취된다고 하는 위치에 있을 때, 누가 착취하지 않을 수 있겠는가. 이런 까닭에 지상地上의 어떠한 인간도—프롤레타리아라고 하더라도—착취하지 않고서 살아가는 자는 한 사람도 없다. 생물도 또한 마찬가지다.[287]

이 문장을 읽으면서 그의 에세이 「지상의 남녀」에서 말하는 그의 기본적 세계관을 떠올릴 수 있는 사람은 나만은 아닐 것이다.

> 나는 인생에 두 가지의 가장 큰 해악이 있다고 생각한다. 하나는

287 倉田百三 2002, p. 118.

성교를 하지 않으면 아이를 낳을 수 없다는 것이고, 다른 하나는 살생하지 않으면 살아갈 수 없다는 것이다.[288]

여기서 내가 하려는 작업은, 이러한 구라타의 세계관이 옳은지 틀린지를 판단하려는 것은 아니다. 자연계나 인간계나 약육강식이라는 것이 있는 법이므로, 어쩌면 우리는 그의 세계관에 대해서 그 일리一理 있음을 인정하는 데 주저할 필요는 없다고 본다. 설사 우리 모두 그의 말대로, "착취하지 않고서 살아가는 자는 한 사람도 없다"라고 하자. 그렇다고 해서, 바로 그렇기에 우리에게는 다른 사람을 착취하는 것이 정당한 권리로서 주어져 있다고 말할 수 있겠는가? "살생하지 않으면 살아갈 수 없다"고 하자. 그렇다고 해서, 바로 그렇기에 우리가 살생을 하는 데 아무런 죄의식을 느끼지 않아도 좋다는 것일까? 아니, "살생하지 않으면 살아갈 수 없다"는 말에 따라, 바로 그 지엄至嚴한 현실로 말미암아서 우리 모두 용감하게 타인을 혹은 다른 생물을 살생해도 좋은 것일까? 설사, 어쩔 수 없이 그렇게 된다고 하더라도 그렇게 될 수밖에 없는 현실 내지 운명—인생의 최대 해악—에 대해서, 우리가 스스로 슬퍼하면서 우리의 업보에 울어야 하는 것이 옳지 않을까? 그것이 인간다운 모습이 아닐까? 신란이라면 적어도 그렇게 하지 않겠는가?

그런데 구라타는 전혀 그렇게 하지 않는다는 데 문제가 있는 것

---

**288** 倉田百三 2008b, p. 260.

이다. 그 살생의 불가피성에 대해 그는, 적어도 지금 제7조를 말하는 이 장면에서는 고뇌하지도 않고 업보의 잔인함에 슬퍼하지도 않는다. 바로 그렇기에 착취가 당연하고, 살생도 당연하다는 듯이 말한다. 다음과 같은 말을 들으면, 아연啞然하지 않을 수 없다.

> 일본의 만주에 대한 관계와 같은 것도 마르크시스트Marxist 및 인도주의자는 단순히 제국주의의 침략이라고 비난해버리지만, 일본 민족의 생존을 위해서는 그렇게 하지 않을 수 없는 더 심각한 사정이 나타난 것이다. 본래부터 여기에 착취라고 하는 것은 생명의 가치가 높은 자가 낮은 자에 대해 저절로 이루어지는 지배, 지도, 우월한 관계의 전모全貌를 표현하는 말로서는 적당한 것이라 생각되지는 않지만, 마르크시스트가 통용通用하는 말이기에 그대로 빌려서 씀에 지나지 않는다.
>
> 어떻든 이른바 착취, 피착취의 선악에 관한 마르크시스트의 이해는 인도주의자의 그것과 함께 실상實相을 철견徹見한 것이 아니라 피상적임을 면치 못한다.[289]

일본 민족의 생존을 위해서는 다른 민족을 침략해도 되는 것일까? 그것은 선인가, 악인가? 설사 그것이 악이라 하더라도 염불만 한다면, 염불이 바로 무애의 한 길이기에 그런 악은 염불의 행자—염불의 행자들(?) 집단인 당시의 '일본'—를 방해하지 못한

289 倉田百三 2002, p. 119.

다는 것일까? 그리고 정말, 모든 존재들은 '생명의 가치가 높은 자'가 있으며 '생명의 가치가 낮은 자'로 나뉘는가? 과연 누가 어떤 사람은 생명의 가치가 높은 자이며 어떤 사람은 생명의 가치가 낮은 자라고 판단[290]할 수 있는 권한을 갖고 있는가? 지배, 지도, 착취하는 자인가? 이러한 제국주의 논리와 신란의 가르침은 무슨 관계가 있다는 말인가?

### 3) '구심도 신란, 원심도 신란'은 불가능한가?

스에키 후미히코는 "신란은 전향자를 비롯해서 파시즘의 시기에 지극히 애호되었는데, 그 실마리를 열었던 것이 구라타였다"[291]라고 말하였다. 과연 신란은 파시즘 시기의 우익의 논리에 어떻게 동원되었던 것일까? 이에 대한 최근의 연구 성과가 바로 나카지마 다케시中島岳志의 『신란과 일본주의』이다. 구라타를 비롯한 많은 사상가들의 우경화에 신란 사상이 멋대로 오용되고 왜곡된 실태를 밝히고 있다. 그러므로 그 부분에 깊은 연구를 이루지 못한 나로서는 더 깊이 천착하는 것은 무리라고 생각된다. 다만, 나 나름대로 구라타의 실패에 대하여 그 원인의 하나로 구라타가 구심과 원심의 조화를 이루지 못했다는 점을 지적하고자 한

---

**290** 『스님과 그 제자』의 감동적인 대사 중 하나는 "남을 판가름하지 않는다"는 강령綱領이었지 않은가. 倉田百三 2004, p. 223.

**291** 末木文美士 2009, p. 121. '전향'은 좌익에서 천황에의 충성을 중핵으로 하는 국가주의의 우익으로 전환하는 것을 의미한다.

다. 앞서 나는 사회윤리적 측면, 즉 원심의 방향에서 의지할 만한 텍스트는 달리 찾아져야 한다고 말했다. 그것은 반드시 불교 안에서만 찾아야 한다는 것을 의미하지 않는 것이었다. 오히려 불교학 밖의 학문, 예컨대 올바른 민주주의나 평화 이론, 인권 사상 등과 같은 데에서 찾아야 할 것이라는 의미였다. 예컨대 전쟁과 같은 국제적인 문제에 대해서는, 불교 안의 논리만이 아니라 국제정치학이나 사회과학의 텍스트를 공부해서 그 문제에 대한 올바른 판단을 내리는 데 도움을 얻는 것도 필요하다는 것이다. 물론 그때에도 원심의 방향에서 얻어지는 논리가 구심의 방향에서 얻어지는 논리와 충돌해서는 안 되지 않겠는가 생각한다. 구라타의 입장 역시 그렇게 한 것이라 할 수 있다. 나름대로는 마르크시즘이나 인도주의나 제국주의에 대해서도 연구를 했던 것이다. 그렇지만, 문제는 구라타의 결론이 올바른 방향이 아니었다는 점에 있다. 그리고 이제 우리는 그 문제점을 교정矯正해보려고 하는데, 그 방향을 구심과 원심의 조화에서 찾으려는 것이다.

구심과 원심의 조화라고 해서, 구라타가 생각했듯이 "구심은 신란, 원심은 니치렌"이라는 식으로 해결하자는 것은 아니다. 그것은 결국 위와 같이 제국주의로 달려가는 파탄을 보여주고 말았다. 그렇지 않은 새로운 논리를 구축하는 것이다. "구심도 신란, 원심도 신란"은 안 되는 것일까[292], 하는 점이다. 다시 말해서 신란

292 어떤 점에서 구라타의 실패는 이노우에 엔료井上円了의 실패와 대조적이기도 하다. 이노우에는 원심의 방향을 스스로 정리해서 잡았지만, 내가 볼 때는 구심을 신란에게 두지 않았다는 점에 문제가 있었다. 계몽사상가 이노우에 역시 일본주의를 옹호,

의 구심성에 입각한, 신심과 둘이 아닌 원심은 불가능한가 하는 점이다. 신란의 구심은 신심信心이 결정되는 것을 말한다. 그것은 아미타불의 본원을 받아들이는 것에 의해서 스스로 구제되었다는 믿음이다. 그렇다고 한다면 그것은 금생에 가능한 것이고, 굳이 내생에 극락에 가서 성불해야만 가능한 것은 아니다.

만약 『탄이초』의 제5조 말씀 중, "깨달음을 얻어 부처가 되고 나면 (…) 불가사의한 신통력과 방편으로 제일 먼저 인연 있는 사람들(돌아가신 부모님 ─ 인용자)을 구원할 수 있는 것입니다"라고 한 부분을 글자 그대로 받아들여서, 그렇게 되기 전에 금생에서는 고통 속에 빠져 있는 중생들을 외면해도 좋을 것인가? 제5조의 말씀은 어디까지나 구심의 차원에서라면 불가피한 일일지 모르지만, 원심의 차원에서는 그래서는 아니 된다. 실제로 신란의 가르침을 받드는 후예들이 다 그랬던 것도 아니다. 내세에 극락에 가기 전에도, 현세에서라도 신심이 결정된 이후에는 선행을 행하고 있다. 예컨대 묘코닌妙好人 이나바노 겐자因幡源左(1842~1930)는 어려움에 처한 사람들을 많이 도왔다.

겐자는 어려움에 처한 사람에게 자주 도움을 주었다. 무거운 짐을 대신 짊어지거나 연장자를 업어주었으며 병자를 돌봐주었다. 다른 사람의 밭이 척박해지면 거름을 주기도 하고, 논두렁이 뚫려 있으면 막아주었다. 세금을 내지 못해 어려움에 처한 사람을 대신

선양했던 것이다. 이 점을 지적한 것으로는 김호성 2015e, pp. 373~374. 참조.

해서 밀린 세금을 납부해주기도 하였다.[293]

그의 행위는 모두 신심결정 이후의 보살행인데, 오늘날 말로 하면 사회복지 실천이라 할 수 있다. 또 진종 교단은 "오늘날 일본불교의 종파 중에서 교육 · 의료 기타 사회복지의 활동에 가장 열심이다"[294]라는 평가를 받을 정도이다. 이러한 행위는 신심에 입각한 행위로서, 염불을 외우는 것을 행[295]이라고 할 때의 그 행과는 다른 차원임을 주의해야 할 것이다. 이렇게 구심과 원심의 조화가 가능하리라고 생각하는 것은 다케무라 마키오도 지적한 문제이다.

신란은 이 세상에서 믿음 이후에 저절로 행해지는 이타행이라는 것을 결코 부정하는 것은 아니었다. 구제된 주체는 결코 타자에 관계하지 않는다는 것은 아니었다. 오히려 전적으로 타자에게 아미타불이 구제해준다는 것을 보여주고, 믿을 수 있게 하는 작용에 나서기조차 하는 것이다. 스스로 믿는 것을 곧 사람들에게 믿게 하는 것(自信教人信)이었고, 그러한 믿음이야말로 참다운 믿음이었다 할 수 있을 것이다.[296]

---

**293** 정형 2000, p. 193. ; 阿満利麿 1999, p. 182.

**294** 竹村牧男 1999, p. 33.

**295** 이 행은 신심양좌信心兩座에서의 신과 대비되는 행의 의미이다.

**296** 竹村牧男 1999, p. 252.

결국 구라타가 신심과 원심의 조화에 실패한 것은 어쩌면 그가 "오직 『탄이초』에만 의지하자"는 편의偏依의 입장을 취하고 있었기 때문인지도 모른다. 그래서 어쩌면 회향, 특히 환상회향還相廻向을 말하는 『교행신증』과의 겸의兼依가 요청되는지도 모른다. 그러나 그 문제는 이 글의 범위를 멀리 벗어나는 주제이므로, 앞으로의 과제로 남겨놓고자 한다.

## V. 구심과 원심의 조화

내가 구라타 햐쿠조를 처음 알게 된 것은 그의 희곡 『스님과 그 제자』를 통해서였다. 1917년 출판된 작품인데, 그 당시 작가 나이 26세였다. 거듭 말하거니와 놀라운 일이 아닐 수 없는 일이다. 아직 품절되지 않고 있는 것을 보니, 100년이 넘는 세월 동안 일본인들은 여전히 『스님과 그 제자』를 읽어왔음을 알 수 있다.

정토진종의 개조 신란과 그의 제자 유이엔, 그리고 신란의 아들로서 의절당한 젠란 등 역사적 실존 인물이 등장하는 『스님과 그 제자』는 실로 근대 일본에서 '신란 붐'을 일으키는 데 한몫을 한 것으로 평가된다. 그것은 바로 근대 일본에서 일어난 '『탄이초』의 재발견'이라는 현상과 맞물리게 된다. 그도 그럴 수밖에 없는 것이 구라타는 『스님과 그 제자』를 창작함에 있어서 『탄이초』, 특히 그 속에서 설해지는 악인정기惡人正機설에 크게 의지하고 있기 때문이다.

그렇다고 해서 『스님과 그 제자』가 곧바로 『탄이초』나 역사적 신란을 그대로 형상화한 것이라 볼 수는 없다. 오히려 그 반대로 역사적 신란 내지는 정토진종에서 묘사하는 '개조 신란'의 이미지와는 다른 이미지를 창조했다고 해서 정토진종 교단으로부터는 비판을 받기도 했던 것이다. 물론 이에 대해서, 구라타는 어디까지나 『스님과 그 제자』의 신란이 자신의 신란이고 작품 자체는 문학적 허구임을 밝힘으로써 비판의 예봉을 피해가고자 하였다.

비록 정토진종으로부터 비판을 받기는 했지만, 또 '개조 신란'이 아닌 '인간 신란'을 그리고자 했지만, 이 『스님과 그 제자』로 말미암아 참으로 많은 사람들이 『탄이초』를 읽게 되고, 그럼으로써 마침내는 신란을 만나는 계기를 만들었다는 점은 아무도 부인할 수 없을 것이다. 이 점은 우리나라에서도 마찬가지로 생각된다. 『스님과 그 제자』는 『탄이초』 내지 신란으로 가는 '문학적 입문서' 역할을 담당할 것으로 기대되기 때문이다.

그런데 문제는 『스님과 그 제자』에 나타난 『탄이초』나 신란의 이미지 — 그것은 이미 여러 논자들에 의해서 검토되었다 — 가 아니라, 정말 구라타는 『탄이초』나 신란을 어떻게 생각했는가 하는 점이다. 이러한 의문을 풀어줄 단서로서, 나는 비록 『스님과 그 제자』보다는 후대의 작품이지만 『호넨과 신란의 신앙(하)』를 주목하게 되었다. 거기서 구라타는 『탄이초』를 어떻게 생각하는지, 또한 신란을 어떻게 보고 있는지를 그 스스로 보다 직접적으로 서술하고 있기 때문이다.

우선 구라타의 신란 이해에서 특이한 점은 "오직 『탄이초』에만 의지한다"는 점이다. 신란의 주저主著인 『교행신증』에 대해서는 안 봐도 된다는 입장이다. 그것 역시 『탄이초』를 벗어나는 것은 아니라고 보았는데, 이렇게 오직 『탄이초』 하나만을 의지하는 입장은 신란 이해에 있어서 어떤 문제점 역시 남겨줄 수 있는 것으로 생각된다. 역시 신앙고백록의 성격을 갖는 『탄이초』와 그의 사상을 정리한 『교행신증』을 함께 살피는 태도가 바람직할 것으로 나는 생각한다.

다음으로 그는 『호넨과 신란의 신앙(하)』의 제2장에서 신란 평전을 시도하였다. 전기나 사료만을 자료로 삼지 않고 전설까지도 자료로 넣어서 생각하겠다는 그의 역사 서술 태도나 심리 분석을 시도하겠다는 작가다운 자세는 결국 신란에 대한 그 나름의 이미지를 구성할 수 있게 하였다. 바로 신란은 아무런 흠이 없는 위대한 성자나 조사가 아니라 그 자신의 업보로 말미암아 부과된 현실고現實苦 속에서 고뇌한 자였다는 것이다. 그렇지만 현실고를 벗어나려고 했다기보다는 그것을 다 감내해 가면서, 그 속에서 구제의 활로活路를 모색해 갔다고 한다. 그것이 바로 그의 신앙을 성숙케 했다는 것이다. 또 하나, 구라타의 신란관에 있어서 중요한 것은, 신란이 종파도 없으며 사찰도 없고, 마침내는 아무런 권력도 소유하지 않는 순수한 염불자라고 하는 점에 구라타가 특별히 방점傍點을 찍고 있다는 사실이다. 이는 그의 『스님과 그 제자』에도 이미 나타나 있던 측면이지만, 매우 의미 있는 지적으로 평가된다.

마지막으로 살펴보았던 것은, 바로 구라타의 「탄이초강평」이었다. 『탄이초』 전체에 대해서 강의를 한 것이라 볼 수 있는데, 실제로 신란의 어록語錄인 10조까지만을 놓고서 그중에 특히 언급해야 할 조條들을 찾아보았다. 제1조에 대한 강의 속에서는 일념과 다념을 회통하는 구라타의 관점에 나는 공감할 수 있었다. 제6조의 "신란은 한 사람의 제자도 없다"는 말은, 앞서 평전에서 그가 부각하고자 했던 탈권력적인 측면에 기초를 마련해줄 수 있는 내용이지만, 구라타는 그 점을 읽어내지 못하고 있었다. 아쉬운 점이라 아니할 수 없었다. 더욱이 제7조 "염불은 걸림 없는 한 길이다"라는 말을 해설하면서는, 『탄이초』가 구심求心의 책이라는 그의 관점을 망각했는지 갑자기 원심遠心의 문제를 끌어들이고 있다. 그것도 제국주의 침략을 정당화하는 논리를 말이다. 그러한 점은 전혀 『탄이초』나 신란으로부터는 지지를 받지 못할 것이라는 점에서 비판하지 않을 수 없었다.

결국 우리 인간은 구심과 원심을 조화롭게 지향해야 하는 존재라고 볼 때, 구심만의 문제를 다룬 『탄이초』만이 아니라 원심의 문제에 하나의 해결책이 될 수 있는 환상회향還相廻向을 다루고 있는 『교행신증』을 아울러 고려하는 것이 더욱 올바른 신란 이해의 방법론이 아닐까 싶다. 일본의 사상가 중에서 누가 그 점을 조화롭게 구현하고 있는지 더 찾아보는 일은 앞으로의 과제로 남겨두고자 한다.

# 제3부.

# 정토신앙의 길을 찾아서

## 1장.

# 일본 정토불교의 사례 살펴보기

## —2010년 이후를 중심으로

왜 하필 일본 정토불교의 사례를 살펴보아야 하는가? 많은 분들이 이런 의혹과 질문을 할지도 모른다. 그런데 이런 질문에는 어떻게 대답할 수 있을까? 왜 일본 정토불교의 사례를 살펴보면 안 되는가? 그렇다면, 다시 이러한 질문에 대한 제3의 질문을 해보자. 과연 일본의 정토불교는 살펴볼 만한 어떤 가치를 갖고 있는가? 바꾸어 말한다면, 인도의 정토불교, 중국의 정토불교, 그리고 한국의 정토불교에 대해서 말이다. 이 질문은 다시 일본의 정토불교는 인도의 정토불교, 중국의 정토불교, 그리고 한국의 정토불교와 어떤 점에서는 같지만 어떤 점에서는 다른가? 만약 그렇게 보편성과 특수성을 동시에 갖고 있다면, 살펴볼 수 있는 것 아닐까? 살펴볼 만한 가치가 있는 것 아닐까? 아니, 반드시 살펴보아야 하는 것 아닌가?

일본의 정토불교는 정토불교로서의 보편성을 갖고 있다. 정토삼부경을 소의경전으로 하고 있으며, 인도의 용수와 세친, 중국의 담란, 도작, 선도, 그리고 우리의 경흥憬興과 의적義寂 등을 모두 공부하고 계승하고 있기 때문이다. 그러면서도 일본 불교사를 배경으로 하는 일본의 정토불교에서는 인도, 중국, 그리고 한국의 정토불교에서는 논의되지 않았던 것들이 논의되고, 나름의 독자성을 갖고서 깊게 신앙되었다.

그러므로 한국불교에서 정토불교를 새롭게 중흥中興하고자 한다면 반드시 참조해야 할 부분이 있다. 물론, 일본의 정토불교 그 자체를 온전히 따르는 것도 가능할 것이다. 그렇지만 혹시라도 '일본의 것(made in Japan)'이라고 해서 그대로 따르는 것에 불편한 마음이 든다고 한다면, 그렇다 하더라도 일본의 사례를 살펴보고서 취할 것은 취하고 버릴 것은 버리면 될 것이다.

이 글은 애당초 2018년 '名古屋 : 南山大学 宗教文化研究所'에서 출간한 『南山宗教文化研究所 研究所報』 第28號 5~16쪽에 「近年韓国に紹介されている日本の浄土仏教」라는 제목으로 발표된 것인데, 가톨릭 계통의 대학인 일본 남산대학(나고야 소재)의 종교문화연구소 주최 "한국의 일본종교 연구동향" 주제의 세미나에 초청받아서 발표(2018년 2월 22일)한 것이었다. 우리말로 옮기면서 제목을 바꾸어 「최근(2010~현재) 한국의 일본 정토불교에 대한 연구 동향」, 『일본불교사공부방』 제19호(일본불교사독서회, 2019), 244~272쪽에서 다시 발표하였다. 이 책에 다시 수록하면

서는 2018년 이후의 연구 성과를 반영하면서, 많은 수정과 보완을 거쳤으며 책 전체의 취지에 맞추어 제목을 다시 변경하였다.

## Ⅰ. '일본'이라는 벽壁을 넘어서

현재 한국불교에 닥쳐온 도전 중의 하나는 전통적으로 이어져 온 대승불교 중심, 특히 선과 화엄을 하부구조로 하여 그 위에 밀교와 정토신앙을 상부구조로 놓은 형태가 흔들리고 있다는 점이다.

한국불교의 가장 중심적인 위치에 있는 대한불교조계종의 경우에는 선종에서 자기 정체성을 찾으면서, 그 선 수행의 방법론으로 간화선看話禪을 중시하고 있다. 하지만, 간화선에 대한 강조와 역설 이면에는 간화선 이외의 수행법으로 달려가는 수행자들이 적지 않다는 고뇌를 안고 있다. 대표적으로는 남방불교 수행법인 위빠사나vipassana가 들어와서 승려들만이 아니라 재가 불자들에게까지 인기를 끌고 있다. 이러한 분위기와 서로 맞물리면서, 초기불교로 돌아가고자 하는 움직임 역시 일고 있다. 이런 경우에는 대승비불설大乘非佛說론에 의지하면서 대승불교 전통을 비판하거나 폄하하기도 한다.

그 외에 대승불교 전통 안에서는 티벳불교 역시 적지 않게 들어와 있다. 대승불교 연구의 경우에는 산스크리트 원전이 얼마 남지 않았으며, 그를 보완할 대체재로서 티벳어 대장경이 주목받고 있다. 이에 더하여 달라이 라마를 중심으로 하는 살아 있는 신앙으로서 티벳불교를 학습하고 수용하는 움직임 역시 적지 않다.

전통적으로 한국불교의 원천이 되어준 중국불교의 경우에는 마오쩌둥의 공산화 이후 불교가 쇠멸하기 시작하다가 최근 부흥하는 면이 없지는 않으나, 아직까지 한국불교가 현금의 중국불교로부터 뭔가를 배워야 한다는 분위기는 일고 있지 않다. 다만 정토신앙과 관련하여 관정寬淨의 가르침에 따르는 불자들이 소수少數 있는 정도로 알고 있을 뿐이다. 같은 중화권이지만, 오히려 대만불교로부터는 적지 않게 자극을 받고 있는 것이 사실이다. 성운星雲, 성엄聖嚴, 증엄證嚴 등의 불교를 벤치마킹해오고 있으며, 그 외에 정토불교와 관련해서도 대만의 영향은 결코 적지 않다고 본다. 혜정慧淨, 정공淨空의 정토신앙을 배워 와서 다시 권진하는 경우도 있다. 그런 까닭이겠으나 신앙 현장에서는 대만 정토불교의 서적들이 번역되어서 스님들과 재가 불자들 사이에서 널리 읽히고 활용되고 있다. 그러나 이상하리만큼, 학계에서는 대만의 정토신앙에 대한 관심의 표명이 아직 이루어진 바 없다.

이러한 여러 나라의 불교 전통에 대하여 비교적 개방적으로 접근해오던 한국불교지만, 유독 일본불교에 대해서만은 아직도 높은 벽이 남아 있다. 실제 필자는 "왜 하필 일본불교냐?", "일본 스님 말고 중국 스님이나 한국 스님에게서 예를 찾으면 안 되는가?"라는 이의 제기를 자주 받아오고 있다. 이는 한일 간의 역사문제와 취처娶妻를 허용하는 일본불교에 대한 비판적 시각이 적지 않게 작용하고 있는 것으로 추정된다. 그러나 최근 들어 일본불교를 전공한 유학생들의 귀국과 몇몇 학자들의 노력으로 일본불교에 대한 관심이 많이 증가한 것도 사실이다. 최근 활동을 시작한 한국일본불교문화학회(회장 : 원영상)가 그것이다. 나 역시 일본불교사연구소(2009~2013) 활동이나 『일본불교사공부방』 발행(현재까지 총 20호) 등의 활동을 해오고 있다.

일본의 여러 종파 중에서는 법화계의 창가학회를 제외하고서는 정토불교에 대한 소개가 그나마 나은 편이다. 이 글은 그러한 일본의 정토불교에 대한 소개가 어떻게 이루어졌는지를 출판물을 중심으로 살피고자 한다.

시대 상한은 2010년 이후로 하며, 학계의 논문과 원전 번역을 중심으로 일본의 정토불교에 대한 우리의 이해 수준을 조명해보고자 한다. 일본에서의 정토불교 종파의 현황을 고려하여, 정토종의 호넨法然(1133~1212), 정토진종의 신란親鸞(1173~1262), 시종의 잇펜一遍(1239~1289)을 먼저 살펴본 뒤, 그 이전으로 다시 돌아가서 이들 삼대 조사들에게 영향을 미쳤던 것으로 평가되는 쿠야空也(903~972)와 겐신源信(942~1017) 등을 살펴본다. 삼대 조사 이후의 연구는 거의 황무지에 가까운데, 정토진종의 렌뇨蓮如의 경우를 살펴보기로 한다.

물론, 삼대 조사 전통의 밖에서도 정토신앙이 행해졌다. 이들의 경우를 융통염불종融通念佛宗과 『계람습엽집溪嵐拾葉集』에 대한 정토관 연구를 통해서 소략하나마 살펴보고자 한다.

## Ⅱ. 삼대 조사에 대한 개별적 고찰

### 1. 호넨法然

정토신앙은 인도에서부터 출발하여 중국에 들어와서 완성되었으며, 한국과 일본에서 독자적인 전개를 보였다고 볼 수 있다. 그러나 중국과 한국에서는 독자의 '정토종'으로 독립했다기보다는 불교 전반에 폭넓게 영향을 미쳤다. 종파로서 독립했다는 것은 깊이를 추구한 것으로 볼 수 있지만, 불교 전반에 영향을 미쳤다는 것은 넓이를 추구했다고 볼 수 있다.

일본에서 정토종이 종파로서 독립한 것은 호넨法然에 의해서이다. 호넨은 천태종으로 출가하였지만, 히에이잔比叡山을 내려옴으로써 정토종의 독립을 이루어냈다. 그 과정에서 호넨은 고투苦鬪를 했다. 그것은 그가 선사選捨를 함축하는 선택選擇과 전수專修의 길을 걸었기 때문이다. 이러한 역사적 과정에서 볼 때는 호넨의 불교가 중국이나 한국의 정토신앙과 다소 차이가 있다고 볼 수 있으리라.

그러나 기본적으로는 중국에서 형성된 정토교, 특히 당대의 선도善導 대사의 정토신앙을 호넨은 그대로 수용하였던 것이다. 아미타불과 일대일로 상대하면서 염불을 외는 것만으로 왕생할 수 있다고 하는 입장에서, 선도와 호넨은 차이가 없다고 생각된다. 한국의 전통적인 정토불교도 기본적으로는 그렇다. 그런 점에서 한국에서도 쉽게 수용될 수 있는 부분이 있다고 본다. 그런데 현실은 그렇지 못하다. 그다지 이야기되지 못한 감이 없지 않다.

현재까지 호넨의 저술 가운데 번역된 것은 『선택본원염불집選擇本願念佛集』(『선택집』), 「일지소소식一紙小消息」, 그리고 「일매기청문一枚起請文」밖에 없다. 『선택본원염불집』[297]은 최초 번역은 아니다. 역자가 분명하게 밝히고 있지는 않으나, 그 이전의 번역[298]을 적지 않게 참조한 것으로 보인다. 하지만, 문제는 너무나 많은 오역과 오류를 범하고 있다는 점이다. 이에 대해서는 김호성[299]에 의한 상세한 지적이 나왔다.

「일지소소식」의 경우에는 최근 번역된 야나기 무네요시柳宗悅의 『나무아미타불』에도 전문이 소개되어 있다. 「일지소소식」[300]이나 「일매기청문」[301]은 비록 소품이지만, 야나기 무네요시는 『선택집』보다 더욱 높이 평가한다.

> 『선택집』보다 훨씬 짧은 「일매기청문」 쪽이 얼마나 간명하고 정감 있는지 모른다. (…) 『선택집』의 만 마디 말이 「일매기청문」의 한 장으로 결정結晶되어서, 정토문의 요체가 포함되어 있다고 해도 과언이 아니다. (…) 「일매기청문」의 탄생을 위하여 『선택집』이 준비

297 수마제 2015.
298 釋道實 1991.
299 김호성 2015g.
300 김호성 · 김현욱 2014.
301 김호성 2014.

되었다고 말할 수도 있다.[302]

그러나 김호성에 의한 「일매기청문」의 한국어 번역은 잡지(『일본불교사공부방』)에 수록된 것일 뿐이어서, 널리 알려지지 못하였다. 간명한 분량이기에, 법회 교재로서도 손색이 없을 것이므로 좀 더 널리 소개될 수 있을 것이다. 다만 두 곳에서 오역[303]이 있었다. 기존의 잘못된 부분과 수정된 번역을 차례로 제시해둔다.

기존 번역 : 그저 세 가지 마음과 네 가지 닦음으로 염불하면, 모두 반드시 "나무아미타불"로 왕생한다고 생각하는 가운데 (극락에) 가게 될 것이다.

수정된 번역 : 그저 세 가지 마음과 네 가지 닦음으로 염불하면, 모두 반드시 "나무아미타불"로 왕생한다고 생각하는 가운데 다 들어 있다.

먼저 세 가지 마음이나 네 가지 닦음을 행하고서 "나무아미타불" 하는 것은 아니다. 그러한 것들은 "나무아미타불" 명호를 일컫는 속에서 저절로 갖추어진다는 의미이다. 또 다른 오역 부분을 대조해본다.

---

**302** 야나기 무네요시 2007, p. 233.

**303** 오역을 지적해주신 송재근 선생님께 감사드린다.

기존 번역 : 염불을 믿지 않는 자는 가령 (부처님) 일대一代의 가르침을 잘 배운다고 하더라도, 한 글자도 알지 못하는 우둔한 몸이 되고, 무늬만 스님인 무지한 사람들처럼 되는 (것보다 못하다). 지혜로운 사람인 체하지 말고서, 다만 한결같이 염불할지어다.

수정된 번역 : 염불을 믿고자 하는 자는 가령 (부처님) 일대一代의 가르침을 잘 배웠다고 하더라도, 한 글자도 알지 못하는 우둔한 몸이 되어서 처음 입도入道하는 어리석은 사람들과 똑같이 되어야 한다. 지혜로운 사람인 체하지 말고서, 다만 오직 염불할지어다.

『선택집』 이외 호넨의 글에 대한 번역 소개가 요청되고 있지만, 논문 역시 그렇다. 겨우 근래 들어서 법우(김춘호)에 의해서 「일매기청문」을 소개하는 글이 한 편 발표되었을 뿐이다. 우선 호넨의 삶에 대한 정리 이후에, 「일매기청문」 본문을 크게 네 가지 내용으로 나누어서 논술하고 있다. 범부로서의 자기 고백, 믿음의 불교로의 귀의, 칭명염불의 전수專修, 염불 행자의 마음가짐과 자세 등의 소제목을 베풀고서 논의하고 있다. 여기서 주의해야 할 것은, 호넨의 정토신앙을 '믿음의 불교'라고 자리매김하고 있는 것은 성도문의 불교를 '행의 불교'라고 평가하고 있기 때문일 뿐이라는 점이다. 흔히 정토문 안에서 말할 때 호넨의 정토신앙을 '행의 불교'라고 보고, 그에 대해서 신란의 불교를 '믿음의 불교'라고 평가하고 있는 점과 범주를 혼동해서는 아니 된다.

또 한 가지는 호넨의 불교가 칭명의 선택이고, 그것은 제18원에 입각하고 있다는 점을 지적하는 것은 온당한 해석이라 본다. 다만 제19원과 20원에서 제행왕생諸行往生을 설하고 있다는 점을 지적한 뒤, 호넨은 "제행에 의한 왕생도 어느 정도 인정한다. 그러나 제행에 의한 왕생을 적극적으로 주장하거나 권하지는 않는 입장인 것으로 볼 수 있다"[304]고 하였다.

이러한 주장은 사실, 그보다 이 문제를 먼저 논의한 이정철(대공)의 연구 성과를 참조한 것으로 보인다. 2017년 가을, 동국대 대학원에서 『선택본원염불집』 강독(담당 교수 : 김호성)이 이루어졌으며, 이때 참여한 이정철(대공)은 바로 이 문제를 문제시하였다. 그는 『무량수경』에 있어서 제행왕생諸行往生 역시 인정되고 있음에도, 왜 호넨은 전수염불專修念佛을 선택했던가 하는 점을 논하고 있다.[305] 이 주제는 어떻게 보면, 정토신앙에서 대단히 핵심적인 주제이기에 호넨의 다른 저술들을 좀 더 살피면서 연구가 심화될 필요성이 있다고 본다.

앞으로 한국불교 현실에서 정토불교가 나름의 입지를 가지려고 한다면, 역시 호넨이 했던 역할을 하는 스님의 출현이 기대된다[306]는 점에서 호넨에 대한 연구와 이해의 노력이 요청된다고 본다. 그러한 부름에 공감하는 학승學僧들이 출현할 가능성은 없지 않을 것으로 기대된다.

---

**304** 법우(김춘호) 2018, p. 109.

**305** 이정철(대공) 2018.

**306** 김호성 2017d.

## 2. 신란親鸞

정토진종의 개조 신란의 경우에는 스승 호넨의 경우와 비교할 때, 상대적으로 한국에서는 많이 언급되어왔다. 그렇게 느껴지는 것은 원전 번역의 경우에는 큰 차이가 없으나, 논문의 경우 신란에 대해서는 그래도 몇 편 생산되었으며, 단행본의 저술이나 번역 역시 다소는 이루어져 있기 때문이다.

우선 원전 번역의 경우를 살펴보자. 이 글이 범위로 잡고 있는 2010년 이후에는 신란의 주저 『교행신증』 번역이 시작되었다는 점을 주목할 수 있다. 우선, 현재까지 나와 있는 번역에 관한 서지 사항을 정리하면 다음과 같다.

박오수 · 박현주 2015, 「교행신증 후서」, 『일본불교사공부방』 제13호.

요경了竟 2015, 「현정토진실교행증문류서」, 『일본불교사공부방』 제13호.

대공大空 외 2015, 「현정토진실교문류」, 『일본불교사공부방』 제13호.

교행신증독서회 2015, 『현정토진실행문류』 2-①, 『일본불교사공부방』 제14호.

―――――― 2016, 『현정토진실행문류』 2-②, 『일본불교사공부방』 제15호.

―――――― 2019, 『현정토진실행문류』 2-③, 『일본불교사공부방』 제19호.

무진無盡 2020, 「정신염불게正信念佛偈」, 『일본불교사공부방』 제20호.

「후서」로부터 번역한 것은 『교행신증』의 역사적 배경과 신란에 대한 이해가 선결되어야 한다고 생각했기 때문이다. 현재 진도는 『교행신증』 제2권 정중간의 신란의 사석단私釋段(대정장 83, p. 594c)까지이다. "淨土五會念佛略法事儀讚"부터는 번역되지 못하였다. 다만, 2권 마지막에 나오는 신란의 정토시 「정신염불게」가 번역 소개된 것은 뜻있는 일이다. 「정신염불게」가 정토불교의 핵심적 교의와 정토신앙을 넓혀준 7고승에 대한 찬탄을 담고 있기 때문이다.

지금까지 『교행신증』의 번역자들은 모두 김호성의 대학원 수업 시간에 참여하였거나 그가 권진하는 독서회에 참여한 학생들로서, 그로부터 직간접적으로 지도를 받았다. 현재 교행신증 독서회도 중단되어 있어서 언제 다시 어떻게 번역이 계속될지 전망할 수 없는 상황이다.

더욱이 문제는 이러한 번역의 결과물이 김호성이 편집 · 발행하는 『일본불교사공부방』을 통해서밖에 발표될 수 없었으므로, 그다지 널리 읽히지 못한 상황이라는 점이다. 그런 까닭에 현재 한국에서 신란의 저술을 직접 읽기는 대단히 어렵다. 다만, 신란의 어록을 담고 있는 『탄이초歎異抄』가 두 차례 번역[307]되어 있어서 읽으려는 독자들을 기다리고 있다. 신란의 인간적 면모와 신앙을 함께 살필 수 있는 편지글(『末燈抄』)이나 정토시라고 할 수 있는 삼첩화찬三帖和讚의 번역 등도 기대된다.

307 마에다 류前田 龍 · 전대석 1997. ; 오영은 2008.

다음, 신란에 대한 연구 현황을 살펴보기로 하자. 최근 한국에서의 신란 연구는 신란을 주제로 한 박사학위 논문이 최초로 탄생한 것이 하나의 정점으로 생각된다. 바로 송재근의 『신란의 타력정토사상 연구』(동아대, 2011)이다. 이는 신란 교학의 거의 모든 분야를 섭렵한 것으로서 큰 의미가 있다. 이 논문을 통하여, 저자 송재근은 "순수한 염불자로서의 신란과 정토진종의 종조로서의 신란이라는 두 가지 신란상을 구분하여 순수한 신란의 사상을 이해하는 데 주력할 것이다"[308]라고 하였다. 그러면서, 그러한 고찰의 결과를 다음과 같이 말한다.

> 『혜신니문서惠信尼文書』 제3통과 『탄이초』 제2장을 통해서 볼 때, 염불자 신란은 스승 호넨의 말씀을 듣고[聞] 그대로 믿을[信] 뿐이었다. 이에 따르면 '석존 – 선도 – 호넨 – 신란'으로 이어지는 계보로도 충분하다. 그러나 선도는 이미 정토종의 계보에 속해 있으므로 정토진종의 종조로서의 신란에게는 선도 이외의 또 다른 계보가 필요했을 것이다. 이런 연유로 탄생한 것이 칠고승七高僧의 계보이다. 쿠야와 겐신의 경우도 마찬가지이다. 쿠야는 이미 시종의 계보 속에 위치하고 있으므로 정토진종의 종조로서의 신란에게는 또 다른 인물이 요청된다. 그 역할을 겐신에게 부여한 것이다. 그러나 염불자 신란에게는 겐신의 존재가치는 매우 미흡하다고 보인다.[309]

---

308 송재근 2011, p.10.

송재근은 칠고승의 계보보다는 『탄이초』 제2장의 계보, 즉 '아미타불 → 석존 → 선도 → 호넨 → 신란'으로 이어지는 계보가 더욱 순수하다고 생각한다. 그러나 칠고승 계보의 존재 자체 역시 신란 자신에 의한 것이 아닌가. 그런 점에서 그 두 계보를 선택적으로 생각하는 것보다는 융합할 수 있는 논리의 개발이 더욱 필요한 것이 아닐까.

한편, 송재근은 칠고승의 계보에 대해서는 다소 비판적이지만, 그에 보충이라도 하려는 듯 한국 정토교와 신란의 관계성을 강조하고 있다.[310] 그러나 이 역시 한국 정토교와의 관계를 보충적으로 강조하는 것은 좋지만, 과연 신란 안에서 한국 정토교의 무게를 어느 정도 평가할 것인가 하는 점은 더욱더 자세한 고찰이 필요할 것으로 생각된다.

2011년 박사논문을 작성한 이후, 송재근은 매우 중요한 소논문을 2편 발표했다. 신란의 계율관[311]이나 악인관[312]이 그것이다. 이 두 논문에 대해서 '매우 중요하다'고 평가를 한 까닭은, 공히 한국불교의 전통을 고려하고 그 바탕 위에서 신란이 한국에서 이해되는 데 가장 큰 장애물이 될 수 있는 두 가지 문제를 정면에서 거론하고 있기 때문이다.

한국불교는 선과 화엄을 중심으로 하는 자력불교 전통이 강력

---

**309** 송재근 2011, p. 63.

**310** 위의 책, pp. 71~78. 참조.

**311** 송재근 2012a.

**312** 송재근 2012b.

하다. 조선조 후기에 염불이 성행했다고 하지만, 그때 역시 선과 화엄, 그리고 염불이라는 삼문三門수업의 형태였다. 호넨 이후 일본의 정토불교에서 보는 것과 같은 전수염불은 아니었다. 그런 맥락에서 중시되는 것은 선의 수행과 더불어 계율이다. 계율의 입장에서 본다면, 신란은 어떻게 평가될 수 있는가? 이런 문제를 송재근은 제기하였던 것이다. 우선, 그는 신란의 계율관이 무계無戒라고 하더라도 "진실 타력의 입장에서이지 방편으로서의 계율까지 부정했던 것은 아니다"[313]라고 전제한 뒤, 정작으로 의도한 것은 "계율을 통해 성불하고자 하는 '자력의 행위'에 의탁하려는 마음을 경계"[314]하고자 했다고 본다.

악인정기설 역시 한국불교에서는 쉽게 이해되기 어려운데, 송재근은 악인의 개념을 둘로 나누어서 이해한다. 하나는 아미타불 외에는 다 악인이라는 차원이고, 다른 하나는 신란 당시 일본 사회의 악인은 피차별민들이었다고 본다. 특히 후자에 대해서는 그 제자들을 자세히 분석하면서 증거를 제시하고 있는데, 다음과 같이 평가한다.

> 현실적으로 지배자와 피지배자, 차별자와 피차별민이라는 불평등과 차별이 엄연히 존재하는 상황 속에서 선인과 악인이라는 차별 또한 존재할 수밖에 없기 때문이다. 따라서 소외당할 수밖에 없

313 송재근 2012a, p. 29.

314 위의 책, p. 56.

었던 민중들을 위해 악인의 개념을 선인보다도 우위에 두는 역발상을 한 것이라 생각된다.[315]

논문의 형태로 직접 신란에 대해서 발표를 한 학자로서는 송재근이 거의 독무대였다고 할 수 있는데, 『교행신증』에 대한 논문을 쓴 학자가 등장하였다. 조계종의 승려인 박성춘(여연)인데, 신란이 말한 "진불자眞佛子로서의 염불인은 미륵과 같다"고 한 말의 진의가 어디에 있는지 탐구한다. 아미타불이 본원력으로 회향해 준 신심으로 현생에서 정정취正定聚에 들어가서 불퇴전의 지위에 이른 염불자는, 마치 일생보처에 머물러서 중생을 제도하는 미륵과 같은 지위로 본 것으로 이해한다.[316] 이 점이 중요한 것은, 신란에게서 환상회향還相廻向의 문제에 하나의 빛을 줄 수 있다고 생각되기 때문이다. 과연 환상회향의 주체는 아미타불만이 될 수 있는가, 아니면 현생 정정취를 얻은 염불자도 가능한가, 라는 물음을 제기할 수 있는데, 이 연구를 통해서 염불인 역시 가능하다는 대답을 얻을 수 있기 때문이다. 그리고 이 점은 바로 정토신앙의 아킬레스건으로 생각되어온, 현세에서의 타자에 대한 보살행의 문제를 해결할 수 있는 전망을 줄 수 있기 때문이다.

호넨이나 잇펜에 비하여, 신란은 한국에서 많이 언급되는 인물임은 사실이다. 또 신란의 글이나 책도 상대적으로 훨씬 많은 편

---

**315** 송재근 2012b, p. 37.

**316** 박성춘(여연) 2015, pp. 349~350.

이다. 그러나 정작으로 학술논문을 찾아본다면, 과문한 탓인지는 알 수 없어도 이상에서 논의한 송재근과 박성춘(여연) 외에 직접적인 접근이 잘 보이지 않는다. 다만, 신란의 경우에는 간접적인 접근도 존재한다. 바로 신란의 해석자에 대한 조명을 통해서, 신란을 함께 생각해보는 논고들이다. 이 역시 많지는 않은데, 현재로서는 근대 인물인 구라타 햐쿠조를 통한 신란 이해가 시도되었다.

구라타 햐쿠조는 『스님과 그 제자』라는 희곡을 통해서 신란을 재해석했다. 그 희곡은 사실상 '『탄이초』의 희곡화'라고 해도 좋은데, 김호성은 두 편의 논고를 통해서 간접적으로 신란을 논의하였다. 하나는 『스님과 그 제자』의 작품론으로서, 『스님과 그 제자』에는 악인정기설에서 보는 것과 같은 자비를 지렛대로 삼아서 교단의 권력화 현상을 해체하는 모습을 볼 수 있다고 하였다. 오랫동안 '출가'를 주제로 삼아오면서 출가 정신의 핵심이 권력으로부터의 탈피에 있다고 파악해온 김호성은 그러한 주제가 바로 『스님과 그 제자』에서도 발견할 수 있었다고 하였다.[317] 다른 하나는 『스님과 그 제자』에 보이는 신란이 아니라 구라타 햐쿠조가 따로 언급한 신란론에 대한 비평이었다. 구라타가 신란을 "현실고 속을 살아가면서도 구제의 길을 찾았으며, 결코 교단의 조직이나 권력의 소유에 무심했던 진실한 염불자로 그리고 있다"[318]는 점에서는 공감하였으나, 그의 신란론에는 침략과 제국주의적 폭력을 옹

---

**317** 김호성 2011b.

**318** 김호성 2015h, p. 280.

호하는 논리 역시 없지 않았다는 점에서 아쉬움이 있었다고 지적하였다.[319] 그것은 신란 자체에서 발견되는 것이 아니라, 구라타가 그런 맥락에서 신란을 왜곡했다는 점에서 구라타를 비판하였다.

## 3. 잇펜一遍

잇펜은 그 스스로 자신의 저술을 분서焚書하고서 왕생하였으므로 애당초 호넨이나 신란에 비하여 현존 저술이 별로 남아 있지 못한 형편이다. 그나마 제자들이 기억을 되살려서 구술한 것을 결집하거나, 『잇펜히지리에一遍聖繪』 등이 편찬된 것이 다행스러운 일이었다. 그런 까닭도 한 원인이 되었을 것으로 생각되지만, 일본에서도 잇펜은 대중적으로 널리 알려지지 못한 것 같다. 야나기 무네요시 자신이 『나무아미타불』의 저술 취지 중의 하나로서 잇펜의 역사적 위상을 자리 잡고 싶다고 말할 정도이다.

그래서일까, 호넨이나 신란에 비하여 잇펜은 한참 늦게 한국에 소개되었다. 아마도 2007년 이후 야나기 무네요시의 『나무아미타불』이 번역되면서부터가 아닌가 싶다. 그런 까닭에 한국에서 잇펜에 대한 언급이 행해지기 시작한 것도 극히 최근의 일로 보아야 한다. 당연한 결과로 잇펜에 대한 원전의 번역이나 연구 모두 다 부실한 형편이다.

우선 원전 번역은 『잇펜 스님 전집』(春秋社)에 실린 편지 여섯

---

**319** 상동.

통이 우리말로 옮겨지고 그 의미가 해설되었다. 그 목록은 다음과 같다.

「스님과 염불의 인연을 맺었던 덴殿上人에게 써서 내려주신 법어」

「어떤 사람이 염불의 법문을 물었을 때에 써서 보이신 법어」

「도우노벤頭の弁 님으로부터 염불해서 안심을 얻는 것에 대해서 질문을 받고서 써서 보이신 답변」

「어떤 사람이 염불의 가르침을 물어왔기에 써서 보이신 법어」

「히에이잔 엔랴쿠지比叡山 延曆寺 요카와橫川의 신엔眞緣 스님에게 보낸 편지」

「코우칸興願 승도에게 보낸 편지」

이로써 현재 전하는 잇펜의 편지글은 모두 우리말로 번역되었으며, 그 의미까지 해설이 되었다.[320] 이 여섯 통의 편지 중에서, 야나기 무네요시의 『나무아미타불』에서는 「코우칸興願 승도에게 보낸 편지」를 "시종 제일의 법어"라고 우러르면서 싣고 있었다. 그런 인연으로 그것은 한국어로 번역된 『나무아미타불』 속에서도 그 번역문이 실려 있다.

편지 외에는 시종의 청규라고 할 수 있는 「시중제계時衆制誡」[321]가 옮겨졌다. 이들은 모두 김호성이 홀로 한 작업이다.

**320** 김호성 2016d.

**321** 김호성 2019, pp. 39~51.

다음으로 잇펜에 대한 연구논문을 살펴보기로 하자. 현재로서 잇펜만을 전적으로 다룬 것으로는 다만 원영상의 논문 한 편이 있을 뿐이다. 원영상은 잇펜의 전법 행각에 초점을 두고서 그 현대적 의미를 추출하고 있다. 잇펜이 염불부산念佛賦算을 위하여 16년 동안 전국 방방곡곡을 유행遊行한 것은 지금 한국불교에서 전법을 고민하고 있는 맥락에서 본다면, 대단히 시사적인 일이 아닐 수 없다. 구체적으로 원영상은 그 현대적 의미를 크게 세 가지로 정리하고 있다.

> 첫째, 중생이 살아가는 시대의 고통을 불법으로 승화시켜 삶의 현장에 다가선 것이다.
>
> 둘째, 출가의 의미를 궁극적으로 구현한 것이다. 즉, 잇펜은 재출가再出家를 통해 출가의 본질을 있는 그대로 제시한 것으로 볼 수 있다.
>
> 셋째, '발심 → 구도 → 깨달음 → 전법'의 과정이라고 하는 불교의 전통을 계승하는 동시에 모든 삶의 의미를 불타의 그것으로 귀결시켰다는 점이다.[322]

전법의 관점에서 잇펜이 갖는 의미를 높이 평가한 원영상의 관점에 대해서는 전적으로 공감할 수 있다. 이뿐만 아니라, 이 논문은 잇펜 그 자체에 대해서 생애와 사상의 핵심을 한국학계에 처음

---

**322** 원영상 2015, pp. 40~47. 참조.

으로 소개하는 논문이라는 점에서도 의미가 크다. 요령을 얻은 서술이라 생각되지만, 다만 하나 문제점은 원효(617~686)와 잇펜을 연결지어서 생각하는 것인데, 이렇게 말하고 있다.

> 원효는 본각과 시각을 설명함에 있어 먼저 『대승기신론』의 (…) 지혜로써 드러난 일심의 세계관을 뜻하는 것이다. 원효야말로 『대승기신론』의 일심을 통해 불법의 가르침을 일심귀명一心歸命케 한 인물임은 주지의 사실이다. 이렇게 본다면 잇펜의 불이사상은 원효와도 밀접한 관계가 있음을 알 수 있다. 특히 원효가 저잣거리를 다니며 중생들에게 불법을 전하고자 했던 행각과도 뚜렷한 유사점을 발견할 수 있다.[323]

우선 뒷부분, 즉 "저잣거리를 다니며 중생들에게 불법을 전하고자 했던 행각"에 있어서 원효와 잇펜이 공통된다는 점은 분명하다. 하지만, 그 앞부분의 서술에 대해서는 좀 더 한정이 필요할 것으로 본다. 물론 이를 보다 분명히 확정하기 위해서는, 원효와 잇펜 각각에 대한 개별적인 고찰이 좀 더 심화될 필요가 있을 것 같다. 왜냐하면 잇펜이 "아미타불 안의 내가 내 안의 아미타불에게 귀명하는 것"을 귀명의 의미로 파악하고 있다는 점에서는 일심정토를 말하는 것처럼 보이지만, 궁극에 가서는 아미타불도 나도 다 탈락시키고 육자명호만을 남기고 있기 때문이다. 귀명의 의

**323** 위의 책, pp. 32~33.

미 파악에서는 원효와 상통하지만, 독일獨一의 명호를 말한다는 점에서는 일심정토 내지 유심정토唯心淨土와는 구별되는 측면이 있다고 생각되기 때문이다. 차라리 잇펜의 정토는 일심정토 내지 유심정토라고 말하기보다는 일명정토一名淨土 내지 유명정토唯名淨土로 부르는 편이 더 타당할 것으로 생각해서이다.

한편, 최근 김호성은 원효를 논의하면서 잇펜의 입장을 고려해 보고 있다. 잇펜과 원효 사이에 유행遊行과 춤염불[324]을 공통적으로 확인할 수 있기 때문이었다. 원효의 경우에는 시대가 앞선 탓도 있어서이겠으나 현존하는 자료가 상대적으로 적다. 그래서 잇펜의 사례를 통해서, 원효에게도 어떤 점이 있었지 않겠는가 하는 것을 추측해볼 수 있는 방법론을 취하고 있다. 특히 원효가 천촌만락을 다닐 때 홀로 다니지는 않았을 것으로 추측하였다. 잇펜처럼 원효에게도 "그와 공명共鳴하는, 그를 존경하는 민중들이 함께 다니지 않았을까. 다만 기록이 없을 뿐이다. 일연의 기록이 그런 점에서 아쉽다"[325]라고 말하였다.

**324** 무용 연구가 정혜진에 따르면, "염불을 외면서 추는 일본 전통 민속춤은 다양한 형식으로 전국에 분포되어 있는데, 춤꾼과 소리꾼이 구분되어 있는 '염불춤念佛踊り'과 스스로 염불을 하면서 춤을 추는 '춤염불踊り念佛'로 나뉜다."(정혜진 2020)고 한다. 이 분류에 따르면, 원효의 경우에는 '춤염불'을 추었다고 해야 할 것이다.

**325** 김호성 2020, p. 102.

## Ⅲ. 삼대 조사에 대한 종합적 고찰

일본에서 이루어진 삼대 조사에 대한 개별적인 연구는 그 양을 가히 헤아릴 수 없을 것이다. 그렇지만, 이들 삼대 조사 중에서 두 분 이상을 함께 비교하거나 생각해보는 것은 그다지 많이 이루어진 것 같지 않다. 그것은 일본의 정토불교가 다 종파불교적 성격을 갖고 있다는 점에서 기인하였을 것이다. 그나마 호넨과 신란을 함께 생각하는 것은 다소 나은 편이다. 그 경우에는 주로 신란을 말하기 위하여 호넨으로부터 출발하게 된다. 그런 까닭에 일본의 경우라고 하더라도, 호넨, 신란, 그리고 잇펜의 세 분 조사를 함께 고려하는 것은 매우 드물다고 해야 할 것이다.

다만 예외적이라 생각되는 인물이 야나기 무네요시이다. 야나기 무네요시는 호넨, 신란, 그리고 잇펜을 서로 별개의 존재로 보지 않는다. 하나의 인격으로 통합적으로 이해한다. 호넨 없이 신란과 잇펜이 없고, 신란 없이 호넨과 잇펜도 제대로 이해될 수 없으며, 잇펜이 없다면 호넨과 신란 역시 미완성일 것이라는 관점이다. 2007년 이후, 그러한 관점이 표명된 야나기의 저서 『나무아미타불』 번역이 시작되면서 한국에서 세 분 조사에 대한 공관共觀이 이루어지기 시작한다. 그 선편先鞭을 잡은 학자가 원영상과 김호성이다.

우선 원영상의 경우는 원래 일본 정토교의 왕생전을 연구하여 박사학위를 취득하였으니, 일본 정토불교 전공자이다. 그러나 학위 취득 이후 귀국해서는 주로 일본의 근대를 천착해오게 되었다.

그러다 보니 정토불교에 대하여 전수 연구專修研究의 입장은 아니지만, 앞서 살핀 바와 같이 잇펜에 대한 연구와 함께 호넨과 신란을 함께 생각하는 논문[326]을 한 편 발표하게 된다.

이 글에서 잇펜은 잠깐 언급되는 것에 그치고, 주로 호넨과 신란의 생애와 정토사상을 서술한다. 호넨과 신란의 정토사상이 어떠했는지, 어떤 점에서 공통되고 어떤 점에서 다소 차이를 갖게 되는지 서술하고 있다. 그런 점에 대해서는 크게 틀림이 없는 것으로 판단된다. 다만, 논문의 제목에서부터 그 내용에 이르기까지 논지를 전개해 가는 실마리가 되는 말이 '수행'과 '깨달음'이다. 왜 그렇게 했을까? 이렇게 의혹하는 이유는, 신란이 『탄이초』에서 말한 것처럼 "염불은 선행도 아니고 수행도 아니기"[327] 때문이다. 수행이라고 한다면, 얼른 우리는 자력문의 수행을 떠올리게 될 것이다. '깨달음'이라는 말도 그렇지 않은가. 그것은 정토불교의 언어라기보다는 선불교의 언어라고 해야 할 것이다.

정토문이야말로 그러한 수행과 깨달음에 절망한 범부들의 구원을 위하여 아미타불이 열어놓은 것이 아닌가. 독자가 '수행'과 '깨달음'이라는 언어를 정토불교의 용어로 바꾸어 놓고 읽어주기를 바라는 것보다는 차라리 자력문의 '수행'과 '깨달음'에 대응하는 타력문의 언어를 쓰면 어떨까 하는 아쉬움이 남는다. '믿음/염불'과 '안심/왕생'으로 말이다.

---

**326** 원영상 2013.

**327** 대정장 83, p. 729b.

다음 김호성이다. 그는 야나기 무네요시의 『나무아미타불』을 만나서 번역하는 과정에서 한 발 한 발 정토문으로 들어오게 되었다. 그런 까닭에 탈종문脫宗門의 관점, 그 관점 자체가 하나의 종문으로 볼 수 있는 야나기를 통해서 정토사상을 바라보는 것으로 출발한다. 이러한 해석학적 안목에 대한 공감을 토로하는 것[328]을 시작으로 해서, 자신의 정토사상을 구축해 가고자 한다.

우선, 야나기가 그랬던 것처럼 정토 세계를 믿기 어려워하는 현대인들을 설득하는 논리를 계발해 간다. 이 맥락에서 중요한 시사를 전해주는 인물로 신란과 잇펜을 함께 고찰[329]한다. 신란의 경우 『탄이초』 제2장, 잇펜의 경우에는 「코우칸興願 승도에게 보낸 편지」를 자료로 해서 이들에게서 공히 극락세계의 존재 여부가 문제 되지 않는 심성/신심의 세계가 열려 있다는 점을 강조한다. 그런 다음에 한국불교 전통에서 의상義相의 『백화도량발원문』에 의지하여 극락의 창조라는 관점, 즉 법장보살과 함께 나란히 서거나 그를 업고서 같은 방향을 바라보는 관점을 만들어서 제시한다. 야나기의 정토사상을 넘어서 한국화할 때, 김호성은 의상을 의지하고 있다. 이는 앞의 논문[330]에서 의상의 즉허현실卽虛現實의 미학에 의지하였다는 점과 함께 생각해볼 점이다.

이외에도 김호성은 다시 세 분 조사의 삶의 모습을 논의하면서

---

**328** 김호성 2015a.

**329** 김호성 2017e.

**330** 김호성 2015a.

그가 오랫동안 천착해온 '출가'라는 사건의 의미를 재조명한다. 이는 야나기의 『나무아미타불』 제17장(승과 비승과 스테히지리捨聖)의 논의를 실마리로 해서, 출가 · 재가, 그리고 비승비속의 의미가 무엇인지를 논의한다.[331] 이러한 김호성의 담론은 단순히 학문적 연구라는 차원에서만 갇힌 것이 아니라 실천적인 정토 행자의 삶을 산다고 했을 때, 어떻게 살아가야 할지, 특히 재가자로서 비승비속의 삶을 살아갈 수 있는가 하는 점을 시뮬레이션하고 있다는 의미 역시 없지는 않을 것이다.

## Ⅳ. 삼대 조사 이전과 이후

### 1. 이전

#### 1) 쿠야空也

일본의 정토불교를 생각할 때, 정토종의 출발을 알린 호넨이 하나의 분기점이 되는 것은 당연하다. 그렇기에 그 이전의 흐름, 즉 호넨에게 이어지는 전통으로서 천태종의 염불이 중시되는 것 역시 당연하다 할 것이다. 이런 맥락에서 천태종의 겐신이 주목되는 것 역시 옳다.

331 김호성 2017c.

하지만 일본 정토불교의 뿌리를 찾아가는 데 이러한 주류만을 거슬러 올라간다면, 중요한 전통 하나를 놓치게 될 가능성이 높다. 다름 아닌, 히지리聖의 불교이고 히지리의 염불 전통이다. 히지리는 민중들 속에 들어가서 염불을 전한 승려들에 대한 민중들의 경칭敬稱이었다. 많은 히지리들이 있었지만, 정토신앙의 역사에서 가장 중요한 히지리는 바로 헤이안 시대 교토를 중심으로 활약한 쿠야空也(903~972)였다.

쿠야는 처음에는 천태종과 인연을 맺지 않았다. 나중에 쿠야가 유명해지자, 천태종에서 쿠야에게 손을 내밀었던 것으로 전한다. 쿠야는 46세 되던 948년, 천태종에 들어가서 대승계를 받았다고 한다. 그렇지만, 그렇다고 해서 달라진 것은 없었다. 여전히 민중들과 함께 저잣거리에서 염불하고 춤을 추었다.

이러한 쿠야에 대해서, 쿠야만을 다룬 논문은 아직 우리나라에서는 나오지 않았다. 다만, 쿠야가 원효와 매우 유사한 삶의 모습을 보인다는 점에서 원효와 관련하여 쿠야를 언급한 연구가 최근 한 편 발표되었다. 바로 김호성인데, 쿠야를 원효와 비교한 뒤 원효를 비롯한 신라불교의 이해를 위해서도 쿠야가 하나의 시점視點을 제공할 수 있음을 다음과 같이 말하고 있다.

> 나는 일찍부터 우리의 신라에도 원효를 비롯하여 이러한 '히지리'들이 많았다고 본다. 다만 그러한 스님들을 총괄적으로 부르는 용어가 만들어지지 못했다는 점을 아쉽게 생각해왔다. 일본불교의 개념에 비추어 본다면, 정히 '히지리'인데 말이다. 그렇게 볼 수 있

다면, 원효의 실계 자체는 일연이 평가한 바와 같이 국가의 인재 양성을 위한 자기희생이었다고 하더라도, 그 이후의 삶에는 자리적自利的인 참회의 의미도 물론이겠지만 그와 더불어서 이타적利他的인 민중 구제를 위한 '히지리'적 삶의 의미 역시 있었던 것으로 볼 수 있다고 생각한다. 나무꾼, 독 짓는 사람, 그리고 사냥꾼과 같은 사람들에게는 원효 역시 그들과 인생의 고락을 함께 나누기 위하여 저잣거리로 내려온 성인이었을 것임은 틀림없었을 것이다.[332]

앞으로는 쿠야 자체만을 다루는 논문들이 나와서 그의 정토신앙과 정토 권진의 모습이 온전히 밝혀지기를 기대한다.

### 2) 겐신源信과 요시시게노 야스타네慶滋保胤

호넨은 천태종 총본산 히에이잔 엔랴쿠지로 출가하여 수행을 하였으며, 정토에 대한 결정신決定信을 확립한 뒤에 히에이잔을 내려가게 된다. 그 길이 곧 정토종의 독립이라는 역사적 의미를 가져오게 되는 것은 주지하는 바와 같다.

그러므로 우리는 호넨을 잉태하고 있었던 천태종의 정토불교에 대해서도 고찰할 필요가 있는 것으로 생각된다. 유감스럽게도 아직 그에 대한 우리 학계의 연구 성과는 보고되지 못하고 있다. 다만, 헤이안 시대의 정토사상에 대해서는 겐신源信(942~1017)과

**332** 김호성 2020, p. 100.

요시시게노 야스타네慶滋保胤(933?~1002)에 대한 연구 성과가 있을 뿐이다.

우선, 겐신에 대한 연구를 발표한 것은 김성순이다. 그녀는 동아시아 천태종의 염불 결사를 주제로 박사 논문을 작성하였는데, 일본 천태종의 염불 결사로서는 이십오삼매회二十五三昧會를 들고 있다. 그런 맥락 속에서 겐신을 말하고 있는 것이다.

김성순이 이십오삼매회를 바라보는 관점은 이중구조로 파악하는 것이다. 히에이잔比叡山 요카와橫川의 승려들로 이루어진 결중結衆과 이들 승려들의 모임을 후원하면서 그 결사에 동참하는 형식을 취하는 결연중結緣衆의 이중구조로 이루어져 있다는 것이다. 이러한 이중성을 말하는 맥락에서 김성순이 더욱 중점적으로 생각하는 것은 결연중을 통하여 결사가 개방되고 넓어지고 있다는 점이다. 이러한 이중구조는 또 겐신이 갖는 이중성과도 상응하는 바 있다는 점을 다음과 같이 지적한다.

> 이십오삼매회의 결성과 활동에 대한 겐신의 입장에서 눈여겨볼 대목은 히에이잔의 '세속화'에 대해 적극적인 반대 의사를 천명하고 수행의 독자성을 주창하며 은둔 수행, 즉 참롱參籠 수행을 위해 요카와에 은신했던 겐신이 정작 결사의 장에서는 민간 신도들에까지 폭넓은 개방을 보이고 있다는 점이다. 다시 말해 겐신은 개인적인 수행의 측면에서는 반反세속화 내지 은둔형의 성격을 드러내지만, 결사 내의 민간 신도들을 대규모로 수용하면서 결사 활동을 통한 대중의 구제라는 대승교단적 성격도 적극적으로 실현하고 있는

것이다.[333]

또한 겐신이 그렇게 민간 신도들까지 수용하는 개방적 결사 공동체를 행해갈 수 있었다는 점은 "모든 인간을 비롯한 일체의 중생 내지 초목까지도 성불이 가능하다는 천태교의의 뒷받침이 있었기"[334] 때문에 가능할 수 있었다고 본다.

그런데 이십오삼매회와 겐신에 대한 김성순의 연구를 송재근은 미세하게 살펴보고 비평을 하고 있다. 우선, 이십오삼매회가 요시시게노 야스타네와 권학회勸學會의 구성원들이 주축이 되어서 행한 염불결사라고 한다면, "이 염불결사의 정체를 알기 위해서는 당연히 권학회라는 결사에 대한 이해가 우선적으로 요구됨에도 불구하고 이 책에서는 상세히 다루지 않고 있다"[335]는 점을 지적한다.

이 점을 보충할 수 있는 연구를 수행한 것이 안경식이다. 안경식은 요시시게노 야스타네를 세속적으로는 유교적 지식인이지만 출세간적으로는 불교, 특히 정토 세계를 추구한 '유가儒家 불교인'이라고 규정하면서, 그의 생애를 힌두교에서 인생 4주기를 설정하는 것처럼 4주기로 시대 구분하여 논의하고 있다. 그러는 와중에 권학회와 겐신과의 관련성 등에 대해서도 논의한다. 특히, 안

333 김성순 2011, p. 63.

334 위의 책, p. 86.

335 송재근 2014, p. 172.

경식은 요시시게노 야스타네의 만년의 출가에 대해서 "겐신의 움직임과 밀접한 관련성이 있는 것으로 보인다"[336]고 하였다. 여기서 안경식이 말하는 '겐신의 움직임'은 구체적으로 『왕생요집往生要集』의 저술, 그리고 그에 기반하여 요카와의 스님 25인이 이십오삼매회라는 결사를 만들었다는 점, 또 요시시게노 야스타네가 출가 직후인 간나寬和 2년(986) 9월에 결사의 청규라고 할 수 있는 「이십오삼매기청二十五三昧起請」을 지었다는 점 등을 들 수 있다.

결국 요시시게노 야스타네의 삶에서 겐신의 영향을 확인할 수 있는데, 이 점은 『겐지모노가타리源氏物語』에서도 그렇다는 점을 류주희柳周希가 밝히고 있다. 『겐지모노가타리』에는 '요카와 승도僧都'라는 인물이 등장하는데, 이는 곧 '에신승도惠心僧都'라고도 불리고 있었던 겐신을 모델로 했을 것[337]이라고 말한다. 작가 무라사키노 시키부紫式部가 『왕생요집』의 존재를 알고 있었다면서, 『왕생요집』에서 "겐신이 추구한 관상염불觀想念佛을 '부처를 생각한다(佛を念ずる)'라는 표현으로 재조합하여 작자인 무라사키노 시키부 고유의 언어를 만들어내고 있다"[338]고 하였다.

겐신의 『왕생요집』이 『겐지모노가타리』에까지 영향을 미치고 수용되었다고 하는 점에서, 우리는 그 시대 겐신의 위상을 새삼 확인할 수 있게 된다. 그동안 겐신의 주저인 『왕생요집』의 역주가

336 안경식 2016, p. 324. 참조.

337 류주희 2013, p. 148.

338 위의 책, p. 158.

아직 이루어지지 못하고 있어서 아쉬웠는데, 다행히 김성순에 의해서 번역본[339]이 출판되었다. 앞으로의 연구를 기대해본다.

## 2. 이후 : 렌뇨蓮如

호넨, 신란, 그리고 잇펜이라는 일본 정토문의 삼대 조사들 이후에 대해서는 거의 알려진 바가 없다. 한국 내의 학자들은 거기에까지 생각이 미치지 못하고 있다. 그럴 여유가 없었다고 해도 과언이 아닐 것이다. 삼대 조사의 사상이나 그들이 일군 종단의 성립사에 대한 이해만 해도 힘에 버거운 것이 현실이기 때문이다.

그런 와중에 렌뇨蓮如(1415~1499)에 대한 논문이 한 편 보고되었다. 이는 동아시아 불교 속의 결사 운동을 전공한 김성순이 바로 그러한 결사 운동의 하나로서 일향일규一向一揆(잇코잇키)에 대해서 관심을 가지고 있었기 때문이다. 따라서 그녀가 렌뇨를 말한다고 하더라도, 렌뇨의 종교인으로서의 내면세계나 신앙 세계에 대해서 관심을 갖고 있는 것은 아니다. 일향일규가 전개되어 가는 과정이라는 역사적 맥락 속에서 렌뇨에 대해서 관심을 갖고 있을 뿐이다.

다시 말하면 렌뇨의 교학, 즉 신란에 대한 재해석이 어떻게 일향중一向衆(잇코슈)을 성장시켰으며, 나중에는 오히려 일향중을 통제 불능의 상태로 빠져들게 했는가 하는 점을 살펴보고 있다. 그

339 김성순 2019.

결론을 다음과 같이 정리하고 있다.

> 렌뇨의 의욕적인 오후미お文 배포나 방주坊主의 위치 격하, 새로운 본존의 제정, 아미타불의 구원에 대한 재해석 등은 새로운 종교적 갈증을 품고 있었던 향촌의 신도들을 흡수하여 혼간지의 거대교단으로 만들었지만, 그의 강력한 교의는 다른 한편으로 잇코잇키라는 강력한 충돌을 불러일으키는 기제로 작동하게 된다.
>
> 잇코슈의 종교적 자신감은 잇코잇키라는 정치적 결사로 범람하게 되었으며, 마침내 교주인 렌뇨의 통제 밖으로 벗어나게 된다. 렌뇨가 천태교단과 진종교단의 영역을 벗어나 새로운 혼간지를 세웠듯이, 잇코슈 역시 렌뇨의 종교적 울타리를 벗어나 잇코잇키라는 정치적 아성을 세웠던 것이다.[340]

이 논문은 무로마치 시대의 정치사회적 맥락과 불교계의 동향을 아울러 살펴볼 수 있도록 요령 있는 서술을 하고 있다. 그렇지만 렌뇨 그 자체, 즉 오후미에 나타난 렌뇨의 신앙이나 사상에 대해서는 천착하지 못하였다. 그 부분은 앞으로 사상을 연구하는 학자들의 손을 기다리고 있다고 해야 할 것이다.

---

**340** 김성순 2010, p. 141. '오후미お文'는 렌뇨가 정토진종의 가르침을 쉽게 편지로 써서 각지의 신도들에게 보내서, 함께 모여서 읽게 했는데, 그 편지를 말한다. 렌뇨는 정토진종의 중흥조로 평가되는데, 그 당시 정토진종에 미친 '오후미'의 영향력은 대단히 컸던 것으로 보인다. 지금도 정토진종의 법회에서는 렌뇨의 '오후미'를 읽고 있다. 다만, 본원사파(서본원사)에서는 이 편지를 '고분쇼御文章'라 부르고 있다.

## Ⅴ. 삼대 조사 이외의 정토사상

### 1. 융통염불종

일본의 정토불교는 호넨, 신란, 그리고 잇펜의 세 분 조사로부터 연원하는 세 종파, 즉 정토종, 정토진종, 그리고 시종으로 대표된다. 현재 '정토종'이라고 하면, 정토종 진서파鎭西派를 의미하고, 같은 정토종이라고 하더라도 서산파西山派를 따로 헤아리게 되면 4개 종파가 된다.

물론 일본불교에서 서방정토 극락세계와 아미타불을 믿으면서 "나무아미타불" 염불을 행하는 정토신앙이 정토종을 일으킨 호넨으로부터 시작되는 것은 아니다. 호넨 이전에 천태종 안에서의 정토신앙이 있었던 것이고, 특히 겐신의 『왕생요집』으로부터 큰 영향을 받았다. 호넨에 직접적인 영향을 미쳤는가 하는 것과는 별도로, 겐신과는 다른 길을 걸었던 쿠야 역시 잇펜의 시종에 미친 영향을 감안한다면 '정토종 이전'의 정토불교로 포함시켜서 이해해도 좋을 것이다.

그런데 이러한 삼대 조사에 이어지는 흐름 외에도, 호넨 이전의 정토불교 중에서 융통염불종融通念佛宗이 존재한다. 개조는 천태종의 료닌良忍(1072~1132)으로 일컬어지는데, 실제로 그의 저술 같은 것이 남아 있지 않아서 자료가 소략한 편이다. 그래서 일본에서도 그다지 많은 연구가 이루어진 것으로는 보이지 않은데, 우리 학계에서는 근래 융통염불종에 대한 두 편의 연구가 보고되었다. 김성순과 송동규의 연구이다.

우선 김성순은 동아시아 천태불교의 염불 결사를 주제로 한 박사논문을 발표한 연구자인데, 그러한 '결사'의 맥락에서 융통염불종의 성립 문제를 개괄하고 있다. 애당초 교학적인 뒷받침이 약했던 융통염불종의 교학적인 문제를 논의하기보다는, 재가자들의 결사체인 '강講'으로부터 시작되었으나 에도 시대에 들어와서 종파화되었다는 점을 주목하였다.

> 융통염불 강 집단은 교의를 보완하는 노력 대신에 오히려 육별시라는 조직을 재구축함으로써 이후에 종단화를 추진하는 토대를 마련하는 모습을 보였다.
>
> 결국 일본의 융통염불종에 대해서는 재가자 결사에서 시작했기 때문에 교학적으로 약할 수밖에 없다는 표면적인 사실보다는 조직과 실천에 더 중점을 두었기 때문에 재가 결사임에도 불구하고 현재까지 종단으로 남아 있다는 이면을 들여다볼 필요도 있으리라 생각된다.[341]

다음으로 송동규의 연구이다. 김성순이 교단의 성립 과정에 초점을 두고 있는 것과는 달리, 바로 그런 이유로 인해 송동규는 융통염불종의 정토사상이 무엇인가에 대해서는 깊은 천착이 이루어지지 못했다는 한계를 넘어서려고 한다. 즉, 융통염불종의 교

341 김성순 2018, p. 248.

의서로서 대표적인 다이츠大通(1649~1716)의 『융통원문장融通圓門章』에 대한 분석을 시도하고 있는 것이다. 그것도 의상義相(625~702)의 『화엄경문답華嚴經問答』이 인용되어 있다는 점에서 실마리를 잡고서 천착한 결과, 이론적으로는 화엄과 법화 사상을 밑바탕에 깔고서 실천적으로는 "나무아미타불" 염불을 하는 것이 융통염불종의 정체성이라고 보았다.

그런데 그러한 점보다도 의미 깊은 것은, 성도문의 이론과 정토문의 실천을 융합한 융통염불종의 입장이 선과 염불, 자력과 타력 사이에 깊은 심연深淵을 갖고 있는 우리 불교에 대하여 어떤 시사점을 주고 있다는 시각일 것이다.

> 정토염불 신앙의 탐구는 무아無我이면서도 자력 수행을 이야기하는 불교의 모순을 완화시킬 수 있는 실마리이기도 하며, 자력 중심의 한국불교에 타력의 가치를 되새기게 해준다는 점에서 의의가 있다.[342]

> 구칭염불의 실천을 이야기하는 융통염불종에서 동아시아 불교 사상인 천태와 화엄의 교리를 바탕으로 하고 있다는 점은, 화엄·천태의 교학 전통은 흔히 자력 수행과 엮이지만, 반드시 그렇지만은 않다는 사례를 보여준다.[343]

---

**342** 송동규 2020, p. 2.

**343** 위의 책, pp. 3~4.

이러한 융통염불종은 우리 불교와 관련해서 볼 때, 두 가지 점에서 의미 있다고 본다. 하나는 의상의 미타 신앙과 같은 우리 불교의 사례를 살피는 데 시사점을 준다는 것이고, 다른 하나는 정토삼부경에 입각한 정토문의 신앙과는 다른 또 하나의 염불법을 제시해주고 있다는 점이다. 선의 입장에서 염불을 포섭하는 이른바 '염불선'도 있지만, 우리나라 불교에서 논의되는 '염불선'과 다른 입장이 있다는 것도 배울 수 있는 것은 아닐까 하는 점이다.

## 2. 중세 천태종

삼대 조사 이전의 쿠야나 겐신 역시 천태종과 인연이 있었지만, 그렇다고 해서 천태종적인 정토관을 갖고 있었다고 보기는 어렵다. 쿠야의 인연은 명목적이지만, 겐신의 인연은 실질적이었다.

겐신 당시 천태종에서 정토사상이 차지하는 위상은 아직은 '천태적'인 내용을 갖는 것은 아니었다. 천태종 자체가 중국에서부터 그렇듯이, 종합불교적인 성격을 갖고 있었던 것이고, 그 하나의 지분支分으로 정토사상이 자리하고 있었던 것이다. 이때 '정토'는 대승불교의 여러 경전에 등장하는 정토사상도 있었지만, 그 속에는 분명 정토삼부경에 존재하는 정토사상 역시 있었다. 그가 『왕생요집』에서 "예토를 싫어하고 정토를 기꺼이 구한다"라는 말을 내세울 때, 거기에는 정토삼부경에서 설하는 타방정토 왕생사상이 나타내고 있는 이원적二元的인 세계관을 내보이고 있었던 것이다. 그런 까닭에 이 글에서는 겐신을 삼대 조사의 전사前史[344]로 자리매김했던 것이다.

그런데 중세 천태종의 거의 모든 것을 알 수 있는 텍스트로 평가되는 코슈光宗(1276~1350)의 『계람습엽집溪嵐拾葉集』(1318년 혹은 1348년)에는 그야말로 '천태종'적인 입장에서 정토사상을 어떻게 보고 있었는가 하는 점을 알 수 있는 자료가 있다. 박연주가 바로 이 점을 살펴보고 있는데, 그녀가 전하는 바, '천태적인 정토관'의 핵심으로서 그들이 아미타불을 어떻게 보고 있는가 하는 점을 다음과 같이 전하고 있다.

> (천태의—인용자) 사중흥폐의 교판을 기준으로 아미타를 논의하자면 아미타불에는 네 종류가 있다. 첫째, '이전'의 아미타로 『비화경悲華經』에서 설하는 아미타불이며, 둘째, '적문'의 아미타는 대통지승불大通智勝佛의 16왕자 중 한 사람으로서의 아미타이고, 셋째, '본문'의 아미타는 구원실성久遠實成의 아미타불, 넷째, '관심'의 아미타는 오지여래五智如來 중 묘관찰지妙觀察智의 아미타를 말한다. 이 중에서 당연히 『계람집』은 묘관찰지에 대응하는 관심적 관점에서 본 아미타(의 의미를?—인용자)를 진정한 아미타의 이해로 강조한다.[345]

344 신란이 설정한 '칠고승七高僧' 내지 '칠조七祖' 안에는 그의 스승 호넨에 앞서는 일본의 정토가淨土家로서 겐신을 여섯 번째에 자리매김하고 있다.

345 박연주 2019, p. 103.

사중흥폐四重興廢는 네 가지 카테고리가 있는데, 그중에서 뒤의 카테고리가 일어나면 앞의 카테고리가 극복된다는 의미이다. 결국 마지막에 가장 궁극적으로 지향해야 할 바는 '관심觀心'이라는 것이다. 관심은 천태에서 말하는 선禪이다. 선종의 견성見性에 비할 수 있는 말이다. 그러한 관심의 입장에서 볼 때, 아미타는 오지여래 중에 자리하고 있는 아미타라고 천태종에서는 보았다는 것이다. 이때 오지여래는 동 · 서 · 남 · 북 · 중앙에 각기 그에 적절한 부처를 배대配對하여 일종의 만다라를 만드는 것이다. 이는 『법화경』에 입각한 것이라기보다 밀교적이라는 점을 우리는 알 수 있게 된다. 그런 까닭에 일본 중세 천태종에서 보는 아미타불은 정토삼부경에 나오는 아미타불이 아니라 선적이고 밀교적인 아미타불임을 알게 된다. 관심의 입장에서 본다는 점에서 선적이고, 오지여래의 만다라 안에서 본다는 점에서 밀교적이다. 이들은 공히 대승불교의 상징체계를 통해서 서로 연계되어 있는 것이다.

문제는 이러한 중세 천태의 정토관 자체가 정토사상의 입장에서는 받아들이기 어렵다는 점이다. 그것은 천태적 입장에서 정토불교를 이해하지 못하는 것 안에 이미 그 이유가 들어 있다.

(천태사상의 기본에 놓여 있는—인용자) 본각은 이미 주어진 것이지만 그 성취는 기본적으로 '자력적' 수행에 의한 것이며 위에서 보았듯, 이는 복잡한 의식의 작용에 의거한 관심수행이 필수적인 것으로, 개인별 근기와 무관하게 단 한 가지만의 염불법의 실행으로 깨달음을 얻는다고 하는 것은 천태의 입장에서 마치 터무니없는 광

언기어처럼 보였을 것이다.[346]

이러한 언급에 이미 나와 있지만, 문제는 천태에서 말하는 것처럼 정토가 '개인별 근기와 무관하게 단 한 가지만의 염불법의 실행'을 강조하는 데 있는 것이 아니다. 정토에서 바라보고 있는 근기는 '관심'이나 '자력적 수행'이 가능하지 않은 하근기라는 중생이다. 그러한 점에 대하여 천태의 고민은 정토불교의 그것보다는 심각하지 않았던 것으로 보인다.

종래 중국 천태종 안에서 정토신앙의 수용에 대한 연구는 많이 이루어졌으나, 일본의 천태종 안에서 정토를 어떻게 보고 있는가 하는 점에 대한 개척적인 연구라고 평가할 수 있다. 천태불교의 입장에서 정토를 어떻게 바라보고 있는가 하는 점은 개설적이나마 이해를 얻게 되었으나, 호넨 이후 천태불교와 정토불교 사이에 어떻게 상호 관련하고 있었는가 하는 점에 대해서까지 연구가 진일보되었으면 한다.

## Ⅵ. 새로운 연구자의 출현을 기다리며

한국에서 일본 정토불교를 공부하고 말한다는 것은 대단히 어려운 일이다. '일본 정토불교'는 '정토불교'와 '일본불교'가 복합되

---

**346** 위의 책, p. 105.

어 있는데, 그 모두를 공부하고 말한다는 것이 대단히 어렵기 때문이다.

우선, 정토불교를 말하는 것은 어렵다. 현재 한국불교의 상층부에서는 선이나 화엄이 중심적으로 말해지고 있을 뿐, 정토신앙이 말해지고 있지 않다. 한마디로 말해서, 일본 정토불교에 대한 관심이 없는 것이 아니라, 정토불교 그 자체에 대한 관심이 극히 희박하다고 하는 점이 우선적으로 말해져야 한다. 정토불교를 널리 권진勸進하는 스님도, 정토학을 연구하는 학자들도, 정토 문헌을 번역하여 소개하는 번역가도 극히 드문 형편이다.

왜 정토불교냐? 정토불교는 타력 불교인데, 타력이라는 것은 외도外道가 아닌가? 극락 같은 것이 어디 있는가? 그것은 다 '사탕발림'이 아닌가? 이러한 근본적인 문제 제기에 대해서 해답을 제시해줄 정토가淨土家의 존재는 잘 보이지 않는다. 이것이 첫 번째 문제이다.

다음으로 정토불교를 말하는 것까지는 양해할 수 있다고 하더라도, 왜 하필 일본불교 안의 정토불교냐? 중국불교 전통이나 한국불교 전통 안에서도 훌륭한 정토사상이 많고, 훌륭한 스님들도 많지 않은가? 이러한 질문들은 실제로 일본의 정토불교를 말할 때면 늘 부딪치는 문제 제기이다.

이러한 두 가지 질문, 혹은 시선들을 마주하면서 그 사이에서 일본의 정토불교를, 아니 일본의 정토불교까지를 말한다는 것이 얼마나 어려운 일인지 조금이라도 짐작할 수 있다면, 우리는 놀랄지도 모른다. 그런 여건 속에서, 2010년 이후 10년 동안 한국에서 일본 정토불교에 대한 논문들이 이렇게라도 나왔다는 사실 그 자체에 대해서 말이다.

이상하게도, 참으로 희한하게도, 2010년도 이후 한국학계에서 이루어진 정토불교에 대한 연구사를 살펴볼 때 그 중요한 특색 중의 하나로 일본 정토불교에 대한 연구라는 흐름이 존재하고 있다. 비록 중국이나 한국의 정토불교에 대한 연구와 비교한다면 아직 양적으로는 많이 미흡한 것이 사실이다.

우선, 원전의 역주가 좀 더 활발하게 이루어지면서 논문 역시 더 다양한 분야에서 나와야 할 것이다. 이를 위해서는 무엇보다도 우수한 연구자의 출현이 절대적으로 기대된다. 연구자가 있어야 논문이 나오고, 강의가 이루어질 수 있다. 대학에서 강의가 존재하지 않으면 연구자를 양성할 수 없고, 연구자가 없다면 대학에서 교육이 이루어질 수 없다. 달걀이 먼저인가, 닭이 먼저인가?

하나 분명한 것은, 지금은 이러한 악순환을 겪고 있다는 점이다. 그런 악조건 속에서 그래도 이 글이 쓰일 수 있을 정도만큼은 번역과 연구의 축적이 이루어졌다. 몇몇 연구자들의 고군분투孤軍奮鬪가 있었기 때문일 것이다. 앞으로 더욱더 가열한 정진을 기대하면서, 동시에 새로운 연구를 견인해줄 젊은 연구자들의 출현 역시 기다려본다.

## 2장.

# 정토신앙을 둘러싼 고뇌와 그 극복

## —2010년 이후의 연구를 중심으로

정토학, 정토불교, 정토사상, 정토신앙…… 무엇이라 말해도 좋다. 그 어느 경우든지 간에 2020년 현재, 그다지 연구 성과들이 나오지 않고 있다. 그것이 문제이다. 새로운 연구 성과들이 나올 수 있는 기반 자체가 거의 존재하지 않는다고 말해도 좋을 것이다. 우선 무엇보다도 현재 종립대학이든 일반대학이든 정토학을 전공한 전임교수가 단 한 사람도 존재하지 않는다. 1세대 학자들의 은퇴 이후에 전공자의 충원은 이루어지지 못한 채 흘러오고 있다. 강좌 자체는 어떻게 시간강사에 의해서 채워지고 있으나, 그마저도 줄어드는 형편이다. 더욱이 불교계 신앙 현장에서의 정토신앙 역시 '소수의견'으로밖에 존재하지 못하고 있다.

그러다 보니 2013년에 김영진이 제기한 연구의 과제 중에서 해결된 것은 거의 없고, 작년(2018년) 이 글을 「정토사상 연구의 몇 가지 동향」(『원불교 사상과 종교 문화』 제77집, 원광대 원불교사상연구원, 321~346쪽)이라는 제목으로 발표했을 때 제기되었던 연구의 과제 중에서도 연구 성과가 발표된 것들은 거의 없는 형편이다.

나 역시 근래 정토학 관련 글을 쓰고 있으나, 역부족을 절감하지 않을 수 없다. 기존 학술지에 발표된 15편의 논문들 중에서 9편을 묶어서, 굳이 이렇게 책으로 내는 것 역시 하나의 '징검다리'가 될 수 있을까 해서다. 어차피 이제 우리가 희망을 걸어보아야 할 것은 젊은 소장학자들의 양성일 것이기 때문이다. 물론, 이 문제 역시 장기적인 도전일 될 것이지만 말이다.

이 글은 작년 『원불교 사상과 종교 문화』에 수록할 때와는 달리 이 책의 체제에 맞추어서 제목을 바꾸고, 다소간의 수정과 보완을 거쳤다.

## Ⅰ. 정토학 연구의 현 단계

과거를 살펴보는 것은 미래로 나아가기 위해서이다. 한국에서 이루어진 정토사상 연구 동향을 살피려는 이유 역시, 앞으로 한국에서 정토사상 연구가 보다 활성화되었으면 하는 바람에서이고, 더 나아가 불교계에서 정토신앙이 넓혀졌으면 하는 바람에서이다. 현재 한국의 불교계 안에서 정토신앙은 그리 넓고 깊게 자리잡고 있지 못한 형편이고, 불교학계에서도 정토학 연구는 대단히 부족한 실정이다. 정토학을 전문적으로 연구하는 전임교수는 1세대 학자들(강동균康東均, 이태원李太元, 한보광韓普光)이 은퇴하고 난 현재 시점에서는 거의 없다고 말해도 지나치지 않을 것으로 생각된다.

그런 까닭에 이 글은 불교계 안에서 정토신앙의 현 단계를 감안하면서, 불교학계 안에서 정토사상이 어떻게 연구되어왔는지를 살피고자 한다. 그 시간적 한정은 2010년 이후로 설정한다. 2010년 이후에 논문을 발표한 연구자들이 지금 여기의 현장을 지키고 있고, 또 앞으로의 활약 역시 기대되는 현역 연구자라는 점에서, 이 글에서 논의하는 바를 함께 성찰해보고자 해서이다. 또 내가 몸담고 있는 '불교학계'의 연구만을 주로 살펴볼 것이며, 역사학계에서 이루어지고 있는 정토신앙의 역사에 대한 연구 성과는 제외한다.

2010년 이후로 한정하더라도, 사실 그전 시대의 정토 연구 현황을 외면해서는 안 될 것이다. 다행히 그를 위한 선구적 연구가 있다. 김영진은 해방 이후, 즉 1945년 이후 한국에서 이루어진 정토학 연구 동향을 개괄적으로 분석한 바 있다. 몇 가지 중요한 사항을 요약하면 다음과 같다.

> ① "지금까지 국내 정토학 연구는 주로 한국 정토학 연구에 한정됐고 (…) 이런 한계를 극복하기 위해서는 지역적으로 중국 정토학 연구가 좀 더 밀도 있게 진행되어야 할 것이다."[347]

347 김영진 2013, p. 324.

② "방법론 면에서 철학적 방법론이나 종교학적 방법론 등 새로운 방법론을 동원해야만 좀 더 진전된 성과를 낼 수 있을 것이다."[348]

③ "1960년대부터 1990년대 후반까지 국내 정토학 연구의 중심 대상이 원효임을 알 수 있다."[349]

④ "국내 정토학 연구에서 인도불교 맥락에서 정토사상을 연구한 성과는 대단히 적다."[350]

⑤ "가까운 일본의 정토교에 대한 국내 학계의 관심은 거의 없다고 할 수 있다."[351]

겨우 5년밖에 지나지 않았지만, 김영진의 평가 사항 다섯 가지에 대해서 중간 점검을 다시 시도한다면 어떻게 말할 수 있을까? ⑤를 제외하고서는 거의 변동 사항이 없다[352]고 말해도 좋지 않을까 싶다. 다만 2013년 시점에서 김영진이 주목하지 못했으나 특기할 만한 것은, 청화淸華(1923~2003)의 염불선에 대한 연구 성과들이 더 있을 것 같다.

따라서 동일한 연구사 정리라고 하더라도, 나는 김영진의 방법

348 상동.

349 김영진 2013, p. 335.

350 위의 책, pp. 347~348.

351 위의 책, p. 348.

352 일본의 정토불교에 대한 2010년 이후의 국내 연구에 대한 연구사적 조망은 金浩星 2018, pp. 5~16. 참조.

론을 따르지 않는다. 어떤 영역별 정토사상을 점검하고 확인하는 것이 아니라, 그러한 영역별 정토사상의 연구에서 나타나는 특징들을 적출摘出해서 논의를 해보고자 하기 때문이다. 이를 통해서 한국에서 정토사상 연구의 어려움과 문제점, 더 나아가서는 한국불교 안에서의 정토신앙의 존재 양식에 대한 고민을 다소나마 정리해보고자 한다.

## Ⅱ. 자력과 타력, 그 오해와 이해

### 1. 타력을 자력으로 오해하기

타력 신앙이 그 본질이라 할 수 있는 정토사상에 대해서 자력적인 것으로 보려는 시도는 오해라고 할 수밖에 없는데, 그러한 관점이 노출된 것은 특히 인도불교의 맥락 속에서 정토신앙을 연구하면서 드러났다. 먼저, 천친天親(世親, Vasubandhu)의 『무량수경우파제사원생게無量壽經優婆提舍願生偈』, 즉 『정토론』 내지 『왕생론』으로 약칭되는 문헌에 대해서 세 편의 논문을 발표한 주명철朱明哲이 눈에 띈다. 기본적으로 그는 『정토론』이 유심정토唯心淨土를 설하는 문헌인 것으로 이해하고 있다. 그의 논문은 "전통적인 정토사상의 타방정토설과 대비할 수 있는 유식론자인 세친의 유심정토관을 살펴보는 데 초점이 맞추어져 있다"[353]고 말한다. 유심정토는 흔히 선사들이 갖는 정토관인데, 정토를 스스로의 마음속에서 찾는 관점을 말한다. 주명철 역시 그러한 개념으로 유심정토관을 생각하고 있다. "유심정토관은 정토를 타처他處에서 찾기보다는 일심一心 안에서 찾고자 한 것"[354]으로 보고 있기 때문이다.

주명철은 아무래도 정토 세계를 타방에서 찾고, 염불이라는 가장 쉬운 길로 그곳에 왕생往生하고자 하는 '정토문의 정토'에 대해서는 그다지 평가하지 않는 듯하다. 그것을 "타력 중심의 상식적인 정토불교"[355]라고 말하거나, "특히 이행도易行道로 안정되어 매우 단순화된 체계의 절대 타력과 염불 중심의 오늘날의 정토 신행의 실태를 보완하고 개선하기 위해서라도"[356] 『정토론』에 대한 유심적 해석이 필요하다고 주장하고 있는 것이다. 오늘날의 이행도와 염불 중심의 정토 신행에 무슨 문제점이 있다는 뉘앙스가 배어 있는 것처럼 느껴지는 말[357]이다. 그래서인지 마침내 "세친의 정토불교는 『무량수경』보다는 화엄 십지 사상의 영향하에서 체계화"[358]되었으며, 그것의 "소의가 되는 경전은 『십지경』이라"[359]고 말한다.

---

**353** 주명철 2011, p. 204.

**354** 위의 책, p. 181.

**355** 주명철 2012, p. 273.

**356** 위의 책, p. 275.

**357** 과연 주명철이 말하는 것과 같은 정토신앙이 오늘날 우리 불교계에서 어느 만큼 존재하고 있는지에 대해서조차, 나 자신 회의를 갖고 있지만 일단 그 점은 차치하기로 하고 논의해본다.

**358** 주명철 2016, p. 242.

**359** 위의 책, p. 265.

주명철 이외에 『정토론』에 주목한 또 다른 학자는 구자상이다. 그는 "유식학의 천친과 『정토론』의 천친이 동명이인일 가능성도 배제하기는 어렵다"[360]고 말한다. 이는 명백히, 『정토론』이 '유식학자 세친'의 저술이라고 보면서 유식학파의 입장에서 『정토론』을 해석하고 있는 주명철에 대한 비판을 함축하는 발언이다. 그러나 그 역시 『정토론』을 자력적인 것으로 본다. "『정토론』의 정토왕생이란, 세간을 깨달음의 세계로 유도하기 위한 방편으로 차용한 것이고, 그 왕생으로 제시된 오념문五念門도 실제로는 자력적인 것"[361]으로 본다는 점에서는 마찬가지다. 그런 점에서 『정토론』이 타방他方에 존재하는 극락세계를 말하는 텍스트[362]가 아니라 우리 마음의 일심 속에서 정토를 찾는 것으로 보는 주명철의 입장과는 표리관계를 이루고 있다. 이미 주명철이 유심적인 정토해석을 시도하고 있다는 점에서 구자상이 말하는 '자력적인 것'과 상통하기 때문이다.

여기서 나는, 우리 학계에서 정토사상을 말해오는 학자들 사이에 뭔가 공통된 기조저음基調低音이 있는 것이 아닌가 하는 생각을 하게 되는데, 『정토론』 외의 다른 저술에 대해서도 그러한 관점을 쉽게 찾을 수 있기 때문이다. 황호정은 『무량수경』에 대한

---

**360** 구자상, p. 262.

**361** 위의 책, p. 260.

**362** 최근 김문선(미탄)은 세친의 『정토론』을 『무량수경』과 관련해서 살펴봄으로써, 『정토론』이 극락세계를 말하는 텍스트임을 논증하고 있다. 구자상과 주명철의 학설을 비판하고 있는 것이다. 김문선(미탄) 2020. 참조.

경흥憬興(620~?)의 주석서(=『무량수경연의술문찬無量壽經連義述文贊』)를 연구한 논문에서, 경흥은 "의도적으로 자력적인 측면을 부각시킨 것으로서, 이른바 타력 일변도의 정토교를 경계"[363]하였으며, 그것은 "타력과 자력의 균형, 나아가 다른 정토교와 불교사상과의 조화를 이루려는 시도"[364]라고 평가하였다.

그러나 과연 그럴까? 이러한 인식에는 문제점이 있는 것을 쉽게 느끼게 된다. 연구자들 스스로, 의식하든 의식하지 못하든 다음 두 가지 관점을 굳게 지니려고 애써 노력하는 것으로 보이기 때문이다. 하나는 가능하면 타방정토를 이야기하지 말고 유심정토의 입장에서 말하고자 한다는 것이며, 다른 하나는 가능하면 타력의 이행도만이 아니라 자력 수행의 입장을 집어넣어서 말하고자 한다는 것이다. 후자의 경우, 그렇게 함으로써 적어도 자력과 타력의 균형 내지 조화라는 측면을 부각시키려고 한다.

그러나 분명한 것은, 천친이 게偈(詩)의 형식을 빌어서 노래한 텍스트는 바로 『무량수경』이었다. 시를 통해서나, 다시 그 시를 해설하는 산문을 통해서 말하고자 한 것은 『무량수경』의 극락국토가 아니었던가. 그것은 분명한 일이다. 다시 말하면, 그 극락세계는 우리 마음에 있는 극락세계가 아닌 것이다.[365] 그런 점에서 유심정토의 측면에서 해석하는 것은 대단히 주의해야 한다. 현대

**363** 황호정 2013, p. 232.

**364** 상동.

**365** 山口益 1981, p. 18. 참조.

의 학자(=해석자)들이 타방에 존재한다고 말하는 극락에 대해서 어떤 생각을 갖고 있는가 하는 점과는 별도로, 정토 삼부경三部經의 입장은 타방정토를 말하고 있음이 분명하기 때문이다. 천친과 같은 주석자 역시 바로 그러한 점을 전제로 하면서 극락을 노래하고 있는 것이다. 극락은 어떻게 장식되어 있으며, 아미타불은 어떤 존재인가를 말하고 있는 것이다. 물론, 그러한 마음 밖에 존재하는 극락과 마음의 상관관계를 말하는 것은 가능한 일이다. 미타의 극락정토이든 중생의 사바세계이든 다 일심一心으로부터 나왔기 때문이다.

다음으로, 자력과 타력의 문제에 대해서는 일종의 범주 착오가 있는 것으로 생각된다. 왜냐하면 '자력'을 단순히 수행자의 의지나 주체적인 행위에 대한 말로 오해해서는 안 되기 때문이다. 정토불교의 입장에서 불교를 크게 자력과 타력으로 나눌 때 말하는 교판敎判의 용어로 등장한 것이 '자력'과 '타력'이었다. 중국의 담란曇鸞(476~542)에 의해서 그러한 교판이 이루어졌거니와, 교판의 언어인 자력과 타력이라는 말을 수행자의 의지나 노력의 정도에 대한 말로 쓴다는 것은 혼란을 초래하는 일이 아닐 수 없다.

흔히 '나무아미타불' 염불을 하고 있기에 거기에 '자력'이 있다고 생각한다. 그러나 그런 것이 아니다. 아미타불의 본원本願을 말하면서 그 본원에 대한 믿음 내지 응답으로서 '나무아미타불' 염불이 행해지는 것이다. 그렇게 나 밖의 부처의 존재를 내세우고서, 나를 비워가면서 그 부처에게 의지함으로써 나 자신의 구원을 얻고자 하는 태도를 '타력'이라 말하는 것이다. 그 반면 '자력'은 내 마음 밖에 부처를 세우지 않는다. 내 마음 밖에 존재하는 것은, 그것이 부처든 조사든 죽여야 한다. 부처와 조사를 죽일 때 비로소 나 스스로 부처도 될 수 있고 조사도 될 수 있기 때문이다. 이러한 태도는 임제선臨濟禪에서 가장 분명하게 볼 수 있다.

타력과 자력의 개념을 이렇게 정리하고 나면, 친친과 경흥은 공히 후대 임제종의 선사들이 걸었던 바와 같은, 그 자력의 길을 걸었던 것이 아님을 알게 된다. 그런 까닭에 『정토론』과 『무량수경연의술문찬』에 대한 자력적 해석 역시 무리가 있다 할 것이다.

## 2. 정토문을 성도문으로 설명하기

최근 한국의 불교학계에서 정토 연구가 활발하지 못한 원인의 하나는 자력적인 선불교가 담론의 주도권을 장악하고 있다는 점을 들 수 있다. 그런데 그에 더하여, 어쩌면 그것보다 더 근본적인 회의가 불교 외적인 원인과 결부되어 있는 것으로 생각할 수 있다. 그것은 이미 근대에서 촉발되어서 현대에 이르러 더욱 심화된 것으로 보이는데, 과학적이고 실증적인 것(만)을 추구하는 시대정신 탓이라 생각된다.

과학적이고 실증적인 측면에서 볼 때, 극락국토의 존재를 말하는 것이 얼마나 환상적幻想的인 이야기로 비추어질 것인가. 역사적 실존 인물이 아닌 아미타불의 힘에 의지한다고 하는 것이 납득이 되지 않는 일로 치부되어왔던 것이다. 그런 맥락에서 19세기 유럽에서 출발하여 일본을 거쳐 한국에까지 들어온 합리적이고 인간적인 불교(그 중심에 초기불교가 있다)의 관점에서 볼 때, 과연 정토사상이 그 폭풍우를 견딜 수 있겠는가 하는 회의가 전반적으로 퍼져 있다.

바로 이러한 맥락에 서 있으면서도, 그러한 점과 최대한 대결해보려는 시도가 한명숙에 의해서 이루어졌다. 삼론학을 전공하였으나 신라 시대 경흥憬興의 『무량수경』에 대한 주석서 『무량수경연의술문찬』을 현대 한국어로 번역한 바 있는 한명숙은 불교의 근본 사상, 즉 초기불교나 대승불교의 공 사상에 입각해서 볼 때 정토사상이 '불교적'으로 성립 가능한지 묻는다. 그리고 나서는 다음과 같이 몇 가지로 대답을 제시한 바 있다.

① "법은 영원하고 법을 보는 사람은 누구나 깨달음을 얻을 수 있다"고 한 것에 의거하면 석가불 이외의 다른 붓다가 이미 존재하였고 또한 존재할 것이라는 점을 인정할 수 있다.[366]

② "자신이 성불한다면 중생을 위한 국토를 세우고 그곳에 머물러 중생을 구제할 것이라는 서원을 세우고, 실제로 성불한 어떤 붓다를 상정하는 것이 불가능한 것은 아니다."[367]

③ "초기불교 문헌에서 인식주체와 인식대상은 불가분의 관계에 있음을 강조한 것에 의거하면, 인식주체의 인식의 층차에 따라

**366** 한명숙 2017, p. 13.

**367** 상동.

나타나는 무수히 많은 세계의 존재를 인정할 수 있다."[368]

④ "염불 그 자체는 자업이고, 업은 계량화할 수 없는 것임을 고려해야 한다."[369]

⑤ "중생이 한량없기에 그(아미타불—인용자) 수명도 한량없다고 한 것일 뿐이니, 이것을 영원성으로 이해할 수는 없다."[370]

⑥ "정토왕생의 가장 큰 의미는 불도를 성취하기 위한 최상의 조건을 획득한다는 것이다."[371]

하나하나의 논의에 대해 정토문의 입장에서 더 논의해야 할 부분이 없지는 않지만, 성도문聖道門의 입장에서 최대한 정토사상을 설명하려 한 시도 그 자체는 높이 평가되어야 할 것으로 나는 생각하고 있다. 그럼에도 불구하고 한명숙은 여전히 자력 신앙이 타력 신앙보다 우월한 것으로 보면서, 그 사이의 계차階差를 다음과 같이 설정하고 있다.

자력 신앙이 가능하면 그것을 행하라. 그러나 타력 신앙밖에 할 수 없는 상황이라면 그것을 선택해도 무방하다. 그러나 타력 신앙에 의해서는 최고의 경지에 도달할 수 없음을 명심하라. 그 상황을 벗어났을 때는 늘 그보다 상위의 길인 자력 신앙을 고려해야 한

368 위의 책, pp. 13~14.

369 위의 책, p. 14.

370 상동.

371 상동.

다.[372]

자력 신앙과 타력 신앙은 공히 그 길을 달리하고 있을 뿐, 그 길이 중간에서 멈추는 것은 아니다. 자력의 길에서도 타력의 길에서도 그 끝까지 갈 수 있는 것이다. 그리고 그 끝은 성불이다. 그런데 한명숙의 논리에 따르면, 극락에 왕생한 뒤 아미타불의 설법을 듣고서 수행하여 성불한 뒤 돌아오는(환상회향還相廻向) 대신, 극락에 왕생하였다가 바로 사바세계에 돌아와서 다시 자력 수행을 해서 성불해야 한다는 이야기가 된다. 극락이나 아미타불을 말하는 것을 인정할 수 있다면, 왜 '왕생 이후의 성불'이라는 정토불교 나름의 성불론을 인정하지 못하는 것일까.

## Ⅲ. 선과 염불, 갈등과 공존

### 1. 염불선과 염불의 갈등

현대 한국불교는 선이 중심이라 말해서 크게 잘못이 없을 것이다. 그런데 넓게 보면 선 수행의 맥락을 따르고 있지만, 간화선과는 다른 선풍禪風으로 크게 교화를 드날린 선사가 있었다. 바로 청화가 그 주인공인데, 그의 선풍은 한마디로 말하면 염불선이었다.

372 위의 책, p. 36.

근래는 청화선사상연구원이 설립되어서 청화의 불교사상을 선양하고 그 가풍을 이어가려 노력하고 있다. 그 결과, 청화의 염불선에 대한 연구가 지속적으로 등장하고 있다. 대단히 고무적인 일인데, 그런 과정에서 균열 역시 일어난다. 바로 청화선사상연구원의 요청으로 청화의 염불선을 고찰한 한태식(보광)이 뜻밖에 청화를 비판하고 나섰기 때문이다. 그 비판의 과녁은 두 가지다. 하나는 청화의 '순선純禪'에 대해서이고, 다른 하나는 '염불선'에 대해서이다.

우선, 순선이라는 말을 씀으로써 청화는 달마에서 육조 혜능까지의 선이 가장 훌륭한 선임을 주장하고, 그러한 선풍을 회복하려고 한다. 이에 대해서 한태식(보광)은 '순선'이라는 용어 자체가 누카리야 카이텐忽滑谷快天(1867~1934)이 최초로 사용하였고, 야나기다 세이잔柳田聖山(1922~2006)이 쓰기는 했지만 학계의 공인을 받지 못했다는 점을 지적하고 있다. 그러면서 만약 육조 혜능까지의 선이 '순선'이라면 그 뒤의 선은 다 '잡선雜善'이라는 말인가 반문한다. 그 대신 한암漢岩(1876~1951)이 말한 것처럼, 육조 혜능까지의 선을 반조선返照禪이라 말하는 것이 더 좋지 않겠느냐[373]는 신규탁辛奎卓의 견해를 인용하고 있다.

이러한 논점을 살펴보면, 방법론적으로 볼 때 한태식(보광)은 역사적인 입장을 취하고 있다. 그리고 종교적이라기보다는 학문적인 입장을 취하고 있는 것으로 생각된다. 그러나 '청화'라는 한

**373** 한태식(보광) 2012, p. 27.

종교인 내지 선승의 종교적 활동에 대해서 반드시 역사적이고 학문적인 차원에서만 평가를 내리는 것이 적절한지는 의문이다. 스스로의 선을 '순선'이라고 주장하면서 추구해간 청화의 그 의식 자체는 한태식(보광)이 조심스럽게 용어를 설정해본 '선상판석禪相判釋'[374]적인 측면으로 볼 수 있기 때문이다. 교상판석敎相判釋이 절대적 진리 주장으로서 제시되었지만 실제로는 상대적 주장임을 면치 못하는 것처럼, 선상판석 역시 그렇게 볼 수 있을 것이다. 그뿐만 아니라, 청화의 선 사상이나 지향성이 종래 한국불교를 지배하고 있었던 간화선 중심주의로부터 벗어나 있었다는 점은 주목된다. 한국불교의 선 사상이나 선 수행을 풍요롭게 다원화多元化하는 의미가 있었던 것으로 나는 평가하고 싶은 것이다.

두 번째로 한태식(보광)이 비판하는 것은 바로 청화의 염불선 자체에 대해서이다. 우선, 한태식(보광)이 인용하고 있는 염불선에 대한 청화의 정의를 살펴보면 다음과 같다.

> 염불선 : 자심自心을 비롯한 일체 존재가 본래로 부처요, 우주의 실상實相이 바로 정토임을 관념觀念하며 닦는 선.[375]

> 실상염불 : 모든 상相을 떠나서 부처님의 진리 중도실상中道實相이다. 이른바 우주에 두루해 있는 부처님의 참다운 생명의 실상,

374 위의 책, p. 13.

375 위의 책, p. 46.

그 자리를 생각하고 있는 염불입니다. 따라서 실상염불이 되면 그 때는 바로 염불참선이 됩니다. 실상염불은 염불선과 둘이 아닙니다.[376]

청화의 이러한 염불선 정의에 대해서도 한태식(보광)은 동의하지 않는다. 그 대신 중국의 선종사에 등장하는 염불과 선의 관계를 학문적으로 더듬어본다. 또한 염불의 종류 중에 실상염불이 있다는 사실은 인정하지만, 그것을 염불선이라 부르는 것에는 반대한다.

결론적으로, 청화 스님의 염불선이란 자성미타 유심정토를 말하며, 순수한 타력 정토신앙이나 염불 수행법은 아니라고 보인다. 어디까지나 선 중심의 염불법이다. 그러면 정토적인 입장에서 실상염불이라 하지 않고 구태여 염불선이라고 하여 선종을 표방한 것은 오늘날 한국불교의 선적禪的 우위적인 분위기 때문이 아닌가라고 추정된다.[377]

이 결론에는 한태식(보광)이 왜 청화를 비판하지 않을 수 없었는지 이유가 명백히 드러나 있다. 한태식(보광)이 추구하는 바는 '순수한 타력 정토신앙이나 염불 수행법'이었으며, 그것은 '정토

**376** 위의 책, p. 47.

**377** 위의 책, p. 49.

적인 입장'에서였다. 그러니까 '실상염불'이라면 '정토적인 입장' 안에서의 일이라서 수용할 수 있지만, 거기다가 '선'을 덧보태어 '실상염불선'이라거나 '염불선'이라고 하는 것은 문제가 있다고 보는 입장이다. 아무래도 청화가 생각하는 염불선은 한태식(보광)이 생각하는 염불선과는 다른 것이다.

나는 개인적으로 이 부분에서 한태식(보광)이 청화와의 사이에 일선一線을 그은 것은 대단히 의미 깊은 사건이라고 본다. 왜냐하면 한국불교에서 정토사상이나 정토신앙이 받아들여지는 모습을 본다면, '순수한 타력 정토신앙이나 염불 수행법'을 있는 그대로 받아들이기를 꺼리면서 가능하면 '자성미타 유심정토'의 측면에서 말하고자 하는 분위기가 있다고 보기 때문이다. 그런 중에 한태식(보광)의 문제 제기는 '정토문의 정토신앙'을 추구하는 입장에서 이루어졌기 때문이다. 유감스럽게도 이러한 문제의식 자체는 공개적으로 토론되지 못했다. 그렇다 하더라도 모처럼 정토사상과 관련하여 뜻있는 논점이 제기된 사건으로서, 최근 한국의 정토학 연구 동향 중에서 가장 주목할 만한 일로 평가하고 싶다. 이어서 조준호의 반론을 이끌어 내면서 '염불 vs 염불선'이라는 논쟁의 대립 구조를 선명하게 만들었다.

한태식(보광)이 역사적인 방법론을 취하고 있다면, 그를 비판하고 나선 조준호는 역사를 뛰어넘어서 근본을 찾고, 근본으로 돌아가고자 한다. 염불선을 염불과 선의 역사적 융합으로 보는 한태식(보광)의 관점을 비판하면서 조준호는, 초기불교부터 '염불선'이라는 복합어는 병렬적 관계가 아니라 일치적 관계라고 본다. 그런 의미에서 복합어로 접근하는 것조차 달갑지 않게 여긴다. 그의 말을 들어보자.

> 초기불교의 염불은 선정 수행과 별개가 아니다. 염불 자체가 바로 선정 수행과 연결되어 있음을 보여준다. 이러한 이유 때문에 염불선이라는 말이 가능하다.[378]

초기불교 전공자답게 자세한 문헌적 증거를 제시하는 그의 논리는 깔끔하다. 그런 점에서 조준호의 논문은 한태식(보광)이 미처 파악하지 못한 점을 메워주고, 잘못 보고 있는 점을 수정해준다. 그런 점에서 그의 비판적 연구는 대단히 중요하다.

그런데 문제는 한태식(보광)이 역사적 전개에만 치우치면서 근본을 놓쳤다고 한다면 조준호는 근본에 치우쳐서 역사를 도외시하고 있다. 조준호가 말하는 것과 같이, 청화의 입장은 염불 속에서 선정을 말하고 선정 속에서 염불을 말하고 있다 하더라도, 동아시아에서 전개된 염불과 선의 관계가 늘 조준호가 말한 것과 같은 원론적인 그 측면을 기억하며 실천하고 있었던 것은 아닐 터이다. 잘 기억해서 그러한 점을 잊지 않고 있는 경우도 있었겠지만, 그렇지 못한 경우도 있는 것이다. 이 점을 이해하지 못하기 때문에 조준호는 칭명염불稱名念佛과 같은 정토사상이 왜 나왔는지를 이해하지 못하고 있음을 보여주고 있다.

---

**378** 조준호 2013, p. 16.

이(선정으로서의 염불—인용자)는 동아시아 정토종에서 말하는 신앙 의례나 구칭口稱과 송불誦佛 구조도 아니고 일본의 타력적인 기도법도, 그리고 통속 불교의 기복 의례도 더군다나 아니었다. 때문에 정토종의 소의경전인 『관무량수경』에서 일상관日想觀 등의 16관법도 사실은 기초 선정 수행에서부터 높은 단계의 염불선으로 견인하는 선정 수행의 방법이다.[379]

이 인용문의 전반에는, 조준호가 초기불교의 경전을 논할 때 견지하고 있었던 정밀함과는 달리, 타력 정토문에 대한 선입견이나 일본의 정토문에 대한 편견[380]을 여지없이 노출하고 있다. 그러나 그 점에 대한 비판은 생략하고, 『관무량수경』을 언급한 부분만 논의하기로 한다. 당나라 선도善導 대사는 16관을 다시 둘로 나누어서 1~13관을 정선定善이라 하고, 14~16관을 산선散善이라 말한다. 정선이라는 것은 바로 선정 수행이라 할 수 있다. 구체적으로 극락과 아미타불 등을 이미지로써 떠올리는 수행법이다. 그런데 14~16관의 산선 부분에서는 그러한 선정 수행을 못할 근기의 중생들에게 '나무아미타불' 염불을 제시한다. 칭명염불이 나오는 것이다. 구체적으로 그러한 측면은 하품하생下品下生을 설하면서 명시적으로 제시되어 있다.

---

**379** 위의 책, pp. 28~29.

**380** 이는 조준호의 완벽한 편견이다. 일본 정토문의 최대 종파인 정토진종은 '현세 이익의 부정'을 그 「종제」에서 규정하고 있으며(淨土眞宗 本願寺派 2010, p. 92.), 신도들을 위한 설법에서도 줄기차게 현세 이익을 위한 기도를 하지 말 것을 교육하고 있다.

『관무량수경』에서는 관상觀像과 칭명稱名의 이중구조를 그 표층에서는 병렬시킴과 동시에, 그 심층에서는 정선에서 산선으로, 또 산선 중에서도 상품상생에서 하품하생으로 이동해 간다. 이 이동의 과정은 앞을 지우면서 뒤로 나아가는 구조이다. 그래서 마침내는 '나무아미타불' 칭명을 설하는 하품하생에서 『관무량수경』은 절정을 이루면서 완성된다. 이러한 폐립廢立의 심층을 조준호는 보지 못하고 있다. 산선 부분에 대해서는 전혀 관심을 두지 않았기에 발생한 문제이다.

나로서는 염불선은 나름대로 의미가 큰 수행법으로 생각하고 있다. 다만, 그러한 염불선을 수용하여 실천할 수 있는 근기가 된다면 말이다. 여기서 중요하게 다가오는 것이 바로 근기根機의 문제이다. 그러나 조준호의 논의에서 근기는 전혀 고려되지 않는다.[381] 염불선이 진여불성眞如佛性의 실상을 관조하는 것이라고 할 때, 근기 개념은 들어설 수 없었을지도 모른다. 왜냐하면 모든 중생이 사실은 진여불성의 존재이기 때문이다. 그러나 본래의 차원

381 최근 정광균(법상)은 청화의 염불선(실상염불선)을 논하면서, "실상염불은 사실 근기가 예리한 수행자가 수행하는 상품上品의 염불이다"(정광균(법상) 2018, p. 260.) 라고 인정한다. 그러나 유감스럽게도, 그는 이 '근기'의 문제야말로 정토신앙이 성립하는 근거가 됨을 가볍게 보고 있다. '근기'를 고려하느냐 하지 않느냐 하는 문제야말로 바로 수행법의 차이를 가지고 온다는 점을 놓치고 만다. 그래서 하근기 중생들에게 제시되는 '나무아미타불'의 칭명염불이 위주가 되는 '정토염불'과 '근기'를 고려하지 않는 청화의 '실상염불선'을, 분별하지 못하고 만다. 그의 논문(p. 268)에 따르면, 그가 한태식(보광)의 논문을 읽었음을 알 수 있다. 그렇지만, 한태식(보광)과는 달리 '정토염불'과 '실상염불선'을 분별하지 않고 뒤섞고 있다. 물론, 나로서도 양자를 회통하는 논점이 나오는 것은 반대하지 않지만, 진정한 회통을 위해서는 양자의 명확한 차이에 대한 인식에서부터 출발해야 하지 않을까 싶다.

에서는 중생 역시 진여불성을 갖추고 있다 하더라도, 번뇌와 업을 지으면서 살아온 중생들에게는 그러한 현실의 차원 역시 존재하며, 그러한 현실의 업이 본래의 진여불성을 가리고 있다고 볼 때, 진여불성 자체를 관상하는 염불선이 어렵게 느껴지는 중생도 없지 않을 것이다. 염불은 '번뇌를 벗어난 법신(출전법신出纏法身)'의 소유자에게가 아니라 '번뇌 속에 쌓여있는 법신(재전법신在纏法身)'의 소유자를 위하여 제시되는 것이다. 그들을 위하여 『관무량수경』의 산선이 제시된 것이고, 그중에서도 특히 하품하생이 제시되어 있는 것 아니겠는가. 적어도 그것이 '정토삼부경의 정토신앙'[382]이다. 칭명염불은 바로 그러한 하품하생의 중생을 제도하는 데 목적이 있고, 거기까지 내려가는 것이 타력의 정토신앙이라는 점을 생각할 때, 조준호의 비판에는 동의할 수 없는 점 역시 적지 않음을 지적하지 않을 수 없다.

마지막으로 하나 더 보탠다면, 염불이 곧 선이고 선이 곧 염불이라고 하더라도 청화는 '나무아미타불'이라는 칭명 자체를 거부하지 않았다는 점이다. 그렇게 입으로 칭명하더라도 마음으로 실상을 관해야 한다는 것이었다. 여기서 염불과 선의 일치를 보고서, 그것을 일러서 염불선이라 하는 것은 좋다. 동의할 수 있다. 또 한태식(보광)과는 달리 조준호가 선정쌍수禪淨雙修를 염불선이 아니라고 본 것까지도 나는 동의한다. 다만, 염불선에서는 염불과

382 규봉종밀에 따르면, 칭명염불과 실상염불은 정토삼부경에 의한 염불법이 아니다. 『문수설반야경』에 의한 염불임을 알게 된다. 정광균(법상) 2018, p. 261. 참조.

선의 일치가 이루어졌다고 하지만, 굳이 소속시킨다면 그것은 선의 범주에 소속될 수 있는 것이 아닐까.

이상의 논의를 도표로 정리해서 범주를 구분해보면, 다음과 같이 될 것이다.

```
┌ 자력문 – 선 ┌ 염불 없는 선 – 간화선, 묵조선 등
│            └ 염불과 하나 된 선 – 염불선 – 청화
└ 타력문 – 염불 – 염불만의 염불 – 칭명염불 – 한태식(보광)
```

## 2. 선과 염불의 공존 가능성

앞 절에서 논의한 염불선과 염불의 갈등과는 달리, 선과 염불의 공존 가능성을 보여주는 연구들이 있어서 주목된다. 어쩌면 대단히 긍정적으로 평가할 수 있는 연구 경향이라 생각되는데, 하나는 중국의 사례에 대한 천착을 통해서 이루어졌고, 다른 하나는 조선시대 후기의 불교계 동향에 대한 조명을 통해서 이루어졌다. 전자는 바로 영명 연수永明延壽(904~975)의 선정쌍수禪淨雙修가 그것이었고, 후자는 삼문수업三門修業이 그것이었다. 영명 연수의 선정쌍수에 대해서 정광균(法常)의 박사학위 논문이 있고, 조선 후기의 삼문수업에 대해서는 이종수의 박사학위 논문과 김종진, 김기종의 개별 연구논문이 보고되어 있다. 이를 좀 더 자세히 살펴보기로 하자.

### 1) 선정쌍수禪淨雙修

앞에서 청화의 염불선과 한태식(보광)의 염불이 대립하는 모습을 살펴보았거니와, 그들의 대립은 사실은 근본적인 대립이 아닐 수도 있다. 왜냐하면 '염불'이라는 공통점을 갖고 있기 때문이다. 그런 점에서 한태식(보광)이 청화의 염불선을 비판한 것은 타방정토와 칭명염불을 확립하는 데 큰 의미가 있음을 알면서도, 나 자신은 염불선과 염불은 그래도 연대할 수 있다고 본다. '나무아미타불' 칭명이라는 공통의 연결고리를 갖고 있기 때문이다.

정토문의 입장에서 더 큰 문제는 타방정토가 부정否定되고 칭명염불이 부정되는 경우이다. 그것은 '염불 없는 선'에서 흔히 볼 수 있는 일이다. 유심정토를 말하면서도 타방정토를 함께 말하는 경우도 있을 수 있을 터인데, 그렇게 하지 않고 정토는 오직 청정한 마음에서만 존재하는 것이기에 극락국토는 존재하지 않는다고 말하는 경우가 진실로 문제인 것이다. 자성이 청정하면 곧 아미타불이라 말하는 것은 좋다. 그러나 바로 그렇기에 마음 밖에는 더 이상 아미타불이 존재하지 않는다고 말하는 경우는 정토문의 입장과는 달라지고 만다. 선의 입장에서는 그럴 수 있을지 모르지만, 정토문의 입장에서는 그럴 수 없다는 말이다.

이렇게 정토문의 정토사상을 부정하는 선의 입장이 존재함을 생각할 때, 선 이외에 염불을 함께 닦을 것을 설하는 선사의 존재는 의미 깊지 않을 수 없다. 그런 대표적인 선사가 바로 당唐나라의 영명 연수이다. 법안종에 속하는 영명 연수의 선 사상은 고려

초에 많은 영향을 미쳤지만, 그 이후로는 그다지 큰 영향을 미친 것으로 보이지 않는다. 그보다는 고려 중후기로부터 간화선을 통해서 임제종의 강한 영향을 한국불교는 받아온 것이다. 물론 간화선을 하면서도 염불을 쌍수雙修하는 입장을 가진 선사들이 존재할 수 있는데, 그런 입장의 선구적 존재는 아무래도 간화선 발생 이전에 활약했던 영명 연수라 하지 않을 수 없다.

> 연수는 유심정토를 주장하면서도 참선납자와 같이 서방세계를 부정하지도 시비하지도 않고, 아미타불의 정토를 구하여 왕생을 원하지 않으면 안 된다고 말한다. 즉 이 세계를 버리고 서방을 구하는 취사取捨의 생각이 존재하는 것 같지만, 마음 밖에 실제로 법이 있다고 주장하는 것은 아니기 때문에 유심의 이치에 어긋난 것은 아니라고 하여 타방정토를 배제하지 않고 수용한 것이다.[383]

아쉬운 점은 한국불교의 선적 수행과 전통 속에서 영명 연수의 입장이 현재는 그다지 많이 참조되는 것 같지 않다는 것이다. 좀 더 진지하게 귀를 기울일 필요가 있을 것으로 생각된다.

### 2) 삼문수업三門修業

영명 연수가 선의 유심정토와 정토문의 타방정토를 함께 인정

---

**383** 정광균(法常) 2010, p. 130.

하는 논리를 개인적 차원에서 개발하여 실천한 것과 달리, 조선조 후기에는 전체 교단의 흐름에서 선과 정토의 공생共生이 가능해지게 되었다. 이른바 삼문수업三門修業의 전통이 그것인데, 나 개인적으로는 조선조 후기의 이 사태가 어쩌면 한국불교사에서 정토가 누리는 가장 영광스러운 시대의 하나가 아니었을까 싶기도 하다. 적어도 염불자念佛者들이 살아서 극락에 왕생하였다는 이야기가 전해오는 신라 시대의 정토신앙에 버금가는 것만은 틀림없을 것이다.

이 시대 정토사상에 대한 개척적인 연구자가 바로 김종진, 김기종, 그리고 이종수이다. 김종진의 연구는 조선조 후기의 불교문학에 나타난 정토신앙을 다룬 것[384]인데, 당시의 염불가사念佛歌辭와 같은 정토시淨土詩의 장르에는 타방정토를 그리워하는 신심이 잘 담겨 있었다 한다. 그렇다고 한다면, 조선조 후기에는 타방정토설이 널리 받아들여지고 있었음은 분명해 보인다. 김종진의 연구 성과를 이어받으면서, 김기종은 『염불보권문』의 내용 분석을 통해서 좀 더 심화된 성과를 보여준다.[385]

다만 우리의 문제는 선사들이 정토신앙을 과연 받아들이고 있었는가 하는 점인데, 청허 휴정淸虛休靜(1520~1604)의 경우에는 『선가귀감禪家龜鑑』에서, 당시까지의 선 중심으로 자성미타와 유심정토를 말하는 관점을 비판하고, 타방정토의 왕생을 위한 칭명

**384** 김종진 2010. 참조.

**385** 김기종 2018. 참조.

염불의 의의를 역설하고 있다.[386] 이 점에 대해서 전준모가 주목[387]하고 있는데, 그는 청허 휴정의 염불관을 자력 일변도에 대한 비판으로 보면서 한 걸음 더 나아가서 자력과 타력의 양립 가능성을 탐색하고 있다. 그의 논의에는 일본 정토문에서의 경험이 녹아들어 있다. 특히 시종時宗의 개조 잇펜一遍의 관점을 받아들여서 자력과 타력의 대립을 해소시키고자 한다.[388]

이러한 청허 휴정의 관점이 조선 후기에 이르면 삼문수업의 입장으로 발전해 갔다고 볼 수 있다. 이 점을 천착한 것이 바로 이종수이다. 이종수는 김종진이 불교문학에서 이룬 연구 성과를 섭취하면서, 선사들의 저술을 직접 탐색하였다. 그 결과 "조선 후기의 선사들 대부분은 유심정토와 서방정토를 대립적으로 보지 않았던 것 같다"[389]고 평가한다. 이로써 간화선을 하는 경절문徑截門과 칭명의 염불문念佛門이 나란히 병립竝立하고 있었음을 알 수 있는 것이다.

오히려 "염불 수행은 고려 후기나 조선 전기와 같은 유심정토적 염불이 쇠퇴하고 서방정토와 유심정토가 합일된 염불수행이 행해졌던 것"[390]이다. 이때 '합일'은 청화의 염불선에서 볼 수 있는 것과 같은 "염불이 선이고, 선이 염불이라"는 것이 아니다. 여전히 선은 선이고 염불은 염불인데, 한 선사가 선과 염불을 둘 다 행

386 한불전 7, pp. 640b~641a. 참조.

387 전준모 2018, p. 235. 참조.

388 위의 책, p. 241. 참조.

389 이종수 2010, p. 190.

390 위의 논문, p. 218.

한다든지 둘 다 수행할 것을 권진勸進한다든지 하는 일을 가리킨다. 그리고 교단 전체적으로 그러한 흐름이 독자의 문門으로서 개설되어 있기에 '병립'이라 말할 수도 있을 것이다. 심지어 기성 쾌선箕城快善(1693~1764)의 경우에는 간화선의 경절문, 화엄의 원돈문圓頓門, 그리고 '나무아미타불' 칭명稱名의 염불문으로 이루어진 삼문三門 중에서 "경절문이나 원돈문보다도 염불문이 더 수승한 문이라고 하였다. (…) 이는 염불문으로 경절문과 원돈문을 포섭한 것"[391]으로 볼 수 있다는 것이다. 그렇게 염불문이 가장 수승한 문이라는 주장까지야 보편화될 수 없었지만, 적어도 진허 팔관振虛捌觀(영 · 정조)의 『삼문직지三門直指』에서 삼문의 하나로서 정립鼎立되었다[392]는 사실은 분명하다.

현재 한국불교에서는 이러한 삼문수업의 전통은 사라지고, 염불문은 현저히 약화되었다고 볼 수 있다. 일본의 경우와는 달리 종파불교가 아닌 한국불교의 입장에서, 정토문을 되살리고자 할 때 목표로 삼아야 할 것은 바로 이러한 삼문수업의 전통이 살아 있었던 조선 후기 불교의 모습이 우선 일차적 목표가 되어도 좋지 않을까 싶다. 물론 현시대의 맥락을 반영하여 다소 보완할 필요는 있을 것이다.

---

**391** 위의 논문, p. 199.

**392** 최근 정헌열에 의해서 『삼문직지』의 체제와 편찬 의도에 대한 연구가 이루어졌다.(정헌열 2019) 그 논의에서 중심이 되는 것은 역시 염불문이었다. 다만, 정토의 종학적 입장에서 볼 때 『삼문직지』의 염불문 안에 모여 있는 선적 염불, 진언과 염불의 융합, 칭명염불 등에 대하여 어떻게 평가할 수 있는가 하는 점은 과제로 남겨져 있는 것으로 보인다.

## Ⅳ. 남아 있는 몇 가지 과제

불교계에서 정토신앙이 확고히 자리 잡고 있지 못하다면, 불교학계에서 정토학 연구 역시 활성화되기 어려울 것이다. 그러나 그 역도 성립할 수 있다. 불교학계에서 정토사상 연구가 확실히 이루어진다면, 그러한 담론은 불교계에 흘러 들어가서 정토신앙을 북돋을 수 있을 것이다. 어느 쪽이 먼저인가 하는 문제는 의미가 없는 질문이다. 불교계에서는 정토신앙을 널리 펼쳐야 할 것이고, 불교학계에서는 정토학 연구를 활성화하기 위하여 동시적으로 노력해야 할 것이다.

지금 한국의 불교계나 불교학계 상황은 이 모든 부분에서 대단히 어려운 것이 현실이다. 그 가장 근본적인 원인은 정토 삼부경에서 하는 이야기가 소박실재론素朴實在論의 입장을 갖고 있는 사람들에게는 믿기 어려운 것으로 치부되고 있기 때문일 것이다. 극락이나 아미타불에 대한 합리적 설명이 어렵고, 불교 교리적 설명 역시 적지 않게 어렵기 때문이다. 아니, 어쩌면 '어렵다'기 보다는 '어려움을 겪고 있다'고 말하는 편이 더 적절할지도 모른다. 이는 비단 정토불교에만 한정된 이야기가 아니라 대승불교 전체가 다 그러한 어려움을 겪고 있다고 말할 수 있으리라. 대승비불설大乘非佛說이나 비판불교批判佛敎가 제기하는 물음에 대해서 적절하게 응답해야 할 이유도 거기에 있다.

이런 와중에 나는 미래에 한국의 정토학 연구가 걸어갔으면 하고 희망하는 몇 가지 과제를 새롭게 제시하는 것으로 이 글을 맺음하고자 한다.

① 정토사상 연구나 정토신앙을 위해서나 가장 중요한 벽壁이 되고 있는 과학적이고 실증적인 사고 경향에 대응하여 정토사상을 설명하는 일

② 정토문의 불교를 성도문의 입장으로 포용해버리는 일 없이 올바르게 설명함으로써 정토문의 독자적 가치를 확보하는 일

③ 정토문 안에서도 삼부경의 경전과 후대의 해석 사이의 연속성과 불연속성을 밝히는 일

④ 현시대의 불교계 상황이나 불교학 연구 성과를 반영하여 '새로운 삼문수업'의 체제를 제시하고 구축하는 일

⑤ 정토사상에 기반한 심리상담이나 환경철학의 제시와 같은 '응용정토학應用淨土學'의 정립과 그 실천

⑥ 문학과 미술 등을 비롯한 '정토문화학淨土文化學'의 발전

⑦ 죽음이나 상장례喪葬禮 의례와 관련한 '정토사생학淨土死生學'의 정립과 그 실천

2013년 김영진의 연구사 정리 이후에 7년 만에 이 글이 쓰였다. 다시 앞으로 7년 뒤 또 다른 학자가 그때까지의 정토학 연구를 되돌아본다면, 어떤 연구사가 이루어질 수 있을까? 벌써 기다려지면서, 동시에 무거운 책임감도 느끼게 된다.

# 제4부.

# 비판에 대한 반비판은?

## 1장.

# 염불 비판의 논리와 근대정신의 투영

## —만해 한용운의 『조선불교유신론』에 나타난 염불관을 중심으로

이 글은 현재 우리나라 불교계나 불교학계에서 "나무아미타불" 염불을 통한 극락왕생이라는 정토신앙을 불교라고 받아들이지 못하는 분위기가 있음을 인식하면서, 그들의 논리를 고찰하면서 비판해보는 글이다. 대개 인터넷 등을 통해서 볼 수 있는 자료를 직접 다루는 대신, 이 글에서는 그들의 논리와 저변에서 일맥상통한다고 판단되는 만해 한용운의 『조선불교유신론』의 「염불당의 폐지」를 대상으로 한다.

「염불당의 폐지」 안에는 불교사상의 내적인 논리와 함께 불교 외적인 시대사조, 즉 근대정신modernity이 영향을 미치고 있다. 만해가 갖고 있는 선적이고, 초기불교적인 논리는 불교 외적인 시대사조라고 할 수 있는 과학적 · 실증적 · 합리적인 근대정신과 서로 영향을 주고받으면서 염불 비판의 논리를 형성한 것으로 보인다.

구체적으로 만해는 정토삼부경에서 설하고 있는 정토신앙을 전혀 믿지 않는다. 타방정토의 존재나 아미타불의 구제, 칭명염불을 통한 왕생 등 정토신앙의 핵심을 구성하는 요소들 중 그 어느 하나에 대해서도 긍정하지 않는다. 그것들을 비판하는 데 화엄이나 선과 같은 논리를 활용한다. 그러나 그의 논리 안에는 정토를 비판하는 입장을 마치 정토의 입장인 것으로 오해하는 등의 잘못도 보인다. 더욱이 그가 '참된 염불'이라는 개념을 제시하면서 진정한 염불이라고 추구한 것은 정토불교에서 말하는 염불과는 무관하고, 서산 대사가 말하는 참된 염불과도 다른 것이었다.

이러한 염불 비판의 논리를 전개하면서 만해는 '전화', '축음기', '사법관', 그리고 '도덕적 책임' 등과 같은 언어를 쓴다. 물론 이는 비유라고 볼 수도 있지만, 단순한 비유 표현을 넘어서는 함축을 갖고 있는 것으로 보았다. 그러한 언어를 통하여 상징되는, 혹은 그러한 언어 속에 투영된 근대정신을 만해는 의식하면서 염불 비판을 하였던 것으로 판단된다.

이들 염불 비판에 대해서 나는 정토신앙의 입장에서 다시금 반비판하는 논리를 전개해보았다. 이를 통하여 정토불교의 존재 의의 내지 성립 가능성을 탐구하고자 하였다.

이 글은 애당초 2018년 12월 8일 중국 광주 중산中山대학에서 열린 "동아시아 불교와 근대화 문제" 주제의 국제학술세미나에서 구두 발표한 뒤, 대폭 수정하고 보완하여 『보조사상』 제56집(보조사상연구원, 2020) 179~213쪽에 수록되었다. 이 책에 수록하면서 수정 · 보완이 이루어졌다.

## Ⅰ. 정토신앙을 외면하는 현실

오늘날 한국불교에서 정토신앙이 차지하는 위상은 일본불교나 타이완불교에서 정토신앙이 차지하는 위상에 비해서 현저하게 낮은 것으로 생각된다. 결코 불교 신행의 주류라고 말할 수는 없다. 전통적으로 볼 때는 선불교가 주류라고 해야 할 것이고, 현대에 이르러서는 초기불교 전통이 새롭게 소개 및 조명되고 있는 것으로 보인다.

이러한 맥락에서 "나무아미타불" 염불을 통해서 내세에 서방정토 극락세계에 왕생하려는 정토신앙에 대해서는 오히려 비판적인 관점을 내보이는 사례가 드물지 않다. 물론, 그러한 경향은 글을 통해서 드러나는 경우는 사실 드물다. 정면에서 정토신앙의 논리를 비판하는 저술이나 논문들은 보기가 쉽지 않다. 그렇지만 불교인들의 의식이나 담화, 또 현재 널리 성행하는 인터넷의 댓글 등에서 정토신앙 비판의 담론은 적지 않다. 그러한 담론을 여기서 직접 인용하지는 않겠으나, 이 글은 바로 그러한 비판에 대한 간접적인 토론 내지 답변이라는 성격을 갖는다.

그런데 저술이나 논문을 통하여 "나무아미타불" 염불을 특징으로 갖는 정토신앙에 대한 비판의 논리를 확인하기 어려운 현실에서, 만해 한용운萬海/卍海 韓龍雲(1879~1944, 이하, '만해'로 약칭함)의

『조선불교유신론』에 「염불당의 폐지」라는 글이 있어서 주목을 요한다. 이미 100년도 훨씬 더 지난 글이지만, 그 속에는 현재 우리 불교계 내지 불교학계에서 논의되는 염불 비판의 논리가 이미 선취先取되어 있다고 보이기 때문이다.

다 아는 것처럼, 만해는 불교 개혁가, 독립운동가, 시인 등의 다양한 얼굴을 지닌 인물이기도 하지만, '승려'로서 불교의 근대화에도 결코 외면할 수 없는 역할을 하였다. 이 점을 김광식은 다음과 같이 평가하고 있다.

> 불교 청년운동, 불교 개혁운동, 불교계 항일운동, 불교계 3·1운동, 포교당 활동, 경전 번역, 승려 교육, 종단 건설 및 개혁 등의 활동에 직간접적으로 한용운이 관련되지 않은 것이 없었다. 이는 불교의 근대화 추진의 중심에 그가 자리 잡고 있었음을 말한다.[393]

특히 『조선불교유신론』을 통해서 조선불교, 구체적으로는 조선불교 승가의 개혁을 부르짖었다. 그의 개혁론이 갖는 시대적 의미는 적지 않았으며, 현재에도 다시 되돌아볼 필요가 있는 논의 역시 적지 않으리라 생각된다. 그러한 긍정적인 부분과 함께 그의 주장을 그대로 받아들이기 어려운 부분들 역시 존재한다. 종래 대처帶妻 문제에 대해서는 비판들이 이루어졌지만, 여기서 주목하고 싶은 것은 『조선불교유신론』 안에 담겨 있는 「염불당의 폐지」

393 김광식 2011, p. 208.

이다.

「염불당의 폐지」에 나타난 만해의 정토 비판의 논리 안에는 불교 내적인 논리와 불교 외적(=시대적) 경향이 모두 투영되어 있는 것으로 판단된다. 이 두 가지 측면은 서로 상호영향을 주고받은 것으로 볼 수 있다. 만해가 염불을 비판할 때 가졌던 불교 내적 논리가 그로 하여금 그가 살았던 시대의 정신을 선택하게 하였을 것이고, 역으로 그러한 시대적 정신을 섭취함으로 인하여 불교 내적인 논리를 강화할 수 있었을 것이다.

이제 본론에서는 이러한 두 가지 측면의 상호작용을 염두에 두고서, 구체적으로 「염불당의 폐지」를 분석적으로 고찰하고자 한다. 그러면서도 동시에 정토신앙에 대한 만해의 비판 논리를 다시 정토신앙의 입장에서 재비판해본다. 이는 현대 한국불교에서 정토신앙이 성립 가능한지 물어본다는 의미를 갖게 될 것이다.

## Ⅱ. 염불 비판의 불교 내적 논리

구체적으로 만해 한용운이 제기하는 염불의 문제점이 무엇이고, 이에 대한 대안 제시는 무엇인지를 살펴보기 위해 「염불당의 폐지」가 어떻게 구성되어 있는지를 파악할 필요가 있다. 우선 「염불당의 폐지」가 갖고 있는 내용 구성에 대한 나 나름대로의 이해 방식을 다음과 같이 도표로 제시해본다.

- 비판
  - 칭명염불 비판 : 朝鮮之所謂念佛者 — 雖呼, 贅言
  - 타방정토 비판 : 吾聞念佛之究竟目的 — 窮年沒齒, 何益
  - 왕생론 비판 : 或日, 若有衆生 — 在我而已
- 대안
  - 참眞염불의 정의 : 今之所謂 — 是眞念佛
  - 거짓假염불의 정의 : 懼夫人之不眞念佛而 — 斯固容矣
  - 방편의 폐해 : 雖然, 權而不得中— 何以爲情

이 중에서 먼저 '비판'과 '대안' 제시를 좀 더 상세히 살펴본 뒤에, 그러한 논의 속에 근대정신이 어떻게 투영되어 있는지는 Ⅲ장에서 살펴보고자 한다.

### 1. 비판 : 염불당 비판의 논리

염불당은 왜 폐지되어야 한다고 만해는 생각했던 것일까? 그는 세 가지 측면에서 문제가 있다고 판단하였다. 첫째는 칭명염불, 둘째는 타방정토, 셋째는 왕생론에 대해서이다. 이 셋은 정토신앙이라는 집을 떠받치는 기둥들이라 볼 수도 있는데, 그만큼 만해의 비판은 정토신앙의 핵심을 향하고 있으며 또한 망라적이라 볼 수 있다. 물론 만해는 그 어느 하나에 대해서도 동의할 수 없었다. 이하, 자세히 살펴보기로 한다.

### 1) 칭명염불稱名念佛에 대하여

이 부분은 「염불당의 폐지」의 첫 번째 문단이 되는데, 다음과 같은 논증식論證式으로 정리할 수 있을 만큼 정연한 비판 체계를 갖추고 있다.

> 비판 : 조선에서 소위 염불이라는 것은 호불呼佛이지 염불은 아니다. 아미타불이 극락정토에 존재하는가?
>
> 반론 : "서쪽으로 십만 억이나 되는 국토를 지나 한 나라가 있되, 그 이름을 극락이라 하였다."
>
> 반비판 : 어찌도 그리 먼 것인가?[394]

'비판'과 '반비판'이 만해의 입장인데, 우선 '비판'에 두 가지 내용이 언급되고 있다.

첫째 "조선에서 소위 염불이라는 것은 호불呼佛이지 염불은 아니다"라는 언급은, 만해 당시 그가 목격한 염불은 그저 입으로 아미타불의 이름을 부르는 '호불呼佛'에 지나지 않는다는 것이다. 그가 생각하는 바람직한 염불이 아니라는 입장이다.

그런데 '호불'을 비판하는 만해의 관점이 새삼스러운 것은 아니다. 과거에도 선의 입장에 서서 염불을 말할 때, '호불'과 '염불'을

394 『전집 2』, p. 56. '비판', '반론', '반비판'과 같은 말은 원문에 없는 말인데, 논증식으로 구성해 보이기 위해서 내가 붙인 말이다.

대립시킨 경우가 없지 않았기 때문이다. 바로 조선 중기의 선사 청허 휴정淸虛休靜(1520~1604)은 『선가귀감』에서 다음과 같이 말하고 있는 것이다.

(부처님이) 입에 있으면 송(불)이고, 마음에 있으면 염(불)이다. 헛되이 (입으로만) 부르고 생각을 놓치게 되면 도에 무슨 이익이 있겠느냐.[395]

그렇다면, 과연 만해와 청허의 입장은 같은 것일까? 그렇지 않다. 청허는 정토와 왕생을 인정하는 바탕 위에서 '송불'은 참다운 염불이 아니라는 뜻에서 한 말이지만, 만해는 그렇지 않다. 후술할 바와 같이, 그가 생각하는 참다운 염불은 칭명의 염불이 아니기 때문인데, 그것은 그가 정토의 존재를 인정하지 않는다는 점에서 어쩌면 당연한 수순일지도 모른다. 그런 까닭에 지금 여기서도, 만해는 칭명이나 염불에 대해서 더 이상 논하지 않는다. 그 대신 '비판'의 두 가지 내용 중 둘째, 즉 아미타불의 극락정토가 존재하느냐 하는 문제로 옮겨간다.

"아미타불이 극락에 존재하는가?"라는 회의적懷疑的 문제 제기 이후, 정토가淨土家가 할 법한 '반론'을 상정한 뒤, 그 '반론'에 대한 재비판을 다시 시도한다. 먼저 자신의 비판에 대하여 정토가가 제

395 만해의 '호불'과 청허의 '송불'은 말은 달라도 같은 개념임은 물론이다. 청허, 『선가귀감』, 한불전 7-640b.

기할 만한 반론으로 만해 스스로 상정한 것은 사실 『아미타경』에 나오는 경설經說[396]이다. 위의 논증식에서 따옴표(" ")를 붙인 것도 그런 점을 드러내기 위해서이다. 분명 『아미타경』이라는 불교 경전에서는 극락국토의 존재를 구체적인 방위, 즉 '서쪽으로 십만 억이나 되는 국토를 지나서' 존재한다고 말한다. 그렇지만, 만해는 경전에서 설하는 내용에 대해서조차 "어찌도 그리 먼 것인가?"라고 말하면서 불신을 표명하고 있다.

그런 뒤, 다시 정토가의 반론을 하나 더 상정해서 재비판한다. 이는 다음과 같은 논증식으로 재구성해볼 수 있을 것이다.

> 반론 : 불신佛身이 법계法界 안에 충만해 있다. (그러므로 아미타불은 존재하는 것이 맞다.)[397]
>
> 비판 : 그렇다면 원근遠近 내외內外가 불신이 아님이 없을 것이니, 새삼스레 무엇을 부른다는 말인가.[398]

우선 지적하고 싶은 것은, 만해가 상정한 정토가의 '반론'은 정토가의 입장이라고 보기는 어렵다는 점이다. 오히려 그러한 정토가를 비판하면서 정토의 존재를 부인하는 측에서 활용할 수 있는 논리라는 점이다. "불신이 법계 안에 충만해 있다"는 것은 『화엄

---

**396** 대정장 12, p. 346c.

**397** ( ) 속의 말은 만해의 말이 아니라 나 자신이 보충한 것이다.

**398** 『전집 2』, p. 56.

경』[399]의 구절인데, 정말 그렇다고 한다면 굳이 정토가 서방에 있다고 할 수만은 없으며, 굳이 아미타불 역시 서방에만 존재한다고 볼 수는 없지 않느냐는 논리로 쓰일 수 있는 구절이다. 즉 정토가를 비판할 때 쓰이는 논리인데, 정작 만해는 그것을 정토 비판에 대응하는 정토가의 논리로 상정하고서 다시금 재비판하고 있는 것이다.

아무튼 만해는 정토가라면 내세우지 않을 논리를 '반론'으로 상정한 뒤, 다시 '비판'에서 "원근 내외가 불신 아님이 없을 것이니, 새삼스레" 아미타불을 칭명할 필요가 어디에 있는가, 라고 반문한다. 정토가의 '반론'과 만해의 '비판' 모두 화엄 사상에 입각하고 있는 것일 뿐, 정토가의 입장이 정확히 반영된 것은 아니다.

이렇게 만해는 정토가의 입장에 귀를 기울이지 않고서 비판을 계속 이어가는데, 다시 선의 논의를 정토가의 '반론'으로 상정한다.

> 반론 : 자기 마음이 곧 아미타불이다.
>
> 비판 : 그렇다면 항상 (아미타불이) 내 몸 안에 있어서 손을 저으나 가지 않고 부르나 오지도 않아, 가고 옴이 처음부터 없는 주인공이라 할 것이다. 남에게 불리는 것은 있을 수 있거니와 스스로 부르는 것은 있을 수 없는 일이다.[400]

399 대정장 10, p. 30a.

400 『전집 2』, p. 56.

"자기 마음이 곧 아미타불이다"라는 것은 "자기 마음이 곧 부처다"라는 말의 변용이다. 후자는 선불교 일반의 입장인데, '부처'를 '아미타불'로 구체화한 것이다. 이는 자성미타自性彌陀설로서, 유심정토唯心淨土설과 함께 짝을 이루어서 서방정토와 그곳에 존재하는 아미타불을 부인하는 논리로 활용되어왔다. 그러니까 "자기 마음이 곧 부처이다"라고만 하지 않고, 보다 구체적으로 "자기 마음이 곧 아미타불이다"라고 하는 것 자체가 이미 선불교에 끼친 정토불교의 영향력이 만만치 않다는 점을 나타낸다. 정토불교에 대한 대응책으로서 아미타불을 서방의 공간이 아니라 자기 마음 속으로 데리고 와야 할 필요성을 느꼈던 것일 터이다. 그렇게 선불교의 입장에서 하는 "자기 마음이 곧 아미타불이다"라는 말을 정토 비판에 대응하는 정토가의 논리로 상정한 뒤, 만해는 재비판하고 있는 것이다.

그러나 실제로 그 당시 정토염불을 하던 사람들이 선불교에서 말하는 논리를 활용하여 정토 비판에 대하여 반론을 제기했을까 하는 점은 의문이다. 이는 뒤에서 서술할 것이지만, 그 당시 만해가 눈으로 목격했던 정토가들은 고성염불高聲念佛을 하던 사람들이었고, 그들은 만해로부터 비판받았을 염불행자들이었는데, 그런 그들이 선불교의 자성미타설을 내세워서 서방정토와 칭명염불을 정당화했을 것으로는 생각되지 않기 때문이다. 그런 점에서 이는 만해 스스로가 상정한 '반론'이었을 가능성이 훨씬 크다고 생각된다.

그런 까닭에 "불도를 불러서 구할 수 있다고 한다면 천 번 만 번

불러 사양할 바 아니거니와, 불러서 구할 수 없는 바에는 부른다 해도 군말이 될 따름이다"[401]라고 칭명염불을 비판할 때, 만해에게는 극락과 아미타불의 존재에 대한 의혹[402]이 그 근저에 놓여 있음을 알 수 있다. 극락과 아미타불의 존재를 말하는 정토삼부경의 경설을 무겁게 받아들이지 않고 있는 것이다. 경설조차도 쉽게 비판하고 부정하는 경지로 나아가고 만다.

### 2) 타방정토他方淨土에 대하여

타방정토설은 사바세계는 예토이고 서방에 정토가 따로 존재한다고 말하는 입장이다. 그래서 "예토를 싫어하고 떠나려 하며 정토를 기꺼이 구한다(염리예토厭離穢土, 흔구정토欣求淨土)"[403]라는 것이 정토교의 기본적 입장이 된다. 이에 대하여 만해는 "예토가 곧 정토라는 말은 들었지만 예토 그 밖에 따로 정토가 있다는 말은 듣지 못했다"[404]라고 비판하는 것이다.

예토 밖에 따로 정토가 존재한다는 것은, "서쪽으로 십만 억이

---

401 『전집 2』, p. 57.

402 만해는 1914년에 출판한 『불교대전』에서 염불에 대한 가피를 설하는 경전의 구절들을 인용하고 있으나, 극락이 어떤 곳이며 아미타불이 어떤 부처인지에 대한 경설은 인용하지 않고 있다. 이에 대해서는 별도의 고찰이 필요하므로 여기서는 상술할 수 없다.

403 일본의 겐신源信(942~1017)이 지은 『왕생요집往生要集』의 십문十門 중에서 첫째와 둘째이다. 『왕생요집』, p. 13.

404 『전집 2』, p. 57.

나 되는 국토를 지나 한 나라가 있되, 그 이름을 극락이라 하였다"라는 『아미타경』의 경설[405]에도 분명히 나타나 있는 것이다. 바로 그 구절을 만해는 인용했던 것이므로, "예토 그 밖에 정토가 있다는 말은 듣지 못했다"는 만해의 말은 진실일 수 없다. 모를 리 없었던 것이다. 다만, 그것을 믿지 못했다고 말하는 것일 뿐이다. 그러면서 "예토가 곧 정토"라는 입장이 옳다고 말한다.

그 이유는 "국토에 본디 예토 정토의 구별이 있는 것은 아니며, 다만 마음에 더럽고 청정한 차이가 있을 뿐이다"라고 보기 때문이다. 이는 극락의 문제를 마음속으로 환원하는 입장이다. 물론, 이러한 관점은 『유마경』과 같은 경전에서도 나오고 있다. 만해가 인용하고 있는 것처럼 "중생의 마음이 보살의 정토이다"[406]라고 말했던 것이다. 정토삼부경의 정토설은 그러한 『유마경』의 정토설[407]과는 다른 입장인데, 만해는 그러한 대승 경전이 말하는 유심정토설의 입장에서 정토삼부경의 타방정토설을 비판하고 있는

405 이와 같은 말은 『무량수경』에도 그대로 나온다. "법장보살은 현재 이미 성불하여 서방에 계시니, 여기서부터 십만 억 국토를 지나서인데, 그 부처님 세계를 '안락'이라 이름한다." 대정장 12, p. 360a.

406 『전집 2』, p. 57. 이 말이 그대로 나오는 문헌은 법운法雲의 『법화경의기法華經義記』인데(대정장 33, p. 615b. 참조), 만해가 『법화경』의 전문적 주석서인 『법화경의기』로부터 인용했을 것으로 보이지는 않는다. 그보다는 『유마경』의 뜻을 취한(取義) 것으로 생각된다. 『유마경』 불국품에는 "보리심이 보살의 정토이다"(대정장 14, p. 538b.)라는 문장들이 열거되고 있기 때문이다. 실제 만해는 미완으로 끝났으나 『유마경강의』를 남기고 있다.

407 『유마경』에도 타방정토설은 물론 나타나고 있다. 그러나 그 타방정토설이 미친 영향보다도 유심정토설이 미친 영향이 더욱 크다고 생각된다. 이들에 대해서는 김호성 2002, pp. 136~150. 참조.

것이다.

물론 만해는 유심정토설에서 말하는 정토 자체가 지금-현실의 더러운 땅이라는 '예토' 관념에 상대하여 발생한 관념이며, 이상세계로서 상정된 '정토'가 먼저 존재했기에 성립 가능했던 개념임을 모르고 있다. 만해는 이 점을 인식하지 못하고 있는 것이다.

이상세계로서 추구되는 불국토, 즉 정토 실현 자체가 중생(=불국토를 추구하는 존재이기도 한 보살)의 마음을 정화하는 데서 시작되는 것이라는 점을 『유마경』의 유심정토설은 말하고 있는 것이다. 그리고 그러한 의미의 유심정토설은 『무량수경』에서 법장보살이 추구했던 보살도의 길과 다른 것이 아니다. 그러므로 한 말로 '유심정토'라 해도, 선禪에서 흔히 말하는 것과 같은 "청정한 마음이 곧 정토이다. 그러므로 마음 밖에 정토는 없다"라는 맥락과는 다른 것임을 주의해야 한다.

요컨대 '유심정토'라는 말 속에 이미 포함되어 있는 것처럼, '정토'가 먼저 존재 · 상정되어 있지 않으면 '유심정토' 역시 존재할 수 없다. 그런 점에서 유심정토는 타방정토와 모순되는 개념이 아니며, 타방정토 없이 존재할 수 있는 개념도 아니고, 유심정토가 타방정토를 부정하는 논리로 쓰여도 아니 되는 개념이다. 다만 타방정토의 구현을 위한 출발점에 놓여 있는 것일 뿐이다.[408] 그러니까 흔히 '유심정토설'이 "마음 밖에 정토는 없다"는 논리로 이해

408 이러한 나의 논의는 '김호성 2002'에서는, 그 단계에서는 아직 생각할 수 없었던 것이기도 하다. 그동안 정토신앙을 보는 내 자신의 눈이 '선' 중심에서 '정토' 중심으로 전환되었던 것이다.

되고 쓰이는 것은, 적어도 『유마경』의 유심정토설과는 다른 입장임을 기억해야 한다.

그럼에도 불구하고 현세에서 성불이 어려운 중생을 위하여 서방에 아미타불의 정토가 있으며, 그 정토로 왕생해야 한다고 정토법문이 설하는 까닭은 범부 중생들의 오랜 업으로 인하여 번뇌가 불성을 가리고 있기 때문이다. 그러므로 정토문에서는 금생성불今生成佛을 말하지 않는다. 예외적으로 일본 정토진종의 개조 신란의 경우, 현생정정취現生正定聚를 말하고 있긴 하다. 그렇지만 그것은 왕생이 현생에 결정된다는 것일 뿐 현생에서 성불이 이루어진다고 말하는 것은 아니다. 정토에 왕생하는 것이 곧 성불이라고 말함으로써, 성불은 내세의 일이 된다.

중생이 갖고 있는 불성의 존재 그 자체로 인해서 우리는 왕생 이후 성불할 수 있는 것이다. 조선 후기 염불문을 독립적으로 선양한 것으로 평가되는 기성 쾌선은 『청택법보은문請擇法報恩文』에서 "자성이 곧 아미타불이라고 말하는 자에게 말하노니, 자성이 비록 참되지만 성불하는 것은 극히 어렵다. 태어날 때부터 석가가 있으며 저절로 된 미륵이 있겠는가"[409]라고 하였다. 이 점을 만해는 인식하지 못하고 있다.

409 한불전 9, p. 650a. 그 책의 문맥에서 보자면, 이 말은 신라 의상의 말인 것으로 생각된다.

### 3) 왕생론往生論에 대하여

만해의 왕생론 비판을 보면, 그의 비판이 사실은 타력他力 비판임을 알 수 있게 된다. 그가 비판할 입장을 먼저 제시하고 있는데, 이는 다음과 같은 논증식에서는 '반론'으로 정리할 수 있다.

> 반론 : 만약 중생이 있어 지심至心으로 염불하면, 부처님께서 그 정성에 감동하시고 그 뜻을 불쌍히 여겨 극락정토로 인도하신다.
>
> 비판 : 이것은 인과의 설을 모르는 것이다. 인과란 무엇인가. 좋은 원인을 지은 자는 좋은 결과를 받고, (…) 어찌 일조일석에 요행으로 죄를 면하기도 하고 우연히 얻기도 하는 일이 있겠는가.[410]

타력의 입장에서 볼 때 "부처님께서 악업을 지은 중생도 정토에 인도하고자 하신다면, 어찌 염불하는 사람만을 인도하고 다른 사람은 인도하지 않아서 차별하겠는가"[411]라고 말한다. 염불왕생은 『무량수경』의 제18원에서 제시되어 있는 아미타불의 본원이다. 상권에서 설하는 제18원을 인문因文이라 말하고, 하권에서 설하는 제18원을 성취문成就文이라 말한다. 차례로 인문과 성취문을 옮겨보면 다음과 같다.

---

410 『전집 2』, pp. 57~58.

411 위의 책, p. 58.

가령 내가 부처가 된다고 하더라도 온누리의 중생들이 지극한 마음으로 (나의 이 발원을) 믿고 좋아하여 나의 국토에 태어나고자 해서 십념 정도를 하였음에도 불구하고, 나의 국토에 태어나지 못한다면 (나는) 정각을 이루지 않으리라. 다만 오역죄와 정법을 비방하는 (죄를 저지른 자들은) 제외한다.[412]

(가령 내가 부처가 된다고 하더라도) 모든 중생들이 나의 이름을 듣고서는 신심으로 기뻐하면서 일념 정도를 지극한 마음으로 하고 (그 공덕을) 회향하여 나의 국토에 태어나고자 한다면 곧 왕생을 얻어 (그곳에서) 다시 물러남이 없는 경지에 머물 것이다. 다만 오역죄와 정법을 비방하는 (죄를 저지른 자들은) 제외한다.[413]

그런데 만해는 이러한 제18원의 논리를 인정하지 못한다. 그렇기에 그러한 정토신앙의 논리를 비판하는 논리로서, 중생 스스로에게 스스로의 행위에 의해서 이루어진 '도'가 있어야 한다는 자력自力을 내세운다.

나에게 성불할 만한 도가 있으면 내가 스스로 성불하여 저절로 정토에 가게 될 것이다.[414]

---

**412** 대정장 12, p. 268a.

**413** 위의 책, p. 272b.

**414** 『전집 2』, p. 58.

스스로의 수행 결과로 성불이 결정될 뿐, 어찌 부처님의 이름을 부른다고 해서 극락에 왕생할 수 있겠는가, 라는 논리이다. 이는 명백히 타력에 대한 비판 내지 부정이다. 먼저 우리는 만해가 생각하는 만해의 길, 즉 자력의 길이 잘못이라 말할 수는 없다는 점을 확인해둘 필요가 있다. 이 땅에서, 현세에서 "스스로 성불하는" 것이 곧 자력의 길이다. 불교는 그러한 길을 주류로서 제시해왔다. 그것이 불교사였음은 부인할 수 없다.

다만 정토의 법문이 타력으로서 주어진 이유는 바로 스스로 성불하는 것이 불가능한(혹은 불가능하다고 생각하는) 범부를 위한, 범부 구제의 길로서 제시되었던 것이다. 선악이나 수행의 결과에 따라서 성불하는 것만이 존재한다면 범부 구제는 불가능해진다. 그런 기준이라면 모든 범부들은 낙오자일 수밖에 없는데, 실제로는 성인들보다 그런 낙오자들이 더 많지 않겠는가. 그러므로 범부의 입장에서는 스스로 성불하는 길을 걸을 수 없다. 아무리 노력해봐도 번뇌구족煩惱具足의 범부로서는 불가능하다고 정토 사상가들은 본 것이다.[415]

그러므로 범부들은 아미타불이 제18원에서 세워놓으신 본원, 즉 중생에 대한 초대장에 응할 수밖에 없다. 물론, 그러한 범부의 태도는 만해가 말한 대로 "비굴한" 태도일 수 있다. 그런데 그런 존재가 범부이다. 범부가 비굴한 것이 문제가 아니다. 그렇게 비

415 이러한 정토교의 입장은 철저히 근기根機를 고려하는 것이다. 그런데 선불교에 입각한 만해는 근기를 고려하지 않았다고 볼 수 있다.

굴할 수밖에 없는 범부, 다른 길이 없는 범부에 대해서는 만해가 연민의 정을 보여주지 않으며, 그러한 범부들이 취할 수 있는 해탈 방법에 대한 고뇌가 없다는 점이 오히려 문제가 아닐까.

### 2. 대안 : 참염불의 선택

앞 절에서 우리는 만해 한용운이 염불을 비판하는 논리를 살펴보았다. 그것은 모두 그가 말하는 '거짓염불'에 대해서이니, 그러한 거짓염불을 만해는 가려서 버리고(選捨), 참염불을 선택選擇하고자 한다. 물론 그가 말하는 '거짓염불'은 '호불'을 가리킨다. 그렇다면 참염불은 무엇일까? 그는 다음과 같이 대답한다.

> 참다운 염불이란 무엇인가? 부처님의 마음을 염하여 나도 이것을 마음으로 하고, 부처님의 배움을 염하여 나도 이것을 배우고, 부처님의 행을 염하여 나도 이것을 행해서 비록 일어一語 · 일묵一默 · 일정一靜 · 일동一動이라도 염하지 않음이 없어서, 그 진가眞假와 권실權實을 가려 내가 참으로 이것을 소유한다면 이것이 참다운 염불인 것이다.[416]

이를 통해서 우리는 만해가 생각하는 참염불은 "나무아미타불"의 칭명염불이 아니라, 부처님의 마음을 염하고 부처님의 배움을

---

**416** 『전집 2』, p. 59.

배우고 부처님의 행을 행하는 것을 의미하는 줄 알게 된다.

이는 실상염불實相念佛과 비슷한 것 같으나, 다소 다르다. 부처님의 참모습을 우리 안에서 찾아내서 염하는 것을 실상염불이라고 한다면, "부처님의 마음을 염한다"는 것과는 다소 비슷하다고 할 수 있다. 하지만, 그 뒤에 나오는 부처님의 배움을 염하고 부처님의 행을 염하는 것은 우리 마음 안에서 실상을 보는 것이 아니라, 실상을 구현한 부처님을 우리 마음 밖에서 찾아서 보고 배우는 것을 의미하고 있다. 이러한 점에서 볼 때, 만해의 '참염불'은 실상염불과 완벽하게 일치하는 것이 아니며 어느 정도는 그의 독창적인 염불관이라 말해서 좋을 것으로 본다. 그러나 바로 그 점에서 만해가 말하는 '염불'은 비록 '염불'이라는 말을 쓰고는 있으나 정토신앙의 염불과는 많이 다름을 알 수 있을 것이다.

그다음으로 만해가 '거짓염불'을 폐지하자고 주장하는 배경에 대하여 중요한 언급을 남기고 있음이 주목된다. '거짓된 염불'을 폐지하자고 주장하는 것은 "거짓된 염불의 모임을 겨냥한 발언일 뿐"[417]이라고 말한 것이다. 그의 염불 비판의 의미를 다소 축소하는 발언이다. 앞 절에서 살펴본 바에 따르면, 만해의 염불 비판의 논리가 당시 행해지던 '거짓된 염불의 모임'으로 인한 것일 뿐이라고만 생각할 수는 없다. 보다 근본적인 측면을 갖고 있음은 앞서 살펴본 그대로이다. 하지만, 그가 "염불당을 폐지하라"는 주장을 한 데에는 당시 행해지던 어떤 염불의 모임에 대한 비판적 시

---

**417** 상동.

각이 그 배경에 놓여 있다는 점 역시 알려주고 있는 것이다. 다음과 같이 말이다.

> 동일한 불성佛性을 지닌 엄연한 칠척七尺의 몸으로 대낮이나 맑은 밤에 모여 앉아 찢어진 북 가죽을 치고 굳은 쇳조각을 두들겨 가며, 의미 없는 소리로 대답도 없는 이름을 졸음 오는 속에서 부르고 있으니, 이는 과연 무슨 짓일까. 이를 가리켜 염불이라 하다니, 어찌도 그리 어두운 것일까.[418]

여기서 말하는 이 '염불의 모임'은 건봉사乾鳳寺의 만일염불결사를 가리키는 것으로 생각된다. 만해가 출가한 백담사는 건봉사의 말사이다. 그런 까닭에 만해는 건봉사를 본사로 갖는 승려 신분이었음을 알 수 있다. 건봉사는 통일신라 경덕왕景德王대 발징發徵 화상에 의해서 제1차 만일염불결사가 행해진 이래, 19세기에 들어와서 세 차례나 만일염불결사가 이루어졌던 염불의 도량이었다.[419] 구체적으로 그 당시 건봉사의 만일염불결사가 어떻게 진행되었는지에 대해서는 건봉사 출신 승려 정두석鄭斗石(1906~1998)의 증언이 남아 있다.

> ① 만 일을 기하여 염불을 하되, 한 사람이 만 일간을 계속하는

418 상동.

419 이종수 2010. 참조.

것이 아니라 만일원에서의 염불은 만 일간 계속하되 염불승은 바뀐다.

② 하루의 염불 시간은 오전에 10시부터 12시까지, 오후에 3시부터 5시까지 4시간 정도이다.

③ 염불의 방식은 꽹쇠와 북을 치면서 그 장단에 맞추어 '나무아미타불'을 큰 소리로 염불한다.

④ 일제 말기 만일원에서 염불 수행을 하는 승려는 불과 3, 4명에 지나지 않았으나 하루도 염불을 중지하지는 않았다.[420]

정두석의 증언은 만해의 비판보다 후대에 나온 것이다. 하지만, "찢어진 북 가죽을 치고 굳은 쇳조각을 두들겨 가며" 칭명염불했다는 만해의 지적은 정두석의 증언 ③과 부합하는 것이다. 그러므로 만해가 '거짓염불의 모임'이라고 한 것이 만해가 친히 목격했을 것으로 생각되는, 당시의 건봉사 만일원에서 행해졌던 염불회를 가리키는 것으로 볼 수 있을 것이다.

그런데 만해 당시에 이미 건봉사 만일회의 성격에 다소 변화가 일어났다고 하는 점이 지적되고 있어서 주의를 요한다. 만해의 스승 만화 관준萬化寬俊(1850~1918)은 이 건봉사의 염불 결사 전통을 이은 인물로서, 제4차 염불만일회를 1881년부터 1908년까지 행했다고 한다. 하지만, 이 4차 염불만일회의 "개설을 의심하지 않을 수 없다"라거나 "후대에 만화 관준이 자신의 직위를 이용하여

420 홍윤식 1990, p. 43. 재인용. 정두석은 동국대 총장과 태고종 종정을 지낸 인물이다.

만일회 개설 시기를 조작했을 가능성도 있는 것이다"라는 견해[421]도 제시되어 있다. 그도 그럴 것이, 만화 관준은 "화엄법회를 개설하고 참선실을 세웠다"[422]고 하기 때문이다. 이는 만화에 이르러서 건봉사의 염불만일결사에 다소 성격 변화가 이루어졌음을 의미한다. 선과 명확하게 구분되는 정토신앙의 전수專修가 흔들렸던 것이다.

만해라는 당호는 1907년 바로 이 만화 관준으로부터 받았던 것이다. 만해의 '염불당 폐지'의 주장에 만화 관준이 미친 영향 여부에 대해서는 단정하기 어렵지만, 건봉사에서 염불만일회 전통에 대한 혼돈이 일어났다는 점은 분명해 보인다. 그리고 그러한 성격 변화의 흔적은 만해의 『조선불교유신론』에서 '염불당을 폐지하라'고 주장한 이후에도 드러났다. 1921년 선사 한암漢岩(1876~1951)을 모시고, 만일염불원을 폐廢하고 선회禪會를 개최[423]하였기 때문이다. 이 염불원에서 선회로의 방향 전환은 건봉사의 주지 대련大蓮, 감무 금암錦庵 등이 주도한 것이었다. 그러한 결정에 어쩌면 『조선불교유신론』에서의 이와 같은 비판이 일정한 영향을 미쳤을 개연성은 있는 것으로 보아도 좋지 않을까.

---

**421** 이종수 2011, p. 111.

**422** 위의 책, p. 115.

**423** 한동민은 이를 '제6차 만일회'(한동민 2011, p. 234.)라고 하였으나, 잘못이다. 한암의 선회가 염불원을 폐지하고서 이루어진 것이기에, 그 성격이 다소 달라졌음을 간과해서 생긴 오류이다. 나 역시 이 과정을 한암을 중심으로 해서 살펴본 적이 있다. 김호성 2016a, pp. 189~233. 참조.

## Ⅲ. 염불 비판에 투영된 근대정신

앞 장에서 만해 한용운이 염불을 비판하는 논리를 살펴보았다. 불교사상적으로 말한다면, 선을 중심으로 한 유심정토의 입장—『유마경』의 유심정토와는 다르다—에서 타방정토와 칭명염불을 핵심으로 하는 타력 정토사상을 비판한 것으로 볼 수 있다. 이에는 그 당시 행해지던 염불당의 풍토에 대한 비판도 있지만, 단순히 그것만으로 다 설명할 수 없는 문제가 있었다고 보인다. 그것은 바로 본질적인 부분에서 정토불교는 불교의 참된 모습에 부합하지 않는 것으로 보았기 때문이다. 이런 점은 그가 정토삼부경에서 설해지는 바를 믿지 않고 있다는 데에서 확인 가능하다.

그런데 이러한 만해의 염불 비판의 논리에 불교사상 외적으로 시대정신의 영향이 보인다는 점에 주목해야 할 것으로 생각된다. 그것은 바로 그의 염불 비판의 논리에서 근대정신의 투영이 확인되고 있기 때문이다.

우선, 만해 한용운이 「염불당의 폐지」에서 근대문명의 징표라 할 수 있는 단어들을 쓰고 있다는 점이 주목된다. 시대적 상황의 반영이라 할 수 있는데, '전화', '축음기', 그리고 '사법관司法官'과 같은 말들이다.

> "이미 전화가 가설되지 않은 바에는 아무리 큰 소리로 외친다 해도 십만 억 국토 밖에 들릴 수 없을 것은 명백한 일이다."[424]

"꼭 당상堂上에 모여 앉아 축음기같이 부처님의 이름을 되풀이 해 부른 다음에야 가능한 것은 아닐 터이다."[425]

전화와 축음기는 모두 '칭명염불'을 '호불'이라 비판하고 있는 맥락에서 쓰이고 있다. 전화라는 물체物體를 말하는 것은, "나무아미타불" 염불을 하더라도 "서쪽으로 십만 억 국토 밖"에 존재한다는 극락의 아미타불—설사 있다고 하더라도, 그 존재 가능성을 만해는 믿고 있지 않지만—은 들을 수 없다는 것이다. 이 정도의 논리라면 어쩌면 당시 유행하고 있었던 반종교론反宗敎論의 태도와 그다지 멀리 있는 것 같지 않아 보인다. 종교적 차원을 따로 인정하지 않고, 물리적 차원에서 수용 가능한 범위 밖의 종교적 영역은 인정하지 않는 태도는 반종교의 논리와 크게 다르지 않기 때문이다. 반종교론의 등장에서 볼 수 있는 것과 같이, 종교적 차원을 물리적 차원으로의 환원에서 우리는 근대라는 시대사조의 영향을 확인하게 된다.

이 인용 구절을 본다면, '전화'와 '축음기'라는 말은 결코 비유로 쓰인 것으로 볼 수는 없다.[426] '전화'와 '축음기'로 대변되는 근대

**424** 『전집 2』, p. 56.

**425** 위의 책, p. 59.

**426** 한편, 염불당에 모여 앉아 칭명하는 것을 '축음기 같다'고 말한 만해의 비판에서는 일정한 의미를 찾을 수도 있다. 왜냐하면 그것은 염불이 생활 속에서, 즉 사농공상士農工商의 직업에 복무하면서도 할 수 있는 일임을 말하고 있기 때문이다. 염불당 안에서의 염불을 비판하는 맥락이긴 하지만, 염불이 염불당 밖에서도 행해져야 할 것임을 생각할 때 원론적으로는 수용할 수 있는 비판으로 받아들여도 좋을 것이다.

문명의 상징들을 생각할 때, 염불을 하는 것이 의미가 없다는 논리를 담고 있기 때문이다. 따라서 '전화'와 '축음기'라는 말을 쓸 때, 그를 통해서 근대라는 시대정신의 투영과 만해가 갖고 있었던 불교사상 내적인 측면이 상호 삼투되어 있다고 나는 판단한다.

다음, '사법관'이라는 말은 왕생의 원인론을 비판할 때 등장한다. 만해는 정토에 왕생할 원인으로 염불을 인정하지 않는다. 그런 염불은 그저 부처님께 아첨하는 것과 같다고 본 것이다. 중요한 논리이므로 그의 말을 직접 들어보기로 하자.

> 저들의 말대로 그 지은 바 원인의 선악을 불문에 붙인 채 다만 염불의 정성만을 동정하여 정토로 인도한다고 하면, 이는 부처님께서 인과를 무시하신다는 말이 된다. 비록 어떤 악업을 지은 사람이라도 부처님께 아첨하는 것만으로 정토에 갈 수 있다고 한다면, 이는 죄인이 사법관에게 잘 보여 요행히 벌을 면하는 것과 무엇이 다르겠는가.[427]

여기서 우리는 만해가 왕생의 원인으로 생각하는 것은 종교적 차원이라기보다 윤리적 차원의 일임을 알 수 있는데, 그러한 특성은 그가 근대사상의 개념[428]을 활용하는 데에서 거듭 분명히 확인

---

**427** 위의 책, p. 58.

**428** '사법관'이라는 개념을 굳이 '근대적'이라고 할 수 없다는 반론도 가능할지 모른다. 전통적 내지 중세적 세계관에서도 사후에 심판을 받는다는 이야기가 있기 때문이다. 불교 전통 안에서는 시왕十王 신앙이나 그중의 여섯 번째인 염라대왕 신앙에서 볼

할 수 있게 된다. 그 근대사상의 개념은 '도덕적 책임'이라는 말이다.

우선, 만해는 극락왕생의 방법론으로 타력, 즉 부처님의 본원本願이나 자비에 의지하는 것은 옳지 않다고 본다. 악을 짓고서도 부처님의 자비에 의지하여 왕생할 수 있다면, 악인惡因을 짓고 나서도 선과善果를 받는 것과 같다는 것이다. 그러면서 '도덕적 책임'이라는 말을 쓴다.

> 다만 복숭아꽃이 피는 곳에 복숭아가 열리고, 오얏꽃이 피는 데는 오얏이 열리며, 오이를 심으면 오이가 열리고, 콩을 심으면 콩이 생기는 것뿐으로서, 꽃은 장미인데 과일은 감 혹은 귤이거나, 뿌리는 저령猪苓인데 잎은 파초芭蕉이거나 하는 일은 없으니, 이는 봄바람의 도덕적 책임이라 할 것이다. 부처님인들 어찌 이에서 벗어나시겠는가.[429]

인과법을 도덕적 책임이라는 말로 재해석하고 있다. 인과법에 저촉하는 것이라면 그것은 곧 도덕적 책임을 다하지 못하다는 것이다. 봄바람조차 도덕적 책임을 져야 하는데, 하물며 인간이 도덕적 책임을 벗어날 수 있겠는가 하는 논리이다. 물론 '인과'라는

수 있다. 따라서 만해가 여기서 '사법관'이라는 말을 쓸 때는 그러한 전통으로부터의 영향이 아닌가 생각해볼 수는 있다는 말이다. 하지만, 나는 그것보다는 근대의 재판제도로부터의 영향으로 본다. 왜냐하면 『조선불교유신론』을 저술할 당시 만해가 갖고 있었던 불교사상 안에는, 극락의 존재나 아미타불에 대한 신심이 없었던 것을 생각할 때 염라대왕이나 시왕 사상을 갖고 있었을 것으로는 생각되지 않기 때문이다.

**429** 위의 책, p. 58.

말이나 '도덕적 책임'이라는 말은 동일한 함의를 갖는 말이다. 그렇지만 불교사상 내적인 언어로서 '인과'라는 말이 존재함에도 불구하고, 그것을 '도덕적 책임'이라는 말로 번역 · 이해하고 있다는 바로 그 측면이야말로 만해가 서양사상이나 서양윤리에 대한 이해를 갖고 있었던 것을 나타내고 있는 것이다. 그런 점에서 동양으로 들어온 근대적인 정신의 투영을 보여주고 있는 것으로 판단된다.

이렇게 윤리적 측면에서 볼 때, '나무아미타불' 칭명으로써 극락에 왕생할 수 있다고 말하는 것은 잘못이라는 것이다. 이렇게 인과법의 측면에서 염불을 비판하는 것은 곧 자력의 입장에서 타력신앙을 비판한 것으로 보인다. "나에게 성불할 만한 도道가 있으면 내가 스스로 성불하여 저절로 정토에 가게 될 것이다"[430]라고 말하고 있기 때문이다.

이렇게 윤리적 차원에서 선인선과善因善果를 믿고, 그러한 기준에서 칭명만으로 극락왕생이 가능하다는 염불신앙을 비판하는 것은 종래의 불교사상사에서도 근거가 있는 일임은 두말할 나위 없다. 자력 성도문聖道門의 입장이 그러하기 때문이다. 그렇지만, 만해는 그러한 입장을 서술함에 있어서 활용하는 논리에 근대정신을 반영하고 있다는 점도 간과할 수는 없다. '도덕적 책임'이라는 말도 그렇지만, '자유'라는 말 역시 나오고 있기 때문이다.

---

**430** 상동.

사람으로서 자유가 없으면 그때에는 사람이 아니며, 사람으로서 남에게 의지만 하면 그때에는 무용지물無用之物이 되는 수가 많다.[431]

물론 불교 안에서도 '자유'에 해당하는 개념이 없지 않을 것이다. 해탈이나 열반 역시 다 자유의 의미를 담고 있는 것이기는 하다. 하지만, 지금 만해가 쓰고 있는 '자유'라는 말은 그러한 불교 안의 개념으로부터 연역한 것이 아니다. 다분히 서양적인 근대사상의 언어로서의 자유이다. 그리고 그 자유는 노예에게는 있을 수 없는 것이다.

그러한 서양적이고도 근대적인 의미에서의 자유 개념을 생각할 때, 타력 신앙인 염불—그것도 '가짜 염불'인 '호불'—은 비판하지 않을 수 없다는 입장이었던 것으로 보인다. 그렇기에 그 당시 그가 경험한 건봉사의 '염불당'의 현실에 대한 비판은 물론이고, 그로부터 한 걸음 더 나아가서 염불 그 자체에 대한 비판까지 전개한 것이었다.

이러한 만해의 논리가 역설적으로 부각해주는 것은 정토신앙에서 말하는 극락왕생의 논리는 선악의 도덕, 인과적인 윤리주의와는 다른 입장에 놓여 있다는 것이다. 만해의 입장은 바로 그렇기에 잘못이라는 것이고, 그런 정토신앙은 인정할 수 없다는 것이다. 하지만 극락왕생의 길이 윤리 · 도덕의 길과는 다르다는 점은 또 다른 의미를 준다. 우리의 삶 속에서 언제나 선을 행하는 것이

---

**431** 『전집 2』, p. 58.

당연한 일일 것임은 두말할 나위 없다. 정토삼부경에서도 누누이 윤리적 선행의 실천을 강조하고 있다. 특별히 그 증거를 제시할 것도 없다.

다만 만해의 경우와는 달리, 정토삼부경, 특히 『관무량수경』의 경우에는 이미 악을 저지른 범부 중생들의 구제는 불교의 대자대비가 미치는 범위 밖에 놓여 있다고 포기하지 않는다는 점이다. 오히려 그 반대로 악인들까지도 제도할 수 있는 길을 열어주고 있다. 『관무량수경』의 하품하생下品下生에서는 오역죄인五逆罪人까지도 구제 가능하다. 다만 "나무아미타불" 염불이 필요하고, 그것을 통해서 팔만사천 겁 동안 생사윤회를 거듭할 죄악까지도 참회 가능하다[432]는 것이다.

이를 통해서 선악의 윤리적 길에서 낙오된 죄인, 악인들은 마지막으로 구제의 희망을 붙들게 된다. 그것이 불교의 대자대비 아니겠는가. 또 이런 자비의 자장磁場 안에서의 일은 그대로 인정되는 것이 곧 중생제도의 효용에도 맞지 않겠는가. 그런데 만해는 도덕적 차원에서만 이 문제를 논의하고 만다. 합리나 이성의 근대정신에는 부합하고 있으나, 중생제도를 위한 아미타불의 대자대비는 만해 스스로의 것으로 담지擔持하지 못하고 있음을 지적하지 않을 수 없다. 부처님이라고 해도 인과를 무시할 리가 없다고 해서 만해처럼 생각하고 만다면, 그야말로 부처님이 '사법관'과 다름이 없게 되고 말 것이다. 부처님이 '사법관'과 다른 것은 인과를 무시

**432** 대정장 12, p. 346a-b. 참조.

해서가 아니라, 인과를 존중하면서도 인과보다 먼저 자비와 용서를 앞세우기 때문이 아니겠는가.

그런 부처님의 마음을 전근대적, 중세의 마음이라 볼 수도 있겠으나, 바로 거기에서 우리는 범부 중생의 제도를 위해 고뇌하는 불교의 모습을 볼 수 있는 것 아니겠는가. 결코, 불교가 '근대'에만 속박되어 있을 수만은 없는 이유이다. 자비는 이성에 앞서고, 합리에 앞서며, 도덕에 앞서는 것이기 때문이다. 그것이 곧 종교이다.

## Ⅳ. 얻은 것은 이성, 잃은 것은 자비

만해 한용운은 『조선불교유신론』에서 '염불당의 폐지'를 주장하였다. 당시 행해진 염불이 진정한 염불이 아니라 '호불呼佛'로서 '가짜 염불'일 뿐이라고 보았다. 중요한 것은, 그러한 비판이 당시 행해진 '염불당'의 염불, 즉 건봉사의 만일염불결사에서 행해진 것과 같은 염불에 대한 비판으로 행해진 것만은 아니라는 점이다.

만약 그랬다고 한다면, 건봉사에서 염불당이 폐지되고 난 뒤에는 만해의 주장이 갖는 의미 역시 사라지고 말았을 것이다. 그러나 실제로 건봉사에서 염불당이 폐지된 뒤에도, 심지어 「염불당의 폐지」에 나타나 있는 만해의 염불 비판의 논리는 오늘날 염불을 비판하는 불교인들의 관점과도 상통하는 바가 있는 것으로 보인다. 물론 「염불당의 폐지」를 통하여 만해가 염불 비판을 하였음에도 불구하고, 만해 이후 염불은 지속적으로 행해졌다.

칭명염불과 타방정토 왕생을 그 본질로 하는 타력 신앙에 대한 만해의 비판은 시대적인 것이 아니라 훨씬 더 본질적인 측면을 포함하고 있었다. 그러한 비판이 가능했던 것은, 만해가 자력문의 입장에 서 있었기 때문이었다. 물론, 이 자력문 안에는 선의 입장이 포함되어 있다. 하지만, 그렇다고 해서 만해의 염불 비판이 선의 논리에 의한 것만으로 이해해서는 아니 된다. 선의 입장도 포함하지만, 그저 부처님의 행을 배우고 염하는 것이 진실한 염불이라고 말하기 때문에 좀 더 외연이 넓은 것으로 생각된다.

더욱이 이러한 만해의 염불 비판에는 그가 량치차오梁啓超(1873~1929)의 『음빙실문집飮氷室文集』이나, 그것을 통해서 간접적으로 수용했을 것으로 생각되는 이노우에 엔료井上円了(1858~1919)의 영향을 확인할 수 있다. 특히, 근대문명의 용어나 근대사상의 개념들이 사용되고 있다는 점에서 염불 비판의 논리에 근대정신이 반영되어 있다는 점을 나 나름으로는 확인할 수 있었다. 자유, 도덕적 책임 등의 논리를 통해서 만해는 자력문의 입장을 강화하고, 그러한 입장에서 염불을 비판했던 것이다.

이러한 그의 태도는 합리적 · 이성적이라는 점에서 근대적임을 확인할 수 있거니와, 다만 그러한 근대적 성격은 서양 근대에 대한 지식이 미친 영향과 함께 유교적 합리주의가 끼친 영향 역시 생각해볼 수 있을 것이다. 그는 출가 이전 향리의 서당에서 유교 경전을 깊이 읽은 바 있었기 때문이다. 이와 관련해서 생각해볼 수 있는 것은, 1928년에 편찬한 『건봉사급건봉사말사사적乾鳳寺及乾鳳寺末寺事蹟』에서의 역사 서술 태도이다. 만해는 그 이전에 기초 자료로서 수집되어 있었던 "각 말사의 전설과 폐사에 대한 구전 등을 전혀 싣지 않았다"[433]고 한다. 이러한 역사 서술 태도는 "역사적 사실만을 서술하는 『삼국사기』 방식과 각종 설화와 전설 등을 담은 『삼국유사』의 서술 방식이 있"[434]는 중에서, "황탄荒誕으로 지탄될 수 있는 신이神異 등의 내용을 풍부하게 실었던 일연 스님의 『삼국유사』의 전통을 계승하지 못한 셈이다"[435]라는 평가를 받고 있다. 그것이 만해 한용운의 역사 서술 태도인데, 이는 우리가 살펴보았던 염불 비판의 논리와도 상통하는 바 있었다. 즉 그에게 극락이라든지 아미타불의 존재와 같은 것 역시 '역사적 사실'일 수는 없었을 것이며, "괴력난신怪力亂神을 말하지 않는다"(『논어』)는 유교적 태도와도 통하는 것이기도 한 것이다.

문제는 이러한 만해의 근대적 · 유교적 태도가 외면하고 있는 것이 정토신앙에 나타나 있는 하근기 · 하품의 범부 중생들에 대한 구제의 길이라는 점이다. 특별히 그는 범부 중생들을 위하여 어떤 새로운 길을 제시하고 있는 것도 아니다. 그래서 얻은 것은 이성이고 합리이지만, 잃어버린 것은 자비일 수도 있게 되어버린 것이다. 그래도 과연 좋은 것일까? 이미 죄악으로 가득 차 있는 범부 구제를 위한 아미타불의 따스한 마음을 우리는 잊을 수 없고, 그 깊은 자비 앞에 감읍感泣하는 것이다. 그러나 지금 이 사바세

---

433 한동민 2011, p. 228.

434 상동.

435 상동.

계에서 만해같이 스스로 성불할(혹은 성불하고자 할) 사람이 몇이나 될까? 전문적 수행자인 스님들 중에서도 그럴진대, 재가자 신분으로는 더욱더 그럴 것이다. 그래서 만해의 논리를 비판해본 것이다. 그럼으로써 정토신앙의 길을 분명히 제시하고자 했다.

이 글을 통하여 우리는 불교사상 내의 관점은 교단 밖의 외적 측면과 서로 상응한다는 사실을 알 수 있었다. 서양적인 합리주의, 이성 중심주의, 과학적 실증주의와 같은 사조는 근대에 들어서 동양으로 하여금 서양에 뒤지면서 식민지로 전락하게 했다. 또 그러한 근대사조는 서양 근대를 재빨리 따라 하면서 조선을 식민지로 지배했던 일본 근대가 갖고 있었던 강점이기도 했다.

서양의 근대가 투영되어 있는 일본의 근대를 맞이한 조선불교는 어떠한 대응을 할 수 있었을까? 조선, 또 대한제국이라는 국가 자체가 효과적으로 대응할 수 없었던 상황에서 불교 역시 제대로 대응하기는 어려울 수밖에 없었을 것이다. 그러나 그럼에도 불구하고, 뜻있는 선각자들이 불교의 개혁을 외치며 자강自彊을 추구하기 시작하였다. 그 선구적 인물이 바로 만해 한용운이다.

그러한 측면은 우리가 인정하고 높이 평가해야 할 것이다. 그렇지만 그러한 와중에 정작으로 잃어버려서는 안 될 신심의 세계나 자비의 마음마저 잃어버리지는 않았을까 살펴보아야 한다. 만해가 비판한 염불의 불교 안에는 바로 그러한 신심과 자비가 담겨 있었기 때문이다. 나는 그러한 측면을 되살려야 한다고 생각하기 때문에, 감히 선각자인 만해와 같은 분의 한 측면을 비판적으로 살펴보았던 것이다.

# 2장.

# 아함경과 『무량수경』의 화쟁론和諍論

우리 불교의 경우, 정토신앙이 그다지 널리 뿌리를 내리고 있다고 보기는 어려운 형편으로 생각된다. 또한 불교학계에서 정토신앙 연구 역시 그렇게 널리 이루어지지 못하고 있다. 그 이유의 하나로, 앞의 논문에서는 외적인 이유로서 근대라는 시대의 정신을 문제 삼아 보았다.

그 밖에 불교 내적인 이유 역시 적지 않다. 그 하나로서 대승 경전 자체에 대한 신뢰성의 문제를 생각해보기로 한다. 현대 불교학계에서 "대승 경전은 불설佛說이 아니다"라는 주장이 깊이 자리하고 있다. 그렇다고 한다면, 그러한 대승 경전으로 평가할 수 있는 『무량수경』이나 『아미타경』에 대해서도 신뢰를 할 수 없고, 그러한 경전에 설해진 내용을 믿을 수는 없다는 것이다. 이러한 태도를 우리는 어떻게 보아야 할까?

이 점을 나는 이 논문에서 집중적으로 다루어보았다. 종래 "대승 경전은 불설이 아니다"라는, 이른바 대승비불설大乘非佛說론에 대하여 여러 가지 논의가 있었지만, 대개는 불교 교학적 접근에 머물러 있는 느낌이 없지 않다. 물론 불교 교학적 접근은 매우 중요하다. 나 역시 그러한 접근을 포함하였으나, 거기에만 머물지는 않았다. 저자의 문제, 텍스트의 문제에 대한 서양철학, 문학 이론, 인도철학, 선학 등 활용할 수 있는 모든 이론들을 총동원하여 이 문제를 종합적으로 조명해보았다.

그러므로 비록 이 글은 『무량수경』을 어떻게 보아야 할 것인가, 라는 문제로부터 시작하여 정토불교의 성립 가능성을 텍스트의 차원에서 뒷받침하려는 시도로서 이루어진 것이지만, 대승비불설론에 대한 논의의 차원으로도 읽힐 수 있고, 활용될 수 있을 것이다.

애당초 「초기 경전과 대승 경전의 화쟁론—『불교해석학 연구』의 자주自註 혹은 보론補論」이라는 제목으로 『보조사상』 제34집(보조사상연구원, 2010) 357~415쪽에 발표된 것을 이 책의 전체적 조직에 맞추어서 제목을 바꾸고, '초기 경전'은 경우에 따라서는 '『아함경』'으로, '대승경전'은 '『무량수경』'으로 바꾸었다. 정토불교의 맥락을 분명히 하기 위해서이다. '『불교해석학 연구』의 자주自註 혹은 보론補論」'이라는 부제가 붙어 있었던 것은 졸저 『불교해석학 연구』의 다섯 번째 논문 「일음교一音教와 자기 철학의 글쓰기」와 동일한 문제의식과 주제 속에서 쓰인 것으로 서로 상보적인 역할을 할 수 있다고 생각해서이다. 함께 일독一讀한다면 나의 관점을 보다 선명히 이해할 수 있을 것으로 본다.

## Ⅰ. 서분序分[436]

### 1. 연구의 목적

사회복지를 전공하는 사회과학자 박광준朴光駿은 최근에 우리 불교계에 대해서 다음과 같은 진단을 내놓은 일이 있다.

> 지금 불교계 일부에서는 한국불교가 이제껏 표방해온 대승불교를 두고 비판의 목소리가 높아지고 있는 것으로 보인다. 산스크리트어나 팔리어로 된 불교 원전, 그 원전을 연구한 서구사회의 책이 국내로 소개되기 시작한 것이 그 배경으로 보인다. 초기 경전은 붓다의 직설直說이며, 대승불교 경전과는 내용이나 세계관에서 뚜렷한 차이를 보이고 있다. 초기불교 경전은 붓다의 삶과 가르침을 생생히 전하고 있기 때문에 불교를 바르게 이해하기 위해서는 초

436 이 글에서 장章의 구별은 서양적 논문 쓰기의 서론 · 본론 · 결론 대신, 전통적 불교학에서 경전의 내용 분류를 할 때의 방식과 이름인 서분序分 · 정종분正宗分 · 유통분流通分으로 한다. 정종분이라는 의미가 전주장前主張(pūrvapakṣa)에 대한 실단悉檀(siddhānta)의 제시라는 이 글의 의도와 성격에 비추어 더 적절한 것으로 생각되어서이다.

기불교를 반드시 이해할 필요가 있지만, 지금까지는 초기 경전이 소홀히 취급되거나 속칭 '소승불교'라고 잘못 이해돼온 경향이 있었던 것이 사실이다. 그래서 초기불교의 가르침을 중시하는 불교인 중에는 대승불교는 참다운 불교가 아니라는 주장까지 하고 있다.[437]

박광준은 이러한 초기불교와 대승불교의 대립이 심각하게 전개되어 가는 것은 바람직하지 않다고 보는 것 같다. 새롭게 화쟁할 수 있는 지혜가 요구된다는 것을 다음과 같이 말하고 있기 때문이다.

그런데 필자는 다양한 욕구들이 분출되고 있는 한국불교계를 보면서 한국불교가 역사상 세 번째 출가(붓다 자신의 출가는 첫 번째 출가이며, 대승불교의 성립을 '정사로부터의 출가'라는 뜻에서 두 번째 출가로 평가한다.—인용자)를 요구받고 있다는 생각을 하게 된다. 그것은 말하자면 '대승불교 지상주의로부터의 출가'로 표현할 수 있을 것이다. 붓다의 삶과 법의 근본인 초기불교에 무지한 채로 대승불교만이 위대하다고 여기는 생각은 허망한 교만심에서 비롯된 것이다. (…) 그러나 다른 한편 대승불교만이 최고라는 생각에서 탈피하자는 주장은, 붓다의 직설만이 불교이며 초기불교만이 진정한 불교라는 사고로부터도 벗어나지 않으면 안 된다는 주장과 의미가 같

437 박광준 2010, pp. 11~12.

다고 필자는 믿고 있다. 불교란 붓다의 가르침에서 발로하였지만, 그 가르침을 각 시대에 맞게 새롭게 해석하고 실천해온 노력의 역사적 총체가 곧 불교임을 인정해야 하지 않을까? 자신의 세계에 대한 지나친 자부심은 심각한 배타성의 원천이 된다. 지금 한국불교계에는 화쟁和諍의 지혜가 요구되고 있다 하겠다.[438]

적어도 나는 초기불교와 대승불교의 화쟁, 즉 초기 경전과 대승 경전에 대한 관점/평가[439]의 화쟁이 요구된다고 하는 점에 대해서는 박광준과 전적으로 견해를 같이한다. 그렇다면 과연 "아함경과 같은 초기 경전과 『무량수경』과 같은 대승 경전을 어떻게 이해해야 우리는 초기불교와 대승불교의 화쟁을 이룩할 수 있을까?" 이 글은 바로 이러한 화두話頭에 대하여 나 나름의 해답을 제시코자 함을 그 목적으로 삼는다.

## 2. 연구의 범위와 방법

초기불교와 대승불교의 화쟁을 위해서는 초기 경전을 보는 관점과 대승 경전을 보는 관점 사이에 화쟁이 이루어져야 한다. 초기 경전, 즉 아함/니카야는 붓다의 직설直說이자 친설親說이고,

---

438 위의 책, pp. 12~13.

439 이 글에서 '/'의 기호가 갖는 의미는 '혹은'이다. '관점/평가'는 '관점 혹은 평가'의 의미로 쓴다.

『무량수경』과 같은 대승 경전은 직설도 아니고 친설도 아니라는 생각으로는 결코 화쟁이 이루어질 수 없기 때문이다. 역사적 · 문헌학적 관점으로 볼 때, 그러한 이야기는 틀리지 않을지도 모른다. 그러나 그뿐이다. 그 이상도 그 이하도 아니다. 불교는 역사학만도 아니고 문헌학만도 아니지 않은가. 그러한 역사학적 · 문헌학적 관점을 부정할 생각은 없지만, 그렇게 받아들인다 하더라도 여전히 문제는 남는다. 역사적 인간 붓다의 직설이 아닌 대승 경전을 어떻게 이해해야 하는가? 초기 경전과의 관계는 어떠한 것인가? 이러한 많은 문제들이 여전히 남아 있기 때문이다. 역사학 · 문헌학이 끝나는 곳에서 새로운 해석학이 요청[440]되는 까닭이다. 결국 초점은 대승 경전의 '저자' 문제로 모인다.

왜 대승 경전의 저자들은 대승 경전이 역사적 인간 붓다(=고타마 붓다)의 직설/친설이 아님에도 불구하고 감히 불설을 참칭僭稱(?)해서 문제를 복잡하게(?) 만들었던 것일까?

---

**440** 이와 관련하여 "니룩따는 문법학이 끝나는 곳에서 시작한다(tad idaṃ vidyāsthānaṃ vyākaraṇasya kārtsnyam)"라는 말이 생각난다. 이는 "니룩따를 통한 분석이 형태론적인 분석이 더 이상 나아가지 못하는 그 자리에서 시작한다는 의미로 이해할 수 있다"(강성용 2010, p. 135.)고 한다. 여기서 '니룩따Nirukta'는 흔히 어원학語源學이라 번역되는데, 인도에서 베다를 이해하는 여섯 가지 보조 학문 중의 하나이다. 인도 해석학이 니룩따만은 아니지만, 니룩따는 인도 해석학의 한 분야라 할 수 있다. 그러니까 앞에서 인용한 말은 "해석학은 문법학이 끝나는 곳에서 시작한다"라고 이해할 수 있는 것이다.

사실 이러한 문제에 대한 나 나름의 입장을 이미 정리해서 제시한 바 있다. 나의 논문 「일음교一音教와 자기 철학의 글쓰기」를 통해서였는데, 그 대의大意를 요약하면 다음과 같다.

> 초기 경전과 대승 경전은 공히 일음一音이고, 대승 경전은 초기 경전의 가르침을 반복적으로 설한 것에 지나지 않는다. 이러한 입장을 나는 '반복사관反復史觀'이라 부르는데, 그것은 초기불교 지상주의자들이 생각하는 퇴보사관退步史觀(초기불교로부터 대승불교로의 전개를 퇴보라 보는 관점)과도 다르고, 대승불교 지상주의자들이 생각하는 발달사관發達史觀(초기불교로부터 대승불교로의 전개를 발달이라 보는 관점)과도 다른 것이다. 또한 초기 경전과 대승 경전의 가치를 평가할 때 주요한 기준이 되는 원음 개념에 대해서 "아함/니카야가 원음이 아니라, 아함/니카야는 원음 X에 대한 붓다의 해석이다"라고 한 뒤, 대승 경전에도 원음 X의 해석(=Xn)이 담겨 있다고 했다.
>
> 원음 X에 대한 해석이라는 점에서 초기 경전과 대승 경전의 가치에 우열이 있을 수 없고, 원음 X가 공히 내포되어 있다는 점에서 초기 경전과 대승 경전은 일음이다.[441]

하지만 「일음교와 자기 철학의 글쓰기」에서는 대승 경전의 저자 문제에 대한 나 자신의 입장 표명이 두드러지게 드러나지 못했던 것 같다. 그 자체가 초기 경전과 대승 경전의 평가/이해라는 맥

441 김호성 2009a, pp. 181~229. 참조.

락에서 다룬 것이 아니었기 때문인지도 모르겠다. 「일음교와 자기 철학의 글쓰기」에서 나의 관심사는 오히려 그러한 점을 전제로 한 뒤에 다시 진일보해서 더 나아갔다.

우리의 글쓰기 역시 우리의 컨텍스트에 입각하여 원음 X를 나름대로 파악하여 Xn으로 표현해 가는 것으로서 하나의 '경전 쓰기/경전 만들기'라는 의미가 있다는 것이다. 우리의 글쓰기와 경전/불교 문헌 사이에도 일음이 성립할 것이기 때문이다. 이는 종래 경전에만 권위를 부여하던 데에서 나아가 자기 철학의 글쓰기 역시 그와 대등하게 존중해 가면서, 오히려 창조적인 의미를 부여할 수 있게 해준다는 점에서 의미가 크다. 이제 더 이상 원전이 무거움/구속성으로서 해석의 상상력을 제한하지 않게 된다. 해석의 상상력을 풍부하게 자극할 뿐인 것이다.[442]

이러한 결론 속에서 아함경을 보는 관점과 『무량수경』을 보는 관점에 대한 나 나름의 견해 표명은 표면 아래로 잠겨버렸던 감이 없지 않다. 그러므로 이제 『무량수경』 등 대승 경전의 저자 문제에 대한 내 입장을 보다 분명하고도 보다 자세하게 논의할 필요가 있을 것으로 생각된다. 두드러지게 드러나지 않는 부분은 선명하게 클로즈업close-up해야 한다.

---

**442** 위의 책, p. 228.

따라서 이 글에는 해석의 대상이 되는 텍스트가 따로 존재하는 것은 아니다. 다만 「일음교와 자기 철학의 글쓰기」가 그 출발점이 된다. 그로부터 출발하여 대승 경전의 저자를 둘러싼 비판적 견해들—사실상, 특정한 논자의 주장이라 적시摘示하지 않더라도 이미 상식화되어버린 느낌이 있다—을 전주장前主張(pūrvapakṣa)으로 설정하여, 나 자신이 생각하는 종의宗義/정의正義(siddhānta)를 제시하기로 한다.[443] 이러한 종의/정의의 확립을 위하여 내가 의지하는 것은 역사적 해명이 아니다. 앞서 언급한 것처럼, 대승 경전을 어떻게 이해할 것인가 하는 문제를 다시 해소해야 한다는 점에서 역사적 방법론은 더 이상 우리의 접근에 도움이 되지 않는다. 그보다는 철학적 · 해석학적 접근을 할 필요가 있다[444]고 본다.

---

**443** 인도철학사는 학파 간에 많은 논쟁을 통하여 발달해왔다. 그 경과를 알 수 있는 논쟁적 문헌에서는 글쓰기 방식이 먼저 파사破邪하고자 하는 상대방의 견해를 전주장(pūrvapakṣa)으로 설정하여 제시한다. 그런 뒤에 그 반론을 비판해 가면서 자종自宗의 견해를 종의/정의(siddhānta)로서 제시하는 방식이다. 형식적으로 볼 때는 꼭 그대로는 아니지만, 이 글 안에서도 엄연히 내 머릿속에는 이미 상당히 넓은 범위에서 상식화되어 있는 것으로 보이는 전주장이 설정되어 있다. 그러한 전주장은 종의/정의의 제시에 따라서 저절로 그 허물을 드러내게 되리라 생각한다. 이 siddhānta는 『대지도론』과 천태학에서 말하는 '실단悉檀'의 원어이다. 동아시아 불교에서도 pūrvapakṣa는 문問으로, siddhānta는 답答으로 하여, 문답의 반복으로 저술이 쓰이는 경우가 흔히 있다.

**444** 전주장자들의 관점에 대한 역사학적 비판이 학계에서는 여러 가지로 제기되고 있지만, 그것들은 전혀 고려하지 않는다. 역사학적으로 볼 때 전주장에는 어떠한 오류도 없다고 전제한 뒤, 논의한다. 다만 나의 관점에 대해서는 가능하면 역사학적 타당성을 따져보기로 한다. 결국 이 글에서 제시되는 철학적 · 해석학적 접근의 결과와 전주장에 대한 역사적 비판의 결과를 종합해볼 필요가 있을 것이다. 그러나 그것은 지금의 내 관심사도 아니고 내 능력 밖의 일이기도 하다.

이를 위해서 나는 내전內典과 외전外典을 자유롭게 이용하여 공관共觀[445]코자 한다.

## Ⅱ. 정종분正宗分

### 1. "고유명사는 이미 고유명사가 아니다"

아함경과 대승 경전인 『무량수경』 사이에 가치의 우열이 있다고 생각하는 까닭은 바로 그 경전들의 저자 문제와 관련되어 있다. 물론 아함경이든 『무량수경』이든 공히 "○○○ 지음"이라는 형식으로 저자의 이름이 표기되어 있는 것은 아니다. 하지만 은연중에 "아함경은 저자가 있으나 『무량수경』은 저자가 없다. 그러므로 『무량수경』보다 아함경의 가치가 더 높다"고 생각한다. 이를 전주장의 형식으로 나타내면 다음과 같이 된다.

> 아함경과 『무량수경』 사이에는 사실상 저자의 유무有無에 의해서 그 가치가 갈라진다. 『무량수경』은 비非불설이므로 사실상 저자가 없다. 어떤 사람의 저작인지 알 수 없다. 하지만 아함경은 사실상의 저자, 즉 발신자가 분명하다. 바로 역사적 인간 고타마 붓다이

---

445 공관共觀은 내 글쓰기의 중요한 방법론이다. 불교에서의 대승 경전의 저자 문제를 다룸에 있어서 서양의 문학이나 철학에서의 논의를 함께 고려하는 것과 같은 방법을 말한다.

다. 그러므로 아함경은 신뢰할 수 있고, 『무량수경』은 의지할 만하지 않다.

『무량수경』에 저자가 없음은 물론이다. 이를 나는 '저자의 부재不在'라고 부르는데, '저자의 부재'의 또 다른 사례를 소개하면서 논의의 실마리를 찾아보기로 한다. 바로 신라 화엄종의 개조 의상義相(625~702)의 사례이다. 의상은 그의 저서 『화엄일승법계도기華嚴一乘法界圖記』의 마지막에 다음과 같은 말씀을 남기고 있다. 본론의 내용을 다 쓰고 난 뒤의 맺음말 부분에서이다. 짧은 글이므로, 한문 원문과 우리말 번역을 함께 제시해본다.

一乘法界圖合詩一印, 依華嚴經及十地論, 表圓教宗要, 總章元年七月十五日記.

問 : 何故, 不着集者名字?

答 : 表緣生諸法無有主故.

問 : 何故, 存年月名?

答 : 示一切法依緣生故.[446]

『일승법계도합시일인』은 『화엄경』과 『십지론』에 의지하여 '간추려서 풀이한 원교의 궁극적 의미'를 나타낸 것이다. 총장 원년(668) 7월 15일 기록한다.

---

446 한불전 2 : 8b. 이에 대해서는 김호성 2009a, pp. 108~113. 참조.

문 : 무엇 때문에 저자의 이름은 적지 않는가?

답 : 인연으로 이루어진 모든 존재는 주체가 없음을 나타내기 위해서이다.

문 : (그렇다면) 무엇 때문에 년 · 월의 이름은 남겨두는가?

답 : 모든 법이 인연에 의지하여 태어남을 나타내기 위해서이다.

이를 나는 '저자의 부재'라고 불렀다. 그리고서 프랑스의 문학이론가 롤랑 바르트Roland Barthes(1915~1980)가 말한 '저자의 죽음'론이나 아르헨티나의 소설가 보르헤스Jorge Luis Borges(1899~1986)의 소설 『돈키호테의 저자, 삐에르 메나르』에 나타난 상호텍스트성inter-textuality 이론과 함께 공관한 일이 있다. 의상이 보여준 '저자의 부재', 즉 책을 쓴 뒤에 저자의 이름을 쓰지 않았던 '사건'이 내포하고 있는 의미에 대해서 심도 있는 논의를 한 바 있다. 「'저자의 부재'와 불교해석학」이라는 논문을 통해서이고, 이 논문은 「'저자의 부재'론과 실천적 독서법」으로 개제改題한 뒤 『불교해석학 연구』(민족사, 2009)의 세 번째 논문으로 재수록[447]하였다.

그런데, 나중에 나는 프랑스의 철학자 데리다Jacque Derrida(1930~2004)로부터 '저자의 부재'론을 한 걸음 더 진척시키는 이야기를 듣게 되었다. 데리다는 이렇게 말하고 있는 것 아닌가.

고유명사는 이미 고유명사가 아니고, 고유명사의 제작은 그것

447 김호성 2009a, pp. 103~141.

의 삭제이며, 글자의 말소와 지움은 근원적이며, 이 말소와 지움은 고유한 것을 등록한 다음에 생기는 것이 아니기 때문이다. 그리고 그 까닭은 고유명사라는 것이 유일한 존재의 현존에 부쳐진 유일한 호칭과 같이 삭제되어도 투명하게 나타나서 읽기 쉬운 근원의 신화 이외에는 결코 다른 것이 아니었기 때문이다. 또 고유명사가 언제나 하나의 분류 속에서 그리고 차이의 체계 속에서, 차이의 흔적을 지니고 있는 문자 속에서 기능을 유지하는 것만이 가능하였기 때문에 금지가 가능했고, 그럴 수 있었고, 경우에 따라 위반될 수도 있었다.[448]

매우 어려운 말 같지만, 쉽게 말하면 이렇다. 의상처럼 저자의 이름을 쓰지 않아야 비로소 '저자의 부재'가 되는 것이 아니라는 말이다. 실제로 의상이 '義相'이라는 고유명사를 적어 넣었더라도 『화엄일승법계도기』에는 저자가 없다는 이야기다. 놀랍게도 데리다J. Derrida는 거기까지 보고 있는 것 아닌가. 고유명사가 적혀 있다면 우리는 그 고유명사를 실체시하고, 고유명사의 주인공이 그 책의 저자로서 존재한다고 생각하게 마련일 터이다. 그래서 의상은 이름을 적지 않았다. 그런데, 데리다는 그렇지 않다는 통찰력을 내보인다. 이름을 기입記入하더라도 이름은 부재한다는 것이다. 어째서일까?

고유명사에서는, 즉 위에 든 예화例話에서 '의상'이라는 이름은

---

**448** J. Derrida, De la Grammatologie, p. 159. ; 김형효 1999, pp. 71~72. 재인용.

언제나 분류 속에서, 또 차이의 체계 속에서 존재하는 것일 뿐이다. 분류나 차이 속에서 존재한다는 말의 의미는 '의상'이라는 이름이 다른 존재와의 관련 속에서, 다른 이름과의 관련 속에서 존재한다는 말이다. 불교적 용어로 말하면, 연기적 관계 속에서 존재하는 것 아닌가. 그러니 연기이기에 실체가 없는 것처럼, 그 실체(=근원)의 신화일 수밖에 없는 고유명사는 존재할 수 없다는 말이다. 그러므로 비록 고유명사가 있다 하더라도 그것은 곧 삭제와 같은 것이다. 오히려 근원적인 것은 고유명사가 아니라 그 말소와 지움이다. 이러한 데리다의 관점은 연기緣起이므로 무無이고, 공空(śūnyatā)이며, 그렇게 인식하는 것이야말로 중도中道[449]라고 했던 불교의 입장과 하등 다르지 않은 것으로 판단된다. 이러한 입장은 초기불교에서도 그랬고, 대승불교에서도 그랬지 않던가.

그럼에도 불구하고 불교인들이 여전히 하나의 이름을 듣고 보고, 또한 부를 때 마치 그것이 항존恒存하는 것인 양 생각하는 것은 '근원의 신화' 이외에는 다름이 아니라는 것이다. 그 책/경전 안에서 설하는 내용(=연기)을 그 '책/경전'이라는 형식에는 적용하지 못하는 불철저不徹底라 아니할 수 없다. 여기서 말하는 '근원'의 문제에 대해서는 뒤에서 다시 '원음'을 이야기할 때 재론될 것이지만, 우리가 데리다를 통해서 얻게 되는 시사점은 무엇일까?

『무량수경』의 저자들이 설혹 그들의 이름을 써두었다 하더라도 사실상 그것은 그 고유명사의 주인을 저자로서 가질 수 없다는

449 『중론』 24 : 18, 대정장 30, p. 33b.

것이다. 그렇다면 우리는 그들이 '불설佛說'을 내세우고서 그 뒤로 숨어버리는 까닭을 이해할 수 있게 된다. 그들이야말로 아함경에서 그토록 누누이 반복적으로 설해지고 있는 연기를 투철히 인식했던 것이다. 그뿐만 아니다. 『무량수경』과 똑같이 '불설'이라 관冠하고 있는 초기 경전에서 오늘날 사람들이 그 의미를 역사적 인간[450] 붓다의 설 내지 직설/친설로 보고 있는데, 그렇게 볼 수 없다는 것이다. 그렇게 이해하면서 마치 아함/니카야에는 고유명사로서 저자의 이름이 등장하고 있는 것처럼 생각하는 경향이 있으나, 데리다에 따르면, 그러한 인식은 잘못이라는 것이다. 아함/니카야에서 고유명사가 드러나 있다 해도—숨어 있다 해도 마찬가

450 고타마 붓다를 '인간으로서의 붓다'로 보려는 관점은 유럽의 올덴베르히Oldenberg(1854~1920)이나 리스 데이비스Rhys Davids(1843~1922), 일본의 나카무라 하지메中村元(1912~1999) 등에 의하여 제기되었다. 근래 우리나라의 불교계 · 불교학계에 광범위한 영향을 미치고 있는데, 최근 닛타 토모미치新田智通는 그러한 관점은 역사적으로 볼 때 타당하지 않은, 새로운 '신화'라고 보고 있다. 예컨대 나카무라 하지메는 최초기 경전인 『숫타니파타』의 운문 부분에 나오는 '고타마', '그대', '선인仙人(isi)', '성자聖者(muni)'라는 말이 붓다에 대한 호칭으로 쓰이고, 산문 부분에서는 '초신超神(atideva)', '신들의 신(devadeva)'으로 쓰이고 있다는 점으로 다르게 불린 것을 두고, 전자가 더 오래되었고 후자가 후대의 것이라 판정한 뒤, 최초기에는 붓다가 역사적 · 인간적 붓다였으나 후대로 가면서 신격화되었다고 비판한 바 있다. 이에 대하여 닛타 토모미치는, 과연 『숫타니파타』 중 어느 부분이 오래되고, 어느 부분이 새로운가에 대한 판단의 근거에 엄밀성이 결여되었으며, 나카무라 하지메의 주장처럼 만약 그랬다고 한다면 '고타마' '그대'와 같은 인간적인 호칭에 대해서는 후대에 전면적인 개정이 이루어졌을 것이라 하였다. 그러나 닛타 토모미치는 초기불교의 붓다가 "결코 '단 한 사람의 인간'이라 부를 수 있는 존재는 아니다"라고 단언하고, "이 세상에서 여래는 불가지不可知이다"라거나, "붓다에게는 발자취가 없다" 등으로 말해졌다는 것이다. 이미 초기불교부터 붓다는 '인간적' 붓다는 아니었다는 논리다. 이에 대해서는 닛타 토모미치(2017, pp. 85~109) 참조.

지지만—고유명사는 존재하지 않는다는 것이다. 아함/니카야나 대승 경전이나 공히 고유명사는 존재하지 않는다.

그렇게 고유명사가 존재하지 않는다는 관점에서 본다면 '아함비불설阿含非佛說, 대승비불설大乘非佛說'이라 할 수도 있다. 옛사람들은 아함/니카야에서도 고유명사를 드러내지 않고서 '불설'이라 하고서, 그 어느 경우에도 역사적 인간 붓다의 설법이라는 식의 분별심을 일으키지 않았다. 아무도 데리다의 질책叱責을 받을 빌미를 마련하지 않았던 것이다. 그러므로 '아함불설阿含佛說이며, 대승불설大乘佛說'이라 말하고 있을 뿐이다.

## 2. "원본을 그대로 베끼는 일이 아님은 말할 필요도 없다"

어떤 전주장자pūrvapakṣin는 『무량수경』에는 저자가 부재한다고 말하는 데서부터 한 걸음 더 나아간다. 『무량수경』이 출현할 이유가 없었다고 한 뒤에, 『무량수경』을 읽지 말라고 주장한다. 다음과 같이 말하면서 말이다.

> 『무량수경』이 새로이 출현할 이유는 없었다. 그러니 이제라도 붓다를 참칭하고 있지만 사실은 개인적인 의견을 집어넣어서 쓴 대승 경전을 읽지 말고, 아함/니카야만 읽자. 그렇게 해도 아무런 문제가 없다.

그런데 그것은 불가능하다. 그렇게 하고 싶어도 할 수 없기 때문이다. 아함/니카야라는 경전과 해석자/독자 사이에는 시간성/역사성historicity의 차이가 개재되지 않을 수 없기 때문이다. 이 시간성/역사성의 존재가 해석에 장애가 되는 것이 아니라, 해석의 본질적 조건[451]임을 말한 것이 독일의 철학자 하이데거M. Heidegger(1889~1976)와 가다머H. G. Gadamer(1900~2002) 사제師弟이다. 그리고 그들에 의해서 성립된 철학적 해석학이다.

이뿐만 아니라 보르헤스 역시 그의 소설 「돈키호테의 저자, 삐에르 메나르」에서 다시 이 문제를 본격적으로 다루고 있다. 이 이야기의 플롯plot은 간단하다. 우리가 다 알다시피, 『돈키호테Don Quijote』(1605)라는 소설은 17세기 스페인의 작가 세르반테스Miguel De Cervantes Saavedra(1547~1616)의 작품이다. 그 1부 9장에 다음과 같은 문장이 있다.

> la verdad, cuya madre es la historia, émula del tiempo, depósito de las acciones, testigo de lo pasado, ejemplo y aviso de lo presente, advertencia de por venir.[452]
>
> 진리의 어머니이기도 한 역사는, 시간의 경쟁자이며, 행위들의 축적물이며, 과거를 증언하고, 현재의 모범과 교훈이 되며, 그리고

---

**451** "현재와 관계를 맺지 않은 해석이란 있을 수 없다. 그리고 해석은 결코 영원불변하거나 고정적인 것이 아니다."(Richard E. Palmer 1998, p. 268.)

**452** 이남호 1994, p. 130. 이남호 역본은 영어 번역으로부터의 중역重譯이지만, 우리의 논의에서는 큰 문제가 아니라 본다. 내가 최초로 보르헤스를 만날 때 읽은 책이므로 그에 의지한다. 스페인어로부터의 번역은 Jorge Luis Borges 1994. 참조.

미래에 대해 경고한다.

그런데 20세기를 살았던 프랑스의 상징주의 시인인 삐에르 메나르라는 인물이 이 세르반테스의 문장을 그대로 베껴 썼다. 이렇게 말이다.

> la verdad, cuya madre es la historia, émula del tiempo, depósito de las acciones, testigo de lo pasado, ejemplo y aviso de lo presente, advertencia de por venir.
>
> 진리의 어머니이기도 한 역사는, 시간의 경쟁자이며, 행위들의 축적물이며, 과거를 증언하고, 현재의 모범과 교훈이 되며, 그리고 미래에 대해 경고한다.

정말 토씨 하나, 콤마 하나 다름없이 베껴 쓴 것이다. 복사copy한 것이다. 그런데 작가는 이 두 작품이 다른 작품이라 말한다. 이러한 삐에르 메나르의 행위가 "원본을 그대로 베끼는 일이 아님은 말할 필요도 없다"[453]는 것이다. '20세기—프랑스—상징주의 시인'이라는 시공時空(context)을 감안하고서 이 문장을 읽게 되면 전연 다른 책이 된다는 것이다. 「'저자의 부재'론과 실천적 독서법」 논문에서, 나는 이 작품에서 시사를 받아서 우리의 시공간, 즉 컨텍스트를 적극적으로 경전 해석에 투영해 가자고 주장하였다.

**453** 위의 책, pp. 123~124.

그렇게 우리의 컨텍스트에 입각해서 경전을 읽어가는 방법을 실천적 독서법이라 하면서, 자기 철학/자기 목소리svapadāni의 제시를 위한 하나의 방법론으로 활용하자고 제안했던 것이다.

그런데 보르헤스의 이 작품은 아함경과 『무량수경』의 관계를 어떻게 이해/설정해야 할 것인가 하는, 현금 우리의 문제에 대입시켜 보면 또 다른 시사점 하나를 더 얻을 수 있게 된다. 우선 삐에르 메나르가 했듯이, 우리도 꼭 그대로 니카야의 일절一節을 써보자. 상응부 경전Saṃyutta-nikāya 2권의 말씀이다.

Katamo ca bhikkhave paṭicca-samuppādo. jātipaccayā bhikkhave jarāmaraṇam uppādā vā uppādā vā Tathāgatānam anuppādā vā Tathāgatānaṃ ṭhitā vā sā dhātu dhammaṭṭhitatā dhammaniyāmatā idappacayatā.

비구들이여! 연기란 무엇인가? 생生을 조건으로 노사老死가 있다. 이 계界(dhātu)는 여래가 세상에 출현하든 출현하지 않든 확정되어 있으며, 법으로서 확립되어 있으며, 법으로서 결정되어 있다. 즉 상의성相依性(idappacayatā)이다.[454]

기원전 6세기 무렵의 인도에서 직접 붓다가 발신發信했을 때 가

454 김호성 2009a, p. 198. 팔리어의 우리말 번역은 이자랑李慈郎 교수의 도움을 받았다. 그리고 팔리어에 상응하는 한문 원문은 『잡아함경』 권 12. 대정장 2, p. 85b. 참조.

지고 있었던 의미를 팔리어 니카야가 그대로 담고 있다[455]고 하자. 그리고 '21세기의 한국'이라는 컨텍스트 속에서 살고 있는 내가 이를 그대로 베껴서 다음과 같이 썼다고 하자.

Katamo ca bhikkhave paṭicca-samuppādo. jātipaccayā bhikkhave jarāmaraṇam uppādā vā uppādā vā Tathāgatānam anuppādā vā Tathāgatānaṃ ṭhitā vā sā dhātu dhammaṭṭhitatā dhammaniyāmatā idappacayatā.

비구들이여! 연기란 무엇인가? 생生을 조건으로 노사老死가 있다. 이 계界(dhātu)는 여래가 세상에 출현하든 출현하지 않든 확정되어 있으며, 법으로서 확립되어 있으며, 법으로서 결정되어 있다. 즉 상의성相依性(idappacayatā)이다.

토씨 하나, 콤마 하나 다르지 않다. 하지만 세르반테스의 『돈키호테』와 삐에르 메나르의 『돈키호테』가 다른 작품이 된 것처럼, 이 양자 역시 다른 글이 된다. 그렇다면, 과연 이러한 이야기가 우리의 논의에 무슨 빛을 비추어주는 것일까? 보르헤스가 이 소설을 통해서 말하고자 하는 메시지를 우리의 논의에 적용시켜 보면 다음과 같이 된다.

---

**455** 실제로는 그렇지 않았을 가능성도 없지 않다. 구전되어 오다가 후대에 문자로 기록되었고, 그때는 그것을 전승하고 있었던 각 부파의 어떤 '해석적 입장'이 개재되었을 가능성이 없지 않기 때문이다. 원음을 찾는 입장이라면, 그것들을 예리하게 분리해 내야 할 지난至難한 작업을 하지 않으면 안 될 것이다.

만약 『무량수경』의 출현을 애써 거부하고 아함/니카야만을 독송하면서 애당초의 의미만을 그대로 수호하고자 했더라도, 그러한 노력은 수포로 돌아갈 수밖에 없다. 대승 경전의 출현은 불가피한 필연이었다.

이것이 정의이다. 아함/니카야를 앞에 두고서 재해석했을 때, 그 결과 얻어지는 새로운 이해는 시공의 변천과 함께 새롭게 출현할 수밖에 없었으리라는 점이다.[456] 그리고 그것이 『무량수경』의 형식을 띠고 나타났다는 것이다. 그렇게 볼 때, 아함/니카야의 초기 경전과 『무량수경』 등의 대승 경전은 동문이의同文異義—초기 경전을 읽었으되 그 의미artha가 달라졌다[457]—로서 이해할 수 있다. 그렇게 볼 수 있다면 동시에, 글vyañjana은 초기 경전과 대승 경전으로 달라졌지만 그 의미는 일음一音일 수 있는 이문동의異文同義의 관계로 볼 수도 있게 될 것이다. 이문異文 중에도 공히 원음 X가 존재한다면, 표면적으로 나타난 글은 초기 경전과 대승 경전으로 다르지만, 동일한 원음 X를 갖고 있다는 측면에서 그 의미는 같다(同義)고 볼 수 있는 것이다. 이것이 바로 일음교의 논리이니,

456 대승 경전이 출현하지 않은 남방불교와 대승 경전이 출현한 북방불교의 차이는 역시 그 컨텍스트의 차이나 경전을 읽어가는 해석의 태도 등에서 차이가 있었기 때문으로 생각된다.

457 나의 해석학적 관점은 원음 X를 '문'으로 삼고, 초기 경전과 대승 경전이 공히 '의'의 관계에 있다고 본다. 그렇지만 여기서는 전주장의 관점을 고려하고서, 그에 대해서 정의를 제시하기 위하여 아함경을 '문'으로 보고 『무량수경』을 '의'로서 서술하였다.

「일음교와 자기 철학의 글쓰기」에서 자세히 논의한 바이다.

### 3. "모든 책은 익명이며, 영원한 단 한 사람이 쓴 것이다"

앞에서 우리는 아함/니카야는 결코 그대로—즉 아함/니카야의 형태로—쓰일 수는 없었다는 점을 살펴보았다. 아함/니카야를 읽었으되, 시대의 변천에 따른 결과 아함/니카야와는 다른 새로운 대승 경전이 출현할 수밖에 없었음을 해석학적으로 논증하였다. 이를 위하여 우리는 보르헤스와 하이데거—가다머 사제師弟의 힘을 빌었다. 그런데, 이러한 이야기를 다 듣고서도 여전히 어떤 전주장자前主張者는 손을 들고 나서면서 다음과 같이 말할지도 모르겠다.

> 그렇게 아함/니카야가 그대로 전승되는 것은 불가능하다는 이야기에 동의할 수는 있다. 그러나 그럴 경우에라도 감히 '불설'이라 말하지 않을 수는 있지 않은가? 스스로 저자로서 자기 이름을 밝히는 것이 가능하지 않은가? 마치 논사論師들이 그들의 논서論書(śāstra)에 이름을 밝힌 것처럼 말이다.

이제 나는 이러한 전주장이 과연 타당한지 검토해보기로 한다. 이를 위해서 보르헤스의 소설 한 편을 더 읽어야 한다. 「틀뢴, 우크바, 오르비스 테르티우스TlÖn, Uqbar, Orbis Tertius」라는 소설이다. 이 소설은 '틀뢴'이라는, 현실에서는 존재하지 않는 환상의 세계를 새롭게 만들어서 보여주는 이야기다. 그중에 다음과 같이 말한다.

> (틀뢴에서는—인용자) 문학의 경우에도 모든 작품은 단 한 사람의 저작물이다. 틀뢴의 거의 모든 책은 지은이가 익명이다. 여기서는 표절 개념이 아예 없다. 모든 책은 익명이며, 영원한 단 한 사람이 쓴 것이다. 그 대신 비평이 지은이들을 만들어낸다. 어떤 비평가는 상이한 두 작품—예를 들면 『도덕경』과 『천일야화千一夜話』—을 같은 작가의 저작물이라고 규정하고, 그 흥미로운 문인homme de lettres의 심리를 성심껏 연구한다.[458]

틀뢴이라는 환상의 세계를 서술하면서, 보르헤스가 말하는 '저자의 부재'에 대해서 주목한 것은 나만이 아니라 『불교해석학Buddhist Hermeneutics』(1988)을 편집한 도널드 S. 로페즈Donald S. Lopez도 인용[459]하고 있었다. 이에 대해서는 나의 논문 「'저자의 부재'론과 실천적 독서법」에서도 언급한 바 있다.[460] 다만 거기에서는 불교의 시간론을 중심으로 서술하느라, '저자의 부재'에 초점을 맞추어서 왜 "『무량수경』은 불설이다"라고 말해질 수밖에 없었는지에 대해서는 충분히 논증할 수 없었다. 그러므로 여기서 다

---

**458** 이남호 1994, pp. 63~64. 이남호는 이 작품의 제목을 그 내용의 의미를 취하여 「환상 지도」로 바꾸어 불렀다.

**459** Donald S. Lopez 1988, p. 47.

**460** 김호성 2009a, pp. 124~129. 참조.

소 보충을 행해보고자 한다.

"틀뢴의 거의 모든 책은 지은이가 익명이다." 그와 마찬가지로, 『무량수경』 역시 표면적으로 볼 때 지은이는 익명이다. 그 점에서는 같다. 그런데 보르헤스는 말한다. "모든 책은 익명이며, 영원한 단 한 사람이 쓴 것이다." 그렇다고 한다면, 여기서 말하는 '영원한 단 한 사람'이 누구일까? 신일까? 그렇지 않다. 그 증거를 작품 안에서 찾아보기로 하자.

"틀뢴에서는 심리학만이 유일한 학문이었고……"[461]

"틀뢴의 형이상학자들은 진리는커녕 진리 비슷한 것도 찾지 않는다. 그들은 일종의 경이로움만을 찾는다. 그들은 형이상학을 환상문학의 일부로 여기는 것이다."[462]

"틀뢴 역시 마치 미궁과 같은 세계이지만, 그것은 인간에 의해 설계된 미궁이며, 인간에 의해 해명될 수 있도록 만들어진 미궁이다."[463]

이 세계는 형이상학이나 신학이 부재하는 세계이다. 이남호李南昊는 이 작품에 대한 해설의 제목으로 「위대한, 그러나 독신적瀆神的인 상상의 힘」이라 부치고 있다. 인간이 창조주로 등장하여 하

**461** 이남호 1994, p. 56.

**462** 위의 책, p. 58.

**463** 위의 책, p. 71.

나의 세계를 세우고 있으니, 독신적이라는 평가를 받을 수 있을지도 모르겠다. 그러므로 '영원한 단 한 사람'이 기독교의 신을 가리키지 않음은 분명하다.

기독교 성서의 진정한 저자를 기독교에서는 신이라 말한다. 그와 비슷한 사유는 인도철학의 니야야Nyāya학파에서도 볼 수 있다. 베다라는 성전의 작가를, 니야야학파에서는 신이라 말하고 있는 것이다. 그러나 불교가 힌두철학의 니야야학파와 같은 관점을 갖고 있어야 할 이유는 없다. 오히려 이러한 경전관의 문제에 대해서 다른 입장을 갖고 있기에 불교는 힌두교와 다른 종교로서 독립할 수 있었던 것 아니겠는가. 그렇다면 '영원한 단 한 사람'을 비인격적인 원리로서 볼 수는 없는 것일까? 예컨대 인도철학의 미망사Mīmāṃsā학파에서는 "베다에는 저자가 없다"라는 비작자성非作者性(apauruṣeyatvā)을 주장한다. 신과 같은 인격적 존재가 '저자'가 아니라, 영원 이전부터 영원 이후까지 늘 존재하는 비인격적인 다르마dharma(法)가 진정한 저자라는 것이다. 그렇게 상정되어 있다.

이렇게 신이라 하든(기독교, 힌두교의 니야야학파), 아니면 영원한 다르마라 하든(힌두교의 미망사학파) 간에 공히 그들은 영원한 실체 개념을 '저자'로 보고 있다. 정히 데리다가 말하는 '근원의 신화'를 가지고 있는 셈이다. 데리다는 바로 그러한 사고가 잘못된 사고임을 힘써 비판하지 않았던가. 불교는 또 어떠했던가. 연기, 공을 말하는 불교에서 그러한 의미의 '영원한 단 한 사람'의 작자를 상정할 수는 없었을 것이다. 그렇다면 틀뢴에서처럼, 어떻게 『무량수경』이 '영원한 단 한 사람의 작자'로서 '불佛'[464]을 상정하고 있는지 물어야 할 것이다. 어떻게 우리는 아함/니카야와 대승 경전을 공히 익명의 저자에 의해서 이루어진 것이며, 영원한 단 한 사람의 저술이라고 볼 수 있는가 하는 점이다.

'영원한 단 한 사람'이라고 보르헤스가 말했을 때, 그것은 하나의 가상적 존재를 상징한 것이고 가명인 셈이다. 아함경전을 진실로서 붓다의 불설/친설로 보고 『무량수경』을 그와는 다르게 비非불설/비非친설로 보는 입장에서는 받아들이기 어려울 터이지만, 보르헤스가 그리고 있는 틀뢴의 상상력에 따른다면 사실상 '저자의 부재'가 된다. 아함경에도 저자는 없으며, 『무량수경』에도 저자는 없는 것이다. 그런데 문제는 책/경전에는 저자가 필요하게 된다. 형식적으로라도 저자를 밝히지 않을 수 없다. 이 모순을 회통會通, 조화할 수 있는 방법이 무엇일까? 임시로, 방편方便(upāya)[465]으로, 가명으로 누군가를 저자로 설정하는 것일 터이다. 그렇다고 한다면, 과연 누구를 저자로 시설施設(prajñāptir)하면 좋을까? 가명이고, 방편이고, 시설임을 전제로 해놓고 나면, 우리는, 불교에서는 '영원한 단 하나의 사람'을 '불'[466]로 볼 수 있는 것 아

464 여기서 '불'은 그저 '불'이다. '역사적 인간 붓다'라고 말할 때와 같은 한정이 요구되지 않는다. 한정을 뛰어넘는 존재로서의 '불'이다. 깨달은 존재로서의 '불'이라는 말이고, 그렇게 우리가 바라볼 때의 '불'이라는 말이다.

465 『불교해석학 연구』의 첫 번째 논문(「경전의 무거움과 해석의 가능성」)에서 나는 미망사학파의 '베다=진리'관에 대비하여, 불교는 '경전=방편'관을 갖고 있다고 하였다. 김호성 2009a, pp. 21~59. 참조.

466 여기서 떠오르는 것은 야나기 무네요시柳宗悅(1889~1961)다. "누구의 이름도 다

닐까? '불'로 볼 수밖에 없는 것 아닐까?

그래서 '불설'이라 한 것이다. 불설, 그뿐이다. 이 자리에는 오직 모든 경전은 불설인 것이다. 그래서 아함불설, 대승불설이다. 불설과 친설을 구분하는 것도, 아함/니카야를 직설이라 친설이라—물론 역사적으로 그렇다손 치더라도—말하는 것도, 불설과 비불설을 구분하는 것도 의미가 없게 된다. 그렇게 구분하는 것은 교판론教判論[467]에 떨어져서 타자他者를 배제하는 교만심의 발로가 아니라면, 희론戱論(prapañca)에 지나지 않을 것이다.

본래는 법장(法藏, 아미타불이 수행할 때의 이름—인용자)이라는 이름이라 말해서 좋다. 누가 어떤 이름을 갖고 있다고 해도, 그 이름 가운데에는 법장이라는 이름이 포함되어 있는 것이다. 법장이라고 말해버리면 한 사람의 이름이지만, 실은 모든 이름을 포섭하는 것이고, 또 모든 이름에 들어가는 이름인 것이다."(柳宗悅 2007, p. 75.) 여기서 야나기가 말하는 '법장' 대신에 우리는 '불'을 집어넣을 수 있다. "누구의 이름도 다 본래는 법장/불이다"라는 관점 속에는, 앞서 살펴본 데리다의 고유명사의 말소 역시 보인다.

467 사실 초기 경전과 대승 경전 사이에서 가치 평가를 한다거나, 가치의 서열을 매기고서 어느 한쪽의 입장에서 어느 한쪽을 포용하는 관점—교판教判—은 나쁜 일이 아니다. 오히려 자연스럽기도 하고, 또 그러한 교판에는 불교사상사를 보는 나름의 관점—자기 철학—이 투영되어 있으므로 긍정적으로 평가할 수도 있다. 하지만, 스스로의 교판만을 절대시하고, 다른 사람들의 교판이 갖는 상대적 가치—사실 자기 교판 역시 '상대적'이라는 점에 교판의 특징이 있다—마저 부정하게 되면 타자의 배제로 이어지게 되거나, 더 나아가서는 교단 안에서 자기 영역의 확보라는 권력욕의 표출까지 보이게 된다. 그래서 조심해야 할 일이다. 이렇게 나는 교판은 긍정적으로 보면서도, 타자의 배제로 이어지는 교판에의 집착은 '교판론'이라 부르면서 경계한다. 이에 대해서는 『불교해석학 연구』의 두 번째 논문 「자기 철학의 제시를 위한 전통적 불교학의 해석학적 장치들」에서 상론하였다. 김호성 2009a, pp. 79~84. 참조.

## 4. "여래가 세상에 출현하든 출현하지 않든 확정되어 있다"

### 1) "아함/니카야는 '원음 X'에 대한 해설이다"

'저자의 부재'이므로, 가명으로서 '불'을 저자로서 내세우게 되었다. 방편으로 말이다. 그래서 모두 '불설'이 되었다. 이러한 논증을 듣고서, 어떤 전주장자가 말에 집착하여 다음과 같은 견해를 다시 내세울지도 모르겠다.

> 그렇게 '영원한 단 한 사람'이 부처라고 한다면, 그분은 아함경을 직접 설해주신 역사적 인간 붓다일 수밖에 없다. 영원한 단 한 사람은 일불一佛이며, 그 일불은 아함경의 붓다이다. 『무량수경』에 등장하는 다불多佛은 사실상 가공의 붓다이므로 경전의 저자일 수는 없다.

어떻게 해야 우리가 아함경과 『무량수경』의 관계를 화쟁하며 볼 수 있을까, 하는 문제에 대한 해답은 앞 절까지의 논증만으로도 다 제시되었다고 보아도 좋을 것이다. 이 글의 정종분이 제3절에서 끝나도 좋을 이유이다. 그러나 아직도 이러한 새로운 이설을 제시할 분도 있을 것 같아서, 나의 탄이초歎異抄[468]는 좀 더 계속

---

468 『탄이초』는 일본불교 정토진종의 주요한 텍스트이다. 이설의 횡행을 개탄한다는 뜻의 고유명사인데, 여기서는 보통명사로 써보았다.

되어야 할 것 같다. 과연 경전의 저자로서 말해지는 '영원한 단 한 사람'이 아함경의 붓다일 수 있을까? 이 문제는 우리에게 다시 '원음'을 재고해보도록 한다.

참으로 많은 사람들이 이구동성으로 아함/니카야의 설주說主가 고타마 붓다(=석가모니)라는 사실과 대승 경전이 역사적 붓다의 설법이 아니라는 사실을 합쳐놓은 뒤에, 아함/니카야가 원음原音이라 결론 내리고 만다. 그러면서 "원음으로 돌아가자"고 말한다. 그렇게 초기 경전이 원음일 경우, 대승 경전은 원음에서 멀어진 것이라 평가되는 것은 당연한 수순이리라. 얼핏 생각하면, 이러한 입장은 너무나 당연한 것이 아닌가 생각될 수도 있다.

그러나, 앞의 서분에서 간략히 소개한 바 있지만, 나는 그렇게 생각하지 않는다. 고타마 붓다라는 '인격'에 대한 신앙심이 그분의 '법法'에 대한 존중심보다 더 강해서일까? 만약 원음을 그렇게 이해한다면, 우리는 바로 아함/니카야에서 설주로서 설법해주신 고타마 붓다의 설법 내용을 정면에서 외면하는 일이 될 것이다. 앞서 인용한 바 있지만, '원음' 개념과 관련한 붓다의 말씀을 다시 한 번 더 들어보기로 하자.

> 비구들이여! 연기란 무엇인가? 생生을 조건으로 노사老死가 있다. 이 계界(dhātu)는 여래가 세상에 출현하든 출현하지 않든 확정되어 있으며, 법으로서 확립되어 있으며, 법으로서 결정되어 있다. 즉 상의성相依性(idappacayatā)이다.

팔리어에서 옮긴 번역문 중에 "여래가 세상에 출현하든 출현하지 않든 확정되어 있다"는 이 말씀을 한역 아함에서는 "연기라는 것은 내가 만든 것도 아니며 다른 사람이 만든 것도 아니다. 여래가 이 세상에 출현하든 출현하지 않든 이 존재들의 세계에 항상 적용되어 있다"라고 하였다. 한역 아함이 좀 더 자세히 풀이한 느낌이 있으나, 결국 같은 뜻이다. 여기서 '여래'는 고타마 붓다(=석가모니)이다. 흔히 전주장에서 보는 것처럼, 불교—초기불교를 포함하여 대승불교까지—의 기원을 석가모니불 그 한 분(일불一佛)에게로 돌리고 있지만, 그래서 마치 그분이 대장경 속에 들어 있는 모든 가르침의 기원으로, 혹은 그 가르침을 담고 있는 책들의 유일한 저자로 생각되고 있으나, 그분 스스로의 생각/대답은 그렇지 않을 것이라는 점을 이 상응부 경전은 말하고 있지 않은가? "나는 아니다. 나는 이 연기의 이치를 그저 발견했을 뿐이다"라고 말씀한 것으로 이해할 수 있다.

진정 최초의 원음을 불교의 기원으로 보고, 저자로 보고자 한다면, 그 기원의 이름, 즉 저자의 이름은 아함/니카야일 수도 없고 고타마 붓다(=석가모니)일 수도 없다. 붓다의 출세 이전에 이미 원음은 존재하고 있었다 하지 않던가. 법계法界에 상주常住하는 원리로서 말이다. 나는 이를 '원음 X'라 불렀고, 고타마 붓다의 설법, 즉 아함/니카야는 '원음'이 아니라 이 '원음 X'에 대한 붓다의 해석/해설[469]로 보았던 것이다. 따라서 이 법dhamma은 힌두의

**469** 김호성 2009a, pp. 196~201. 참조.

미망사학파에서 말하는 법dharma과 같은 실체 개념이 아니다. 그저 연기의 이치를 가리키는 말이다. 그러니까 한역 아함에서 '연기법緣起法'의 의미는 '연기=법'이라는 동격한정복합어(持業釋, Karmadhāraya)로 해석되어야 한다.

### 2) "91겁 전에 비빠시Vipassī불이 세상에 나셨다"

아함/니카야가 '원음'이 아니며, 아함/니카야 이전에 '원음 X'가 있었다[470]는 사실이 아함/니카야에는 또 다른 방식으로 나타나 있다. 물론 이 내용이 고타마 붓다의 직접 설법을 기록한 것인지, 후대 어느 때에 아함/니카야 속으로 들어갔는지 알 수는 없지만 말이다. 바로 과거칠불過去七佛의 존재이다. 이분들이 태어난 시기와 종성種姓(jāti)을 도표화해 보면 다음과 같이 된다.[471]

| 불명佛名 | 시대 | 종성 |
|---|---|---|
| 비빠시불毘婆尸佛, Vipassī bhagavā | 91겁전劫前 | 카띠야 |
| 시키불尸棄佛, Sikhī bhagavā | 31겁전 | 카띠야 |
| 베싸부불毘舍浮佛, Vessabhū bhagavā | 31겁전 | 카띠야 |

470 아함/니카야가 원음이라는 관점은 교내敎內이고, 아함/니카야 이전에 '원음 X'가 있었다는 관점은 교외敎外이다. 그러니까 이 '원음 X'의 발견/깨침이 곧 교외별전敎外別傳이다. 그러니까 이러한 나의 불교해석학은 선적 해석학인데, 불교학을 선적으로 해명해보려는 시도이기도 하다.

471 이는 Dighanikāya Ⅱ. Mahāpadānasutta(大譬喩經)으로부터 얻은 정보이다. 이 팔리어 경문의 번역은 이필원李弼元 교수의 도움을 얻었다.

| 카쿠산도불拘留孫佛, Kakusandho bhagavā | 현겁賢劫 | 바라문 |
|---|---|---|
| 코나가마노불拘那含佛, Koṇāgamano bhagavā | 현겁 | 바라문 |
| 카사빠불迦葉佛, Kassapo bhagavā | 현겁 | 바라문 |
| 석가모니불 | 현겁 | 카띠야 |

엄밀히 말하면, 지금의 석가모니불을 제외하고서 과거의 붓다는 여섯 분이 된다. 석가모니불은 과거와 현재를 이어주는 붓다이다. 그렇게 보면 과거에 존재한 붓다는 육불六佛이 된다. 그것도 현재 세계가 아니라, 가장 먼 부처님은 91겁이나 이전에 존재하였던 분이다. 이러한 사고는 마치 자이나교에서도 과거에 24티르탕카라Tīrthaṅkara가 있었다고 하는 것과 유사[472]한 맥락인 것처럼 생각된다. 다만 자이나교에서는 24티르탕카라 중에 적어도 23번째 티르탕카라인 파슈바나타Paśvanatha만은 역사적 실존 인물로 추정되는 것과는 다르다.

초기 경전 안에 이러한 과거육불의 존재가 말해지고 있음이 과연 고타마 붓다가 직접 그렇게 설했는지, 아니면 후대에 부가[473]

**472** 힌두교에서도 이렇게 '과거로의 연원 잇대기'는 확인된다. Bṛhadāranyaka Upaniṣad 6.5.1~4까지에서 스승들의 계보系譜(vaṃśa, paraṁparā)를 길게 열거하고 있다. 우리는 흔히 선종의 법통/전등의 사유가 오직 중국에서만 특유한 것이었다고 생각하기 쉬우나, 그렇지 않다. 이미 인도에서도 보편적으로 볼 수 있었던 사고방식이었으며, 중국에 와서 선종의 법통/전등의 계보가 성립하는 데 어떤 영향을 미쳤을 가능성도 배제할 수 없다고 본다.

**473** 이필원 교수에 따르면, 기원전 약 3세기경 과거칠불 사상이 생겼다고 한다. 만약 그렇다고 한다면 기원전 약 3세기에 이미 지금의 나처럼 생각하는 사람이 있어서 과거칠불이 창조된 것으로 평가된다.

된 이야기인지 나로서는 알 수 없다. 고타마 붓다가 직접 설했느냐, 아니면 후대에 부가되었느냐 하는 것은 역사학적 · 문헌학적 연구를 통하여 해결되어야 할 것이다. 그러나 여기서 나의 관심은 거기에 있지 않다. 누가 언제 그러한 이야기를 설하였으며, 또 그것이 경전 속으로 편집되었느냐 하는 것보다 더욱 중요한 점은 석가모니불 이전에도 과거세에 이미 육불이 존재했다고 하는 이 이야기 자체가 '역사/사실事實'은 아니라는 점이다. 역사/사실은 오직 석가모니불에게서 불교가 시작되었음을 일러주고 있다. 그럼에도 불구하고 석가모니불 이전으로 기원을 소급하였다고 하는 사실을 우리는 외면할 수 없다. 종래 우리는 이러한 사실에 대해서 외면하여왔다. 그렇다고 해서, 내가 과거불의 존재로부터 불교사가 서술되어야 한다고 주장하는, 이른바 역사 아닌 것을 역사로 주장하려는 의사擬似 역사적 태도—과거 전통불교에서는 그러한 모습을 볼 수 있었다—를 취하려는 것은 아니다. 그것을 역사로서 받아들일 수는 없지만, 그렇다고 해서 아무런 의미가 없는 허황한 이야기로만 내다 버릴 수는 없다는 점을 말하고자 할 뿐이다. 마치 신화적 이야기를 역사/사실로서 받아들이지는 않더라도 그 속에 담겨 있는 의미artha마저 내다 버릴 수 없음과 마찬가지다. 그렇다면 과연 이러한 과거육불의 존재에 내포되어 있는 의미는 무엇일까?

불교/불법佛法의 기원이 석가모니불에서 시작될 수 없음을 상징하는 것은 아닐까. 그렇게 역사적으로만 이해되는 것을 거부하고, 앞에서 살펴본 『잡아함』의 경문이 말하는 것처럼 석가모니불

출세 이전부터 존재하고[474] 있는 '원음 X'를 발견한 사람들이 석가모니불 이전에도 존재하고 있었음을 나타내려는 것이 아니었을까. 나는 그렇게 이해한다. 물론 그렇다고 해서 반드시 육불만을 설정해야 할 이유는 없었을 것이다. 비바시불 이전으로도 얼마든지 소급해서 더 많은 붓다를 상정[475]할 수 있었을지도 모른다. 그럼에도 불구하고 비바시불을 최초의 붓다로 말하고 있는 것은 사실상 비바시불이 처음이 아니지만, 무한 소급을 방지하기 위해서는 어디선가 소급을 멈추어야 했기 때문이리라. 결국, 이러한 과거칠불 사상은 우리로 하여금 고타마 붓다라는 일불一佛에서만 불교를 찾는 것이 바로 불교의 본의가 아님을 상징하는 것은 아닐까.

이리하여 불교는 이미 대승 이전에도 많은 붓다의 존재를 인정하는 다불多佛의 종교가 된다. 니카야/아함에서 과거의 육불을 말하고 있기 때문이다. 그러니 어떤 전주장자가 "불교에는 오직 역사적 인간 붓다의 일불만이 있을 뿐이다. 아니 일불만을 신앙해야 한다. 그런 맥락에서 일불의 가르침인 니카야/아함은 허구적 존

474 "몇 군데의 경전에 등장하는 과거불에 관한 기술에 의하면, 과거의 칠불七佛은 모두 같은 길을 걷고, 동일한 법을 설했다고 한다."(닛타 토모미치 2017, p. 97.) 이때 '몇 군데의 경전'은 『테라가타(장로게)』, 『상윳타 니카야』, 한역 『잡아함경』이라 한다. 닛타 토모미치 2017, p. 108. 각주 24. 참조.

475 "비교적 늦은 상좌부의 팔리어 제본은 석존 이전의 제불을 자이나교도의 티르탕카라와 동수, 즉 24불로 한다. 이들 24불은 위의 육불과 그에 앞선 18불이다. 그 이름은 다른 부파의 리스트 중에 일부분 볼 수 있으며, 그다지 중요시되지 않는다." Louis Renou et Jean Filliozat 1981, p. 194. 이는 이필원 박사가 제공해준 정보이다.

재인 다불을 설하는 대승 경전과는 가치가 다르다"라고 한다면, 그러한 주장은 바로 니카야/아함과도 모순된다는 점을 지적받게 될 것이다. 초기불교에서 붓다가 사람들에게 "와서, 보라"고 말했을 때, 이미 모든 사람들에게 다 깨달을 수 있는 가능성을 인정한 것이 아니겠는가. 그리하여 『아미타경』과 같은 대승 경전에서는 과거 · 현재 · 미래의 시간을 통하여, 또 동 · 서 · 남 · 북 상의 공간을 통하여 다불을 배치/설정하고 있는 것 아닌가. 만약 고타마 붓다만이 오직 부처일 뿐이라는 '일불'을 말한다면, 그 일불은 영원히 일불이고 우리는 언제라도 중생으로 머물고 말게 될 것이다. 아라한까지 될 수 있다 하지만, 그 아라한과 붓다 사이에는 차이/거리가 있을 수밖에 없다. 결국 붓다까지는 될 수 없다는 이야기 아닌가? 이 이야기는 어쩌면 굉장히 비非불교적인 견해가 될지도 모르겠다. 불교는 중생과 붓다 사이의 연속성을 인정하는 종교이기 때문이다.

### 3) "석존도 마하가섭으로부터 깨침을 얻었다"

'원음 X'의 발견자들을 우리는 과거에서만 확인할 수 있는 것이 아니다. 다시 미래에서도 찾을 수 있다. 우리의 관점에서는 그 역시 과거이지만, 석가모니불의 관점에서는 미래가 된다. 미래에 미륵불의 존재를 말하는 것도 그렇지만, 선종의 전등계보傳燈系譜[476]

**476** 나는 이 전등계보를 권력 지향적으로 의지/활용하는 '계보학적 사고'에 대해서는 비

역시 그렇게 볼 수 있지 않을까 한다. 석가모니불에서 마하가섭으로 법이 이어졌을 때, 석가모니불은 마하가섭의 깨침이 자신의 그것과 대등한 것임을 인가印可한 것일 터이다. 만약 그렇다고 한다면, 석가모니불과 마하가섭 사이에는 동등한 '깨침의 고속도로'가 뚫어져 있다 할 것이다. 이 부분에서 나는 최근 참으로 놀라운 지견知見을 새로 만날 수 있었다. 김호귀金鎬貴의 한 논문에서, 일본 조동종 개조 도겐道元(1200~1253)에 대해서 말하는 중에 이런 부분이 있었다.

> 이로써 도겐은 26세 때에 일생참학一生參學의 대사大事를 마치게 되었다. (…) 이후로도 보림保任을 계속하여 그 결과 마침내 법안종의 사서를 열람할 수가 있었다. 그것은 종래 보아온 것과는 완전히 다른 것이었다. 거기에는 마하가섭이 석존의 가르침을 받아 깨침을 인가받았지만, 동시에 석존도 마하가섭으로부터 깨침을 얻었다는 것이다.[477]

판적인 생각(김호성 2016a, pp. 265~270. 참조)을 갖고 있지만, 그러한 '계보학'의 또 다른 의미를 여기서 천착해보려는 것이다.

**477** 김호귀 2009, pp. 22~23. 참조. 여기서 나는 진귀조사설眞歸祖師說의 새로운 함의를 깨닫게 된다. 종래에 석가가 보리수 아래에서 깨침을 얻은 뒤에 다시 설산雪山에 들어가서 진귀조사에게 인가印可받았다고 하는 진귀조사설에 대해서, 교종과 선종이 대립할 때 교종의 대표/근원인 석가가 선종의 대표/근원인 진귀조사에게서 인가를 얻었다고 함으로써 선종의 우위를 주장한 것으로 이해되어왔다.(김호성 2002, pp. 27~28. 참조.) 물론 그것은 역사적 사실이 아니다. 그러므로 역사학의 차원에서 폐기되어버릴 수밖에 없을 것이다. 그러나 법안종의 사서嗣書와 과거칠불설에 나타난 관점을 생각해보면, 진귀조사설 역시 '원음 X'의 발견자는 일불로서의 석가모니불만이 존재하는 것이 아님을 의미하는 것으로도 재해석될 수 있을 것이다. 물론 이러

깨침의 인가가 유불여불唯佛與佛의 수수 관계라고 하다면, 인가자와 피被인가자는 동등/동시일 수밖에 없을 것이다. 그렇게 동등하다면 '석존 → 마하가섭'으로의 전승이 가능함과 동시에 '마하가섭 → 석존'의 전승 역시 가능한 것일 터이다. 이 이야기를 초기 경전과 대승 경전 사이에 적용해보기로 하자. 흔히 대승 경전은 초기 경전의 재해석 내지 영향을 받은 것이라 말해왔다. 그 역시 틀린 관점은 아니다. 하지만 나는 이를 좀 더 분명하게 하여, 대승 경전은 초기 경전에서 하는 말을 한 번 더 반복한 것이며, 따라서 양자는 공히 일음이라 보았다. 일음교라고 하는 것이 나의 관점이었다. 특히 '원음 X'가 공히 개재되어 있다는 점에서 그렇게 보았다.[478]

그런데 지금 법안종의 사서에 나타난 '마하가섭 → 석가'의 인가印可 이야기는 곧 그대로 "대승 경전이 아함/니카야에 영향을 주었다"라거나, "아함/니카야가 대승 경전의 반복으로서 일음이다"라는 이야기 역시 성립 가능케 한다. 물론 이는 역사학이나 문헌학의 입장에서 하는 말이 아니지만 말이다. 해석학적으로는 그렇게 받아들일 수 있고, 그렇게 이해할 수 있다는 것이다.

한 해석은 종래 진귀조사설을 주장했던 사람들의 해석이 아니라, 나의 새로운 의미부여지만 말이다.

**478** 김호성 2009a, pp. 206~209. 참조.

### 4) "석가모니불과 마하가섭은 동등한 깨침을 얻었다고 믿는다"

석존과 마하가섭 사이에 상호 수수의 관계가 이해된다면, 아함경이 상위법上位法이고 『무량수경』이 하위법下位法인 것이 아님 역시 이해될 수 있을 것이다. 저자의 존재를 말하는 계시서啓示書(śruti) 베다와 전승서傳承書(smṛti)인 『마하바라타』 사이에는 전자가 후자보다 상위법이라는 힌두교 일반의 관점[479]이 초기 경전과 대승 경전 사이에는 적용될 수 없다. 그것은 「경전의 무거움과 해석의 가능성」이라는 논문[480]에서 말했듯이, 텍스트의 산출자/저자들이 베다와 『마하바라타』의 경우에는 '영원한 존재로서의 신/법 vs 영원하지 않은 인간'이라 대비되는 것과는 달리, 불교에서는 석가가 마하가섭을 인가할 수 있음과 동시에 마하가섭이 석가를 인가할 수 있는 관계이기 때문이다.

"과거육불 → 석가모니불 → 마하가섭"이라는 전승 계보가 거꾸로 '마하가섭 → 석가모니불 → 과거육불'로 거슬러 올라가면서 전법할 수 있었다고 하는 이야기는 실로 상常식에는 반反하나 도道에는 합合하는 이야기가 아닐 수 없다. 그러나 여전히 상식의 세계에 머무르고 있는 전주장자가 있다고 한다면, 다음과 같이 말할지도 모르겠다.

---

**479** 물론 힌두교에서도 다른 관점 역시 보인다. 이원적 베단타Dvaita Vedānta 학파를 세운 마드바Madhva(1199~1278)는 전승서인 『마하바라타』가 베다보다 더 높은 가치를 갖는다고 말한다. Nagesh D. Sonde 1995, p. 20. 참조.

**480** 김호성 2009a, pp. 27~50. 참조.

당신이 하는 말을 들어보면, 거기에는 사실 암묵리에 하나의 중요한 사실이 전제되어 있다. 바로 과거육불과 석가모니불, 석가모니불과 마하가섭 사이에 깨침이 동등한 경지에 이르렀다고 하는 전제 말이다. 과거육불이야 불이라 이야기되므로 그렇다고 하더라도, 어떻게 마하가섭 등 석가모니불 이후의 조사들까지 석가모니불과 동등한 경지의 깨침을 얻었다고 전제할 수 있다는 말인가?

참으로 중요한 질문이 아닐 수 없다. 바로 그렇다. 그러한 전제가 깔려 있는 것이 맞다. 그런데 나는 과거육불과 석가모니불, 석가모니불과 마하가섭은 모두 동등한 경지의 깨침을 얻었다고 믿는다. 이 '믿음'이야말로 불교학의 성립 근거라고 나는 본다. 이 '믿음'은 문법적으로, 문헌학적으로, 역사적으로는 결코 확증되어질 수 없는 영역에 속해 있다. 정말로 그러한 믿음조차 전제하지 않는다면, 불교학은 성립될 수 없다고 본다. 물론 서양철학적 의미의 철학은 전제가 없는 학문이라 말해진다. 그렇게 '믿음'을 가질 수 없다면, 마하가섭뿐이겠는가? 석가모니불의 깨침에 대해서까지 의문을 제기할 수도 있을 것이다. 그러한 학문 역시 불가능한 것은 아닐 터이다. 그러나, 그럴 경우 '불교'는 대상의 자리에 놓일 뿐이 아니겠는가. 불교를 학문의 대상이면서도 주체로서 삼는 사람들, 나같이 불교를 신앙하면서 학문 역시 그 신앙의 맥락 속에 놓고서 행해가는 사람들—불교학자—에게는, 그렇게 "연구대상으로서의 불교"로만 생각하고서 행하는 불교학에는 별 의미를 느끼지 못할지도 모른다. 여기서 우리는 불교학이 어떻게 성립 가능하며 어떻게 존재해야 하는지에 대해서 저마다 질문을 받게 되며, 자기 입장의 표명을 요구받게 된다.

한편 바로 이러한 점으로 인하여 종내終乃에는 문헌의 분석만으로는 어쩌지 못하고, 문헌이 말하고 있지 않는 침묵의 세계를 불교학의 대상 영역으로 끌어들이기도 해야 할 것이다. 붓다가 말한 것처럼, 붓다가 "설법한 것은 나뭇잎 하나밖에 되지 않고 정작 설법하지 않은 것은 저 숲에 비유할 수 있을 것"이기 때문이다. 비트겐슈타인L. Wittgenstein(1889~1951)은 "말할 수 없는 것에 대해서는 침묵해야 한다"고 했지만, 말할 수 없는 것[481]에 대해서도 말하려는 시도, 그것도 주체적으로 말하려고 할 때 선적 해석학이 존재할 수 있게 된다. 그리고 나는 그러한 선적 방법론을 불교해석학 안에 자리매김하고자 한 것이다. 그것이 나의 『불교해석학 연구』의 세계이다.

## 5. "이 이야기의 기원은 역시 붓다일 수밖에 없다"

또 전주장자들은 다음과 같이 말할지도 모른다.

---

**481** 원음을 '원음 X'라고 해서 미지수 'X'를 부친 데에는 이렇게, 그것이 말할 수 없는 것이라는 점을 나타내기 위해서이다. 따라서 원음은 결코 교적敎的으로만 접근할 수는 없다. 선적禪的으로 접근할 수밖에 없는데, 이는 동시에 고타마 붓다의 깨침—원음 X의 발견—이 언어적이지 않은 선적인 것임으로 나타내기 위해서이다. 따라서 교로서의 아함경은 그러한 선적 체험에 대해서 일종의 해설/해석이 된다고 나는 보는 것이다.

사실 대승 경전의 작가들은 그것이 '불설佛說'이 아니라, 그들 스스로의 사적私的인 주의 · 주장에 지나지 않는다는 점을 밝힐 수 있었을 것이다. 그렇다고 했다면, 그들은 그 이름을 당당히 드러내야 했을지도 모른다. 하지만 그들은 그렇게 하지 않았으니, '불설佛說'이라 칭함으로써 그 책의 권위를 경經으로 높이고자 했다. 그들의 주의 · 주장을 보다 쉽게, 보다 넓게 퍼뜨리려 했기 때문이었을 것이다.

이에 대한 반론은 실제로 역사 속에서 대승 경전을 저작한 분들이 해야 할 것이다. 그러나 그분들은 이미 그 이해를 역사 속에 맡긴 채, 묵묵부답 말이 없다. 그러다 보니 위와 같은 이야기를 듣더라도 가슴 한 번 아파하지 않는다. 나는 그분들을 위해서 아픈데 말이다.

대승 경전의 저자들은 과연 그런 분들이었을까? 자기의 주의 · 주장을 넓히고 싶은 사욕私慾에서 붓다의 이름을 함부로 가져다 쓴 사람들일까? 나는 대승 경전의 실제 저자들—이름 없이 숨어버린 무아의 공심公心을 가진 분들—의 마음을 생각하면, 못내 슬프기까지 하다. 과연 이러한 전주장은 타당한 것일까? 아, 우리는 정말 이렇게밖에 생각하지 못하는 것일까?

결론적으로 그렇지 않다. 물론, 겉으로 보면 실제 이름을 숨기고 떠난 대승 경전의 저자들은 그 저자를 '붓다'로 가탁假託하였다. 그 점은 틀림없는 사실일 터이다. 그것은 역사적으로나 경전의 성립사적으로나 분명한 사실로 보인다. 그런데 문제는 여기서 끝나는 것이 아니라 새롭게 시작된다. 왜 그들은 스스로의 이름을 밝히지 않았던 것일까? 어떻게 생각해보면 스스로가 저자라고 하면서 그들의 이름을 밝히는 행위는 매우 자랑스러운 일일 수도 있었을 터이고, 자기의 존재나 명예를 널리 드높일 수도 있는 일인데 말이다. 적어도 근대인의 입장이라면 당연히 그렇게 했을지도 모른다. 자기 스스로의 저작물이며, 자기 스스로의 소유물임을 밝혔을 터이다. 하지만 저 먼 옛날 사람인 그들은 그렇게 하지 않았다. 이 문제에 답하기 위하여 나는 두 가지 방법론에 의지해본다. 하나는 심성사적心性史的 방법론이며, 다른 하나는 서양 세계에서 '저자의 권리'나 '저작권'의 성립을 역사 · 사회학적으로 살펴보는 방법론이다.

### 1) "그 공덕을 의상 스님에게 돌릴 수도 있는 것이다"

어떤 메시지를 발신한 발신자의 입장에서가 아니라, 그러한 메시지를 수용한 수신자의 입장에서 생각해보는 것을 심성사적 방법론[482]이라 부른다. 이 심성사적 방법론에서 대승 경전의 저자 문제를 바라볼 때는 역사적 · 서지학적 방법론으로 바라보는 것과는 다른 결과가 도출된다. 대승 경전의 저자들의 심성에 귀를

---

**482** 내가 심성사적 방법론을 알게 된 것은 일본 교토의 붓쿄대학佛教大學에서이다. 당시 일본불교사를 전공하면서 이케미 쵸류池見澄隆 선생의 지도를 받던 원영상 · 법우 스님(김춘호) 두 분 박사를 통해서이다. 그들은 심성사적 방법론이 이케미 선생의 방법론이라 말하였다.

기울여보는 것이다. 과연 자기의 주의 · 주장을 넓히려는 이기적인 생각에서, 혹은 거룩하신 붓다의 이름을 빌어서 자기 학설의 권위를 높이려는 부도덕한 생각에서 '불설'이라 했는지 물어보는 것이다.

나는 비슷한 사례에서 이 심성사의 방법론을 적용해본 일이 있다. 다름 아니라, 의상의 저서라고 전해지고 있는 『백화도량발원문白華道場發願文』의 저자 문제와 관련해서이다. 설사 일부 학자들이 주장하는 것처럼 『백화도량발원문』이 의상의 친저가 아니라 다른 사람이 지어놓고 의상에게 가탁했다고 하더라도, 심성사적 방법론을 적용해보면 의상의 저서가 될 수 있다. 아니, 한 걸음 더 나아가서 의상의 저서라고 하는 것이 가장 타당성 있는 이야기가 된다.

왜 사람들은 하필이면 의상 스님을 저자로서 지목했던 것일까? 거기에서 어떤 진실을 발견할 수 있다는 것이다. 그것은 『백화도량발원문』이 이야기하고 있는 관음신앙의 대표자로서 의상 스님보다 더 적절한 대표자를 찾을 수 없었기 때문으로 본다. 『삼국유사』의 「낙산 이대성 관음 · 정취 · 조신」조의 앞부분은 다음과 같이 의상 스님의 관음신앙을 전하고 있다. (…) 이렇게 관음의 진신을 친견하고, 이 땅에 관음의 지시를 받아서 그 주처住處 백화도량을 건립한 의상 스님을 제외하고서 관음신앙의 대표자로서 누구를 생각할 수 있겠는가. 더욱이 『백화도량발원문』에 나타난 신앙의 세계는 화엄사상에 입각하고 있음을 감안한다면, 화엄사상가이면서 관음신앙의 선양자를 함께 아우르고 있는 사람으로서 의상 스님보다 더 적절한 사람은 없다 할 것이다. 만약 『백화도량발원문』의 실제 저자가 따로 있었다 하더라도 그 스스로 이러한 의상 스님의 화엄적 관음신앙의 세계를 계승하고 있는 것이 틀림없으므로, 그러한 신앙적 세계를 처음으로 열어주셨던 스승을 저자로 모시는 것도 이해될 수 있는 일이다. 그렇게 스스로 갖고 있었던 신앙의 세계를 감사하면서, 그 공덕을 의상 스님에게 돌릴 수도 있는 것이다.[483]

대승 경전의 저작자들이 가졌던 생각 역시 이러한 이야기의 기원은 역시 붓다일 수밖에 없다고 해서 "불설"이라 했던 것이리라. 여기에는 이 가르침을 전해주신 붓다에 대한 믿음과 사랑의 마음이 배어 있었음에 틀림없다고 나는 본다. 그분에 대한 존중심 앞에 자기 이름 같은 것을 드러낼 생각이 애당초 없었는지도 모르겠다.

우리는 오늘날에도 이러한 언급들을 만날 수 있다. 흔히 스님들 법문을 들을 때에 "내가 지금 하는 이야기는 내 이야기가 아니다. 모두 부처님 이야기다"라고 하는 말씀을 듣게 된다. 이때 모두 '부처님 이야기', 즉 불설이라는 인식을 그 스스로 하고 있다면, 그래서 그런 이야기를 담아서 저술로서 내게 된다고 할 때 그 저자의 이름을 그 스님의 이름이 아니라 그저 '불설'이라 해도 안 될 것은 없다는 이야기다. 다만 정히 그 스님의 말씀이 '부처님 이야기'일 수 있게, '원음 X'를 담고 있어야 함은 물론이다. 바로 대승 경전의

---

**483** 김호성 2006a, pp. 238~240. 참조.

저작자들이 그렇게 생각했을 것으로 나는 믿는다. 그분들은 그분들의 이야기, 곧 그분들이 저작한 이야기가 바로 그들의 이야기가 아니라 '붓다의 이야기', 즉 '불설'에 지나지 않아서 굳이 저자가 필요하다면 '붓다'를 저자로 하여 '불설佛說'이라 할 수밖에 없다고 생각했을 것이리라.

여기서 전주장자는 "실제 옛날에도 다 논사들은 자신의 저서에 당당히 자기 이름을 밝힌 경우가 많았다. 대승 경전의 저작자들도 그렇게 했으면 되었을 것 아닌가"라는 또 하나의 반론을 전개해 올지도 알 수 없다. 그러나 바로 그 점에 핵심이 놓여 있다. 논사들은 이전에 존재하던 불설'에 대해서' 글을 쓰신 분들이다. 그러한 불설'에 대해서' 내가 어떻게 이해했는지 자신의 입장을 밝히려는 것이었다. 그러나 그들의 이름으로 전해오는 것들 중에서도 많은 가탁假託이 있지만, 당당히 이름을 밝힌 것들도 많다. 하지만 대승 경전의 저작자들은 붓다의 교설'에 대해서'가 아니라 붓다'의' 입장에서, 즉 주체적으로 '불설'을 다시 한 번 재현해보고 싶었던 것으로 나는 이해하고 있다.

### 2) "저자는 현대적 인물인데, 우리 사회가 만들어낸 것이다"

다음으로 나의 반론을 좀 더 보강해줄 '정황 증거' 하나를 또 다른 관점에서 제시해보고자 한다. 즉 '저자의 권리'니 '저작권'이니 하는 법적 · 경제적 측면의 논의가 시작된 것이 근대에 와서 비롯되었다는 점이다. 롤랑 바르트의 「작품에서 텍스트로」에 따르면,

“프랑스에서는 저자의 권리가 대혁명 이후에나 법제화되었다”[484] 고 한다. 그 이전, 즉 중세까지에는 텍스트의 저자에 대한 익명성이 어떠한 곤란도 야기하지 않았다는 것이다. 그는 「저자의 죽음」에서 다음과 같이 말하고 있다.

> 민족중심적인 사회에서는 결코 이야기를 어떤 개인에 의한 것으로는 생각하지 않는다. 오히려 어떤 매개자나 무당이나 구송자口誦者에 의한 것으로 여기는데, 그의 ‘실행 솜씨’(즉 이야기하는 서술 약호約號(code)에 대한 그의 숙달도)는 존경받을 수 있겠지만, 그의 ‘천분’은 결코 존경받지 못한다. 저자는 현대적 인물인데, 말할 것도 없이 중세부터 나타나서 영국의 경험주의, 프랑스의 합리주의, 종교개혁 시대의 개인적 믿음 등으로 변화되어, 그래서 개인의 존엄성을 좀 더 고상한 말로 해보자면 ‘인간’의 존엄성을 찾아내고 있는 우리 사회가 만들어낸 것이다.[485]

저자의 이름이 없다고 해서 지금 우리가 그 권위를 회의하는 것처럼 텍스트를 불신하지는 않았다는 것이다. 이 점은 미셸 푸코Michel Foucault(1926~1984)도 「저자란 무엇인가」에서 다음과 같이 말하고 있다.

---

**484** 박인기 1997, p. 153.

**485** 위의 책, p. 138.

오늘날 우리가 '문학적'이라고 일컫는(서사 이야기 · 서사시 · 비극 · 희극과 같은) 텍스트들이 그 저자의 신원에 대해 아무런 의문도 품지 않고 그대로 받아들여지고, 유통되고, 가격이 매겨지는 시대가 있었다. 말하자면 사실이든 상상했든, 텍스트가 지니고 있는 고전성ancientness이란 것은 텍스트의 신분에 대한 충분한 보증처럼 간주되어서 텍스트의 익명성은 어떤 곤란함도 야기시키지 않았다.[486]

이 인용 부분에 뒤이어서, 푸코는 문학 텍스트와 과학 텍스트는 그 경우가 다르다고 말한다. 문학 텍스트의 경우에는 익명으로도 아무 문제가 없었지만, 과학 텍스트의 경우에는 익명이라면 그 학설의 진리성이 인정되지 못하던 시대가 있었다는 것이다. 이러한 경향은 17~18세기에 들어오면 반전이 된다. 문학 텍스트에서는 다시 저자의 이름이 요구되었고, 과학 텍스트에서는 익명이 용인되었다는 것이다. 이를 통해서 볼 때, 서양에서도 상황이 단순하지는 않은 것 같다.

그런 까닭에 "그러한 논의는 서구의 사례가 아닌가? 동양은 다를 수도 있지 않나?"라는 반론 역시 가능할지 모른다. 그렇다. 그럴 가능성도 없지는 않을 것이다. 그러나 크게 보아서 '개인'으로서의 자각은 근대에 이르러서 일어나는 것으로 보아도 그다지 무리는 없을 것 같다. 중세까지만 해도 '공동체'적 사고가 '개인'적

486 위의 책, p. 171.

사고보다 월등히 넓게 자리하고 있었던 것으로 생각된다. 동양이 서양보다 더 먼저 '개인'을 탄생시켰던 것일까? 또 한 걸음 더 뒤로 물러나서 생각해보더라도, 푸코나 바르트가 말하는 것처럼 서구에서 근대 이전에 '저자의 부재'라고 하는 상황이 하나의 '정황 증거'는 될 수 있지 않을까 싶다. 이러한 역사 · 사회학적 차원의 이야기가 대승 경전에 저자의 이름을 적지 않는 데 결정적인 이유가 되었다고 말하기에는 증거가 부족한지 몰라도, 적어도 전주장자들이 생각하는 것처럼 '저자의 권리'나 '저작권'의 탄생과 더불어서 일어나게 된 저자에 대한 현대적 관념을 중세나 고대에까지 소급해서 적용하는 것이 무리임을 보여주기에는 충분하다고 본다.

우리는 대승 경전의 저자들이 '불설'이라 한 사건을 이해함에 있어서 이 점까지 고려해야 할 것이다. 그렇게 하고 나면, 이 절節 처음에 본 것과 같은 전주장의 입장[487]은 대승 경전의 저작자들에게는 적지 않게 송구스러운 언급이었던 것으로 나는 생각하지 않을 수 없다.

그렇다고 해서 지금도 저자의 이름을 적는 것이 불필요하다고 말할 수는 없다. 이미 우리의 시대는 개인의 시대이기 때문이다. 그러므로 아무리 어떤 스님이 "내 이야기는 다 부처님 이야기다"라고 했다고 하더라도, 그분의 법문을 수록한 책의 저자를 '불설'

---

**487** "왜 대승 경전의 저자들은 대승 경전이 역사적 인간 붓다(=고타마 붓다)의 직설/친설이 아님에도 불구하고 감히 불설을 참칭僭稱(?)해서 문제를 복잡하게(?) 만들었던 것일까?"

로 할 필요까지는 없다고 본다. 이미 시대가 달라진 것이다. 인세/돈과 관련된 저작권이라는 측면, 내용에 대한 법적인 책임 등을 고려해볼 때 책임 소재가 밝혀져야 하는 부분이 있기 때문이다. 하지만 바로 그러한 점까지를 생각하면, 그 저자 이름에 '〔 〕' 정도를 씌우는 퍼포먼스는 가능할지도 모른다. 더욱이 해석학적으로 볼 때, 문제는 과거의 고정된 저자가 아니라 미래의 새로운 독자라는 점까지를 생각한다면 말이다. 새로운 저자로서 독자의 자리를 마련해준다는 측면에서 저자의 고유명사를 가려주는 '〔 〕' 가 필요한 셈이 아닐까. 이러한 이유에서, 나는 다른 책에서는 몰라도 바로 그러한 점을 주장하는 『불교해석학 연구』의 표지에서만은, 글쓴이를 '김호성'이 아니라 '〔김호성〕'이라 하고 싶었다.[488]

## 6. "허虛에 즉卽하여 실實을 나타내기 때문이다"

### 1) "그림자가 하는 것이 더 제격 아니냐는 겁니다"

저자의 문제를 중심으로 해서 초기 경전을 어떻게 보아야 하고, 또 대승 경전을 어떻게 보아야 할 것인가 하는 문제에 대해서는 앞에서 곡진曲盡하게 논술하였다. 결코 아함경과 『무량수경』 사이에 가치의 우열이 있는 것이 아니다. 그렇지만 아직 화쟁和諍을 장애하는 마지막 문제 하나가 더 남아 있다. 어떤 전주장자가 다음

---

**488** 이에 대해서는 김호성 2009a, pp. 11~12. 참조.

과 같이 말할지도 모르기 때문이다.

> 초기 경전은 역사적 인간 붓다의 설법으로서 그 내용을 보면 이성의 한계 안에 있으며 현실적이다. 그러나 대승 경전은 현실적이지 않은, 가공의 이야기로 점철되어 있다. 그러므로 신화적인 대승 경전의 이야기보다는 이성적인 초기 경전의 이야기가 더욱더 신뢰할 만하고 의지할 만하다. 그것이 불교 본연의 모습 아니겠는가.

초기 경전의 붓다가 이성적인 입장을 견지하고 있음은 일반적인 특징으로서 말해지고 있다. 나 역시도 동의할 수 있다. 그러나 과연 아함경에는 신화적/설화적 이야기가 없는 것일까? 그 점은 좀 더 자세히 살펴보아야 할 문제라고 본다. 하지만, 그것은 여기서 나 자신의 관심사도 아니고, 나 자신의 능력 안에 있는 문제도 아니다. 따라서 다른 측면에서 이 전주장을 토론해본다.

이 전주장의 결정적인 문제는 대승 경전이 취하고 있는 형식에 대한 이해가 결여되어 있다는 점이다. 경전에는 내용과 형식의 두 측면이 있다. 그런데 초기 경전과 대승 경전 사이에는, 각기 저작된 시간적 배경이 다르므로 형식적인 차이를 내보이는 것이 어쩌면 당연한 일인지도 모른다. 내용적으로는 일음을 이야기하더라도 그 형식은 다를 수 있는 것 아니겠는가. 형식의 차이로 인해서 그 내용에 대해서까지 귀를 막을 수는 없다고 본다. 그런 맥락에서 나의 생각을 '본송本頌'[489]의 형식으로 말한 뒤 석론釋論을 전개할 것이다. 다음과 같은 시 「그림자극劇」 전문은 바로 이러한 전주장에 대한 반론으로 쓴 시라고 볼 수도 있다.

중국 운남雲南성에 갔을 때의 일입니다. 한 농촌 마을에서 그림자극을 보았습니다. 흰 장막 뒤에, 인형을 조종하는 선생님이 숨어 있습니다. 빛을 쏘아대면 인형들 몸짓이 흰 장막 위에 비치고, 숨어 있는 사부님, 천의 목소리로 장단을 맞춥니다. 두 손과 한 입이 바쁘기도 합니다.

"모든 것은 무상하다. 무상한 것은 괴롭다. 무상하고 괴로운 것에서 영원한 나를 찾을 수 없다."

그림자극을 다 본 사람들, 삼삼오오 흩어지며 영 불만입니다. 말도 안 된다, 이구동성입니다. 그림자가 어떻게 말을 하느냐는 겁니다. 이성적으로, 합리적으로 생각해볼 때 그림자가 하는 말은 진리일 수 없다, 거부합니다. 오직 인간이 말할 때만 그 말은 진실이라 항변입니다.

두 팔에 힘 빠지고, 목조차 쉬어버린 그림자의 스승을 만나보았

---

**489** 논서 중에는 논사論師들이 먼저 산문의 논술을 행하기 전에 운문의 본송本頌을 제시한 뒤, 그것을 해석하는 산문인 석론釋論을 제시하는 형식을 취하고 있는 것들이 있다. 또한 경전에는 중송重頌/기야祇夜(geyya)라는 형식도 있다. 먼저 산문의 말씀(長行)을 설한 뒤에 다시 그 내용의 요지를 운문으로서 반복 · 정리하는 형식이다. 지금 여기서는 '형식'이 문제이므로, 나는 이 글의 '형식'에 있어서도 보통의 논문과는 다른 형식을 취해보는 것이다.

습니다. 배신감에 치를 떨었습니다. 낮에 초등학교 강의실을 빌어서, 판서板書를 했을 때는 아무 말이 없었다는 겁니다. 아니, 칭송하고 찬탄조차 했다는 겁니다.

"모든 것은 무상하다. 무상한 것은 괴롭다. 무상하고 괴로운 것에서 영원한 나를 찾을 수 없다."

무상하고, 괴롭고, 영원한 내가 없다는 진리를 말하는 데 그림자보다 더 적절한 비유가 어디 있냐는 겁니다. 똑같은 말인데 누가 말하면 어떠냐. 아니, 우리 모두 그림자에 지나지 않는다는 말, 사람보다는 그림자가 하는 것이 더 제격 아니냐는 겁니다. 그래서 그는 억울하다, 외롭다 울었습니다. (김호성, 2009. 12. 3.)

똑같은 말을 하고 있는데, 형식의 차이를 이해하지 못하고 외면하는 어리석음을 탄식하는 내용이다. 혹시 우리는 그 말을 하는 주체가 사람이 아니라 그림자라는 데서 그 형식과 내용의 일치를 인식도 하지 못한 채 돌아서는 청중들과 같지는 않은가?

예술 작품이 내용과 형식의 합合이지만, 실제 그 예술을 보다 예술답게 만들어주는 것은 내용이 아니라 형식이다. "나는 너를 사랑한다"는 내용/기의記意(signifié)를 동일하게 담고 있다 하더라도, 그것을 전달하는 형식/기표記標(signifiant)에 따라서 그 예술 작품의 예술성 여부가 결정된다 할 수 있다. 그러므로 미학은 언제나 형식에 주의를 기울이게 된다. 그중에서도 형식 자체가 이미 내용이 설하는 메시지를 담고 있다면, 그 작품은 내용과 형식의 일치를 아름답게 이루어내고 있는 것으로서 높은 평가를 받아서 마땅할 것이다.

초기 경전의 핵심적 가르침으로 설해지는 무상 · 고 · 무아는 대승 경전[490]에서는 공空으로 말해진다. 『금강경』에서 설한 "꿈 · 허깨비 · 물거품 · 그림자와 같다"는 말씀을 생각해볼 수 있을 것이다. 이것이 내용이다. 그런데 우리는 「그림자극」에서 보는 것처럼, 정말 "모든 것이 그림자와 같다"는 이야기/내용/기의를 전달함에 있어서 그림자극—그림자만이 아니라 극 자체도 사실이 아니라 허구이다—이라는 형식보다 더 적절한 것이 어디 있겠는가 말이다. 그것이 대승 경전이 취하는 형식이다. 이렇게 볼 수 있다면 참으로 대승 경전은 그 사상성뿐만 아니라 예술성마저 갖추고 있는 텍스트라고 할 수 있을 것이다.

여기서 우리는 예술의 형식성, 즉 허虛에 가로막혀서 그 실實의 진실성—실의 측면에서 보는 일음성一音性—마저 외면하는 우를 범해서는 아니 된다. 이러한 미학, 즉 불교 미학의 이치를 의상은 일찍이 『화엄일승법계도기華嚴一乘法界圖記』에서 다음과 같이 간파하였다.

---

490 정토삼부경의 하나인 『관무량수경』에서는 예컨대 제5 팔공덕수관八功德水觀에서 "그 보배 물이 꽃 사이로 흘러가면서 나무의 아래위를 적시는데, 그 물소리가 미묘하여 고苦 · 공空 · 무상無常 · 무아無我 그리고 모든 바라밀波羅蜜을 연설한다. 또한, 모든 부처님의 상호相好(얼굴)를 찬탄하기도 한다."고 했다. 김호성 2019, p. 78.

所以依詩, 卽虛現實故

시에 의지하는 까닭은 허구에 입각하여 진실을 나타내기 때문이다.[491]

여기서 '시'는 단순히 운문문학만을 가리키는 것은 아니다. 예술 전체를 상징한다고 보아도 좋을 것이다. 그렇게 예술은 허fiction를 통해서 실reality을 드러내고자 한다. 그 허에 막혀서 실을 보지 못해서는 아니 된다. 대승 경전의 형식적 허는 이렇게 실을 드러내기 위한 미학적/예술적 장치이다. 그리고 그 장치에 이미 내용의 허가 표현되어 있으니, 그 점을 놓쳐서는 아니 된다. 형식의 허구에 정체되어서 그 내용적 진실조차 외면한다는 것은 못내 안타까운 일이 아닐 수 없다.

### 2) "역사는 변해도 설화는 변하지 않는다"

앞 절에서 든 전주장에서는 『무량수경』 등 대승 경전이 가공의 신화적/설화적 이야기로 점철되어 있어서, 이성적/현실적인 아함경보다는 의지할 만하지 않다는 입장이 드러나 있었다. 이에 대해서 나는 미학적 차원에서 그 오류를 논증하였다. 그런데 일본의 미학자 야나기 무네요시는 같은 맥락에서 비현실적인 설화가 현

491 한불전 2, p. 8b. 이 구절이 갖는 미학적 차원에 대해서는 보르헤스의 소설과 관련하여 논의한 적이 있다. 김호성 2009a, p. 123.

실적인 역사보다 더욱 진실한 것이라 주장한다.

> 모든 대승 경전은 사실 깊은 법의 진리를 전달하려는 것이다. 가령 외면적인 역사로는 꾸며진 것이라 하더라도 내면적인 법의 역사로서는 이보다 더 진실한 이야기는 없다. 역사는 흐르지만 이야기는 흐르지 않는다. 이러한 의미에서 역사에 의거한 소승의 불전보다 대승의 여러 경전이 더 진실한 법계를 나타낸다. 역사에는 과거 · 현재 · 미래의 시간이 있지만, 법의 이야기는 시간적으로 영원한 지금을 말한다. 그래서 법장보살 이야기는 역사적 인물보다 훨씬 더 진실하게 나타냈다고 할 수 있다. 혹은 역사적인 인간을 푹 삶아서 그 정수를 진하게 걸러내면, 법장보살의 모습으로 나타나는 것이 아닐까.[492]

여기서 야나기가 말하는 법은 "역사를 역사가 되도록 만드는 것"[493]이다. 그리고 역사와 법의 관계는 "역사에 의해 법이 유지된다기보다 법에 의해 역사가 지탱되는 것이다"[494]라고 하였다. 그러므로 보다 진실한 것은 역사가 아니라 법이다. 역사는 무상하고 변천하는 것으로서 가假이고, 법은 실이다. 그러므로 중요한 것은 이 법을 전하는 형식이 비록 '외면적인 가공'이라 하더라도, 거

---

**492** 柳宗悅 2017, p. 93. ; 柳宗悅 2007, pp. 74~75.

**493** 위의 책, p. 93. ; 위의 책, p. 74.

**494** 上同 ; 上同.

기에는 전법의 매체로서의 '내면적인 진실'이 있다는 점이다. 이렇게 본다면, 우리가 진실하다고 생각하는 현실적인 것이 사실은 무상한 것으로서 비현실적인 것이고, 비현실적이며 신화적/설화적으로 보이는 이야기가 사실은 현실적인 실일 수 있다는 것이다. "색이 곧 공이고, 공이 곧 색이다." 색과 공이 뚜렷이 구분되는 것이 아니라, 그 경계는 모호한 것이다.

이렇게 현실의 이야기와 허구의 이야기 사이에 경계가 모호해지고, 오히려 『무량수경』이 취하는 형식적 장치 속의 허구의 이야기가 실제로는 오히려 더 실재감을 줄 수 있다는 것이다. 이 이치를 나는 시 「드라마—완벽한 이웃을 만나는 법法」[495]으로 표현해 보았는데, 여기서 다시 인용함으로써 이상의 논의를 중송重頌코자 한다.

우리 회사 옥상이나 휴게실이나
삼삼오오
직원들은 자판기 커피를 손에 든 채

엊저녁의 연속극 이야기다
올려보지 말아야 할 꿈 이야기다

바로 이곳이다

495 이 시는 김호성 2008의 「서시序詩」로 발표되었다.

윤희와 수찬이 커피를 들고 앉아
친구의 아픔과
친구의 슬픔과
친구의 어리석음을
다독여 녹이던 곳이 여기다
우리 회사의 옥상이나
휴게실이다

情이 무엇인지
외로움이 무엇인지
"발목을 다쳐서~"
윤희는 재벌 2세 오너인 팀장의 second妾이 되기로 하고
친구야, 정신 차려
정신 차려, 이 친구야
"발목을 다쳐서~"
기대오는 윤희의 머리가 그리 무겁지만은 않다
수찬은
그렇게 전직 제비 전과자 친구다

아침 햇살이 우리 샐러리맨의 부지런을 재촉한 뒤
오래도록
나는 어젯밤의 드라마에 취해 있다
왜 부장의 부하는 부장을 의심할까

노리는 것이 무엇일까
환상, 환영, 허깨비, 마야māyā, 그리고 空 속에서
회사 옥상으로 올라가본다
휴게실에 가본다

윤희는 어느새 배두나로 돌아와 무슨 광학기기 디지털 광고의 모델이 되고
밤낮으로 女福이 두 배나 많은 김승우는 또 무슨 영화라도 찍고 있겠으나
아무래도
북아현동이나 고덕동이나
그 어디를 가면
그들이 살고 있는 집이 있을 것이다
"저 웬수~" 윤희 엄마는 목을 따고
의처증 남편의 예쁜 아내는 맨발로 쫓겨나 골목을 달리고
곤이는 남도 사투리로 귀여울 것이다

신제품 판매전략회의는 도무지 實感이 나지 않고
나는 다시 현실의 드라마 속으로
브라운관 커튼을 열어젖히고
들어가 본다
완벽한 이웃이 된다
(김호성, 2007. 9. 7.)

부제로 붙어 있는 「완벽한 이웃을 만나는 법」은 SBS-TV에서 방영된 드라마였다. 배두나와 김승우가 남녀 주인공으로 열연하였다. 시인은 이 드라마를 보면서 이 시를 썼다. 샐러리맨인 시적 화자는 "환상, 환영, 허깨비, 마야māyā, 그리고 공 속에서" 현실은 어디까지나 존재하지 않는 드라마 같고, 드라마가 그리는 세계가 오히려 더 실감 있게 존재하는 현실이 됨을 느낀다. 그렇게 드라마는 현실의 존재와 부재 사이의 문턱이다. 실제로는 없는 이야기지만, 어딘가에 있을 듯하다. 아니, 오히려 우리 삶은 변화해 가면서 '있다'[496]고 할 수 없지만, 그 드라마 속에서 주인공들이 형상화했던 그 세계는 실제로 우리 삶의 공간 어딘가에 있을 듯도 하다. 주인공들이 드라마 밖의 자기 집으로 다 돌아간 뒤에도, 시적 화자는 "아무래도 / 북아현동이나 고덕동이나 / 그 어디를 가면 / 그들이 살고 있는 집이 있을 것이다"라고 느낀다. 이렇게 공 속에서 현실과 비현실은 역전된다. 그러므로 우리는 우리의 존재와 삶의 현실을 현실로서, 존재로서 받아들이는 어리석음에서 벗어나야 한다. 그것은 존재의 참모습을 알지 못해서이다.

이렇게 보면 『무량수경』에 등장하는 극락세계와 같은 세계나 아미타 · 지장 · 관음과 같은 초인간적 불보살의 존재가 오히려 이야기로서 존재함을 알 수 있게 된다. 우리가 그렇게 인정하

---

**496** 불교를 포함한 인도철학에서의 "있다" 개념은 "영원히 있는 것만이 있다"고 본다. 따라서 불교적 입장에서 볼 때는 그렇게 "있을 수 있는 것은 없다"가 된다. 반면에 정통 인도철학/힌두교철학에서는 그러한 "영원히 있는 것이 있을 수 있다"고 보면서, 그것들을 개념으로서 설정한다. 아트만이니 브라만이니 하는 것들이 다 그런 것이다.

지 못했던 까닭은, 붓다가 우리에게 일러주셨던 우리 존재의 비실재/무아를 깨닫지 못했기 때문이 아닌가 싶다. 극락이나 아미타 · 지장 · 관음의 존재는 실로 아함경의 교설에 반하는 것이 아니라, 그러한 교설로 인해서 건립될 수 있었던 것이다. 아공 · 법공으로 인해서 그 세계는 실재하게 되고, 우리가 아공 · 법공이 되지 못하면 그 세계 역시 실재할 수 없게 된다. 따라서 우리가 극락이나 아미타 · 지장 · 관음의 존재를 인식하지 못하는 것은 우리가 "환상, 환영, 허깨비, 마야māyā, 그리고 공 속에서" 존재하고 있지 못하기 때문이다. 무아가 되지 못하고 자아로서 집착하고 있기 때문이다. 어느 날 나는 이런 생각을 詩 「극락에서 온 메일」로 표현해보았다. 중송重頌으로서 제시해본다.

그래, 맞는 말이다

나는 없다
이 세계도 없다

그러니
그렇게 말씀하신 자네
선생님도
없다

그렇지?

그렇게 가만히 생각해 봐
없는 나
없다 하지 못하겠지
그렇게 부정할 자네들 있다면야
자네들은 있고 나는 없으며
지구는 있고 극락은 없다
하겠으나

나는 없다
이 세계는 없다

선생님 말씀을 선생님께
돌려드리면

자네야 없지만 나는 있으며
이 세계는 없지만 극락은 있다
하지 않으랴

그래, 맞는 말이다

나는 없다
이 세계도 없다
(김호성, 2009. 12. 4.)

여기서 '선생님'은 아함경의 석가모니불이다. 따라서 시 「극락에서 온 메일」은, 겉으로 볼 때 형식적으로는 아함경과 『무량수경』이 서로 다른 이야기를 하는 것 같아도 그렇지 않다는 점을 노래한 것이다. 일음이며, 더 나아가서는 극락 같은 세계가 건립된 것도 바로 무아 · 공이기 때문에 가능한 것이라 강조한다.

## Ⅲ. 유통분流通分

### 1. 문제 제기의 배경

우리 불교는 전통적으로 중국을 통해서 들어온 북방불교이며 대승불교이다. 따라서 아함경에 대한 평가나 그에 대한 의지의 정도는 중국불교가 그랬던 것처럼 매우 낮았다. "소승"이라는 폄칭을 사용하기도 했다. 이러한 전통적 분위기를 다소라도 바꾸는 계기가 된 것은 근대적 불교학의 수용이었다. 일본을 통해서, 또 뒤에는 서양의 불교 서적이 번역되어 들어오면서부터 "대승불교 경전은 역사적 붓다, 즉 석가모니 붓다의 설이 아니다"라는 사실은 상식화되어 갔다. 1978년 동국대 불교대학 인도철학과에 입학한 나는 이러한 분위기 속에서, 초기불교 경전과 대승불교 경전을 함께 배우고 읽었다. 더 이상 아함경을 "소승"이라 폄칭하는 분위기는 아니었다. 적어도 동국대의 분위기는 그랬다.

아마 90년대 후반부터는 직접 미얀마 등지에서 남방불교의 수행법을 익히고 귀국하여 활동하는 불교인이 늘게 되고, 또 우리나라에 와서 활동하는 외국의 스님들도 늘어나게 되었다. 학계에서도 초기불교나 부파불교의 전공자들이 활발한 활동을 펼치게 된다. 그 결과 일찍이 일본불교/일본의 불교학계가 겪었던 "대승비불설"의 파동과 같은 교단사적 파문은 아니라 하더라도, 우리의 불교계나 불교학계 역시 아함경과 『무량수경』 등 대승 경전의 가치평가를 둘러싸고 우열을 논하는 가치판단, 즉 교판敎判의 대립이 드러나게 된다. 물론 교판 그 자체는 자기 철학의 제시라는 점에서 의미가 있지만, 그에 국집하면서 다른 경전의 가치를 폄하하고 다른 경전을 배제하는 상황은 바람직하지 않다. 나는 그러한 태도를 교판론敎判論이라 불러서, 교판과는 다르게 본다. 교판의 제시는 긍정적이지만, 교판론은 부정적으로 보는 관점이다.

아함경을 '소승'이라 본 전통적인 북방불교/대승불교의 교판론이 바람직하지 않음은 물론이다. 이는 적어도 학계에서는 이미 불식되었다고 본다. 아직 불교계 일각에서 신앙적 차원에서 그런 분위기가 남아 있을 수는 있겠으나, 고타마 붓다의 가르침으로서 아함경의 가치는 상당히 높은 평가를 받고 있다. 그보다는 오히려 '대승비불설'이라는 역사학적 문헌학적 평가를 받게 된 대승 경전을 어떻게 수용해야 하는가 하는 점에 혼돈이 있는 것으로 보인다. 역사학적 문헌학적 관점에서는 그렇다고 하더라도, 우리의 전통이나 불교계의 현장에서 대승 경전을 배제하는 것이 불가능하다고 한다면 여전히 문제는 남는다. 즉 역사학 문헌학의 입장에서 "대승 경전은 고타마 붓다의 친설이 아니다"라고 하는 언급은 문제의 해소가 아니라, 거기서부터 새롭게 문제가 제기되는 출발점일 뿐이다.

이런 점에서 나는 역사학적 문헌학적 방법론이 아니라 해석학적 철학적 방법론에 의지해본 것이다. 사실, 나 자신 『불교해석학 연구』에 실린 논문들을 통해서 어느 정도는 이 문제에 대한 견해를 이미 표명하였다. 하지만 거기에서는 논의의 초점이 "어떻게 하면 경전을 해석함에 있어서 경전의 무거움을 다소라도 가볍게 하면서 해석자의 자기 철학을 제시할 수 있을까" 하는 점이어서, "대승 경전을 어떻게 보아야 할 것인가" 하는 문제는 클로즈업close up될 수 없었다. 그런 까닭에 나의 이 글은 『불교해석학 연구』에 실린 논의들, 특히 그 다섯 번째 논문 「일음교와 자기 철학의 글쓰기」를 보완하는 보론補論일 수도 있고, 거기에서는 미처 동원하지 않은 논리를 제시한다는 점에서 그에 대한 스스로의 주해, 즉 자주自註라 볼 수도 있을 것이다.

## 2. 정의正義의 요약

극락의 존재를 설하는 『무량수경』과 같은 대승 경전을 어떻게 이해해야 할까? 이 문제는 대승 경전에는 사실상 "저자가 없다"고 하는 '저자의 부재' 문제에 초점을 두게 된다. 그 반면 흔히 상식적으로 "초기 경전은 고타마 붓다의 친설이므로 사실상 저자가 있다"고 생각해왔음을 암암리에 그 뒤에 깔고 있음을 알게 된다. 『무량수경』보다는 아함경이 더욱 믿을 만하고 권위가 있다고 생각하는 것이다. 그렇게 되면 아함경은 『무량수경』보다 높은 권위를 갖게 되고, 『무량수경』은 아함경보다 의지할 만하지 않게 된다. 나는 이러한 관점을 전주장pūrvapakṣa으로 삼아서, 이를 비판하면서 나 스스로의 관점을 정의siddhānta로서 제시해보았다. 여섯 가지 문제에 대한 여섯 가지 해답, 즉 육문육답六問六答이었다. 이하, 간략히 요약해본다.

첫째, 초기 경전은 저자가 있고 대승 경전은 저자가 없다는 전주장에 대해서는 프랑스의 철학자 데리다J. Derrida에 의지해서, 설사 그렇게 저자의 이름이 표기되어 있다고 하더라도 저자가 없기는 마찬가지라고 하였다. 고유명사의 제작은 고유명사의 삭제 혹은 말소와 마찬가지기 때문이다. 저자의 표기에 의해서 저자가 있다고 생각하는 것은 고유명사를 실체의 드러남으로 바라보는 미망일 뿐이며, 아함경에서 힘주어 말하는 연기緣起의 관점에 서게 되면 고유명사는 존재할 수 없기 때문이다.

둘째, 괜히 대승 경전의 저자들이 대승 경전을 제작해서 후대에 많은 평지풍파를 가져왔다는 전주장에 대해서, 나는 그것은 불가피한 일임을 말하였다. 하이데거와 가다머 사제師弟의 철학적 해석학에서 말하는 것처럼, 시간성/역사성의 개입이 불가피하기 때문이다. 이에 더하여 보르헤스의 소설 「돈키호테의 저자, 삐에르 메나르」를 살펴봄으로써 전주장자pūrvapakṣin들이 주장하는 것처럼 아함경을 똑같이 베낀다 하더라도 거기에는 이미 시공간의 컨텍스트가 반영되어서 이해될 수밖에 없으므로, 아함경과는 다른 텍스트가 될 수밖에 없다고 본다. 그렇게 다르게 이해된 의미의 생성을 문자화한 것이 대승 경전이라 볼 수 있다는 것이다.

셋째, 그렇다 하더라도 '불설'이라 칭한 것은 잘못이었다는 전주장에 대해서 나는 보르헤스의 또 다른 소설 「틀뢴, 우크바, 오르비스 테르티우스」를 살펴봄으로써 "모든 책은 익명이며, 오직 한 사람의 저술"이라는 점을 말하였다. 이때 '오직 한 사람'을 신으로 볼 수는 없으며, 실체로서 이해할 수는 없다. 원래 모든 책에는 저자가 없는데, 방편으로, 가설로서 저자의 이름이 필요하게 된다. 그럴 경우, '오직 한 사람'의 이름을 저자로서 내세울 수밖에 없다. 아함경이든 『무량수경』이든 '불'을 저자로서 요청한 것도 그러한 맥락에서이다. 그래서 아함불설, 대승불설이 된다.

넷째, 전주장자들은 여전히 "초기 경전은 석가모니 붓다의 원음이므로 대승 경전과는 다른 가치를 갖는다"고 주장함에 대해서, 나는 네 가지 측면에서 비판하였다. ① 흔히 생각하는 것과는 달리, 아함경 그 자체는 원음이 아니라 '원음 X'—아함경에서 설한 대로 붓다의 출가 여부와는 무관하게 존재해왔던—에 대한 해석/해설이다. 『무량수경』 역시 이 '원음 X'에 대한 나름의 해설/해석이다. ② '원음 X'에 대한 최초의 발견자가 석가모니 붓다가 아니라는 점은 이미 아함경에서도 설해져 있다. 바로 91겁 이전에 비빠시불이 있었다는 등 과거육불六佛의 존재를 말함을 통해서이다. 이 과거육불설이 후대의 부가라 하더라도, 그 사실은 바로 '원음 X'의 발견자가 석가모니 붓다 이전에도 있었음을 아함경 자체가 인정하고 있기 때문이다. ③ '원음 X'의 발견자로서 석가와 마하가섭은 동일할 뿐만 아니라, 석가가 마하가섭에게 '원음 X'의 깨침을 인가했을 뿐만 아니라, 동시에 석가는 마하가섭에게 '원음 X'의 깨침을 인가받았다고 말할 수도 있다. 그렇게 '원음 X'의 발견자/체험자 사이에는 시간의 선후에 따른 가치평가의 우열이 있을 수 없다. 서로 상통할 뿐이다. ④ 마하가섭과 같은 뒷사람들의 깨침, 즉 '원음 X'의 발견에 대해서 어떻게 석가모니 붓다와 동일한 가치를 둘 수 있느냐 하는 전주장에 대해서, 나는 그렇게 그들도 석가모니 붓다와 동일한 깨침을 얻었던 것으로 "믿는다"고 하였다. 그 "믿음"이 없다면, 불교학은 성립할 수 없을 것이다. 고타마 붓다의 깨침 역시 후대 중생들에게는 믿음의 대상이었다.

다섯째, "대승 경전의 저자들이 스스로 이름을 당당하게 밝히지 않은 것은 붓다의 권위를 빌어서 그 책의 권위를 넓히고 자기의 학설을 좀 더 쉽게 널리 펼치기 위한 사욕에서였다"고 하는 전주장에 대해서, 나는 두 가지 방법론을 활용해서 그렇지 않음을 주장하였다. ① 심성사적 방법론인데, 『무량수경』 등 대승 경전의 저자들은 그들이 쓴 텍스트의 이야기가 결국 석가모니 '붓다'—역사적 인간 붓다가 아니라 그저 '불'—에게서 기원했을 수밖에 없다는 점에서, 굳이 저자가 필요하다면 그 법문의 주인은 그들이 아니라 '불'이라는 인식에서, 존경심을 담아서 '불설'이라 하였다고 본다. 따라서 '불설'이라 한 것을 대승 경전 저작자의 사욕에서 비롯된 것으로 보는 것 자체는 근대적 관점의 투영이라고 본다. 그렇게 오해받는 옛사람을 위해서는 슬프고도 송구스러운 일이다. ② '저자의 권리'니 '저작권'이니 하는 법적 · 경제적 책임을 분명히 하기 시작한 것이 서구사회에서도 근대에 들어와서의 일이라는 점을 '정황증거'의 하나로서 제시하였다.

여섯째, 극락의 존재를 설하는 『무량수경』에는 신화적/설화적 가공의 이야기가 많으므로 이성적인 아함경보다는 믿을 만하지 않다는 전주장에 대해서도 두 가지로 비판하였다. ① "연기이므로 허구라는 이야기"는 가공의 형식—예술적 형식—을 통해서 더욱더 잘 표현할 수 있다. 이렇게 내용과 형식의 일치를 보인다는 점에서 『무량수경』과 같은 대승 경전들은 미학적 차원에서 이해되어야 함을 시 「그림자극」을 통해서 말해보았다. ② 여기서 한 걸음 더 나아가서 야나기 무네요시柳宗悅는 현실의 이야기는 무상하고 변하는 것이지만, 가공의 이야기는 불변의 것으로서 더 진실하다고 말한다. 이렇게 허와 실이 서로 역전될 수 있음을 다시 시 「드라마」와 「극락에서 온 메일」을 통해서 말해보았다. 시로 말한 것 역시 형식에 사로잡혀서는 안 됨을 보이기 위해서였다.

이렇게 여섯 가지 전주장에 대해서 철두철미 비판함으로써 나는 아함경 역시 『무량수경』과 마찬가지로 비불설일 수도 있고(아함비불설, 대승비불설), 『무량수경』 역시 아함경과 마찬가지로 불설(아함불설, 대승불설)일 수 있다는 점을 밝혔다. 아함경과 『무량수경』 사이에는 어떠한 가치의 우열도 있을 수 없다. 따라서 우리는 초기 경전도 대승 경전도 둘 다 소중하게 수지受持하고, 읽고, 쓰고, 다른 이웃들을 위하여 해설/권진勸進해야 할 것이다.

이러한 화쟁적 시각을 통해서 내가 꿈꾸는 우리 불교의 미래는 다양한 불교가 한편으로 서로 경쟁하면서도, 경쟁 이상으로 서로 상대의 자극을 받아들여서 스스로를 더욱 풍요롭게 성숙시켜 가는 것이다. 이렇게 다양성의 공생공존을 위해서 우리가 해야 할 일은 무엇일까? 바로 『무량수경』 등 대승 경전을 소의경전所依経典으로 삼는 불교도들은 아함경을 좀 더 진지하게 공부해야 하며, 아함경을 소의경전으로 삼는 불교도들은 『무량수경』 등 대승 경전을 좀 더 진지하게 공부하는 것이다. 그것이 원효元曉가 실천했던 화쟁和諍이다. 아함경의 입장에서 보면 초기 경전이 옳고, 『무량수경』의 입장에서 보면 정토불교가 옳다고 원효라면 생각했을 것이다. 그렇게 화쟁적 인식을 우리가 갖지 못하고 쓸데없는 쟁론諍論을 일으키는 까닭은 폭넓게 공부하지 못하고 "각기 자기가 배운 바에만 안주하기各安所習" 때문인 것이다. 보조 지눌普照知訥은 그렇게 탄식했다.

나는 원효와 보조 지눌의 화쟁적/회통적會通的 입장과 삶이 옳았다고 본다. 그 길을 나 역시 걸어가고 싶다. 그 길은 아함경도 무시하지 않고, 『무량수경』도 배제하지 않는 길이다. 그것이 곧 석가와 미타 두 분을 함께 모시는 종교, 즉 이존교二尊教의 길이다. 정토교는 바로 이존교이다.

| 후기 |

## 2번째와 7번째 논문의 보충[497]

정토문淨土門에 들어온 이후로, 정토신앙에 관한 논문을 쓰고자 노력했습니다. 이 책의 제2부 두 번째 논문으로 수록한 「출가, 탈권력脫權力의 사제동행師弟同行」이라는 논문을 시작으로 제3부 두 번째에 수록한 「정토신앙을 둘러싼 고뇌와 그 극복」까지 만으로 8년이 걸렸습니다. 그동안 쓴 논문 중에 한 편은 『나무아미타불』의 해설 논문(「야나기 무네요시의 눈」)으로 재수록하였으며, 원효 스님의 정토사상에 대한 논문 5편은 남겨두었습니다. 그것들은 원효 스님의 정토사상에 대한 연구가 맺음이 될 때 함께 묶어서 책을 낼 생각입니다.

학문하는 사람들 사이에서는 '전공'이라는 말을 많이 합니다만, 그 기준에 대해서는 명확하지 않습니다. 일평생 한 분야만을 연구하는 분들에게는 그 전공이라는 개념이 분명해 보입니다. 바로 그 분야겠지요. 그러나 학계에는, 그 수는 상대적으로 적지만 여러 분야의 연구를 하는 학자들도 있습니다. 저의 경우도 그렇습니다. 그런 사람들에게는 '전공'이 무엇인지, 그 기준이 문제됩니다. 그

**497** 이 '후기'는 「『정토불교 성립론』 후기」라는 제목으로, 편지 제2권 17로 발송되었다. 2019년 10월 22일의 일이었다.

래서 저 나름으로 그 '기준'을 설정해보았습니다.

"박사학위 논문을 쓴 분야나 소논문을 10편 이상 쓴 분야는 전공이라 보자."

실제로 논문을 써본 사람이라면 다 공감하겠지만, 어떤 의미에서는 소논문 10편 이상을 쓰는 것이 박사논문 1편을 쓰는 것보다 더 어려울 수도 있습니다.

아무튼 이런 기준으로 본다면, 저의 경우에도 이제는 '정토학' 전공이라고 말해도 좋지 않을까 싶습니다. 이미 총 15편의 논문을 발표하였기 때문입니다. 더욱이 앞으로는 "신앙적으로도 학문적으로도 정토로 회향한다"고 하는 입장이므로, 다른 분야의 논문은 가능하면 삼가고, 정토 논문들만 쓰려고 하기 때문에 더욱 그렇습니다.

이렇게 해서 15편의 논문 중에서 9편을 모아서 책으로 묶은 것이 이 책 『정토불교 성립론』입니다. 9편을 다시 내용에 따라서 4부로 나누었습니다만, 특히 전체로 보면 2번째 논문, 3번째 논문, 그리고 7번째 논문이 제게는 더욱 각별합니다. 말하자면, 그 논문들이야말로 저의 정토신앙에 입각해서 쓰인 것이기 때문입니다.

2번째 논문 「극락의 존재 여부와 염불의 가능성」은 마치 칸트철학에서 『순수이성비판』이 차지하는 위상을 갖고 있고, 3번째 논문 「출가, 재가, 그리고 비승비속非僧非俗」은 마치 칸트철학에서 『실천이성비판』이 차지하는 위상을 갖고 있습니다. (이렇게 말하자, 어떤 선생님이 "그렇다면 칸트의 『판단력 비판』에 해당하는 논문은 무엇인가?"라고 물으셨습니다. 그때 저의 대답은 "『나무아미타불』의 해설로 재수록한 논문 「야나기 무네요시의 눈」입니다"라고 하였습니다. 그 논문에 미학美學의 문제가 다루어져 있기 때문입니다.) 그리고 7번째 논문 「정토신앙을 둘러싼 고뇌와 그 극복」은 나름대로 저의 정토신앙의 방향을 어렴풋이나마 잡아보려고 한 것입니다.

그런데 말입니다. 2번째 「극락의 존재 여부와 염불의 가능성」과 7번째 「정토신앙을 둘러싼 고뇌와 그 극복」에 대해서는, 지금 생각하면 미흡한 점이 있습니다. 이 '미흡함'이 지금 저로 하여금 이 '후기'를 쓰게 하였습니다만, 그 원인은 그 글들이 쓰일 당시로부터 다소 시간이 흘렀다는 점에서 찾을 수도 있고, 그 글들은 아무래도 논문이라는 성격으로 인하여 가질 수밖에 없는 어떤 한계 같은 것이 있었기 때문일지도 모릅니다.

그 부분을 보충하지 않는다면, 아무래도 저의 정토신앙을 있는 그대로 다 표백表白하는 것이 아닐 수도 있겠다는 생각이 들었습니다. 그래서 여기서는 그 부분을 간략히 정리해서 다시 말씀드리고자 합니다.

우선, 「극락의 존재 여부와 염불의 가능성」에서는 의상義相 스님의 『백화도량발원문』에서의 논리에 따라서, 아미타불의 서원을 나 자신의 서원으로 받아들일 수 있다는 이야기를 했습니다. 그렇게 되면, 즉 법장보살이 세우셨던 48원을 곧 나 자신의 서원으로 받아들일 수 있게 된다면, 극락의 존재 여부는 문제 되지 않는다고 했습니다. 설사 극락이 존재하지 않는다고 해도, 나 자신이 다시 극락을 만들 것이기 때문이고, 그렇게 만들어지는 극락으로 왕생하고자 하는 원을 세우게 된다면, 기존에 극락이 있든지 없든지 문제 되지 않는다는 논리를 펼쳤습니다.

문제는 그렇다고 한다면, 혹시라도 의상 스님의 논리에 따라서 아미타불의 서원을 나 자신의 서원으로 삼는다 할 경우, 그것은 차방정토설此方淨土說이 되는 것 아닌가 하는 의문이 제기될지도 모르겠습니다. 실제로 법장보살 역시 5겁이라는 긴 세월 동안 불국토를 장엄하는 일에 대해서 사유思惟—실제로는 실천으로 보입니다만—했다고 하기 때문입니다. 법장보살의 5겁에 걸친 사유에는 보살행이라는 의미가 있음이, 『무량수경』에 따른다면 분명해 보입니다.

그렇지만 그러한 보살행이 곧 법장보살에게는 차방의 정토, 즉 그가 살아가는 세상을 극락정토로 만들어야 하겠다는 것을 의미하지는 않습니다. 법장보살은 그 세상—물론 그 세상은 세자재왕불世自在王佛의 세상이므로 불국토이지만—을 극락으로 만들려고 하지 않았습니다. 세자재왕불에게 세운 서원의 내용 자체가 이미 다른 곳—차방이 아닌 타방他方—에 새로운 불국토를 만들겠다고 하는 것이었고, 그것을 위하여 세자재왕불의 도움으로 그는 수많은 불국토를 살펴보면서 좋은 점을 다 가려 뽑았던 것입니다. 그러한 벤치마킹으로 새로운 설계도가 나왔던 것으로 생각됩니다.

그러므로 법장보살의 5겁에 걸친 사유, 즉 실천은 보살행이라는 점에서는 차방정토설이 함축含蓄하는 보살행과 다름이 없지만, 그 공간은 차방이 아니라 타방이라는 점에서 차이가 있습니다. 그러므로 의상 스님의 논리에 따라서, 우리가 아미타불의 48

원을 우리의 48원으로 받아들여서 그 서원에서 그려져 있는 국토를 그리워하고 만들려고 서원할 때, 역시 우리에게 그 정토 세상은 타방으로서 설정되어 있습니다. 차방, 즉 우리가 사는 이 세상을 극락으로 만들려고 노력해야 한다는 것은 아닙니다.

물론, 우리가 사는 세상은 중생들이 살아가는 세상이므로 당연히 우리가 보살행을 해야 할 것이지만, 그럼에도 불구하고 기필코 이 세상을 극락과 같은 세상으로 만들어야 하겠다는 마음은 정토신앙에서는 일어나지 않습니다. 아니 어떤 의미에서는 그것은 위험하기까지 하다고 봅니다. 거기에는 집착도 있지만, 행여나 힘/권력에 의한 구현이라는 형태로 나타날 수 있기 때문입니다. 더 큰 혼돈을 불러올 수 있습니다. 그보다 본질적으로 정토문의 입장에서 볼 때, 우리가 사는 세상은 불국토가 될 수 없습니다. 왜냐하면 우리 모두 부처가 될 수 있다면, 인류 70억이 동시에 성불할 수 있다면 가능할 것인지만, 정토문에서 인간을 보는 관점은 모두가 번뇌중생이고 모두가 악인이기에 불가능하다고 절망하는 것입니다. 그래서 정토를 타방에서 설정하고, 타방에서 보이고, 타방에서 만들었던 것입니다.

이렇게 정토문의 정토관은 오직 타방정토일 수밖에 없습니다. 이는 너무나 당연한 말입니다. 『무량수경』, 『아미타경』, 그리고 『관무량수경』은 다 그런 타방정토를 설하고 있는 것입니다. 우리가 믿을 수 있든 없든, 정토문에서 말하는 정토는 오직 타방정토밖에 없습니다. 타방정토를 말하는 불교, 그것이 곧 정토불교입니다.

이렇게 말하면, 많은 사람들이 유심정토唯心淨土를 물어옵니다.

너무나 당연합니다. 특히 저같이 선불교를 불교 입문으로 배운 사람들에게는 더욱더 당연한 일입니다. 그래서 이 기회에 좀 정리해서 제 의견을 말씀드립니다.

"마음이 청정할 때 불토가 청정하다"는 경전 말씀은 지극히 옳은 말씀입니다. 마음이 청정하다고 할 때, 그 마음은 상대적인 마음이 아닙니다. 청정하거나 부정하거나 이렇게 대립되는 마음속에서 상대적으로 청정한 마음이 아니라는 것입니다. 그런 대립을 초월하는 마음입니다. 즉 부처님 마음입니다. 부처님이 된 분의 마음을 청정한 마음이라고 하고, 일심이라고 하고, 유심이라고도 합니다. 즉 부처님이 되어서 그런 부처님 마음을 소유하게 된다면, 당연히 그 부처님이 계시는 국토는 불국토가 됩니다. 불국토라는 말은 부처님이 계시는 땅이기 때문입니다.

그런 경지를 지향하는 것은 지극히 좋습니다. 우리 정토문의 사람들 역시 마찬가지입니다. 그런 마음의 경지를 지향합니다. 그 경지를 성불이라 합니다. 우리가 성불할 수 있는 것은 바로 그런 마음이 있기 때문입니다. 그런 마음의 경지를 불성佛性이라고도 합니다. 불성이 있기에 타방정토에 가서 아미타불의 도움을 받아서 성불할 수 있다고 보는 것입니다. 그러므로 유심이 말해질 수 있다는 것, 유심의 경지가 설정될 수 있다는 것은 곧 타방정토에 가서 성불할 수 있는 가능성 조건이 됩니다. 그래서 정토문의 입장에서도 일방적으로 유심정토설이 그르다고 말해서는 아니 됩니다.

다만 두 가지 점은 조심해야 합니다. 하나는 유심정토는 극락정토가 이상인 것처럼 대개는 이상으로서 제시되는 것입니다. 유심정토의 이론을 공감할 수 있다고 해서 지금 당장 마음이 청정해져, 부처님 마음이 되어서 번뇌를 다 여의고 불국토의 청정까지 이뤄낼 수 있는가? 물론 그런 분도 계십니다. 계시겠지요. 석가모니 부처님과 같은 분입니다. 하지만, 실제로 우리 현실은 어떻습니까? 지금 우리 주위에 그렇게 유심이 되어서 현실 속에서 정토를 구현해 내고 있는 분은 얼마나 될까요? 그런 분들이 많다고 한다면, 한국불교는 왜 이렇게 발달이 더디고, 왜 이렇게 한국사회는 혼미를 거듭할까요? 왜 이렇게 세계는 혼돈 속에 쌓여 있을까요? 그 유심정토의 보람은 어디에서 찾을 수 있다는 말일까요? 아마도 그것은 실제로는, 이론이 아니라 현실적으로는 유심정토를 구현하는 부처님이 쉽게 존재하지 못하고 있는 것이라는 반증反證이 아닐까요? 그래서 정토문은 겸허하게 인정합니다. 우리는 모두 악인이고, 죄악이 심중深重한 번뇌중생이고, 오역죄인五逆罪人이며, 범부중생일 뿐이라고 말입니다.

다른 하나, 더욱 조심해야 할 것은 유심정토일진대 마음 밖에 정토가 없다는 생각입니다. 이는 모순입니다. 앞에서 인용한 "마음이 청정할 때 불토가 청정하다"고 한 말에도 모순됩니다. 그 말은 불교는 결코 마음의 청정만으로 마음 밖의 불토의 청정은 소거delete하고 마는 입장, 즉 관념론은 아니라는 것을 말하는 것 아닌가요? 마음의 청정으로 불토의 청정까지를 이루자는 것이 불교입니다. 오히려 유심정토는 마음이 청정하면 불토의 청정은 저절로 따라온다는 것입니다. 그러므로 마음이 청정한 결과 얻어지는 불토의 청정을 부인하지 않습니다.

유심이 된다면, 당연한 결과 청정하게 된 불토가 우리 마음 밖에 있어야 합니다. 법장보살이 유심이 되었기에 극락정토가 법장보살의 마음 밖에 존재하게 된 것입니다. 석가모니 부처님이 유심이 되었기에 중생에게는 사바세계인 이 세계가 석가모니 부처님에게는 불국토였던 것입니다. 동일한 공간도 부처와 중생에게는 다를 수밖에 없습니다. 그 다른 세계는 '타방'입니다. 석가모니 부처님에게 불국토인 그 세계는 우리 중생에게는 '타방'입니다. 그런 까닭에 "마음이 청정하면, 그 마음이 곧 정토일 뿐 마음 밖에 정토가 어딨어?"라고 하는 관점—저는 그런 '유심정토설'은 진정한 유심정토설의 오해라고 생각합니다만—은 우리 정토문에서는 결코 인정할 수 없습니다. 부처님에게는 언제나 유심정토설이 맞지만, 우리 중생들은 부처님의 유심정토 덕분에 건설된 불국토가 타방정토로서 다가오는 것입니다. 우리 같은 범부중생들은 그 타방정토에 가서 비로소 유심정토를 구현할 수 있게 됩니다. 그 순간이 바로 성불의 순간인데, 우리 정토 신자들의 삶의 목적입니다.

7번째 논문 「정토신앙을 둘러싼 고뇌와 그 극복」은 연구사 논문입니다. 2010년 이후에 이루어진 정토학 연구 중에서 제 나름으로 큰 의미가 있다고 생각하는 논문들을 모아놓고, 그 경향을 분석 · 보고한 것입니다. 그러다 보니 주어진 자료로부터 오는 구속이 없지 않았습니다. 그리하여 그 결과로서 제시되는 정토신앙의 방안이 저 자신이 현재 생각하는 정토신앙의 방안과 다소 다른 점이 없지 않게 되었습니다. 이에 대해서 보충 설명을 드리지 않는다면, 그 논문에서 말하는 것이 저의 신앙적 입장인 것으로 오해받을 수 있는 소지가 있게 되고 말았습니다. 그래서 여기서 간략히 보충 말씀을 드릴 필요를 절감하였던 것입니다.

결론부터 말씀드리자면, 저의 전수염불專修念佛의 입장이 그 논문에서는 피력披瀝되지 못하였습니다. 물론 칭명염불稱名念佛이 말해지고 있습니다. 염불선의 입장보다는 칭명염불의 입장을 선호하였습니다. 그러한 분위기는 느낄 수 있었을 것입니다.

염불선이나 선정쌍수禪淨雙修의 입장은 선의 입장입니다. 다시 말씀드리면, 선불교에 미친 염불의 영향을 거기에서 느낄 수 있는 것입니다. 영향을 받았으므로, 염불이 곧 선이라고 말하거나 선수행과 염불을 함께 닦자고 말하는 것입니다. 그렇기에 이러한 입장은 염불의 입장에서 하는 말은 아닌 줄 알 것입니다. 염불의 입장에서는 그저 칭명염불을 할 뿐입니다. 그저 "나무아미타불" 염불을 한다면 왕생극락할 수 있다는 것을 믿을 뿐, 그 외에는 달리 없습니다. 그렇기에 그저 염불만을 하는 것입니다. 이를 전수염불이라고 하였습니다. 물론 선이나 관법이나 다 좋은 수행 방법이겠으나, 그런 것들이 모두 우리의 근기에 비추어 볼 때 너무나 고원한 길이라서 우리 힘으로는 어렵다고 보았습니다. 자력에 의지할 수 없는 이유입니다.

삼문수업三門修業은 사실 개인에게 하는 말은 아닙니다. 불교계 전체로 보아서, 크게 셋이 있다는 것입니다. 선, 화엄, 그리고 염불입니다. 이것을 조선 후기 불교의 전반적 경향이라 말합니다. 그런데 현대에서는 화엄이 굳이 화엄만일 필요는 없으며, 모든 교학을 다 포괄해도 좋다고 봅니다. 또한 선에도 간화선만 있는 것이 아니라 위빠사나나 염불선, 또는 밀교의 다라니dhāraṇi 독송 등도 다 선에 포괄할 수 있다고 봅니다. 그런 외에 염불이 있습니다. 이는 한 개인이 다 갖추어야 할 세 가지 수행으로 보기보다는, 불교계 전반에 그런 세 가지 방법의 수행이 유행하고 있다고 보아야 할 것 아닌가 합니다. 이 점을 좀 더 분명히 하고 싶습니다.

만약 한 개인이 선도 하고, 화엄도 하고, 염불도 하는 것이라 한다면 그것은 전수가 아니라 겸수兼修입니다. 저 역시도 한때는 겸수론자兼修論者였습니다. 그 어떤 법문도 다 좋은 법문이라서였습니다. 하지만, 이제는 정토염불의 전수론자專修論者가 되었습니다. 이론은 서로 통할 수 있지만, 실천은 하나를 오롯이 하는 것이 중요하다고 생각해서입니다. 그전에 겸수론자였을 때는 자력행자自力行者였으나, 지금은 타력신자他力信者이기 때문입니다. 타력문의 신심은 오직 아미타불을 믿고 그 본원에 맡기는 것이므로 굳이 더 이상 다른 것들과 겸수할 필요가 없어서입니다. 믿음은 전적으로, 나의 것을 다 내려놓고, 포기하고, 버리고서 믿는 것 아니겠습니까. 그래서 그저 그렇게 아미타불을 믿고서 "나무아미타불" 염불을 할 뿐입니다. 그 밖에 다시 다른 것이 없습니다.

이런 이야기가 그 논문에서는 충분히 개진開陳되지 못했습니다. 주어진 자료 안에서 이야기를 해야 하는 구속이 있었기 때문입니다. 저는 정토신앙은 타방정토, 타력신심, 그리고 칭명염불을 세 기둥(淨土三柱)으로 하는 것이라 봅니다. 이 중에서 칭명염불은 타력신심이 있게 되면 저절로 우러나는 것입니다만, 그 칭명염불만을 오롯이 하는 것을 전수염불이라 합니다. 정토문은 오직 전수염불일 뿐입니다. 그것이 바로 타력의 길입니다. 나무아미타불.

# | 약호 및 참고 문헌 |

## 약호

대정장. 대정신수대장경.

한불전. 한국불교전서.

전집. 한용운전집.

## 1. 원전


『교행신증教行信證』(親鸞), 대정신수대장경 83.

「교행신증教行信證 후서」(親鸞, 박오수, 박현주), 『일본불교사공부방』 제13호, 일본불교사독서회.

『관무량수경觀無量壽經』, 대정신수대장경 12.

『관무량수불경소觀無量壽佛經疏』(善導), 대정신수대장경 37.

『말등초末燈鈔』(從覺), 대정신수대장경 83.

『무량수경無量壽經』, 대정신수대장경 12.

『법화경의기法華經義記』(法雲), 대정신수대장경 33.

『백화도량발원문약해』(體元), 한국불교전서 6.

『삼국유사三國遺事』(一然), 한국불교전서 6.

『선가귀감禪家龜鑑』(淸虛), 한국불교전서 7.

『선택본원염불집選擇本願念佛集』(法然), 대정신수대장경 83.

『선택본원염불집』(法然, 須摩提 역), 비움과 소통, 2015.

『십주비바사론十住毘婆沙論』(龍樹), 대정신수대장경 26.

『유마힐소설경維摩詰所說經』, 대정신수대장경 14.

『왕생요집往生要集』(源信, 김성순 역), 불광출판부, 2019.

「일지소소식一紙小消息」(法然, 김현욱, 김호성 역), 『일본불교사공부방』 제12호.
『잡아함경』 권12, 대정신수대장경 2.
「정신염불게正信念佛偈」(親鸞, 無盡 역), 『일본불교사공부방』 제20호.
『정토신앙의 지남—선택본원염불집』(法然, 釋道實 역), 민족사.
『중론』(龍樹), 대정신수대장경 30.
『천수천안관세음보살광대원만무애대비심다라니경』, 대정신수대장경 20.
『청택법보은문請擇法報恩文』(箕城), 한국불교전서 9.
『탄이초歎異抄』(唯円), 대정신수대장경 83.
『현정토진실행문류顯浄土眞實行文類』(親鸞) 2-①(교행신증독서회 역), 『일본불교사공부방』 제14호, 일본불교사독서회.
『현정토진실행문류』(親鸞) 2-②(교행신증독서회 역), 『일본불교사공부방』 제15호, 일본불교사독서회.
「현정토진실교행증문류顯浄土眞實教行證文類 서」(親鸞, 요경 역), 『일본불교사공부방』 제13호, 일본불교사독서회.
「현정토진실교문류顯浄土眞實教文類」(親鸞, 대공, 오가와 히로카즈, 김태훈 역), 『일본불교사공부방』 제13호, 일본불교사독서회.
『현정토진실교행증문류』(親鸞), 대정신수대장경 83.
『화엄일승법계도기』(義相), 한국불교전서 2.
『흑곡상인어등록黑谷上人語燈錄-和語』(法然), 용곡대학 불교문화연구소, 1996.
*Mahāpadānasutta*(大譬喩經), *Dighanikāya* Ⅱ. *Bṛhadāranyaka Upaniṣad.*

## 2. 다른 학자들의 논저

**角田玲子**

2009. 「'肉食女犯'と'業緣'—親鸞における'惡'の直接性」, 『日本佛教史研究』 創刊號, 서울 : 日本佛教史研究所.
2010. 「倉田百三『出家とその弟子』における悲哀と運命」, 『일본불교사연구』 제3

호, 서울 : 일본불교사연구소.

**강성용** 2010.「철학 용어의 의미 만들기」,『제30회 인도철학회 춘계학술대회자료집—불전번역의 전통과 현대적 가치』, 서울 : 인도철학회.

**강인구** 외 2003.『역주 삼국유사 Ⅳ』, 이회문화사.

**강춘애** 2010.「구라타 햐쿠조倉田百三『스님과 그 제자』 무대화를 위한 시공간 구축」,『일본불교사연구』 제3호, 서울 : 일본불교사연구소.

**구자상** 2016.「『정토론』의 오념문五念門에 나타난 자력의 논구」,『동아시아불교문화』 제25집, 부산 : 동아시아불교문화학회.

**龜井勝一郎** 2004.「解說」,『出家とその弟子』, 東京 : 新潮社.

**橘俊道 · 梅谷繁樹** 1989.『一遍上人全集』, 東京 : 春秋社.

**金子大榮** 1972.『教行信證講讀—眞化の巻』, 東京 : 在家佛教教會.

**김광식** 2011.「불교의 근대성과 한용운의 대중불교」,『한용운연구』, 서울 : 동국대학교출판부.

**김기종**

2015.「삼국유사의 불교계 향가」,『불교와 한글』, 동국대학교출판부.

2018.「18세기『염불보권문』의 편간과 불교사적 의미」,『불교학연구』 54권, 서울 : 불교학연구회.

**김문선(미탄)** 2019.「세친의『무량수경우파제사원생게』 연구」, 동국대대학원 석사논문.

**김성순**

2010.「렌뇨蓮如의 잇코잇기一向一揆 : 종교적 자신감과 연대성의 범람」,『일본불교사연구』 제3호, 서울 : 일본불교사연구소.

2011.『동아시아 염불결사의 연구』, 서울대 종교학과 박사논문.

2018.「중세 불교결사에서 근세 종단으로 : 융통염불 강講과 융통염불종」,『불교학연구』 제56호, 서울 : 불교학연구회.

2019.『왕생요집』(역주), 서울 : 불광출판사.

**김영미** 2011.「삼국유사 감통편 광덕엄장조와 아미타신앙」,『신라문화제학술논문집』 제32집, 동국대 신라문화연구소.

**김영수** 2010.「원왕생가와 배경설화의 재검토」,『향가의 수사와 상상력』, 보고사.

**김영진** 2013.「해방 이후 국내 정토학 연구에 대한 평가와 그 전망」,『한국불교학』 제68집, 서울 : 한국불교학회.

**김용옥** 1987.『신춘향뎐』, 서울 : 통나무.

**김유경** 2009.「노래와 이야기를 통해 본 향가의 주제」,『향가의 깊이와 아름다움』, 보고사.

**김장호**

1987.『스님과 그 제자』, 서울 : 동국역경원.

2016.『스님과 그 제자』(개정판), 서울 : 한걸음 · 더.

**김종진** 2010.「종교적 이상향과 자기서사의 교직, '柏庵정토찬'의 작품세계」,『한민족문화연구』 제32집, 서울 : 한민족문화학회.

**김형효** 1999.『데리다의 해체철학』, 서울 : 민음사.

**김호귀** 2009.「영평도원永平道元의『정법안장正法眼藏』의 이해를 위한 시론」,『일본불교사 연구』 창간호, 서울 : 일본불교사연구소.

**德永宗雄** 2002.「平安の巻と水供養(udakakriyā)」,『東方學』 第104輯, 東京 : 東方學會.

**大田利生** 2006.『漢譯五本梵本藏譯 對照 無量壽經』, 京都 : 永田文昌堂.

**닛타 토모미치(新田智通)** 2017.「대승의 붓다의 연원」,『붓다와 정토』(원영상 옮김). 서울 : 씨아이알.

**도연** 2017.『누구나 한 번은 집을 떠난다』, 서울 : 판미동.

**도일** 2017.「부처님 법에 혼돈의 한국불교 치유할 길이 있습니다」,『법보신문』 제1388호(2017년 4월 19일), 서울 : 법보신문사.

**大澤絢子** 2016.「浩浩洞同人による『歎異抄』讀解と親鸞像」,『宗教研究』 387號, 東京 : 日本宗教學會.

**稻垣友美** 2002.「解說」,『法然と親鸞の信仰(下)』, 東京 : 講談社.

**東國大學校 佛敎文化研究所** 1982.『韓國佛書解題辭典』, 東京 : 國書刊行會.

**류주희** 2013.「『왕생요집』에서『원씨물어』로」,『일본불교사연구』 제9호, 서울 : 일본불교사연구소.

**末木文美士**

1997.『日本佛教史』, 東京 : 新潮社.

2004.「『歎異抄』の現代」,『近代日本と佛教』, 東京 : トランスビュー.

2009.「迷走する親鸞—『出家とその弟子』考」,『日本思想史』 no. 75, 東京 : ペリカン社.

**網野善彦** 2006.『日本中世に何が起きたか』, 東京 : 洋泉社.

**梅原 猛**

2001.『歎異抄』, 東京 : 講談社.

2012.『梅原猛の佛教授業-法然 · 親鸞 · 一遍』, 東京 : PHP研究所.

**竹村牧男** 1999.『親鸞と一遍』. 京都 : 法藏觀.

**박광준** 2010.『붓다의 삶과 사회복지』. 서울 : 한길사.

**박문성** 2010.「『출가자와 그 제자』에 나타난 '좋은 것'(善いもの)에 관하여」,『사목연구』 제26집, 서울 : 가톨릭대학교 사목연구소.

**박상천** 2019.「장호 시세계 연구 : 모더니즘에서 불교적 사유로의 여정」,『한국문학연구』 제60집, 서울 : 동국대 한국문학연구소.

**박성의** 1986.『한국문학론과 史』, 집문당.

**박성춘(여연)** 2015.「신란親鸞의 진불자관에 대한 고찰」,『불교연구』 제43집, 한국불교연구원.

**박애경** 2009.「정토신앙 공동체와 향가」,『향가의 깊이와 아름다움』, 보고사.

**박을수** 1997.『한국시가문학사』, 서울 : 아세아문화사.

**박인기** 1997.『작가란 무엇인가』, 서울 : 지식산업사.

**박재민** 2013.『신라 향가 변증』, 파주 : 태학사.

**김춘호(법우)** 2018.「『이치마이키쇼몬一枚起請文』을 통해 본 호넨法然의 정토신앙」,『일본불교문화연구』 제19호, 익산 : 한국일본불교문화학회.

**柏原祐泉** 2008.『일본불교사 근대』(원영상 · 윤기엽 · 조승미 역). 서울 : 동국대학교출판부.

**福島榮壽** 2003.「『歎異抄』解釋の十九世紀」,『思想史としての精神主義』, 京都 : 法藏館.

**峰屋賢喜代** 1930.『歎異抄講話』, 大阪 : 成同社.

**寺川俊昭** 1990.「親鸞における救済の意味」,『浄土教とキリスト教』, 東京 : 春秋社.

**山口 益** 1981.『世親の浄土論』, 京都 : 法藏館.

**山折哲雄** 2000.『悪と往生』, 東京 : 中央公論新社.

**松尾剛次**

2005.『인물로 보는 일본불교사』(김호성 역), 서울 : 동국대학교출판부.

2010.『親鸞再考』, 東京 : 日本放送出版協會.

**송동규** 2020.「일본의 융통염불종融通念佛宗 연구」, 서울 : 동국대학교대학원 석사논문.

**송재근**

2011.『신란의 타력정토사상 연구』, 동아대 철학과 박사학위 논문.

2012a.「신란 정토교에 있어서 계율의 문제」,『동아시아불교문화』 제9집, 동아시아불교문화학회.

2012b.「신란의 악인관」,『일본불교사연구』 제7호, 서울 : 일본불교사연구소.

2014.「『동아시아 염불결사의 연구』에 대한 서평」,『일본불교사연구』 제10호, 서울 : 일본불교사연구소.

**송현주** 2014.「'불교는 철학적 종교' : 이노우에 엔료의 '근대일본불교' 만들기」,『불교 연구』 제41집, 서울 : 한국불교연구원.

**송희복** 2019.「근대시 형성의 관점과 시의 전통에 관한 논의」,『한국문학연구』 제60집, 서울 : 동국대 한국문학연구소.

**시모다 마사히로(下田正弘)** 2017.「정토사상의 이해를 향해서」,『붓다와 정토』, 서울 : 씨아이알.

**신재홍** 2000.『향가의 해석』, 서울 : 집문당.

**阿滿利麿** 1999.『日本人はなぜ無宗教なのか』, 東京 : 筑摩書房.

**안경식** 2016.「平安시대의 '儒家 佛敎人' 慶滋保胤」,『한국불교학』 80호, 한국불교학회.

**五木寛之** 1998.『大河の一滴』, 東京 : 幻冬社.

**오영은** 2008.『歎異抄』, 서울 : 지식을만드는지식.

**柳宗悅** 2007.『南無阿彌陀佛』, 東京 : 岩波書店.

**柳宗悅** 2017.『나무아미타불』(김호성 책임 번역), 서울 : 모과나무.

**유창균** 1994.『향가비해』, 서울 : 형설출판사.

**元永常**

2013.「일본 정토사상에 나타난 수행과 깨달음의 세계」,『깨달음총론』, 서울 : 현대불교문화학술원.

2015.「일본 시종의 조사 잇펜一遍의 전법행각과 현대적 의미」,『전법학연구』 제7호, 서울 : 불광연구원.

**이상호** 2019.「장호의 시극운동에 관한 연구」,『한국문학연구』 제60집, 서울 : 동국대 한국문학연구소.

**이가원** 1991.『삼국유사 신역』, 서울 : 태학사.

**이기백** 1986.『신라사상사연구』, 서울 : 일조각.

**이남호** 1994.『보르헤스 만나러 가는 길』, 서울 : 민음사.

**이범교** 2005.『삼국유사의 종합적 해석』, 서울 : 민족사.

**이자랑** 2009.『나를 일깨우는 계율 이야기』, 서울 : 불교시대사.

**이정철(대공)** 2018.「선택본원의 두 가지 의미」,『한국불교학』 제86호, 서울 : 한국불교학회.

**이종수**

2010.「조선후기 불교의 수행체계 연구 : 삼문수학을 중심으로」, 동국대 대학원 박사논문.

2011.「건봉사 만일염불회의 역사와 불교사적 의미」,『금강산 건봉사의 역사와 문화』, 서울 : 인북스.

**이태승 · 권서용** 2009.『근대일본과 불교』, 서울 : 그린비.

**이효걸** 2000.「의상 화엄종의 정토신앙 수용태」,『불교학연구』 창간호, 서울 : 불교학연구회.

**子安宣邦** 2014.「『歎異抄』の文學化 · '愛'の教說—倉田百三『出家とその弟子』を讀む」,『歎異抄の近代』, 東京 : 白澤社.

**장영우** 2019.「장호章湖 연작시 연구」,『한국문학연구』 제60집, 서울 : 동국대 한국문학연구소.

**唯圓 지음, 前田 龍 · 전대석 공역** 1997. 『歎異抄』, 서울 : 경서원.

**전준모** 2018. 「자력과 타력의 양립문제」, 『보조사상』 제50집, 서울 : 보조사상연구원.

**정광균(법상)**

2010. 『영명연수의 정토관 연구』, 동국대 대학원 박사논문.

2018. 「정토염불과 실상염불선」, 『정토학연구』 제29집, 서울 : 한국정토학회.

**정민** 2012. 『불국토를 꿈꾼 그들』, 서울 : 동화출판사/문학의문학.

**淨土眞宗 本願寺派** 2010. 『'宗制' 解說』, 京都 : 本願寺出版部.

**정헌열** 2019. 「진허팔관의 『삼문직지』 편찬체제와 의도」, 『동아시아불교문화』 제39집, 부산 : 동아시아불교문화학회.

**정형** 2000. 『일본인은 왜 종교가 없다고 말하는가』(阿滿利麿), 서울 : 예문서원.

**정혜진** 2020. 「한국 무애무 연상케 하는 일본 전통 춤염불」, 『법보신문』 제1531호 (2020년 4월 1일).

**조기호**

2003a. 「『出家とその弟子』의 사상적 고찰(Ⅰ)—기독교적인 '죄악감'을 중심으로」, 『일본문화학보』 제16집, 대전 : 한국일본문화학회.

2003b. 「『出家とその弟子』의 사상적 고찰(Ⅱ)—기독교적인 '사랑'의식을 중심으로」, 『일본문화학보』 제18집, 대전 : 한국일본문화학회.

2006. 「『出家とその弟子』의 사상적 고찰(Ⅲ)—불교의 '타력他力신앙'의식을 중심으로」, 『일본문화학보』 제28집, 대전 : 한국일본문화학회.

조동일 1983. 「삼국유사 불교설화와 숭고하고 비속한 삶」, 『삼국유사연구(上)』, 영남대학교 출판부.

조명제 2014. 「해설」, 『조선불교유신론』. 서울 : 지식을만드는지식.

조준호 2013. 「선과 염불의 관계—염불선의 기원과 전개에 대한 비판적 고찰」, 『선문화연구』 제14집, 서울 : 선리연구원.

**주명철**

2011. 「세친 『정토론』의 정토사상과 유식불교의 상관성 연구」, 『인도철학』 제31집, 서울 : 인도철학회.

2012. 「정토왕생과 보살행 오념문」, 『불교학연구』 제33호, 서울 : 불교학연구회.
2016. 「세친의 『정토론』에 나타난 십지사상」, 『보조사상』 제45집, 서울 : 보조사상연구원.

**竹村牧男** 1999. 『親鸞と一遍』, 京都 : 法藏館.

**中島岳志** 2018. 『親鸞と日本主義』, 東京 : 新潮社.

**中島眞理**

1991. 「柳宗悦妙好人論集 解說」, 『柳宗悅妙好人論集』(壽岳文章 編), 東京 : 岩波書店.
2013. 『柳宗悅』, 東京 : 岩波書店.

**中村 元 外** 2012. 『淨土三部經』, 岩波書店.

**진명순** 2012. 「구라타 햐쿠조의 『출가와 그 제자』에 관하여」, 『일본근대학연구』 제35집, 부산 : 한국일본근대학회.

**倉田百三**

2002. 『法然と親鸞の信仰(下)』, 東京 : 講談社.
2004. 『出家とその弟子』, 東京 : 新潮社.
2008a. 「『出家とその弟子』の上演について」, 『愛と認識の出發』, 東京 : 岩波書店.
2008b. 「地上の男女」, 『愛と認識の出發』, 東京 : 岩波書店.

**曉烏 敏** 1984. 『歎異抄講話』, 東京 : 講談社.

**한동민** 2011. 「일제 강점기 사지 편찬과 한용운의 『건봉사사적』」, 『금강산 건봉사의 역사와 문화』, 서울 : 인북스.

**한명숙** 2017. 「정토교의 종지는 불교의 근본사상과 공존이 가능한 것인가」, 『보조사상』 제48집, 서울 : 보조사상연구원.

**한보광** 2010, 「서방정토 극락세계의 존재에 관한 연구」, 『정토학연구』 제14집, 서울 : 한국정토학회.

**한태식(보광)** 2012. 「순선시대의 염불선에 대한 몇 가지 문제」, 『정토학연구』 제18집, 서울 : 한국정토학회.

**한용운** 1980. 「조선불교유신론」, 『한용운전집 2』, 서울 : 신구문화사.

**홍윤식** 1990. 「건봉사 가람의 성격」, 『건봉사지지표조사보고서』, 고성 : 고성군.

**황호정** 2013. 「『술문찬』에 나타난 경흥의 정토관 고찰」, 『동아시아불교문화』 15권, 서울 : 동아시아불교문화학회.

Donald S. Lopez 1988. "On the Interpretation of the Mahāyāna Sūtras", *Buddhist Hermeneutics*. Honolulu : University of Hawaii Press.

Jorge Luis Borges 1994. 『픽션들*Ficcions*』(황병하 역), 서울 : 민음사.

Louis Renou et Jean Filliozat 1981. 『インド大事典』 제3권(山本智教 역), 東京 : 金花舍.

Nagesh D. Sonde 1995. *Bhagavadgita Bhasya and Tatparyanirnaya of Sri Madhva*, Bombay : Vasantik Prakashan.

Richard E. Palmer 1998. *Hermeneutics*. : 『해석학이란 무엇인가』(이한우 역), 서울 : 문예출판사.

## 3. 저자의 논저

**김호성**

1995. 『책 안의 불교, 책 밖의 불교』, 서울 : 시공사.

1999. 「바가바드기타와 구라단두경의 입장에서 본 조선불교유신론의 의례관」, 『불교학보』 제36집, 서울 : 동국대 불교문화연구원.

2000. 「'의상 화엄종의 정토신앙 수용태'에 대한 논평」, 『불교학연구』 창간호, 서울 : 불교학연구회.

2001. 「힌두교 전통에 비춰본 불교의 효孝 문제」, 『인도철학』 제11집 1호, 서울 : 인도철학회.

2002. 『대승 경전과 선禪』, 서울 : 민족사.

2004a. 「바가바드기타를 읽는 틸락의 분석적 독서법」, 『종교연구』 제35집, 서울 : 한국종교학회.

2004b. 「'보살계본지범요기'의 성격론에 대한 재검토」, 『원효학연구』 제9집, 경주 : 원효학연구원.

2006a. 『천수경과 관음신앙』, 서울 : 동국대학교 출판부.

2006b. 『천수경의 새로운 연구』, 서울 : 민족사.

2007. 「韓國から見た日本佛教史」, 『山形大學歷史 · 地理 · 人類學論集』, 第8號, 山形 : 山形大學歷史 · 地理 · 人類學研究會.

2008. 『불교, 소설과 영화를 말하다』, 서울 : 정우서적.

2009a. 『불교해석학 연구』, 서울 : 민족사.

2009b. 「두 유형의 출가와 그 정치적 함의」, 『인도철학』 제26호, 서울 : 인도철학회.

2010a. 「초기 경전과 대승 경전의 화쟁론」, 『보조사상』 제34집, 서울 : 보조사상연구원.

2010b. 『관세음보살』, 서울 : 민족사.

2010c. 「불교화된 효 담론의 해체」, 『불연록佛緣錄』, 서울 : 여래장.

2010d. 「비베카난다의 붓다관에 대한 비평—유행sannyāsa과 출가pabbajjā를 중심으로」, 『인도철학』 29집, 서울 : 인도철학회.

2011a. 『일본불교의 빛과 그림자』, 서울 : 정우서적.

2011b. 「출가, 탈권력의 사제동행—구라타 햐쿠조倉田百三의 『스님과 그 제자』를 중심으로」, 『일본불교사연구』 제5호, 서울 : 일본불교사연구소.

2011c. 「효, 출가, 그리고 재가의 딜레마」, 『불교학연구』 제30호, 서울 : 불교학연구회.

2012a. 「백화도량발원문의 이해에 대한 성찰」, 『한국사상사학』 제42집, 서울 : 한국사상사학회.

2013. 「사효師孝의 윤리와 출가정신의 딜레마—한암의 '선사경허화상행장'을 중심으로」, 『불교연구』 제38호, 서울 : 한국불교연구원.

2014a. 『경허의 얼굴』, 서울 : 불교시대사.

2014b. 「일매기청문一枚起請文」, 『일본불교사공부방』 제12호, 서울 : 일본불교사독서회.

2015a. 「야나기 무네요시柳宗悅의 『나무아미타불』에 나타난 해석학적 안목」, 『한국불교학』 제74집, 서울 : 한국불교학회.

2015b. 「이태승 · 권서용의 '탄이초의 현대' 번역 오류를 바로잡다」, 『일본불교사

공부방』 제14호, 서울 : 일본불교사독서회.

2015c. 『천수경의 비밀』, 서울 : 민족사.

2015d. 『바가바드기타의 철학적 이해』, 서울 : 올리브그린.

2015e. 「이노우에 엔료井上円了의 활동주의와 그 해석학적 장치들」, 『불교연구』 제42집, 서울 : 한국불교연구원.

2015f. 「출가정신의 국제정치학적 함의」, 『동아시아불교문화』 제24집, 부산 : 동아시아불교문화학회.

2015g. 「수마제 스님의 『선택본원염불집』 번역의 문제점을 바로잡다」, 『일본불교사공부방』 제14호, 서울 : 일본불교사독서회.

2015h. 「구라타 햐쿠조倉田百三의 신란親鸞 이해」, 『불교연구』 제43집, 서울 : 한국불교연구원.

2016a. 「힌두교와 불교—바가바드기타의 불교적 이해』, 서울 : 여래.

2016b. 『일본불교사공부방』 제16호, 서울 : 일본불교사독서회.

2016c. 『결사, 근현대 한국불교의 몸부림』, 서울 : 씨아이알.

2016d. 「잇펜 스님의 편지」(역해), 『일본불교사공부방』 제16호, 일본불교사독서회.

2017a. 「역자 해설, 야나기 무네요시의 눈」, 『나무아미타불』(柳宗悅), 서울 : 모과나무.

2017b. 「출가, 은둔, 그리고 결사의 문제」, 『보조사상』 제47집, 서울 : 보조사상연구원.

2017c. 「출가, 재가, 그리고 비승비속非僧非俗」, 『불교연구』 제47호, 한국불교연구원.

2017d. 「김호성의 정토행자 편지—내가 기다리는 스님」, 『법보신문』 제1405호(2017년 8월 30일), 법보신문사.

2017e. 「극락의 존재 여부와 염불의 가능성」, 『보조사상』 제48집, 보조사상연구원.

김호성 · 김승철 2017. 『정토교와 기독교』, 서울 : 동연.

金浩星 2018. 「近年韓国に紹介されている日本の浄土仏教」, 『研究所報』 28, 名

古屋 : 南山大學宗教文化硏究所.
김호성 2019. 『처음으로 만나는 관무량수경』, 서울 : 동국대학교출판부.
김호성 2020. 「일본 정토불교와 관련해서 본 원효의 정토신앙」, 『불교학보』 제90집, 서울 : 동국대 불교문화연구원.

## 4. 인터넷 검색

尹城根 2010. 「진짜 사랑을 찾아서」,
http://blog.naver.com/PostView.nhn?blogId=epgulib&logNo=110087126982

## | 찾아보기 |

(ㄴ)

## 저자의 논문 목록(1989~2020)

* 1987년 2월, 송광사 보조사상연구원 간사로 취임.(~1992)
* 1989년 3월, 동국대학교 대학원 인도철학과 박사과정 입학.

### 1889

1. 「보조普照의 이문정혜二門定慧에 대한 사상사적 고찰」, 『한국불교학』 제14집, 한국불교학, pp. 405~432.

### 1990

2. 「보조의 정토수용에 대한 재고찰」, 『한국철학종교사상사』, 원광대 종교문제연구소, pp. 441~461.
3. 「보조선의 실재론적 경향과 그 극복」, 『동서철학연구』 제7호, 한국동서철학연구회, pp. 111~131.
4. 「돈오점수의 새로운 해석—돈오를 중심으로」, 『한국불교학』 제15집, 『한국불교학』 제15집, pp. 423~446. →『깨달음, 돈오점수인가 돈오돈수인가』, 민족사, 1992, pp. 215~237. 재수록. →『한국의 사상가 10인 지눌』, 예문서원, 2002, pp. 219~245. 재수록.

### 1991

5. 「무기설에 대한 일고찰—언어철학과 관련하여」, 『한국사상사』, 원광대학교 출판국, pp. 1539~1554.
6. 「돈오돈수적 점수설의 문제점」, 『동과 서의 사유세계』, 민족사, pp. 459~479.
7. 「해동화엄의 근대적 계승과 한암」, 『아세아에서의 화엄의 위상』, 대한전통불교연구원, pp. 197~222.

8.「보조선의 사회윤리적 관심」,『동서철학연구』 제8호, 한국동서철학연구회, pp. 139~160. →『계초심학인문』, 민족사, 1993, pp. 203~236. 재수록.

9.「정혜결사의 윤리적 성격과 그 실천」,『한국불교학』 제16집, 한국불교학회, pp. 395~417. →『계초심학인문』, 민족사, 1993, pp. 171~202. 재수록. → 수정 · 증보 후「보조지눌의 정혜결사—윤리적 성격과 실천」으로 개제改題하고『결사, 근현대 한국불교의 몸부림』, 씨아이알, 2016, pp. 3~47. 재수록.

1992

10.「능가경의 여래장설과 성상융회」,『불교연구』 제8집, 한국불교연구원, pp. 137~152. → 전면적으로 해체 · 수정 · 증보하여『대승 경전과 선禪』, 민족사, 2002, pp. 286~295. 재수록.

11.「돈점 논쟁의 반성과 과제」,『깨달음, 돈오점수인가 돈오돈수인가』, 민족사, pp. 11~28.

12.「바가바드기타의 카르마요가에 대한 윤리적 조명」,『인도철학』 제2집, pp. 127~147. → 수정 · 증보 · 개제하여「바가바드기타의 카르마요가와 불교윤리」,『바가바드기타 연구』(복사 제본한 책으로 동국대 도서관에만 소장됨), pp. 1~31. 재수록.

1993

13.「능가경에 나타난 자내증自內證과 언어」,『한국종교사상의 재조명(上)』. 원광대학교 출판국, pp. 549~562. → 전면에 걸쳐 수정 · 보완하여『대승 경전과 선禪』, 민족사, 2002, pp. 268~282. 재수록.

14.「혜심 선사상에서 교학이 차지하는 의미」,『보조사상』 제7집, 보조사상연구원, pp. 101~131.

1994

15.「바가바드기타의 제사관—불교의례의 재검토를 위한 정초로서」,『인도철학』 제4집, 인도철학회, pp. 139~159.

1995

16.「결사의 근대적 전개양상—정혜결사의 계승을 중심으로」, 『보조사상』 제8집, 보조사상연구원, pp. 133~166.

1996

17.「밀교 다라니의 기능에 대한 고찰」, 『인도철학』 제6집, 인도철학회, pp. 175~200. → 대폭 수정 · 보완하고, 구조를 새롭게 하여, 일본학계에 발표함.「禪宗で大悲呪を讀誦する理由」, 『禪學硏究』 제83호, 日本 花園大學 禪學硏究會, pp. 25~53. → 일본어 논문을 그대로 번역하여, 「선종에서 대비주를 독송하는 이유」, 『천수경의 새로운 연구』, 민족사, 2006, pp. 201~235. 재수록.

＊이해 여름 『선관禪觀의 대승적 연원 연구』라는 주제의 박사학위 논문(지도교수 : 정태혁)이 통과되다. 실제로는 1995년 하반기부터 1996년 상반기까지 쓰였다. → 수정 · 삭제 · 보완을 거쳐서 『대승 경전과 선禪』이라는 제목으로 민족사에서 2002년에 출판되었다.

＊이해 불이회의 불이상 연구부문 수상자로 선정되어, 수상하다.

1997

18.「천수경 신행의 역사적 전개」, 『미래불교의 향방』, 장경각, pp. 131~154.

19.「한국의 인도불교 연구」, 『인도연구』 제2호, 한국인도학회, pp. 71~89.

＊이해 9월 1일자로 동국대학교 인도철학과 전임강사에 임용됨.

1998

20.「『해심밀경』의 철학적 입장과 선의 수증론修證論」, 『구산논집』 창간호, 구산장학회, pp. 49~82. → 『불교학논총』, 동국역경원, pp. 127~151. 재수록.

＊월운 스님의 고희 기념 발간을 위하여 재수록도 좋다는 편집진의 요청에 따라서 재수록함.

21.「불교경전이 말하는 미륵사상」, 『동국사상』 제29집, 동국대학교 불교대학, pp. 63~83. → 『철학비평』 제3호, 세종출판사, pp. 151~176. 재수록.

22. 「한국의 정통 인도종교 연구사 검토」, 『종교연구』 제15집, 한국종교학회, pp. 197~227. → 학회의 다른 기획논문들과 함께 『해방후 한국종교연구사』, 도서출판 창, 1997, pp. 297~336. 재수록.

23. 「'저자의 부재'와 불교해석학」, 『불교학보』 제35집, 동국대 불교문화연구원, pp. 187~206. → 『동서비교문학저널』 제5호, 한국동서비교문학학회, 2001, pp. 141~169. 재수록. → 『동서비교문학, 왜 학문공동체인가』, 경희대 출판국, 2005, pp. 187~221. 재수록. → 「'저자의 부재'론과 실천적 독서법—문학이론과의 공관共觀을 통하여」로 개제하여 『불교해석학 연구』, 민족사, 2009, pp. 103~141. 재수록.

24. 「초기 우파니샤드의 명상 개념 1」, 『인도철학』 제7집, 인도철학회, pp. 65~88.

1999

25. 「초기 우파니샤드의 명상 개념 2」, 『인도철학』 제8집, 인도철학회, pp. 179~212.

26. 「인도철학, 불교학의 방법론에 대한 성찰」, 『불교연구』 제16집, 한국불교연구원, pp. 95~129.

27. 「바가바드기타와 구라단두경의 입장에서 본 조선불교유신론의 의례관」, 『불교학보』 제36집, 동국대 불교문화연구원, pp. 197~223.

28. 「전통적 불교학의 방법론에 나타난 현대적 성격」, 『가산학보』 제7호, 가산학회, pp. 47~70. → 「자기 철학의 제시를 위한 전통적 불교학의 해석학적 장치들」로 개제하여 『불교해석학 연구』, 민족사, 2009, pp. 61~101. 재수록.

2000

29. 「불교의 여성관 정립을 위한 해석학적 모색」, 『불교학의 해석과 실천』, 불일출판사, pp. 31~60.

30. 「바가바드기타의 윤리적 입장에 대한 비판적 고찰」, 『종교연구』 제19집, 한국종교학회, pp. 83~103. → 「기타의 윤리적 입장에 대한 불교적 비판」, 『힌두교와 불교—바가바드기타의 불교적 이해』. 여래, 2016, pp. 33~68. 재수록.

31. 「산스크리트어 형태론의 구조적 이해」, 『불교어문논집』 제5집, 한국불교어문학회, pp. 59~81.

2001

32. 「힌두교 전통에 비춰본 불교의 효孝 문제」, 『인도철학』 제11집 1호, 인도철학회, pp. 67~94. → 수정 · 보완하고, 「불교화된 효 담론의 해체」로 개제하여 『불연록佛緣錄』, 여래장, 2010, pp. 529~548. 재수록. → 「佛教化された孝の談論の解體」, 『高知大學學術研究報告』 第62巻, pp. 207~218. 재수록.

＊일어로 발표한 것은 2013년 7월 18일 고치대학에서의 특강을 위한 원고로서, 「불교화된 효담론의 해체」를 요점만 축약하여 번역한 것이다.(특강 당시의 분위기는 「동양사 개론 수업시간의 특강」, 『토사일기』, pp. 101~106. 참조)

33. 「한문불전의 이해를 위한 기초적 범어문법」, 『불교대학원논총』 제7호, 동국대 불교대학원, pp. 43~67.

34. 「이샤 우파니샤드에 대한 샹카라와 오로빈도의 해석 비교」, 『인도철학』 제10집, pp. 105~148.

2002

35. 「バガヴァッド · ギーターと大乘涅槃經における暴力/戰爭の正當化問題」, 『韓國佛教學 Seminar』 第9號(故.金知見博士追悼論集) 韓國留學生印度學佛教學硏究會, pp. 149~166.

36. 「미망사와 불교의 비교해석학—경전관을 중심으로」, 『한국종교사연구』 제10호, 한국종교사학회, pp. 77~116. → 「원전의 무거움과 해석의 가능성—이 책의 서론으로서」로 개제하여, 『불교해석학 연구』, 민족사, pp. 21~59. 재수록.

37. 「천수경 이해를 통해서 본 광덕의 회통불교」, 『종교연구』 제29집, 한국종교학회, pp. 259~281. → 「일음교에 있어서 천수경의 위상—광덕의 관점을 중심으로」로 수정 · 증보하여 『천수경의 새로운 연구』, 민족사, 2006. pp. 141~199. 재수록.

＊박사학위 논문을 수정 · 보완하여, 『대승 경전과 선禪』(민족사)으로 출판. 문체

부 우수학술도서로 선정됨.

* 9월부터 2003년 8월까지 일본 교토 소재의 '불교대학Bukkyo University'의 객원연구원을 지냄.

## 2003

38. 「Arjunaの懷疑に見られる意味」, 『印度學佛教學研究』 제52권 1호, 일본인도학불교학회, pp. 465~470.
39. 「'정의의 전쟁'론은 정의로운가」, 『동서철학연구』 제28집, 한국동서철학회, pp. 5~35. →「기타와 대승열반경에서 폭력/전쟁의 정당화 문제」로 개제하여, 『힌두교와 불교』, 여래, 2016, pp. 103~154. 재수록.

* 위의 35번 논문이 일본에서 발표되었을 때 편집 실수로 중간에 잘리게 되어서, 다시 발표할 필요가 있었다. 이에 한국어로 번역하고, 개제하여 다시 발표함. 이때 서론 부분에는 보완이 행해졌다. 일본에서 잘린 부분을 한국어 발표 부분에서 제시한다면, 24쪽 중간 "여기서 우리는 『대승열반경』"부터 32쪽 끝까지였다.

40. 「'원본 천수경'과 '독송용 천수경'의 대비」, 『불교학보』 제40집, 동국대 불교문화연구원, pp. 53~103. → 일부를 요약, 일본어로 번역하여 →「'原本 千手經'と'讀誦用 千手經'との對比」, 『佛教大學佛教學會紀要』 第12卷, 佛教大學, 2004, pp. 33~44. 재수록. → 『천수경의 새로운 연구』, 민족사, 2006, pp. 19~95. 재수록.

## 2004

41. 「바가바드기타를 읽는 틸락의 분석적 독서법」, 『종교연구』 제35집, 한국종교학회, pp. 195~224. → 『바가바드기타의 철학적 이해』, 올리브그린, 2015, pp. 46~89. 재수록.
42. 「바가바드기타를 읽는 샹카라의 호교론적 해석학」, 『인도철학』 제17집, 인도철학회, pp. 155~182. → 『바가바드기타의 철학적 이해』, 올리브그린, 2015, pp. 16~45. 재수록.
43. 「보살계본지범요기菩薩戒本持犯要記의 성격론에 대한 재검토」, 『원효학 연

구』 제9호, 원효학연구원, pp. 63~92.

* 아래 44번 논문의 5장 1절로 집필되었으나, 원효 연구자들의 공람供覽을 원하여 별도로 다시 발표함.

44. 「'독송용 천수경'에 대한 언어적 재해석과 그 적용」, 『불교학보』 제41집, 동국대 불교문화연구원, pp. 105~157. → 『천수경의 새로운 연구』, 민족사, 2006, pp. 237~351. 재수록.

2005

45. 「관음신앙의 유형에 대한 고찰」, 『천태학연구』 제7호, 천태불교문화연구원, pp. 289~323. → 『천수경의 새로운 연구』, 민족사, 2006, pp. 97~140. 재수록. → 「觀音信仰の類型に對する一考察」, 『日本佛教史研究』 第3號, 일본불교사연구소, pp. 195~242. 재수록.

46. 「바가바드기타를 읽는 간디의 다원적 독서법」, 『인도연구』 제10권 2호, pp. 179~213. → 「여러 가지 독서법에 의지한 해석의 사례—간디의 『바가바드기타』 읽기를 중심으로」로 개제하여, 『불교해석학 연구』, 민족사, 2009, pp. 143~180. 재수록.

47. 「伽範達摩譯本千手經に見られる思想」, 『印度學佛教學研究』 제54권 1호, 일본인도학불교학회, pp. 524~530.

2006

48. 「기타에 대한 샹카라의 주제파악과 틸락의 비판」, 『인도철학』 제20집, pp. 153~190. → 『바가바드기타의 철학적 이해』, 올리브그린, 2015, pp. 92~132. 재수록.

49. 「산스크리트 산디현상의 원리 해명」, 『남아시아연구』 제11권 2호, 한국외대 남아시아연구소, pp. 53~82.

50. 「반야심경의 주제에 대한 고찰」, 『불교학보』 제44집, 동국대 불교문화연구원, pp. 31~61.

51. 「아르쥬나의 회의와 그 불교적 의미」, 『종교연구』 제42집, pp. 103~126. → 같

은 제목으로 『힌두교와 불교—바가바드기타의 불교적 이해』, 여래, 2016, pp. 69~99. 재수록.

52. 「바가바드기타와 관련해서 본 한암의 염불참선무이론」, 『한암사상연구』 제1집, 한암사상연구원, pp. 55~147. → 한암사상연구원의 요청으로 Ⅱ장만을 따로 떼어내고, 수정과 보완을 해서 별도의 논문 「한암의 건봉사결사와 염불참선무이론」으로 개제하여 『한암선사 연구』(민족사, 2015), pp. 95~135. 재수록. → 「한암의 건봉사 결사—염불결사에서 수선결사로」로 개제하여 『결사, 근현대 한국불교의 몸부림』, 씨아이알, 2016, pp. 189~233. 재수록.

53. 「바가바드기타에 보이는 지혜와 행위의 관련성—간디의 sthitaprajña 개념을 중심으로」, 『인도연구』 제11권 2호, 한국인도학회, pp. 99~143.

54. 「일음교—音教와 자기 철학의 글쓰기」, 『동서철학연구』 제42호, 한국동서철학회, pp. 53~89. → 『불교해석학 연구』, 민족사, pp. 181~229. 재수록.

* 이해 7월 『천수경의 새로운 연구』(민족사) 출판, 학술원 우수학술도서에 선정됨.

2007

55. 「바가바드기타에 대한 틸락의 행동주의적 해석」, 『인도철학』 제22집, 인도철학회, pp. 275~311. → 『바가바드기타의 철학적 이해』, 올리브그린, 2015, pp. 168~207. 재수록.

56. 「텍스트와 현실의 해석학적 순환—불연 이기영의 원효해석학」, 『불교연구』 제26집, 한국불교연구원, pp. 101~174. → 『불교해석학 연구』, 민족사, pp. 231~295. 재수록.

57. 「韓國から見た日本佛教史—松尾剛次著『お坊さんの日本史』に寄せて」, 『山形大學歷史・地理・人類學論集』, 山形大學歷史・地理・人類學研究會, pp. 13~22.

58. 「반야심경의 진언mantra에 대한 고찰—인도 찬술 주석서들을 중심으로」, 『인도철학』 제23집, 인도철학회, pp. 33~71.

59. 「바가바드기타에 보이는 믿음과 행위의 관련성」, 『남아시아연구』 제13권 1호, pp. 73~99.

2008

60. 「봉암사결사의 윤리적 성격과 그 정신」, 『봉암사결사와 현대 한국불교』, 조계종출판사, pp. 105~160. →「퇴옹의 봉암사 결사—윤리적 성격과 그 실천」으로 개제 후 『결사, 근현대 한국불교의 몸부림』, pp. 125~185. 재수록.

2009

61. 「결사의 정의에 대한 재검토」, 『보조사상』 제31집, 보조사상연구원, pp. 191~230. → 『결사, 근현대 한국불교의 몸부림』, pp. 321~359. 참조.
62. 「탄허의 결사운동에 대한 새로운 조명」, 『한암사상』 제3집, 한암사상연구원, pp. 125~166. →「탄허의 결사운동—수도원운동과 역경결사」로 개제하여 『결사, 근현대 한국불교의 몸부림』, pp. 235~277. 재수록.
63. 「두 유형의 출가와 그 정치적 함의」, 『인도철학』 제26호, pp. 5~45. →「힌두교와 불교에서의 권력과 탈권력」으로 개제하여, 『힌두교와 불교—바가바드기타의 불교적 이해』, 여래, 2016, pp. 155~200. 재수록.
64. 「『겨울의 유산』에 나타난 한국불교」, 『일본불교사연구』 창간호, pp. 61~110. →「『冬のかたみに』における韓・日佛教」, 『日本佛教史硏究』 제7호, 일본불교사연구소, 2012, pp. 235~288.

* 『불교해석학 연구』(민족사) 출판, 불교출판문화상 우수상 수상.

2010

65. 「근대 한국의 선농불교에 대한 재조명—학명과 용성을 중심으로」, 『불교학보』 제55집, 동국대 불교문화연구원, pp. 63~390. →「학명의 선농결사—선농불교의 결사적 성격과 정신」의 제1장 '선농불교禪農佛教와 결사'와 제2장 '선농불교의 효시와 개념의 정의'로 하여 『결사, 근현대 한국불교의 몸부림』, 씨아이알, 2016, pp. 51~76. 재수록.
66. 「학명鶴鳴의 선농불교에 보이는 결사적 성격」, 『한국선학』 제27호, 한국선학회, pp. 101~138. → 동국대 불교문화연구소의 공동연구로서 다른 논문들과 함께 『아시아불교, 전통의 계승과 전환』, 동국대 출판부, pp. 43~73. 재수

록. →「학명의 선농결사—선농불교의 결사적 성격과 정신」의 제3장 '학명의 선농결사'로 하여 『결사, 근현대 한국불교의 몸부림』, 씨아이알, 2016, pp. 77~98. 재수록.

67.「비베카난다의 붓다관에 대한 비평 — 유행sannyāsa과 출가pabbajjā를 중심으로」, 『인도철학』 29집, pp. 137~172.

68.「초기 경전과 대승 경전의 화쟁론 — 『불교해석학 연구』의 자주自註, 혹은 보론補論」, 『보조사상』 34집, pp. 357~415. →「아함경과 『무량수경』의 화쟁론」으로 개제하여 이 책의 제4부 두 번째 논문으로 재수록.

2011

69.「근대 인도의 '노동의 철학karma-yoga'과 근대 한국불교의 선농일치禪農一致 사상 비교」, 『남아시아연구』 제17권 1호, 한국외국어대학교 남아시아연구소, pp. 97~132. → 학명 부분만을 따로 떼어낸 뒤 「학명의 선농결사—선농불교의 결사적 성격과 정신」의 제4장 '선농일치禪農一致의 사상'으로 하여 『결사, 근현대 한국불교의 몸부림』, 씨아이알, 2016, pp. 99~113. 재수록.

70.「『이입사행론二入四行論』의 인도철학적 이해」, 『요가학 연구』 제6호, 한국요가학회, pp. 191~235.

71.「'자성自省과 쇄신刷新 결사'에 대한 고찰—성립가능성과 수행을 중심으로」, 『한국선학』 제30호. 한국선학회, pp. 283~319. →『결사, 근현대 한국불교의 몸부림』, 씨아이알, 2016, pp. 281~319. 재수록.

72.「출가, 탈권력의 사제동행—구라타 햐쿠조倉田百三의 『스님과 그 제자』를 중심으로」, 『일본불교사연구』 제5호, 일본불교사연구소, pp. 101~141. →「出家, 脫權力の師弟同行—倉田百三の『出家とその弟子』を中心に」, 『日本佛教史研究』 第10號, 日本佛教史研究所, 2014, pp. 121~153. →「탈권력脫權力의 사제동행師弟同行—구라타 햐쿠조倉田百三의 『스님과 그 제자』를 중심으로」로 개제하여 이 책의 제2부 두 번째 논문으로 재수록.

73.「효, 출가, 그리고 재가의 딜레마」, 『불교학연구』 제30호, 불교학연구회, pp. 499~535.

2012

74. 「대만불교의 실천이념에 대한 고찰—인간불교의 주제와 변주를 중심으로」, 『전법학연구』 창간호, pp. 155~209. →『대만불교의 5가지 성공코드』, 불광출판사, pp. 133~173. 재수록.

75. 「대만불교 지도자의 리더십에 대한 고찰」, 『대만불교의 5가지 성공코드』, 불광출판사, pp. 395~419.

76. 「불교 사회복지의 모범사례—대만 자제공덕회의 활동」, 『불교평론』 제51호, 만해사상실천선양회, pp. 140~159.

77. 「경허의 정혜계사에 나타난 수행이념 재고—「계사문」을 중심으로」, 『불교학연구』 제33호, 불교학연구회, pp. 347~395. →「정혜계사문에 나타난 수행이념」으로 개제 후 『경허의 얼굴』, 불교시대사, 2014년, pp. 119~157. 재수록.

78. 「경허의 '정혜계사규례'에 나타난 수행이념 재고」, 『종교연구』 제69집, 한국종교학회, pp. 175~203. →「정혜계사 규례에 나타난 수행이념」으로 개제하여 『경허의 얼굴』, pp. 159~187. 재수록.

79. 「카뮈의 '이방인'에 대한 불교적 이해—자력불교와 관련하여」, 『동서비교문학저널』 제27호, 한국동서비교문학학회, pp. 37~71.

80. 「백화도량발원문의 이해에 대한 성찰—결락된 부분의 복원에 즈음하여」, 『한국사상사학』 제42집, 한국사상사학회, pp. 65~104.

81. 「바가바드기타 제12장의 난문難文에 대한 이해—9-12송을 중심으로」, 『인도철학』 제35집, 인도철학회, pp. 73~114.

2013

82. 「사효師孝의 윤리와 출가정신의 딜레마—한암의 '선사경허화상행장'을 중심으로」, 『불교연구』 제38호, 한국불교연구원, pp. 301~355. →『경허의 얼굴』, pp. 64~114. 재수록.

* 이해 4월부터 9월까지 6개월간 일본 시코쿠의 "코치高知대학"에서 외국인연구원을 지냄.

2014

83.「경허의 삼수갑산은 입전수수인가 은둔인가」,『경허의 얼굴』, 불교시대사, pp. 14~62.

84.「샹카라의 지행회통知行會通 비판에 대한 고찰을 중심으로」,『인도철학』 제41집, 인도철학회, pp. 191~224. →『바가바드기타의 철학적 이해』, 올리브그린, 2015, pp. 134~166. 재수록.

85.「이입사행론二入四行論의 벽관壁觀 개념에 대한 재검토」,『불교학연구』 제41호, 불교학연구회, pp. 143~167.

* 이해 4월,『경허의 얼굴』(불교시대사) 출판.

2015

86.「이노우에 엔료井上円了의 활동주의와 그 해석학적 장치들」,『불교연구』 42호, 한국불교연구원, pp. 353~385. →「井上円了の解釋學的方法論—『奮闘哲學』を中心として」,『國際哲學硏究』 5號(東京：東洋大學國際哲學硏究センター, 2016), pp. 61~72. 재수록.

* 이해 5월,『바가바드기타의 철학적 이해』(올리브그린) 출판.

87.「야나기 무네요시柳宗悅의『나무아미타불』에 나타난 해석학적 안목」,『한국불교학』, 한국불교학회, pp. 255~287. → 각주를 생략하고, 윤문을 하고,「야나기 무네요시의 눈」으로 개제하여『나무아미타불』(모과나무, 2017), pp. 353~388. 재수록.

88.「구라타 햐쿠조倉田百三의 신란親鸞 이해」,『불교연구』 43호, 한국불교연구원, pp. 279~326. →「한 염불자의 삶과 신심—구라타 햐쿠조의 신란親鸞 이해」로 개제하여 이 책의 제2부 세 번째 논문으로 재수록.

89.「출가정신의 국제정치학적 함의」,『동아시아불교문화』 제24집, 동아시아불교문화학회, pp. 477~515. →『일본불교사공부방』 제16호(일본불교사독서회, 2016), pp. 216~261. 재수록.

2016

90.「원효의 '미타증성게'와 보조지눌」, 『불교학연구』 제49호, 불교학연구회, pp. 1~29.

* 이해 5월, 『힌두교와 불교』(여래) 출판.

* 이해 9월, 『결사, 근현대 한국불교의 몸부림』(씨아이알) 출판.

2017

91.「출가, 은둔, 그리고 결사의 문제」, 『보조사상』 제47집, 보조사상연구원, pp. 401~438.

92.「극락의 존재여부와 염불의 가능성」, 『보조사상』 제48집, 보조사상연구원, pp. 41~74. → 이 책의 제1부 두 번째 논문으로 재수록.

93.「카타 우파니샤드의 행복치유론에 대하여」, 『인도철학』 제50집, 인도철학회, pp. 191~229.

94.「출가, 재가, 그리고 비승비속非僧非俗」, 『불교연구』 제47집, 한국불교연구원, 2017. → 이 책의 제2부 첫 번째 논문으로 재수록.

2018

95.「실상화 윤용숙의 삶과 나눔불사」, 『전법학연구』 제13호, 불광연구원, pp. 351~385.

96.「법정—'비구'란 무엇인가를 거듭 물은 비구」, 『불교평론』 73호, 불교평론, pp. 164~182.

97.「近年韓國に紹介されている日本の淨土佛教」, 『南山宗教文化研究所 研究所報』 第28號(日本南山大學 종교문화연구소), pp. 5~16. → 우리말로 번역하여 「최근(2010~현재) 한국의 일본 정토불교에 대한 연구동향」, 『일본불교사공부방』 제19호(일본불교사독서회), pp. 244~272. 재수록. → 「일본 정토불교의 사례 살펴보기—2010년 이후를 중심으로」로 개제하여 이 책의 제3부 첫 번째 논문으로 재수록.

98.「원왕생가에 대한 정토해석학적 이해」, 『고전문학연구』 제53집(한국고전문

학회), pp. 129~157. →「본원本願의 초대와 안심安心의 확립—『원왕생가願往生歌』의 정토해석학」으로 개제하여, 이 책의 제1부 첫 번째 논문으로 재수록.

99.「정토사상 연구의 몇 가지 동향」, 『원불교사상과 종교문화』 제77집(원광대학교 원불교사상연구원), pp. 321~346. →「정토신앙을 둘러싼 그 고뇌와 극복—2010년 이후 정토신앙 연구를 중심으로」로 개제하여 이 책의 제3부 두 번째 논문으로 재수록.

* 이해 4월부터 8월까지 5개월 동안 일본 류고쿠龍谷대학의 객원연구원을 지냄.

2019

100.「원효의 『미타증성게』와 『징성가』는 같은 작품인가?」, 『불교연구』 제50호(한국불교연구원), pp. 37~60.

101.「원효의 정토시와 대중교화의 관계」, 『불교학보』 제86집(동국대 불교문화연구원), pp. 221~240.

2020

102.「일본 정토불교와 관련해서 본 원효의 정토신앙—『삼국유사』 원효불기元曉不羈의 기사를 중심으로」, 『불교학보』 제90집(동국대 불교문화연구원), pp. 85~107.

103.「염불비판의 논리와 근대정신의 투영—만해 한용운의 『조선불교유신론』에 나타난 염불관을 중심으로」, 『보조사상』 제56집(보조사상연구원), pp. 179~213. → 이 책의 제4부 첫 번째 논문으로 재수록.

104.「'소성거사 원효'의 왕생가능성—『무량수경종요』와 관련하여」, 『불교연구』 제53호(한국불교연구원), pp. 9~40.

# 정토불교 성립론

## —정토신앙의 논리와 윤리

초판 1쇄 찍음 2020년 12월 16일
초판 1쇄 펴냄 2020년 12월 23일

지은이. 김호성
발행인. 정지현
편집인. 박주혜

대표. 남배현
기획. 모지희
편집. 서영주, 신아름
디자인. 이선희
마케팅. 조동규, 김관영, 조용, 김지현
구입문의. 불교전문서점 향전(www.jbbook.co.kr) 02-2031-2070~1
펴낸곳. (주)조계종출판사
서울 종로구 삼봉로 81 두산위브파빌리온 232호
전화 02-720-6107~9 | 팩스 02-733-6708
출판등록 제2007-000078호(2007. 04. 27.)



ISBN 979-11-5580-152-9 (93220)



이 도서의 국립중앙도서관 출판예정도서목록(CIP)은 서지정보유통지원시스템 홈페이지 (http://seoji.nl.go.kr)와 국가자료종합목록 구축시스템(http://kolis-net.nl.go.kr)에서 이용하실 수 있습니다.(CIP제어번호 : CIP2020051037)